本书出版得到科技部支撑项目

"中华文明探源工程及相关文物保护研究"

（课题编号2013BAK08B05）资助

湖北史前城址

湖北省文物考古研究所　编

孟华平　　向其芳　　主编

科学出版社

北京

内 容 简 介

湖北地区史前城址的发现与研究，是在考古与历史学界把文明探源作为一项重大攻关课题的学术背景下开展的。20多年来，本地区史前城址的陆续发现与公布，极大丰富了相关研究领域的基础资料，湖北乃至整个长江中游地区也一直为学术界所关注。为便于查阅湖北地区史前城址资料，本书收录了这20多年来已发表的简报资料18篇，未发表简报1篇。

本书适合文物考古和历史文化研究人员及爱好者参考、阅读。

图书在版编目（CIP）数据

湖北史前城址 / 孟华平，向其芳主编；湖北省文物考古研究所编. —北京：科学出版社，2015.12
  ISBN 978-7-03-046644-0

Ⅰ. ①湖… Ⅱ. ①孟…②向…③湖… Ⅲ. ①城址（历史地理）–研究–湖北省–石器时代 Ⅳ. ①K928.6

中国版本图书馆CIP数据核字（2015）第288773号

责任编辑：王光明 李文静 / 责任校对：彭 涛 邹慧卿
责任印制：肖 兴 / 封面设计：美光设计

科学出版社 出版
北京东黄城根北街16号
邮政编码：100717
http://www.sciencep.com
中国科学院印刷厂 印刷
科学出版社发行 各地新华书店经销
*
2015年12月第 一 版 开本：787×1092 1/16
2015年12月第一次印刷 印张：26 1/2 插页：40
字数：750 000
定价：**280.00元**
（如有印装质量问题，我社负责调换）

前　言

　　20世纪80年代以来，一系列城址的发现和确认可以说是中国史前考古学的一道最亮丽的风景，它深深地影响了对中国史前文化及其社会的认识与评判。不同文化区域内发现的史前城址已成为衡量相关考古学文化发展水平的重要标尺，也是分析不同考古学文化联系与差异及其在中国史前社会中地位的主要途径。同时，史前城址的大量发现客观上促进了中国考古学对传统理论的再思考，中国文化（或文明）单一中心说受到越来越多的挑战，根据实际材料建立中国文明起源的模式成为中国考古学者责无旁贷的使命。由于城址是史前聚落发展到一定阶段的产物，蕴含诸多文明的信息，因此，对史前城址的研究正是探讨中国文明起源这一重大课题的理想切入点。

　　湖北所处的长江中游地区是中国史前六大传统考古学文化区之一，这里的考古学文化在遵循自身的文化演进规律发展的同时，也与周边区域的考古学文化存在广泛的联系。随着该区域史前考古学文化谱系结构的基本确立，如何进一步认识它在中华民族多元一体格局的形成和发展过程中的地位与作用，如何评判它在中国文明起源中的价值，自然成为学者关注和思考的重要方向。以1990年石家河城址的发现与确认为标志，长江中游地区史前城址的发现与确认如雨后春笋般进入人们的视野，从而为探讨中国文明起源及该区域在中华民族多元一体格局的形成和发展过程中的地位与作用提供了丰富资料。

　　迄今为止，长江中游地区发现和确认的史前城址共17座（彩版一）。其中，分布在湖北省的史前城址达15处之多，它们分别是：天门石家河（彩版二、彩版三）、天门龙嘴（彩版六）、天门笑城（彩版一三、彩版一四）、江陵阴湘城（彩版一五、彩版一六）、石首走马岭（彩版一七~彩版二〇）、公安鸡鸣城（彩版二一、彩版二二）、公安青河城（彩版二三）、荆门马家院（彩版二四、彩版二五）、荆门城河（彩版二六、彩版二七）、应城门板湾（彩版三〇、彩版三一）、应城陶家湖（彩版三五、彩版三六）、孝感叶家庙（彩版三七、彩版三八）、大悟土城（彩版四二、彩版四三）、安陆王古溜（彩版四四、彩版四五）和黄陂张西湾（彩版五〇）。从分布状况看，这些城址大体呈半月形分布在江汉平原西北部向低丘的过渡地带，其中，以天门石家河为代表的8座城址位于大洪山东南麓低山丘陵向江汉平原过渡的地带，以江陵阴湘城为代表的3座城址位于荆山南麓低山丘陵向江汉平原过渡的地带，以石首走马岭为代表的3座城址位于江汉平原西南与洞庭湖平原的结合部。从年代上看，年代最早的天门龙嘴城址属于油子岭文化时期，其他城址则属于屈家岭文化时期和石家河文化时期，城址的数量从早到晚呈增多的趋势。从规模上看，规模最大的天门石家河城址面积达120万平方米，而规模最小的城址如天门龙嘴、石首走马岭等的面积不超过8万平方米，似乎存在明显的等级差别。从形态上看，这些城址的平面结构从早到晚呈圆形向椭圆形、圆角长方形、长方形或梯形发展的总体趋势。从构筑方式上看，这些城址均采用堆筑的方式构筑城垣，城垣外挖掘壕沟，濒临湖泊或河道。

长江中游地区史前城址的集中发现与确认，引起学术界的广泛关注。研究者围绕这些城址的形成背景、形态特征、社会机制、功能区划、社会性质等相关问题进行了不同程度的探讨。在分析城址的形成背景方面，虽然多认为生产力水平的提高、社会分工的扩大、稻作农业的发展、社会特权阶层的出现等是这些城址形成与发展的重要原因，但或强调文化发展背景的作用，或侧重环境因素尤其是气候变迁的价值。在分析城址的功能方面，或认为城址是为了抵御周边部落或部落集团对财富的掠夺而修建，或认为城址是为了维护文化统一体的完整及特权阶层利益的一种防御行为，或认为是防御洪水的需要。在分析城址社会性质方面，或认为属于"军事民主制"，或认为属于"部落军事联盟制"，或认为与"酋邦社会"的诸多特点相似而可作为早期国家文明的典型代表，或认为处于文明的初始阶段。关于城址的废弃原因，或认为与来自长江下游文化的冲击有关，或认为是来自中原文化的冲击，或认为气候不稳定是一个重要的原因。有的研究者从聚落群形态的角度将这些城址分为单聚落城址、双聚落城址、多聚落城址三种类型，并对它们的特点、渊源与属性进行了分析。也有研究者结合历史文献资料讨论这些城址的族属，或与其他区域的史前城址比较分析，等等。尽管观点纷呈，但长江中游地区史前城址的学术价值无疑得以彰显。

应该看到，湖北史前城址的发现与研究还存在若干局限，科学认识它们在中国文明起源及该区域在中华民族多元一体格局的形成和发展过程中的地位与作用还有待时日。目前存在的主要问题有四个方面。

其一，史前城址的数量、地域的分布有待充实。2000年以来在基本建设中发现的多座城址（如天门龙嘴、天门笑城、孝感叶家庙、黄陂张西湾等）提供了有益的启示，即湖北史前城址在平原与低丘的过渡地带存在广泛的分布空间；而安陆王古溜、大悟土城的发现又提供了新的线索，即在海拔较高的丘陵地区或者是文化的边缘地区，也有城址的存在。那么，全面深入地了解湖北史前城址的数量与地域的分布还有不少潜力可挖。

其二，已发现城址的系统调查与针对性发掘工作少且不均衡。除天门石家河城址进行区域系统调查和较大规模发掘外，有些城址仅进行小规模发掘，且多停留在如解剖城垣、勘探壕沟等确认城垣年代的层面，有些城址则仅仅进行过简单的调查。而关于城址的布局结构及周边聚落分布情况等更是了解甚少。这些都无疑影响了对城址的年代、性质、功能、布局结构、城址之间的关系等问题的探讨。

其三，多学科综合研究比较缺乏。环境、生业、技术等方面的资料提取与具体分析不足，难以有效解释城址存在背景、人地关系、社会机制等问题。

其四，相关理论方法格式化。在基础材料不足或者说对具体材料有限分析的情况下，往往简单套用"文明"等概念所得的结论显然值得讨论。有针对性地从湖北史前城址的具体材料入手，总结自身的特点与规律，进而构建其文明起源的理论框架可能更为妥当。

有鉴于此，我们认为，深入认识湖北史前城址在中国文明起源及该区域在中华民族多元一体格局的形成和发展过程中的地位与作用，需要系统地开展以城址地域分布为核心的考古调查工作，需要全面进行以城址布局结构与年代为目标的考古勘探发掘工作，需要运用不同的技术手段尽可能提取相关信息加强多学科的综合研究，更需要立足于考古材料的理论方法创新。

值此石家河遗址考古发掘六十周年之际，我们将湖北史前城址的调查发掘资料汇集成册，以便于集中了解以往工作的状况，进一步促进湖北史前城址的考古研究工作。

目　录

石家河遗址群调查报告

北 京 大 学 考 古 系
湖北省文物考古研究所　石家河考古队
湖北省荆州地区博物馆

一、调查工作的学术基础、目的和经过

石家河遗址群位于湖北省天门县石家河镇境内（图一）。其田野考古工作始于20世纪50年代。

1954年冬，天门、京山两县联合修建石龙水库干渠。在开挖到天门县石家河镇地段时，于贯平堰（今杨家湾村）东南、三房湾村东、昌门冲村北等地点发现大量石器、陶器等古代遗存。翌年，湖北省石龙过江水库指挥部文物工作队在这个地区进行了首次调查，并发掘了罗家柏岭、贯平堰、石板冲和三房湾四个地点。其中尤以罗家柏岭的发掘面积为大，达1400平方米。初步确认这一带遗址分布广泛，堆积丰厚，是一处大型遗址群落，其文化遗存从新石器时代延至周代[1]。

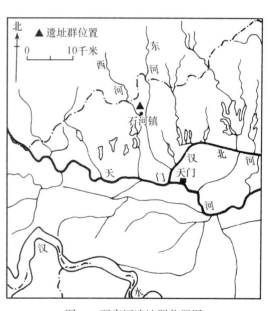

图一　石家河遗址群位置图

但是，自此以后直到70年代后期，除了1958年地方文物普查以外，石家河遗址群再无新的考古工作。

从70年代后期开始，石家河遗址群的田野考古工作重新开展。1978年，湖北省荆州地区博物馆试掘邓家湾遗址。1982年和1984年的两次文物普查皆涉及这一地区。1982年，湖北省博物馆在土城、谭家岭、邓家湾进行了小规模发掘。1987年，湖北省荆州地区博物馆和北京大学考古系再度联合发掘了邓家湾遗址。

但是，以上发掘的面积都比较小，不足以充分了解整个遗址群的情况。鉴于石家河遗址群面积广大，遗址分布密集，加之地理位置适中，其重要性自不待言。为了进一步揭示江汉平原史前文化的面貌、发展过程和聚落形态等重要问题，经商定，北京大学考古系、湖北省博物馆、湖北省荆州地区博物馆联合组成考古队，于1987年秋季开始，在石家河遗址群的土城、谭家岭、邓家湾和肖家屋脊遗址进行了一系列规模不等的发掘[2]。与此同时，考古队还在遗址群上进行过多次田野踏查工作。

在这些田野工作的基础上，我们对这个地区的古代遗存获得以下几项主要认识：

（1）现代石家河镇以北海拔30~45米约8平方千米范围以内，古代遗址的分布十分密集，很多遗址之间的文化堆积没有明显间隔，构成一个大型聚落群体。在这个范围以外，遗址仅有零星分布。

（2）石家河遗址群的文化遗存从相当于大溪文化阶段开始，经屈家岭文化至石家河文化，有一个基本连续发展的过程。我们已就这一演进方向和大的编年框架取得了基本一致的认识。需要说明的是，对石家河遗址群文化面貌的认识，始于1955年罗家柏岭等四个地点的发掘，石家河文化的命名即是在此基础上得以提出的。而对石家河遗址群诸文化遗存的进一步分期，特别是陶器的编年，则是在1987年邓家湾、谭家岭和肖家屋脊三个地点的发掘与整理的基础上才开始的。其结果是将这三个地点的陶器统一分成8期。其中1~3期属大溪文化或相当于大溪文化阶段的遗存，4、5两期为屈家岭文化，6~8期则被定为石家河文化早、中、晚期[3]。这一分期基本上反映了我们对石家河遗址群陶器编年的初步认识。如果说这一对大溪文化和屈家岭文化遗存的陶器分期是对过去研究的补充和发展的话，那么此次石家河文化的陶器分期则是对本文化得以命名的典型遗存进行直接研究的首次尝试。由于材料本身的局限性以及研究的初步性，这项分期结果自然容有进一步检讨的余地。单以简报划分的6~8期而言，可以明显看出6期与7期之间的差别远较7期与8期之间的差别为小。若将6、7期合并为一期，暂定为石家河文化早期，将8期单列为一期，暂定为石家河文化晚期，则更便于把握它们各自的特征。如石家河文化早期的夹砂陶附加堆纹宽扁足折腹盆形鼎和三角形足釜形鼎到晚期已被夹砂或夹炭陶竖槽宽扁足直腹盆形鼎和夹炭陶凹面舌形足釜形鼎所替代；早期的深盘粗圈足豆到晚期豆盘变浅，圈足加高，且不见镂孔；早期罐类中多见泥质灰陶和灰褐陶高领弦纹罐和高领篮纹罐，晚期则为泥质红陶、夹砂灰陶、泥质黑褐陶大口短领篮纹或间断绳纹鼓肩罐和高领扁腹罐；早期常见的环足鼎、大口圈足杯、高圈足杯、圈足碗、漏斗状擂钵、腰鼓状罐、泥质红陶鬶、粗矮红陶杯、轮制红陶小钵、折腹壶形器、各种卷沿盆、素面或弦纹刻符缸、篮纹缸、折腹小平底缸以及大量陶塑小动物已不见或基本不见于晚期，却新出现了圆锥足鼎、带箍细柄浅盘豆、大圈足盘、平底碗、盂、敛口瓮、叶脉纹瓮、灰陶盉等新的器类。以上早晚两期的划分，尽管尚嫌粗略，但毕竟为我们后来的工作建立了基点。

（3）石家河遗址群各期遗存中，尤以屈家岭文化和石家河文化者最为丰富而普遍。自石家河文化以后，当地文化衰微，只有局部地点的堆积，因此前者自然成为我们的重点研究对象。

（4）据传在过去的土城遗址发掘中，曾发现过城墙遗迹和打破城墙的石家河文化时期的瓮棺①。因此，我们也一度将土城遗址视为石家河遗址群可能的中心部分。但经过1989年对该遗址再次发掘，我们倾向于否定这一可能性而认为有重新考虑聚落群体内部结构之必要。

（5）经过多次发掘，清理了大量遗迹现象之后，我们对石家河遗址群的文化堆积、房屋结构形式和建筑技术、墓葬埋葬方式和葬具等摸索出若干规律性认识。如大面积的夹粗砂大型陶器残片、红烧土、磨圆度甚高的小石子和纯净黏土堆积等皆与房屋建筑遗迹有关，包含大量生活遗物的灰土堆积可能是居住区的边缘，若采集到大型的小口高领瓮则极有可能与瓮棺葬有关等等。这些知识成为我们本次调查中认识和理解遗址的依据。

随着石家河遗址群文化编年的建立和不断完善，我们日益感到研究以及如何研究这样大面积的遗址群中各遗址或地点的时空分布和联系、生产活动内容和生产组织、社会组织结构等问题，即石家河聚落群体存在方式问题的重要性和迫切性。而就这一问题试图作出某种程度的了解和为今后的田野工作提供若干决策依据，也就是我们此次调查的目的。

因此，本次调查不同于出于文物保护目的的普查，也不同于通常进行的旨在了解文化面貌的区域考古调查。我们的调查是在过去工作中所获经验的基础上进行的，这也是本次调查的一个最大特点。为了达到了解石家河遗址群聚落形态内容的目的，全面综合考虑各种现象无疑是调查工作的一项基本要求。为此我们曾设计和运用了一些调查方法。但是，在高度开发的农业地区，地表所能反映出来的地下遗址情况十分有限，加上设备简单，特别是受到我们学识能力的限制，有的方法的效果不甚理想。这也是意料之中的。但为了推动这方面研究的进展，我们还是在本报告中把它们介绍出来，希望引起同志们的兴趣。

本次调查工作是在严文明先生的指导下，由考古队责成北京大学考古系的赵辉、张弛同志进行的，荆州地区博物馆贾汉清同志参加了部分工作。调查工作分1990年春季和1991年春季两次完成。在田野工作行将结束时，以严文明先生为首的考古队主要成员就调查中发现的一些现象和问题，在现场进行了数天论证研究。资料的整理和编写调查报告由赵辉、张弛同志负责，严文明先生审阅了全文。在整个调查期间，我们始终得到全队成员的通力合作，四川大学博物馆的石应平先生为本报告的编辑发表提供了大量帮助，在此一并表示感谢。

① 天门市博物馆：《天门县1984年文物普查记录》，内部资料。

二、石家河遗址群的历史背景和地理环境

（一）天门县历史沿革

天门县古称竟陵。"竟陵者，陵之竟也"（《东皋杂录》），谓山陵至此终绝之意。竟陵在《禹贡》属荆州地，为古风国。春秋始有竟陵之名。据《水经注》记载，竟陵为"古鄖国也。鄖公辛所治，所谓鄖乡矣"。战国时期为楚之竟陵邑。秦始置竟陵县。后晋、北宋时因避讳，两度改县名为景陵。后一次改名沿用至清雍正四年，为避康熙陵墓名讳，乃改景陵作天门，依县境西北有天门山而得名。1989年，改县为市[4]。

竟陵之名虽古且一脉承传，但在历史上其地理位置可能发生过较大变动。今天的天门县治所在竟陵镇约是北周时所名。至于鄖公初为竟陵故城之所在，今天已难考证。《水经注》谓"巾水出县东百九十里，西迳巾城……巾水又西，迳竟陵县北，西注扬水，谓之巾口。水西有竟陵大城，古鄖国也。"明代董承叙撰的《嘉靖沔阳志》附会《水经注》的这条记载，云竟陵故城在天门县的巾港河西三里，并自称延访得之，其方隅道里与诸书合。清人亦多从此说。今人县志更肯定石家河遗址群中的土城遗址就是竟陵故城，言之凿凿。然此说颇可疑。今石家河镇东西两侧各有一发源于北部京山县自北而南流经此地的小河，分别名为巾水、扬水，与《水经注》载巾、扬二水名称吻合。但《水经注》中的扬水发源于江陵县，当在汉水以西，何以越汉水以东与巾水汇合？此矛盾一也。在《水经注》中，巾水自东而西流向，和今天北南向的东河方向不符，矛盾二也。董承叙所谓巾港河指历史上东西二河在今石家河镇区以南交汇后的河段，并言竟陵故城在巾港河以西。我们在调查中发现，土城遗址在石家河镇北，而根据地形判断，两河也并无在镇北交汇之可能。故董承叙所谓的竟陵故城和今土城的地望不符，矛盾三也。最后，我们在土城遗址的发掘中，虽然发现过西周时期的遗存，却没有见到更晚的堆积。故土城遗址与《水经注》所载竟陵故城的年代也有出入。因此四矛盾，故可肯定土城遗址不为竟陵故城。

（二）天门县自然地理

天门县位于江汉平原中部偏北处，自西北至东依次与钟祥、京山、应城、汉川诸县接壤，从西南方向南面隔汉水和荆州市、潜江、沔阳县相望。县境东西长而南北狭。汉水支流天门河自西向东横贯中部。县内地势北高而南低。北部边境处为大洪山脉山前剥蚀低丘地带，低丘海拔200米以下，其走向在县西北方为东北—西南向，在县东北为西北—东南向，整体呈箕状，箕口面向天门县域。低丘以南系向平原过渡的剥蚀—堆积垄岗状平原，主要分布在县内北半部，海拔30~50米。垄岗主要呈南北向的掌状分布，应当是历史上不同时期发源于北部山地的河流作用的结果。现在也有一系列源于大洪山地南麓的河流经此

地向南注入天门河。岗状平原以南即为由汉水和天门河冲积而成的平原地区，海拔一般在30米以下，地表起伏不大。因地势低洼，北部河流至此洼积成一系列湖泊，再向南注入天门河。历史上，天门县"田少泽多"。由于不断围垦以及河流溃口淤积等原因，湖水面积不断缩小。据统计，自清道光年间以来，共消失大小湖泊49个[5]。现在石家河镇以南仍有地名叫北港湖，即为其中之一。

（三）石家河镇概况

石家河遗址群所在石家河镇又名石河镇，在天门县城北约16千米处，因前述东河俗称石家河，故名。

天门县素称鱼米之乡，石家河镇更号称天门之粮仓，是传统的农业经济区。这里人口密集，据1979年统计，全镇农业人口87710人，为明朝洪武二十四年（1391年）全县人口的近四倍。全镇自然村837个。至于遗址群主要分布所在的土城乡有农业人口1869人，分属20个自然村。村落规模一般不大，平均每村百人左右，数户至十余户，数十户者即为大村。当地人喜聚族而居，自然村每以姓氏为名，如谭家港、杨家湾等。村落分布松散，皆建在高阜处。老村房屋布局无定制，一般面向水塘、河道、低冲（因地表流水侵蚀形成的低洼地），横向排开，依地势而建。

由于常年耕作，这里的土地早已被高度开发。全镇现有耕地153750亩，绝大多数为宜于稻作的黄棕壤性第四纪黏土泥田。自然植被也基本被人工植被取代。主要农作物为水稻、小麦、棉花、油菜，另有粟、高粱、玉米、豆类、薯类以及蔬菜、甘蔗、荷莲等。水田耕作在新中国成立前基本为一熟田，目前普遍实行两熟制或三熟制，另有水旱轮作制。牛耕仍旧十分普遍。村落的房前屋后多植树木，计有杉、松、槐、柳、黄楝、梧桐、杨、椿等，亦普遍种竹，此外还有柑、橘、梨、桃、李、枣等果木。家庭养殖畜类主要是猪、山羊、水牛以及驴，少见马、黄牛；禽类则有鸡、鸭、鹅之属。野生动物除水禽种数较多外，余已不多见，但常见蛇，至少有毒蛇和无毒蛇两大类。水产资源还有待开发，有鱼、蚌、蚶等。家庭副业不多，仅有与生活息息相关的纺织、竹编等。各村都建有为盖房烧砖的土窑。民间还有铁匠炉、陶窑等手工作坊。由于商品经济的发展，农民生活已经越来越依赖于集市贸易。但是，最主要的生活资料，即粮食的生产仍保留着自给自足的个体经济性质。

（四）石家河遗址群地貌环境和微地貌特征

1. 宏观地貌环境

遗址群所在石家河镇的北境与京山县接壤，境内恰恰包括了从北部山区山前剥蚀低丘逐渐过渡为河湖平原的三种地貌：北部边境处有大小山头十三座，以西北方向的佛子岭最高，海拔191.4米，镇北半部垄岗起伏，十多条河流自北而南穿流而过，其中以东西二河最大，受地形限制，河流在这一带的游移摆动区域一般不大；镇南半部地势低平，湖泊众多（图二）。

石家河遗址群主要分布在镇北土城乡境内，绝大部分位于东西二河之间。其具体范围为：最南缘抵石家河镇区；北部最远的遗址在周家湾村后；西部的谭家港遗址已达西河河岸；东面遗址边界不太清楚，部分遗址，如新河、造家坟等已越过今天的东河河道，在钱石公路以东也有小面积分布。

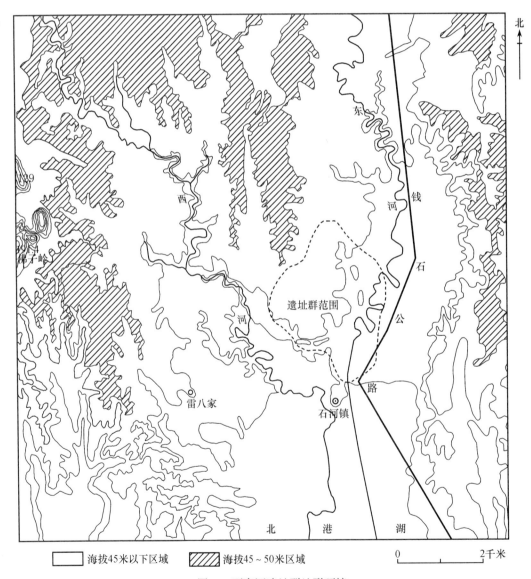

图二　石家河遗址群地形环境

稍微宏观一些观察，整个遗址群坐落在从北面延伸过来的两条大垄岗之间的内凹部一条短垄岗的南端东侧。这些垄岗从三面环绕遗址群，它们的相对高程虽然不是太大，地形却颇起伏崎岖。遗址群南面是海拔30米以下的大面积低平地域，现在已全部辟为农田，然过去这一带的地名叫北港湖。县志记载，直到近代，这里还是一个水域较大的湖泊。虽然现在已被围垦消失，但据当地人介绍，直到70年代在这里开挖东西二河下游人工河道之前，这两条河还经常泛滥，危及这一带的田园农舍。故估计在水量丰沛的历史时期，这里是一个水域相当广阔的大湖。若以30米等高线以下区域为这个湖泊的大致范围，则遗址群的南缘和西南缘恰恰就在它的岸边。

这样一种地貌环境，为石家河的古代居民提供了一个相对封闭的活动空间。如果更宏观一些观察，再远一些的北部山区和南面汉江以北的大片湖泊地带，更是两道更大的地理屏障。不过，这样的环境，虽然可能会给石家河地区与外界的交通带来某种程度的不便，却远不能完全隔绝它同外界的联系。而这种相对封闭的环境，也许正是石家河古代居民之所以选择此地居住生息的原因之一。

在这个相对封闭的环境里，从遗址群到东侧大垄岗之间，是东河摆动冲积形成的最大一片平坦地域。从稻作农业的角度看，这里是最容易被人们大规模开发利用的地区。遗址群西北部为垄岗状起伏地形，西南部和南面系湖泊或低湿地带，这些地区对于从事较大规模农业似有不利，却是进行其他形式的经济活动的理想场所。因此，仅从地貌反映的情况看，石家河地区十分有利于以农业为主、兼营多种内容活动的经济生活，它成为石家河遗址群的依托地，并非偶然。

2. 遗址群微地貌

现代考古学对古代遗址的微地貌观察分析日渐重视，不仅因为微地貌在某种程度上制约着古代居民的活动方式和规模，它还是我们把握遗址形状、规模和其他遗址的空间关系等问题的重要线索，而这一点对我们的调查则具有更直接的意义。因此，对遗址群的微地貌特征的考察，是我们本次调查的首要环节和主要内容。为从事这方面的分析，一张大比例尺地图将是必不可少的。但是，我们在寻找这样一张可以满足需要的地图时却遇到了困难。故自行草测了石家河遗址群的地形图，即图三。这张图虽然不甚精确，还是能够大体上反映出遗址群的基本地形特征，中心部分没有太大的误差。

石家河遗址群的海拔在30～40米等高线，局部地点超过40米，地形从西北向东南倾斜，微地貌可以大致划分为两种类型。在除去东南部的遗址群大部分地区，主要为被切割得很破碎的垄岗状地形。垄岗与低冲相间，起伏较大，当地人习惯称之为"山、岭"的高阜与低冲间的高差可达数米甚至十数米，且无论高阜还是低冲，皆不甚开阔。这一带的遗址往往清去表面耕土，即暴露出文化堆积。可知这里是受地表水径流冲刷侵蚀作用为主的地区。遗址群的东南部地形比较平坦开阔，地表起伏不明显。我们在这一带调查时，发现数条东河故道，而现在的河道在几个地点贯穿遗址而过，可知这一带河流改道比较频繁。又从若干地层剖面发现，这一带遗址的文化层上有比较厚的淤积土层。因此可以知道，这一带在受到流水冲刷侵蚀作用的同时，也受到过比较强的搬运堆积作用。两者比较，也许后一种作用更强一些（图三）。

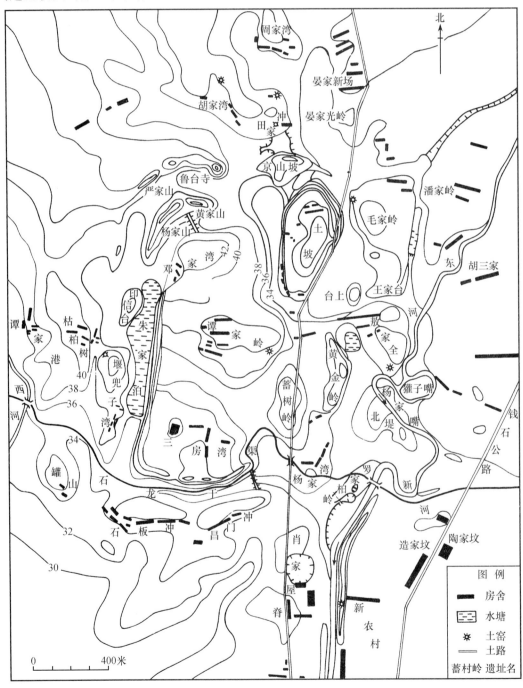

图三　石家河遗址群微地貌及遗址分布

在调查中，我们还发现了一些显然有悖于自然规律的地貌现象。在遗址群范围内，按照地形的倾斜，地表水的冲刷侵蚀主要应当从西北向东南方向进行，形成的冲沟和沟侧岗地亦应以北西—南东走向为特征。但是，在遗址群范围里，有些沟岗的走向明显不符合这一自然侵蚀方向。在三房湾和邓家湾两块台地之间，有一狭长而直的土岭横亘在两个台地之间的低冲上，截断了低冲内原应向东南的流水方向。这条土岭在三房湾台地西南角向东90°转折，呈一曲尺状围在台地西、南两侧边缘，它明显高于内侧台地台面，使台地没有通常应当看到的缓坡边缘。这种现象在邓家湾台地的西缘和北缘也有不同程度的表现。又从地形上观察，邓家湾台地原应同西北的严家山、杨家山台地连成一体的，并向东南延伸到蓄树岭、杨家湾一带，三房湾台地则原本是枯柏树、堰兜子湾至石板冲、昌门冲垄岗的一部分。但是，从邓家湾台地北缘开始，沿前述土岭外侧，有一条宽大的壕沟将邓家湾和杨家山、三房湾和西侧堰兜子湾及南侧的石板冲、昌门冲台地切割开来。这些都是地势较高，原本应当连为一体的地段，壕沟却贯穿其中，显得颇不自然。这条壕沟紧贴曲尺形土岭外侧坡角，在三房湾台地西北角与土岭同时向东转折，在台地东南角和从黄金岭东侧经杨家湾东南角向西转折的壕沟隐约连通，在遗址群的中心部分围成一大半个环形。自然侵蚀是绝难形成这种现象的。从图三中还可看到，这道壕沟外侧自北向南散布着黄家山、杨家山、印信台、堰兜子湾、石板冲、昌门冲等一系列台岗，它们与壕沟以及壕沟内侧的土岭形成一种整合配套的地貌现象。此亦不可能是自然营力作用的结果。

在遗址群中部偏北处的土城台地周围，也有一周土岭，将土城台地封闭起来。土岭外侧亦有壕沟环绕台地，并将台地与北面京山坡台地的联系切断开来。这种情况与前述邓家湾、三房湾等地点的现象十分相似，唯规模较小。

位于遗址群东部的潘家岭村北和潘家岭与毛家岭之间，尚保留着一段东河故道，是东河历史上摆动改道的地貌证明。但在毛家岭台地南北两端各有一东西向槽状沟与故道垂直相交，显得极其生硬，不似流水冲刷的圆滑的河流曲道。至于罗家柏岭以下的笔直河道，已知是近年人工开挖所为。

以上地貌现象有悖于自然规律，如果不是自然营力作用的结果，则只能是人为原因造成的。这种判断是否合理，以及它们形成的大致年代等问题，便引人关注了。

三、遗址调查

石家河遗址群体内各遗址或地点间并无明确的间隔，我们这里为调查、研究和叙述方便，依照过去研究沿用下来的惯称、各处微地貌的特点及文化堆积的特征，暂作如下划分。

（一）三房湾

三房湾台地位于遗址群中部偏南，其西、南两面为一条曲尺形土垣所围，南面土垣在台地东侧断掉，西面土垣向北延伸（图版一，2）。土垣西、南下临一条环形壕沟（详后）。整个台地的台面低于土垣顶部1米左右，东、北两面缓降，以一冲与谭家岭、蓄树岭台地相隔，台地顶面与冲底相对高差约4米。现有民居位于台地东北，并有土城村小学和缸窑厂位于台地西北。

三房湾台地本身依其微地貌特点可再分成三部分。土城小学所占的北面最高处，我们称之为北台。北台南有一堰塘将南部台地分成东西两块，这里暂分称为东台、西台。夹在北、东、西三台间的堰塘大概就是由于三台的堆积不断增高而逐渐形成的（图四；图版一，3）。

环绕三房湾台地西、南的曲尺形土垣现存形状为垄状，顶部宽度在10~20米，底部宽度，看样子应在50米左右。它与西、南两侧环形壕沟底高差一般可达6~8米。为了解土垣的堆积情况，我们在土城村缸窑厂的龙窑南侧找到一处现成的剖面。这座龙窑依土垣而建，从打破土垣的东西向小路向南将土垣西半边切去一块，切出东、南纵横两个垂直剖面。其中南剖面——三房湾P1（图五；图版一，1、3）高3.6米，底宽12米，暴露出近半的土垣横剖面。于剖面处所见之土垣可分为三个大的层次：第一层为棕黄色表土，厚20~75厘米，应为次生坡状堆积；第二层厚100~200厘米，坡状堆积。又可分为13个小层，各小层基本呈水平堆积。由上至下各小层土色分别为黄花、褐、黄花、褐、明黄、褐、明黄、褐、黄褐、褐、褐、褐、褐；第三层出露约260厘米，坡状堆积。又可分为21个小层。其上部11个小层基本呈水平堆积，下部10个小层呈坡状堆积。由上至下各小层土色分别为明黄、黄花、褐、黄花、黄、褐、红黄、褐、红黄、黄花、红黄、黄褐、黄花、黄花、褐、黄褐、褐、黄花、褐、花褐、褐。

后两大层的土质像是被翻动过的原生黏土，包含物极少，偶见陶片。我们观察到的本地原生黏土，一般有红、浅黄、褐、棕褐、明黄、黄、白和灰白诸色，成片分布，均无杂色现象。这里各小层一般土色斑驳，相邻两小层的土质土色往往差别较大，或可能是将不同土色的黏土有意掺和并故意相间堆积所致。各小层堆积紧密，似经夯打踩实。这两大层显然应为土垣的原生堆积。它们各自的小层基本为水平堆积，但由小层组成的大层则为坡状堆积，说明此处的土垣至少分两次堆筑而成（就剖面暴露的情况看），但两层次没有间隔，表明这两次行为应当是一次性完成的。

在此剖面下，我们又进行了钻探（图五），钻孔深2米。可知这2米深的堆积情况与剖面第二、三两大层的堆积情况略同，惜未到底。但至少表明土垣高度应在五六米以上。

在这个剖面表土层下的原生堆积（即第二、三两大层）中，我们仅采集到数片陶

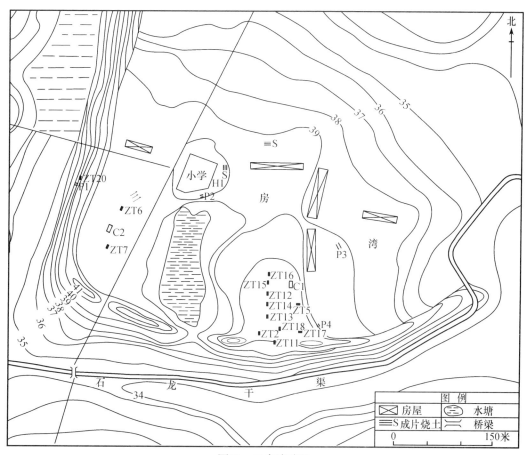

图四　三房湾遗址

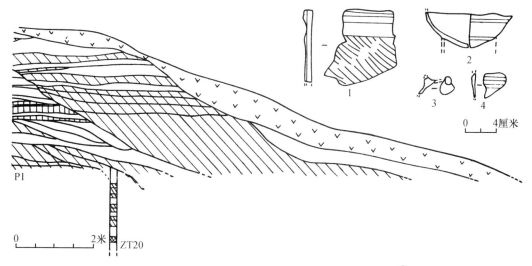

图五　三房湾西侧城墙剖面P1和P1下钻探柱状剖面（ZT20）①示意图
附P1东端南北向城墙剖面中采集陶片（图例见图一一）

① ZT代表钻探代号，下同。

片，均不能复原。陶片零星嵌于诸小层中，出土时均甚酥碎，或为夯踩时挤压所致。陶片器形有：

高领罐 肩部片，泥质灰陶，肩部有一周附加泥片上刮抹出的二、三道凸弦纹（图五，4）。

盖 顶片一，泥质黑皮灰褐胎，顶部应有三小爪纽（图五，3）。

尊（碗） 腹片，泥质磨光黑陶，似为轮制，口残，下腹饰一道凸弦纹，附加圈足残（图五，2）。

缸 口片，粗砂红陶，方唇直口，腹部拍印篮纹，剖面上可见盘筑时泥条套接的痕迹（图五，1）。

这几件陶器均应为屈家岭文化中期前后的典型器物。说明此人工堆筑土垣的年代不会早过此时。

曲尺形土垣以内的西、东、北三台堆积颇为不同。

其中西台约呈南北较长的矩形，顶面较平坦。我们在西台中央相距约60米布设ZT6和ZT7（图五）两个钻孔。它们所反映的地层堆积情况基本相同（图一一，f、g）。这里耕土层厚20~30厘米，其下文化层厚110厘米左右，为灰褐色花黏土，杂棕褐色生土粒和红烧土粒，所含陶片不多。文化层难以划分层次。文化层下生土为棕褐色黏土。当然，仅凭钻探尚不能确切了解这里地层堆积的全部状况。

我们在这里调查时，西台地表种有稀疏的小麦青苗，地表能见到的文化遗物较少。C2[①]采集区（图四）内共采得陶片38片，另有未加工过的2厘米左右小石子一块。陶片数统计如下表：

纹饰	泥质红陶	夹砂红陶	泥质灰陶
素面	2	11	25

其中仅夹砂红陶可看出器形大多为圆唇厚胎缸，泥质灰陶中有不少豆片。可知这里的文化层堆积大体应是石家河文化早期的。C2之外地表采集[②]遗物亦未见有超出这一年代范围者。

西台与北台交接处，于田边可以见到耕土层下有继续的灰黑土文化层，含有较多的文化遗物。北台顶部最高处居中，很大部分压在小学房屋之下。我们在小学校东南的梯田边铲出一个长10.2米的剖面——P2（图六）。剖面处耕土层下有一坑状堆积，坑口在剖面上长约10米，其内堆积可分为三层，上两层是杂较多红烧土粒的褐色和黄色黏土，厚约25厘

---

① "C"为采集区代号，面积2米×5米，采集区内地表可见遗物全部采集，下同。

② 即通常所用所谓"诊断式采集"，下同。

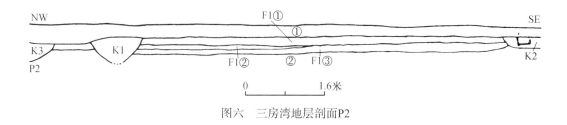

图六　三房湾地层剖面P2

米，下一层是厚约10厘米的纯红烧土。很可能是一座房屋的残基，这里暂编号为F1。它的
两边均为坑（或沟）所阻断，其中K2内堆土为黄褐色黏土，剖面上可见一只夹砂红褐陶
罐形器碎片，但无法复原。K3内堆土为杂较多红绕土的黄褐色花土。从这种堆积的情况
来看，K2和K3不是一般的垃圾灰坑，而更像是取土坑或是这座房屋的排水沟。F1打破的
文化层（即P2②）为黄黏土，杂少量小颗粒红烧土和锰结核，含文化遗物较少，厚度不
明，在剖面处出露约25厘米，亦应为建筑废弃堆积。

　　另外，我们在小学校东侧和学校以东东西向一排民居北侧的梯田断面耕土层下分别见
到两处长4米和6米的红烧土层堆积，厚度均在20厘米左右，与F1水平位置基本相同，可能
也是与F1同时的房基。在小学校东侧红烧土堆积南边不远，我们还发现一个残灰坑，当
时因取土平地，已将这个灰坑破坏，残余部分较少，原形状已不可知，其层位应在耕土层
下。灰坑内堆土为灰黑色，杂较多炭屑及红烧土粒，我们加以清理，编号为H1。灰坑内
出土陶片大多不能复原，现陶片统计如下表：

纹饰	泥质红陶	夹砂红陶	夹炭红陶	夹炭棕褐陶	泥质灰陶	夹砂灰陶	夹砂黑褐皮红胎陶
素面	23	2	23	9	81	5	12
篮纹		3				15	
凹弦纹		1			1		
凸弦纹					1		

　　表中泥质红陶大多是红陶杯片，还有个别较薄者像是鬶片。夹炭红、棕褐陶都应是鼎
类器，个别夹砂红陶也是鼎类器。所见鼎足有两种，一种是夹炭红陶外卷舌形足（图七，
10），一种是夹砂红陶方锥形足（图七，9），鼎口仅有一片，夹炭红陶，敛口，凹沿，
从断面看，其做法是先做好沿，然后在沿面另加一圈泥做成口（图七，2）。绝大部分的
泥质灰陶应为豆。豆柄均为轮制，柄盘分制，然后对接。所见豆柄分为粗细内种，细柄有
的上部有两道凸弦纹（图七，4、8），粗柄陶胎较薄，底沿外卷成底座（图七，7）。有
一件豆柄断后被磨平当做碗继续使用（图七，3）。还有个别泥质灰陶则可能是器盖，其
余的夹砂红、灰素面或篮纹陶和夹砂黑褐皮红胎陶都可能是罐类。其中一件完整器为夹
砂黑褐皮红胎陶，大口，方唇，长颈，扁腹，似为轮制，肩部有浅弦纹状抹痕（图七，

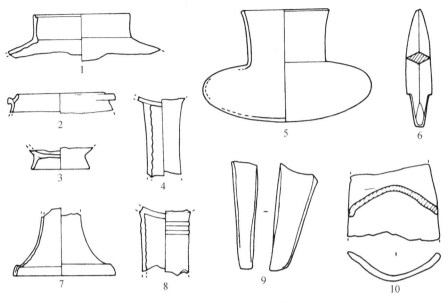

图七　三房湾灰坑H1出土器物

5）。另一罐口片为夹砂灰陶，斜唇直短颈，宽肩（图七，1）。此外，H1中还出有一支青灰岩石镞，镞身为扁菱形，圆铤（图七，6）。

H1中所出器物年代应为石家河文化晚期，但三房湾除H1外，我们亦未见到有石家河文化晚期的大面积文化堆积。估计北台顶部会有一些这个时期的堆积。

在北台与东台较低部分的交接处、南北向一排民房的东侧田边剖面上（图八，上），暴露出两座房基遗迹，顺次编号为F2和F3。剖面处出露的地层堆积厚1米，分为三层：第1层是田埂，厚30厘米；第2层是灰土，杂大量炭屑、红烧土粒和陶片，厚30厘米；第3层为黄褐色黏土，杂少量的红烧土粒，无其他包含物。两座房基即位于2层下，打破3层，其中F2打破F3，F2又被一个小坑所打破。

这两座房基的做法是一样的，都是先挖坑，后垫土。它们在剖面上暴露出来的垫土各自可分为三层。F2第1层是明黄色纯黏土，仅余厚2厘米；第2层是褐色砂质土，杂大量烧土末，最厚处尚余10厘米；第3层是明黄黏土，杂红烧土粒，出露30厘米，未到底。F3第1层为纯红烧土层，余厚18厘米；第2层为浅灰土，杂红烧土末，厚6厘米；第3层为褐色黏土，杂大量红烧土，出露26厘米，未到底。

该剖面所示的第2文化层（P3②），即灰土层，分布较为广泛，尤其是在北台的四周和北台与东台交接处及东台东侧这些较低的地方随处可见。它们大致应为同一时期的堆积。我们在P3第2层中采集到的器物主要有以下一些：

鼎足　残，夹炭陶，接腹内壁为浅灰色，足部为红色（图八，9）。

豆　盘残，泥质橙黄皮灰胎，柄为轮制（图八，4）。

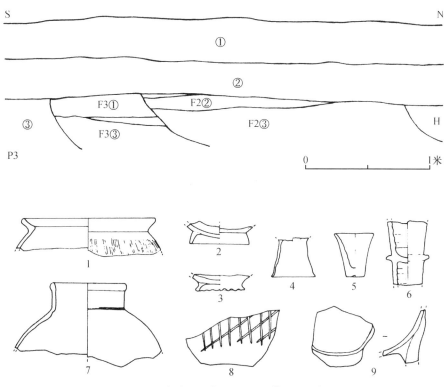

图八　三房湾地层剖面P3及P3②出土器物

碗　上腹残，泥质深灰皮浅灰胎，圈足与碗底对接（图八，2）。

高领罐　下腹残，泥质深灰皮红胎，短直领，腹部拍印篮纹经抹光，在领腹交接处尚留未被抹去的篮纹印痕（图八，7）。

腰鼓罐　下腹残，夹砂灰褐陶，方唇斜沿，沿面微凹，腹部拍印篮纹（图八，1）。

擂钵　残，夹砂灰褐皮红胎（图八，8）。

高圈杯　上下部皆残，泥质灰褐皮红胎，轮制（图八，6）。

杯　泥质红陶灰胎，平底，捏制（图八，5）。

还有花边底沿圈足一件，夹砂灰陶，可能是碗、盖一类器物（图八，3）

P3第2层所出这些器物均为石家河文化早期的典型器，说明东台与北台的绝大部分灰土堆积均应生成于此时。上述几座房屋基址的年代大体亦应使用在这一时期，至少不晚于这一时期。

三房湾东台顶部最高处居中偏南。顶面为椭圆形，从地表形状来看，这个台子顶部堆积的南缘稍稍向南突破了土垣。为了解东台顶部堆积与土垣之间的关系，我们在东台顶部东侧断壁面上的台垣交接处清理了一个长2米、高70厘米的剖面——P4（图九）。P4第1层是田埂，高20～30厘米；第2层为棕褐色黏土，含大量红陶杯碎片，坡状堆积，最厚17厘米；第3层为黄黏土，杂较多白膏泥，较致密；第4层亦为黄黏土，杂少量白膏泥，稍疏

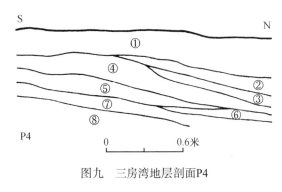

图九 三房湾地层剖面P4

松；第5层为黄黏土，杂白膏泥和棕黑色结核，较疏松；第6层为黄黏土，杂大量白膏泥和红色结核，较致密；第7层为黄黏土，杂白膏泥和少量棕黑色结核，较疏松；第8层为橙黄黏土，杂少量白膏泥，较致密，未到底。以上第3~8层亦为坡状堆积，不含文化遗物。与三房湾P1所见土垣的原生堆积结构略似，堆积用土也是相似的应为此处土垣的主体。P4以北间隔3米的同一断面上，与P4所示相同的堆积又有出露，但P4第2层堆积层次较厚，土垣主体堆积位置较低，刚刚露头，P4第2层这种含有大量红陶杯残片的堆积遍布整个东台顶面，从田边地脚暴露出的地层来看，其范围南北70余米，东西稍长，约90米，可以证明东台顶部，至少这一层堆积是在土垣建成后才形成的。

此外，我们在东台顶部堆积突破土垣的位置（图四）打钻的结果表明（图一〇，a），这里耕土层下有一层20厘米厚的文化层，其下的堆积与三房湾P1、P4所见的土垣原

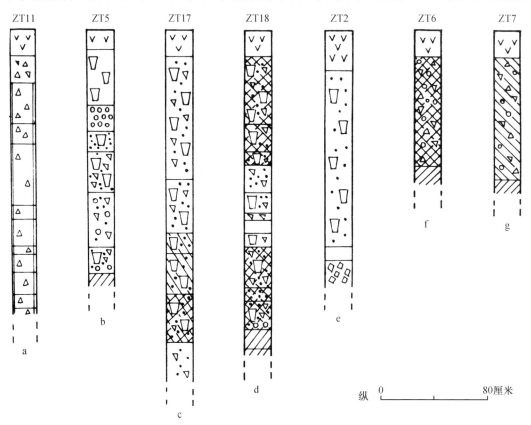

图一〇 三房湾钻探柱状地层剖面示意图

生堆积相同，说明土垣在这里并未断开，只是有较薄的一层文化层漫上了土垣，造成了现在地表所见的这种现象。当然，仅凭调查手段，我们无法解漫到土垣之上的部分文化层堆积是否是被晚近的扰动所致。这个部分地表现已被开垦成水田，而在整治田地时，不能排除扰动、搬动文化层土的可能性。

为进一步了解东台顶部的文化堆积情况，我们在这里多处进行了钻探（位置见图四），兹将钻探情况列于图一〇（b、c、d、e）和图一一：

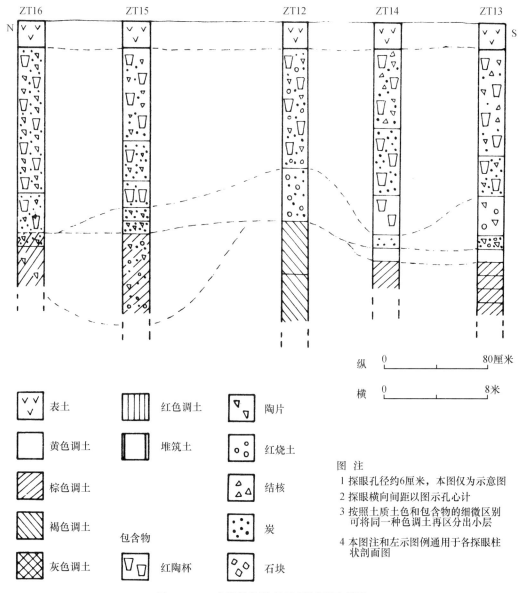

图一一 三房湾钻探柱状地层剖面示意图

　　以上九个探孔所显示的地层堆积情况大致相同。耕土层下普遍是一大层厚1.5米左右的黄或黄褐色花黏土，杂有大量的炭块、炭末和红烧土等，含陶片亦多，而陶片中红陶杯片尤多。有时甚至能提出显然曾是完整的被探铲破坏的红陶杯。有的地方这层堆积稍薄，有的地方则较厚，如ZT17、ZT18所示，呈一种坑状堆积，而这种坑状堆积无论从其土质土色还是从包含物的性质来看，都不像是一般的垃圾坑。这一层大多又可分为数小层，但区别不大。有的地方还夹杂有成层的纯红烧土，如ZT5。有的地方则有成层的纯净黄黏土和大量石块，如ZT2。它们是否是建筑堆积的一部分，尚有待证明。这些文化层之下存在普遍的棕褐色纯黏土，似应为生土，但ZT5处的这种棕褐色纯黏土较硬且较干燥，而ZT12、ZT13和ZT15处则较软且含大量水，造成这种现象的原因尚不明了。

　　在东台顶面偏东处的C1采集区（位置见图四）内，采集到如下一些文化遗物：

　　石斧　青灰岩，琢制，刃部磨光，短身，中锋，刃部有崩落疤痕（图一二，5）。

　　石纺轮　残，对钻孔（图一二，4）。

　　陶塑动物　泥质红陶，空心，捏塑，头足皆残，形似鸟或鸡（图一二，1）。

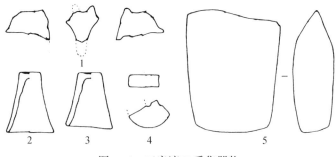

图一二　三房湾C1采集器物

　　石块　经人工破碎者2厘米左右3块，4厘米左右2块，8厘米左右1块；未经加工者2厘米左右1块。

　　陶片共得1076片，统计如下表：

纹饰	泥质红陶	夹砂红陶	泥质灰陶	夹砂灰陶	夹砂褐陶	泥质褐皮灰胎陶
素面	916	57	81	3	3	11
篮纹			2			1
方格纹			2			

　　其中夹砂红陶多为缸、鼎类，泥质大多为豆、罐或碗类，夹砂褐陶也是缸类片，泥质褐皮灰胎陶是盆类片。数量最多的泥质红陶中除有鬶裆两件和个别可能是鬶片外，绝大多数都是红陶杯，如以超过半圆的杯底来计算的话，有101件。因C1采集区位于休荒的菜地之中，完整的红陶杯多已被扔到田边。我们在C1内仅得4件可复原的红陶杯（图一二，2、3），它们的型式、制法大致相同，都是分别捏塑腹和底，然后套接抹平。

这种地表大量散布红陶杯的现象遍及整个东台顶面。我们在局部地方铲去耕土层后发现，下面的文化堆积几乎全部由红陶杯构成，这种现象与P4第2层及东台顶部钻探所反映的情况正相符合。如果保守估计，整个东台顶部堆积中所含红陶杯数量可能不下数万乃至数十万件。

在东台顶面采集到的器物还有：

鼎足　泥质红陶，锥状（图一三，21）。

豆　口及底沿均残，柄为轮制，盘柄对接（图一三，13）。

碗　上腹残。泥质灰陶（图一三，8）。

高领罐　腹底均残。泥质灰陶，凹沿直领（图一三，10）。

腰鼓罐　三件均为口部残片，手制。其中一件为夹砂灰褐陶，斜折沿，泥条盘筑，口部从内壁套接，腹部拍印横篮纹，上腹有刻划纹（图一三，2）；一件为泥质灰陶，凹沿，口部从外壁套接出沿（图一三，5）；还有一件为泥质灰褐陶，斜折沿，腹部拍印横篮纹（图一三，9）。

擂钵　仅余上腹内壁刻槽片，夹细砂灰陶（图一三，22）。

盆　两件均残。一件为泥质灰陶，窄沿（图一三，3）；另一件为泥质灰褐陶，凹折沿（图一三，4）。

缸　未见完整器。可分为两种，一种是折腹缸，上腹直，下腹锐折斜收，小平底。有口片二，一为泥质灰陶，平沿微凹（图一三，6），一为夹砂黑皮红胎陶，平沿略斜。二件沿下及上腹部皆附加有一圈泥片（图一三，7），口沿皆为中内壁向外套接。下腹片一，泥质黑陶灰胎，折腹处由内向外套接，外壁附加一圈泥片，下腹拍印方格纹（图一三，19）。另一种缸样式不明，仅有口部片，夹砂灰陶，口部由内向外套接，斜折沿，上腹略外鼓并有数道粗糙弦纹（图一三，1）。

鬶足　泥质红陶，根部从外套接向右拧出足尖（图一三，20）。

捏足杯　泥质红陶，上腹轮制成筒状，底部捏出三矮扁足，形似小鼎（图一三，12）。

杯　较完整者五件，皆为泥质红陶，手制。腹底套接，其中瘦腹者两件（图一三，15、18）；胖腹者一件（图一三，14）；中腹者两件（图一二，16、17）。

钵　泥质红陶，尖唇斜腹，手制（图一三，11）。

以上器物的年代均不超出石家河文化早期的年代范围，说明东台上部堆积的年代应落在此时。含红陶杯较多的文化层也应是石家河文化早期的文化堆积，因其叠压于土垣原生堆积之上（P4②），表明此处土垣堆筑的年代不会晚于石家河文化早期。

三房湾西、北、东三台的文化堆积虽有不同，但它们的绝大部分堆积均形成于石家河文化早期，它们之间的堰塘当形成于其后。

三房湾北台和东台向北、东缓降为低冲，较低处可见大面积灰土文化层，与谭家岭、蓄树岭和杨家湾台地下部灰层相连接。

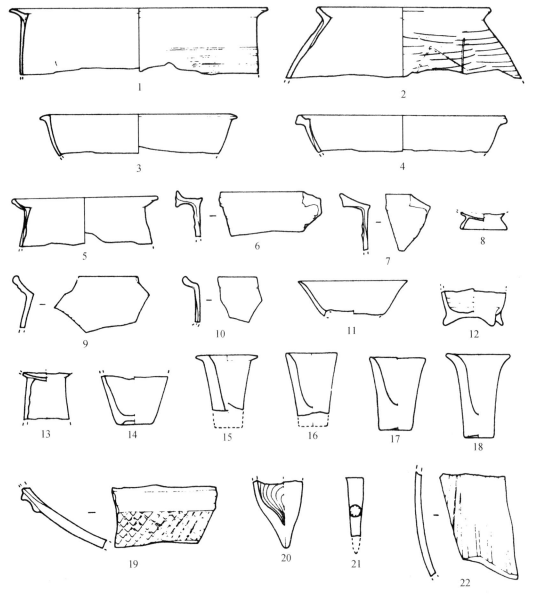

图一三　三房湾东台地表采集器物

（二）谭家岭

　　谭家岭台地位于三房湾正北，呈东西长、南北短的长条形。其西为从三房湾向北延伸过来的土垣所挡，北与邓家湾台地相连，交接处略低。东面一直延伸到黄金岭与土城之间的土城环形冲部，这里是台地的最低处，估计其原貌应较现在为高，由于修建土城及其环形壕时曾在这里取土而削去一部分，从而形成了现在的地貌（详后）。台地顶面较为平坦，略高处居中，为谭家岭村民居所压。其东部还有星零的土城村民居（图一四）。

　　从地表暴露出来的文化堆积情况来看，谭家岭台地南北两侧较低处散布有大面积的灰

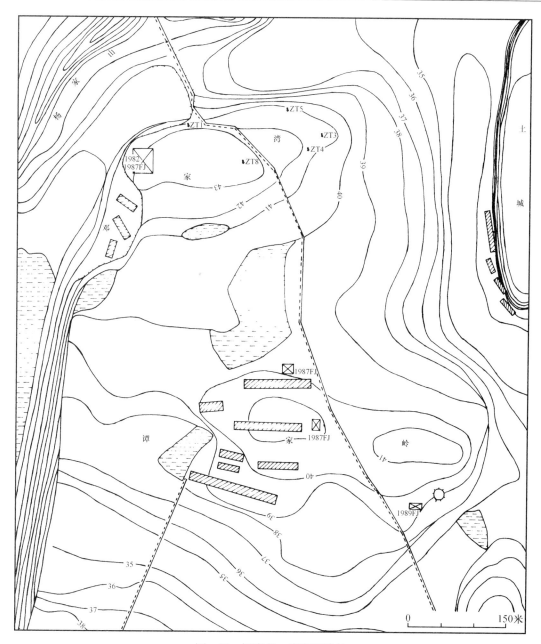

图一四 谭家岭、邓家湾遗址

土文化层，北与邓家湾文化层相连，南与三房湾、蓄树岭文化层相接。谭家岭台地顶部则多见成片红烧土堆积，向东一直延伸到黄金岭和土城之间的环形冲底部。尤其是在东部土城村民居左近，由于台地顶部堆积被严重削去，在耕地中暴露出了大面积的连接成片的红烧土层，但其范围向东不超过黄金岭南北一线。

联合考古队组建以来，1987年和1989年曾在谭家岭台地顶部做过两次正式发掘[6]。第一次发掘的位置分两处（Ⅲ区、Ⅳ区），一处在谭家岭民房东侧，另一处在谭家岭民房北侧。第二次发掘的位置稍偏东，在谭家岭土窑的西侧。第二次发掘的所有探方清理至2米左右，均未挖到生土。从发掘的情况来看，这三个地点的文化堆积情况大体一致，文化层最深厚处可达4米以上。其下部堆积是大溪文化时期的，遗迹有成群的墓葬、灰坑等，表明此处曾存在过大溪文化时期的墓地。上部堆积是屈家岭文化时期和石家河文化早期的。遗迹主要是房屋基址。第一次发掘发现屈家岭文化房基6座，还有石家河文化早期烧土坑状堆积，估计亦和房屋基础垫土有关，第二次发掘更发现了连接成片的红烧土堆积和叠压打破关系甚为复杂的成片房屋遗迹（遍布第二次发掘全部探方），其中尤以屈家岭时期的房屋保存较好，有的房屋残墙以黄黏土垛成，残高尚存近1米，还有分间房屋存在的迹象，只是发掘工作尚未全部完成，具体情况有待以后工作，这两次发掘工作表明，至少在谭家岭民居北侧、东侧到土窑这一范围内，存在着以屈家岭文化时期到石家河文化早期的大面积成片的建筑遗存。如果联系到我们在地表所见文化堆积上部暴露出的大片红烧土分布现象，可以有理由地推测，整个谭家岭台地曾经是从屈家岭文化时期到石家河文化早期的面积较大的连续居住区。

（三）邓家湾

邓家湾台地位于谭家岭之北，二台地之间略低并有一水面面积较大的堰塘。邓家湾较谭家岭高出1米多，但从大的地形上看，这两个台地连接紧密，原应为一个大的台子，由于后来长期的文化堆积才形成现在看到的形状。邓家湾台地的西北两面为由三房湾、谭家岭土垣西侧延伸过来的环形壕沟所绕。其顶部最高处偏于西北，向东缓降，其东部堆积被修建土城及其环形壕时严重破坏。现邓家湾村民房位于台地西南角低于台地顶部约3米的一小块平台上（图一四；图版二，4）。

从三房湾经谭家岭向北延伸的土垣在邓家湾西南角民房南侧突然消失，于地表不复能见。但与土垣相始终的环形壕沟并未消失，它在邓家湾台地北侧向东拐去，而且邓家湾台地顶面较高的部分偏于西北，呈东西长的条状。并且在这个条状堆积的西北部地表隐约可见一段长十数米的纯净红黏土带，与一般文化层不同，而似与土垣堆积相类，我们在这里布设了ZT1，钻探结果如图一五，a。

再向东100米，我们布设了ZT5（图一五，b）。稍偏南一些，我们布设了ZT3、ZT4和ZT8（图一五，c、d、e）。

由以上钻探情况可知ZT1和ZT5诸层堆积中均不含文化遗物，与前述三房湾土垣堆积情况是一致的。这种堆积作东西向条状分布，向南不超过ZT8至ZT4一线，因为ZT8和ZT4深达2米左右的已知堆积是含有炭屑、红烧土和陶片的普通文化层，与我们了解到的邓家湾台地文化层堆积接近，不是土垣的堆积。由于ZT3稍偏北，这里210厘米厚的文化层之下可以见到土垣的堆积，说明ZT3打在了土垣的内坡，而ZT1和ZT5则打在了土垣的

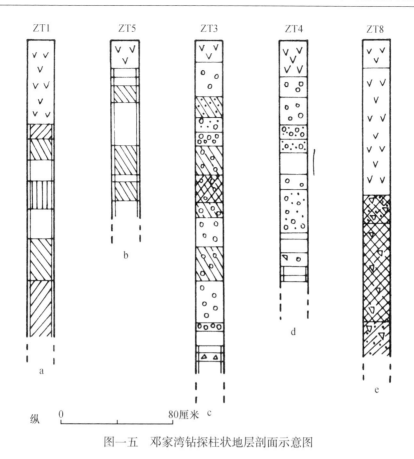

图一五　邓家湾钻探柱状地层剖面示意图

垄脊上。证明这段土垣的堆积形状与我们在三房湾和谭家岭地表所见土垣的形状是一样的。其宽度也相差不多。只是由于后期的文化层堆积较厚，才将土垣完全湮没。邓家湾的文化层堆积向西、北不超过土垣，这一点与我们在三房湾和谭家岭所见文化层与土垣间的关系也完全相同。邓家湾这段土垣在邓家湾台地北侧一直隐约可见（即此段土垣外坡），它的东部同其南侧内文化层堆积一道被土城环形壕所打破，同时土垣北侧的环形壕沟也在这里断掉。

　　1987年秋，联合考古队曾在邓家湾台地西部做过较大规模的发掘，发掘情况有简报发表[7]。发掘部位的文化堆积都是从屈家岭文化中晚期到石家河文化早期的，主要的遗迹有土坑墓60座，瓮棺葬12座，证明这里曾是一处规模不小的墓地。其他还有数量较多的灰坑（有的灰坑中出有上千件陶塑小动物，说明不是一般的垃圾坑）和相互套接的陶筒形器和陶缸等遗迹现象。

　　其他尚未发掘的东部大片地区的文化堆积较厚，于地表可见有大面积的灰土层。在路边和田边的断面上还见到数处连接成片的红烧土堆积，证明这里还有建筑遗存。邓家湾与谭家岭间堰塘（前堰）的东边，有一块面积稍小的台子，这里也发现有连片的红烧土堆积。我们在这些地方地表采集到的器物所表明的年代均不超出1987年发掘的西部堆积的年代范围。

（四）黄金岭

黄金岭位于谭家岭正东，与谭家岭台地相接，其间仅一堰之隔。黄金岭本身是一个南北长400米，东西宽近百米的长条形小土岭，其顶面高度略低于谭家岭（不足1米），其西坡坡度较缓，20°～30°，顶面与西坡坡底高差5米左右；东坡较陡，坡度在70°左右，顶部与东坡坡底高差可达六七米。东坡下是一条宽近百米的沟状大冲，南北长与黄金岭相始终。南部顶端紧靠一排民居，北部顶端下临土城环形壕（图一六；图版二，2）。

黄金岭顶部有北、中、南三个分立的小土包，它们之间形成两个较低的鞍部。土包顶面高出鞍部1～2米。南边的鞍部耕土层下有厚10厘米左右的文化层，黄褐色花土，杂有红烧土颗粒。北鞍部耕土层下不见文化层。三个土包则全部由文化层堆积而成，文化层的厚度应相当于它们与鞍部之间的高差。

我们在南边土包顶面东北侧田角，清出了一个宽1.5米、深1.1米的垂直剖面（P1）。剖面处文化层分为四层，呈水平堆积。其中第1层是褐色耕土层，厚20厘米左右；第2层为黄花土杂红烧土颗粒及少量炭屑，含陶片较少，厚70厘米；第3层是一层厚薄均匀的纯黄土层，无包含物，厚10厘米；第2层与第3层间有极薄的一层断续灰土脏面，像是房屋地面；第4层为黄褐色花土，杂较多炭屑，含少量陶片，出露仅10厘米，未到底。我们在这个剖面上采集到的陶片大多细碎，不辨器形。唯一能看出器形的是一片大口折腹小平底缸的折腹处碎片，泥质黑皮灰胎，上下腹拍印方格纹，折腹处有上下腹分别盘筑的套接痕，外壁贴有一圈泥条（图一七，4），出于P1第4层，是石家河文化早期的典型器。

其他两个土包的堆积情况推测亦应与P1所示略同。

整个黄金岭东坡坡面上未见有文化层堆积，西坡坡面则覆盖有一层连接成片的较厚的灰黑土文化层，含较多的文化遗物。呈坡状堆积，并与顶面三小土包的文化层相连接。

我们在西坡北部田边清出两个剖面。其中P2（图一八）宽3米，深0.8米。剖面显示这里的地层可分为五层：第1层是田埂，厚30厘米；第2层为褐色花土，杂有棕结核，可能是田边堆土，最厚处20厘米；第2层下有一灰褐土坑打破第3、4两层，坑内含少量细碎陶片；第3层为灰黑土，杂少量红烧土、灰烬等，含大量陶片和石器，最厚处20厘米；第4层为黄花土，杂少量烧土，含大量陶片，最厚25厘米；第5层复为灰黑土，杂烧土，含陶片，出露最厚处40厘米，未到底。第3、4、5层呈坑状堆积。在这个剖面上采集到的遗物，较完整者均出自第3、4两层。其中出自第3层的有以下数种：

豆　豆盘一，残，泥质灰陶（图一八，4）。豆柄一，残，泥质灰陶，轮制，内壁尚留有轮旋痕，盘柄对接（图一八，2）。

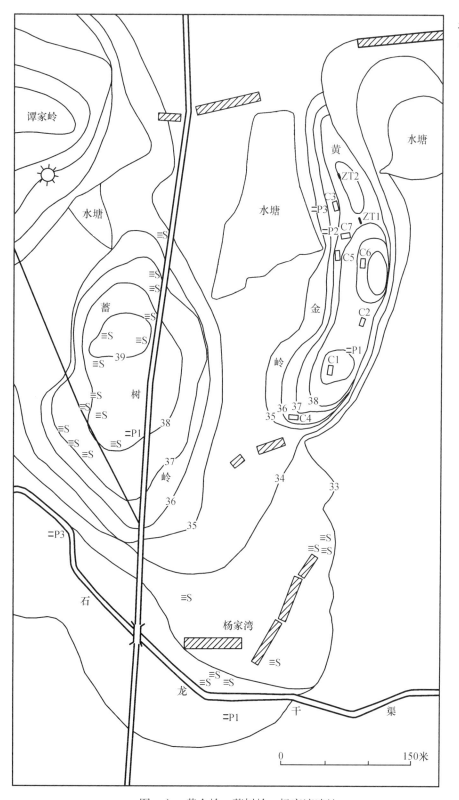

图一六　黄金岭、蓄树岭、杨家湾遗址

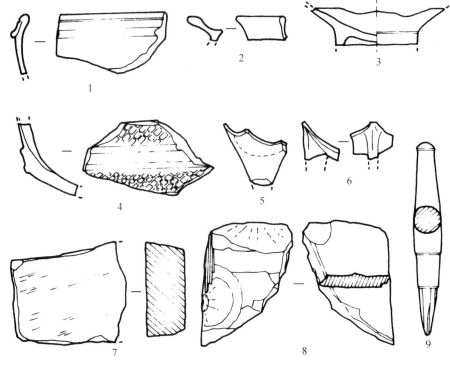

图一七 黄金岭P1④、C4及地表采集器物

腰鼓罐 仅有口沿片一，夹砂灰陶，方唇，折沿；口沿处有抹痕（图一八，5）。

擂钵 仅有筒腹残片，泥质红陶灰胎，网状刻槽（图一八，6）。

盖 捉手残，泥质灰陶，方唇，浅折腹，顶部近捉手处有螺旋阴弦纹，似为轮制（图一八，1）。

捉手 泥质灰黑皮红胎，内壁有螺旋轮痕（图一八，3）。

磨石 残，一面已磨凹（图一八，7）

第4层出两件完整器，一件为豆，泥质灰陶，浅盘粗柄，盘、柄分别轮制，对接部位有刻槽，盘外壁和柄内壁均尚留有顺时针螺旋轮痕，柄分两段制成（图一八，9）；另一件是鬶，泥质灰芯红陶，捏流，宽鋬，泥条盘筑，泥圈从外向内套接（图一八，8）。

以上两层所出陶器均为石家河文化早期器物。

P3在P2北部，仅有两个地层出露：第1层是厚40厘米左右的田埂；第2层是灰黑土，杂红烧土粒、小石块等，含大量陶片和石器。我们在P3第2层中采集到的器物有以下几种：

鼎 残足一，夹砂红陶，附加泥质橙黄陶堆纹，复原应该有两道（图一九，27）；口片一（或为罐类口），夹砂红陶，折沿，沿面略凹，泥条盘筑，口沿部位泥圈系由内向外套接，沿面有抹痕，腹部拍印横篮纹（图一九，3）。

豆 均为泥质灰陶，有豆柄底沿片五，皆为轮制，出沿大小均不同，但大多沿部内卷

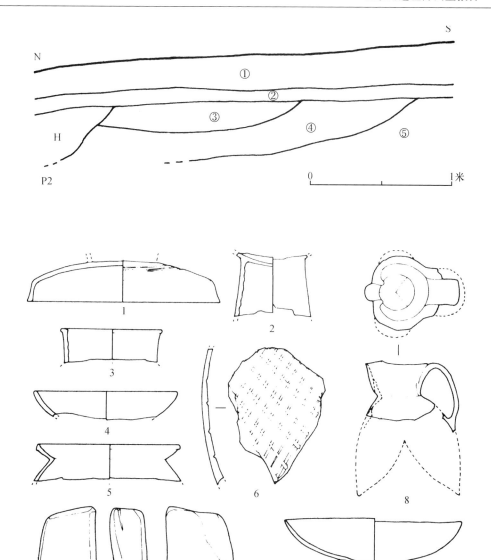

图一八　黄金岭地层剖面P2及P2④出土器物

折叠（图一九，18、22、23、28）；豆柄一，有未透镂孔（图一九，19）。

　　高领罐　均为泥质灰陶，有罐口片三，凹沿直领，凹沿大小及斜度均不同，泥条盘筑有外接、内接之分（图一九，7、8、12）；罐底片一，为凹圈底（图一九，17）；另有肩部片，饰有在附加泥片上刮出的三周浅凸弦纹。

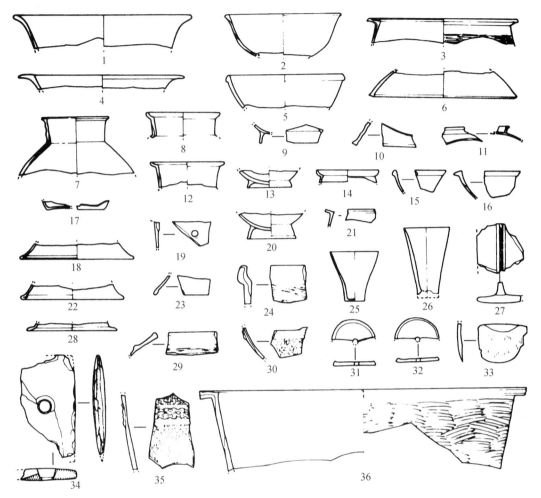

图一九 黄金岭地层P3②出土器物

碗 口片二，均为泥质黑陶（图一九，2、5）；碗底圈足三，底部与圈足对接，其中两件泥质灰陶者圈足较高（图一九，9、20），一件泥质黑陶灰褐芯者圈足较矮（图一九，13）。

器盖 两件口片均为泥质黑皮灰芯（图一九，6、10）；捉手一，泥质灰陶，矮圈足形（图一九，11）。

缸 口片二，其一为夹砂灰陶，平折沿，口略敞，泥条盘筑，由外向内套接，腹部拍印浅横篮纹（图一九，36），另一为粗砂褐陶，瓶口，腹印篮纹（图一九，24）；还有腹片二，其一为折腹小平底缸的折腹处片，泥质黑陶，方格纹，折腹处贴一周附加泥片（图一九，30），另一为上腹片，细砂灰陶，方格纹，有按窝附加堆纹（图一九，35）。

瓮 口片一，夹砂红陶，敛口，腹部拍印横篮纹（图一九，29）。

杯 均为泥质红陶，较完整者三件，一件薄胎弧腹大口，底略凹（图一九，25）；一件厚胎杯直腹，底残（图一九，26）；另有一薄胎彩陶杯，残甚，红彩，图案不明。

盆 均为口沿片，一件泥质黑皮红胎，大敞口（图一九，1）；另一件泥质灰陶，平卷沿，敞口（图一九，4）。

器口 一件泥质黑灰陶，斜沿（图一九，16），一件泥质灰陶，厚唇外凸（图一九，15），均应为豆、碗或盖类；一件泥质黑陶红芯，斜平折沿（图一九，21），还有一件泥质灰褐陶，凹沿敛口（图一九，14），可能是小鼎或罐类。

陶纺轮 两件均残，皆为泥质红陶，周缘一面有翘起的一周凸棱，轮面似绘有黑彩，但脱落过甚，漫漶不清（图一九，31、32）。

石器 两件均残，其一似铲，灰岩，较扁薄，磨光较好，一面管钻未透，由另一面对琢成孔（图一九，34）；另一件为石器残片，灰岩，磨光（图一九，33）。

以上器物过于残破，但它们确切的年代似乎可以确定在屈家岭文化晚期的最晚阶段或石家河文化早期的偏早阶段。较P2第3、4层年代稍早，但相去不远。表明整个黄金岭的文化层堆积年代大致集中在石家河文化早期及其稍早这一阶段。

在黄金岭顶部土包上，鞍部及西坡坡面等不同部位所做区域性采集均得到陶片、红烧土块和石块等文化遗物。其中红烧土块大小多在1~3厘米；石块大多是经人工破碎的，粒径多在1~2厘米。各区采集时地表均种有高不足半尺的稀疏小麦青苗。现将采集数量及百分比统计数字列如下表：

采集区	陶片	红烧土块	石块	总计
C1	385	119	63	567
	67.90%	20.98%	11.11%	100%
C2	28	1	5	34
	82.35%	2.94%	14.70%	100%
C3	77	9	23	109
	70.64%	8.25%	21.10%	100%
C4	136	37	25	198
	68.68%	18.68%	12.62%	100%
C5	127	10	12	149
	85.23%	6.71%	8.05%	100%
C6	224	27	52	303
	73.92%	8.91%	17.16%	100%
C7	208	14	45	267
	77.90%	5.24%	16.85%	100%

采集区中陶片一项，其大小比例情况粗略统计如下表：

采集区	2厘米以下	2厘米以上	总计
C1	162	223	385
	42.07%	57.92%	100%
C2	11	17	28
	39.28%	60.71%	100%
C3	54	23	77
	70.12%	29.87%	100%
C4	56	80	136
	41.17%	58.82%	100%
C5	71	57	128
	55.47%	44.53%	100%
C6	153	71	224
	68.30%	31.69%	100%
C7	127	81	208
	61.05%	38.94%	100%

由于采集区均处于经长期耕种的农田之中，加之自然重力作用和雨水冲刷，地表文化遗物的分布状况已与遗址刚刚废弃时的原初状态相去甚远。就采集情况来看，以上不同采集部位中不同的文化遗物所占比重相差不多，其细微差别在于，位于顶部三个小土包顶面上的C1、C2、C3和C6中陶片比例最高占73.92%，最低的是67.90%，2厘米以上的小陶片居多；位于鞍部和西坡坡面的其他四个采集区中陶片比例最高达85.23%，最低是68.68%，2厘米以下的大陶片居多。说明红烧土块和小石块这些建筑材料在顶部的分布数量偏多。如果考虑到自然重力和雨水冲刷对红烧土块和小石块的影响较之陶片更大的话，那么这种偏差本应表现得更为明显。这是与我们前面对文化层堆积情况的观察正相吻合的。黄金岭顶部三个分立的小土包应当是三组建筑废弃后的堆积（P1剖面所示地层表现的正是这种情况），西坡坡面的大量灰土堆积则应是这三组建筑的居住者倾倒垃圾的地方，而垃圾区所出陶片较之居住建筑区所出为多且片大，也恰在情理之中。

各采集区中不同陶质、陶色和纹饰的陶片所占比例大致相同，兹将C4陶片数量统计如下表：

纹饰	泥质红陶	夹砂红陶	泥质灰陶	泥质褐陶	夹砂褐陶	泥质褐陶灰胎	泥质红陶灰胎	泥质黑皮红胎
素面	19	4	70	2	8	2	11	1
篮纹			7			5		
方格纹			2		1	2		
凸弦纹					1	1		

表中泥质红陶多为杯、钵等。夹砂红陶主要是鼎，泥质灰陶器类则有豆、高领罐和碗等，夹砂褐陶可能是缸类、鼎类器，泥质褐陶灰胎素面陶片是鬶（图一七，1~3、5、6）、年代均不超出石家河文化早期的范围。

在黄金岭顶面采集到的小件石器有以下三件：

石料　青灰岩，一面有切痕，侧面有崩落或打击疤痕（图一七，8）。

磨石　砂岩，一面有磨痕（图一七，7）。

镞形器　只有一半，身分三段：一段似镞铤。似车磨而成，用途不明（图一七，9）。

上述采集器物均不超出日常用器的范围，也符合黄金岭顶面文化层堆积为普通居住遗存的判断。值得注意的是，黄金岭本身是一个南北长的长条形土岭，并与其东侧长条形冲（沟）相始终，它们的北端为土城及其环形壕所打破，推测其原形还应向北延长。黄金岭岭上文化层堆积与其他居住址颇有不同，位于顶部的居民只向岭下西侧倾倒垃圾，说明他们十分重视东侧冲沟，不欲使其淤积堵塞，这样的情况表明黄金岭及其东侧冲沟似与三房湾至谭家岭、邓家湾的土垣及其外侧环形壕的形态极其相像。我们在黄金岭北段做了两处钻探，其中ZT1位于北鞍处，ZT2更偏西北一些（图二〇）。

钻探结果表明，黄金岭本身是由不同土色的纯净黏土层层堆积而成，而且，在黄金岭东坡较陡直的坡面上，亦可见到较厚的分层黏土堆积，与三房湾、谭家岭、邓家湾土垣的堆积形态完全一样。而黄金岭"本体堆积"之上所覆盖的稍晚一些的文化层堆积年代大致在石家河文化早期，说明"本体堆积"，亦即此段土垣的堆筑年代不会晚于石家河文化早期。这也与我们在三房湾东台观察到的石家河文化早期地层堆积叠压在土垣之上的现象是一致的。

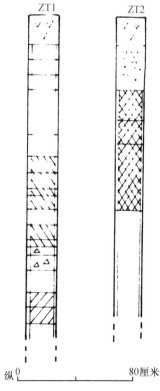

图二〇　黄金岭钻探柱状地层剖面示意图

（五）土城

土城位于邓家湾以东，黄金岭之北。现有土城圈高出地表，传为古竟陵城。土城因地而得名，其民居位于城内北部、西部及城外西南端（图二一；图版二，1）。

土城城垣平面形状略似鞋底，南北长约510米，东西最宽处偏北，约280米。周围是一圈低冲，形似环形壕沟，最宽处100余米，最窄处在土城与京山坡之间，约80米。这里应

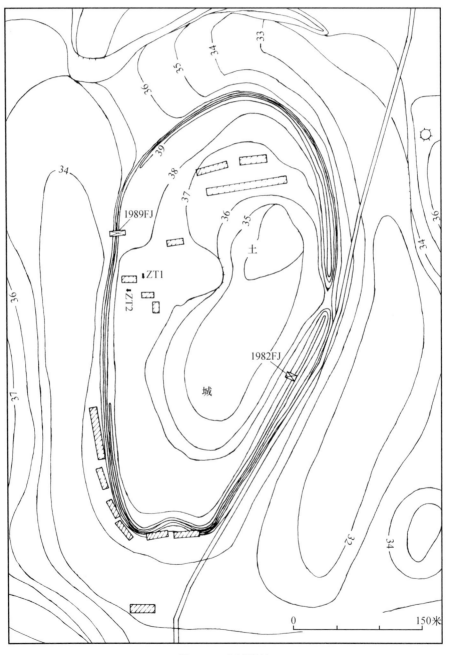

图二一　土城遗址

是修建土城城垣取土的地方，也是使用土城时排水的设施。如果这一环形壕沟后期淤积不厚、雨水冲刷作用不剧、现状与原貌相去不远的话，是起不到类似护城壕那样的防护作用的。土城城垣现存高度距环形冲底4～6米，顶宽4～6米，底部宽度在10～20米。其中东、北段城垣稍宽，高差也较大。整个城圈十分完整，只在东段偏北处有一宽12米左右的豁口，或为城门所在。城内南、西、北三面均高，东部低洼，现有水塘，高差在3米左右。高处地表未见有大面积建筑遗存的迹象。以前在这里采集到的文化遗物大多是西周中晚期的[8]。

为了解土城城垣的结构及其建筑、使用年代，湖北省博物馆于1982年曾在土城城垣东段偏南处开掘过一条探沟，其资料尚未发表。但据称这里的城垣是由红黄黏土分层堆积而成，并有石家河文化晚期的瓮棺葬埋在城垣之上，因而推断土城建造年代应在新石器时代。联合考古队组建之后，1989年又在城垣西段偏北处（图二一）试掘过一条宽5米、长15米的探沟[9]。详细资料亦尚未发表。试掘结果表明，这里城垣的主体核心部分略呈梯形，上宽2.3米，下宽2.5米，高仅约2米，版筑夯成，两面还有护城坡，上部或许还有堆筑土。整个城垣体构筑在石家河文化晚期文化层之上。类似结构我们在北段一条穿越城垣小路旁高约1米的断面上也有发现。建筑城垣用土大多为褐、灰黑色的文化层土，杂较多的文化遗物，包含的陶片中最晚有西周陶鬲，如果此段城垣与现存城圈建筑使用年代一致，则基本可以判明土城是西周或西周以后建造的。加之地面踏查所见城垣内有大面积的西周时期文化堆积和大量的西周时期的文化遗物，断定土城使用年代大致在西周时期是不会有太大问题的。这样，两次试掘的结果就完全相左了。而以土城现存的情况来看，它是一个十分完整的整体，相隔这么长时间，分两次建成是不能想象的。考虑到封闭的土城城垣及其取土的环形壕已将邓家湾北侧土垣的东段和黄金岭土垣以北的土垣段完全打去，如果假设邓家湾土垣与黄金岭土垣原本相连，则黄金岭土垣向北延伸的一段恰好通过1982年湖北省博物馆在土城东垣试掘探沟的位置，只有设想在修建土城城垣时，并未将黄金岭土垣向北延伸的部分完全挖掉，而是在土城东垣经过的地方保留了一段早期的土垣，并将这段土垣改建为土城城垣，以上两次试掘所出现的互相矛盾的结果才能得到合理的解释。因为就地表现存情况来看，土城封闭城垣及其环形壕打破了邓家湾土垣东段和黄金岭土垣北段，年代无疑要晚，而黄金岭土垣建筑在石家河文化早期之前，有石家河文化晚期瓮棺葬埋于其上并不为怪。而前一次试掘的土城城垣堆积与后一次试掘的情况大不相同，反与三房湾，邓家湾和黄金岭土垣的堆积颇为相似，说明以上假设是成立的。而且我们注意到，土城内西部偏北一点的地方，有一处向东延伸的舌形台地，其形状恰能与邓家湾土垣向东延伸的趋势相连接（图版二，1）。我们在这个舌形台地偏西一些的地方做了两处钻探（图二二），其结果表明，这里晚期文化层之下的堆积情况与邓家湾土垣堆积相同，都是利用非文化层的原生黏土分层堆筑而成。应当是说明了在

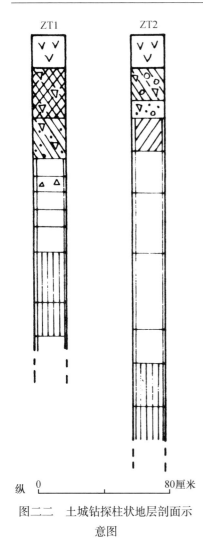

ZT1   ZT2

纵 0   80厘米

图二二　土城钻探柱状地层剖面示意图

土城建成之后，这里仍保留了邓家湾土垣向东延伸的一部分。

（六）蓄树岭、杨家湾

蓄树岭、杨家湾位于黄金岭与谭家岭、三房湾之间，东南有低冲与肖家屋脊、罗家柏岭相隔（图一六）。

蓄树岭、杨家湾是一个东南—西北略长，形似平行四边形的台地，西北部较高，名为蓄树岭；东南部稍低，名为杨家湾，并有杨家湾村民居坐落于东南部顶面正中。西北部与东南部之间略低，可隐约将此台地分成两部分，石龙干渠东西向横穿杨家湾南部。

蓄树岭、杨家湾的文化层堆积从地表暴露的情况来看，是与黄金岭、谭家岭和三房湾延续过来的文化层相连接的。只是连接的部位地势较低，文化层多是灰层，包含较多的文化遗物。这一点在经过蓄树岭与三房湾之间低冲部的石龙干渠的断面上可以看得很清楚。在渠边蓄树岭P3的位置，我们见到了如下的水平地层堆积：第1层，渠边堆土，厚60厘米左右；第2层，褐色黏土，杂大量锰结核，含文化遗物较少，偶见釉陶，厚近50厘米，是晚近的冲淤土；第3层，灰褐土，杂大量灰烬、炭及少量红烧土粒，含陶片较多，厚约80厘米；第4层，黄灰黏土，杂较多红烧土颗粒，厚20厘米；第5层，灰褐土，杂大量灰烬、炭及少量红烧土粒，含陶片较多，厚近50厘米；其下为褐色生黏土。以上第3～5层均为石家河文化时期的堆积。

蓄树岭与杨家湾的文化堆积是连在一起的，只是局部稍有不同。蓄树岭顶面北部和南部较高，其间稍低。顶面地表耕土层下暴露的文化层是断续的灰层，它在东部和中间较低的地方堆积较厚并连接成片。在水渠边偶尔还可见到耕土层下的灰坑等遗迹，P2处暴露的灰坑H1即是。H1位于耕土层下，口宽近1.7米，暴露部分深40厘米，未到底。堆土为含灰烬、炭和红烧土粒的灰黑土。它打破的地层是一层黄黏土，稍泛灰，杂红烧土粒。在H1中采集到的器物有如下几种：

鼎　口片二，一为夹砂红陶，凹沿，唇内凸；一为夹砂黑褐陶，凹沿，圆唇。足一，夹砂红陶，残，柱状，与腹片交接处有一圆形按窝，腹片外壁拍印篮纹（图二三，2、4、8）。

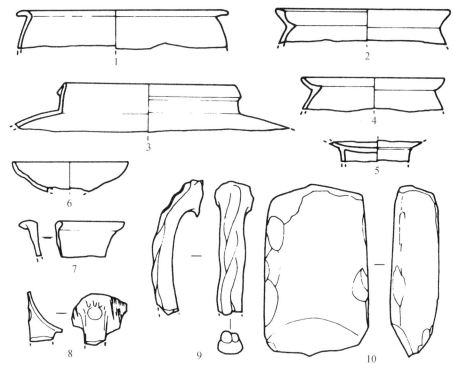

图二三　蓄树岭灰坑H1出土器物

豆　泥质灰陶，圈足较粗，圈足与盘黏接处的细凸弦纹为制作时抹出的痕迹（图二三，5）。

卷沿罐　口片，泥质灰陶，卷沿敛口（图二三，1）。

小口罐　口片，泥质灰陶，矮领宽肩（图二三，3）。

鬶鋬　泥质黑皮红胎陶，以拧成麻花状的泥条与泥片黏接而成（图二三，9）。

盆　口片，泥质灰陶，窄卷沿（图二三，7）。

钵　泥质红陶，胎土较粗糙，腹略曲，底残（图二三，6）。

石斧　青灰岩，长方形，中锋、磨制不精，两边仍可见修坯时留下的石片疤，刃部及顶端均有使用时崩落的石片疤（图二三，10）。

此外，在附近灰土层中采集到的较为完整的器物还有以下几件：

小杯　泥质红陶，矮胖，斜直腹（图二四，3）。

盆　泥质灰陶，卷沿，内壁有拍垫凹

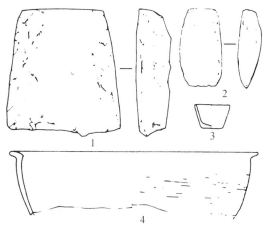

图二四　蓄树岭顶面灰层采集器物

痕，外壁有横长条形纹（篮纹?）（图二四，4）。

石斧坯　梯形，周边有成串石片疤，一面及顶、侧缘皆有磨光，另面有切割痕，刃端残（图二四，1）。

石凿（楔?）　长方形，一面略平，一面弧凸，中锋中刃，磨制较精（图二四，2）。

以上这些器物年代大致应为石家河文化晚期，说明这里耕土层下灰土堆积及灰坑很可能都是这一时期的遗存。

另于蓄树岭地表及沟边、田边所能见到的遗迹现象是大片的红烧土连续堆积，其延续较长者可达8米左右，一般也在4米左右，厚度在20~60厘米。红烧土堆积集中分布的地方主要在顶部南北两个较高的地方，其中北部见到7处，南部见到12处。我们在南部路旁水沟边清出的剖面——P1上（图二五），可以见到这种红烧土堆积的具体情况。这个剖面长5米，深约1.5米，所示此处地层堆积情况如下：

第1层为路面垫土，厚60厘米；

第2层亦为垫土，褐色，厚20厘米；

第3层为黄黏土，杂烧土粒，较疏松，厚16厘米。出有折腹小平底缸折腹片二，皆为泥质灰芯黑皮陶，折腹处贴一圈泥片，腹拍方格纹；可复原的钵一，泥质灰陶，陶土较粗，外壁略呈红色，内壁尚留有轮制拉坯缧旋纹；盆口片一，方唇，斜凹沿，内壁有拍垫凹印，外壁拍斜篮纹。皆应为石家河文化早期典型器。另出一块烧土块，一面抹平，另面有二圆形凹印，间距2厘米，似为抹在编篱上的泥壁（图二五，1~5）。

第3层下即为一红烧土坑状堆积。坑状略似浅锅底形，坑口剖面处宽3.65米，深约0.7米，红烧土堆积于中部，从上至下连续堆积，并杂少量小石子。红烧土堆积边缘与坑两边之间为沟状堆积，沟口宽约0.4米，一边沟中填灰色碎陶片和小石子，另一边沟中堆土为黄花土，杂较多红烧土粒。从红烧土堆积中仅捡出两片陶片，一片似罐口，泥质陶，一片是高领罐肩部片，泥质灰陶，后被火重新烧过，呈淡红色，外贴泥片，泥片上刮抹出的旋纹已难以看清（图二五，6、7）。应是屈家岭文化晚期器物。这个红烧土坑状堆积应为一座房屋的基础，暂编号为F1，其上第3层或许即是房屋废弃后的堆积，说明F1的年代大约应为屈家岭文化晚期或石家河文化早期。

第4层为黄花土，杂红烧土粒及少量炭屑，出露厚度46厘米。其中所出陶片能看出器形者仅一件碗底，泥质灰陶，腹与圈足对接（图二五，8）。

第5层仅在F1下出露数厘米，为褐色花土，杂红烧土粒和炭屑。

这样，我们可以推测，这种连续的烧土堆积均应为房屋基址。蓄树岭顶面南北两个较高的地方则应为两处集中的建筑区，其年代亦应与F1的年代同时。

蓄树岭与杨家湾交接的部位现为水田，地表耕土较厚，见不到文化层出露。由钻探的情况可知，此处地表耕土有的地方厚达0.5米，文化层厚在1米以上，且有纯红烧土和纯黄

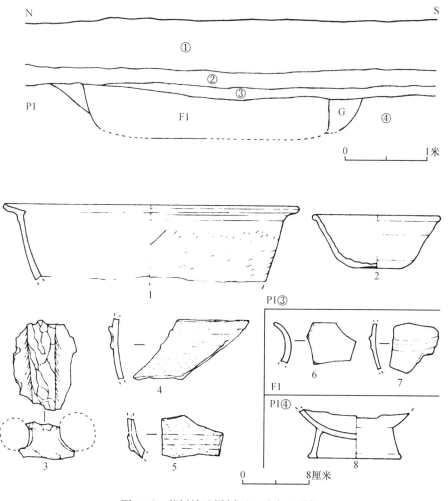

图二五　蓄树岭地层剖面P1及出土器物

黏土堆积，说明这里也有房屋遗迹。

　　杨家湾台地东北—西南较长，位于其顶面中部的民居亦做此方向延伸。民居东北与西南两端的位置稍高，中部略低。在这两个较高的地方也分布着一些连续的红烧土堆积，其中西南部的红烧土堆积主要暴露于民居前的打谷场上，连续堆积的有三处，最西面的一处面积约为6米×3米，其他两处稍小一些。东北部连续堆积的红烧土是犁地时翻出的，大致也可分辨出三处，偏北的一处面积为8米×5米，偏南的一处面积为6米×3米，偏西的一处稍小。中部较低处有一排水沟流入石龙干渠，由沟边剖面可见此处文化层厚约1米，大致为黄褐花土和黄灰花土，杂红烧土粒，包含文化遗物较少。

　　在石龙干渠以南的台地边缘部分，地表及渠边耕土层下暴露出大面积连续灰层，杂较多灰烬，含陶片等文化遗物。一般为坡状堆积，有的为坑状堆积，可能是垃圾坑。我们在台地南缘流入石龙干渠的小水沟边剖面P1处，见到的一个灰坑——H1，口径约1.25米，锅底状，其堆土灰黑色，杂炭和红烧土粒。在H1中采集到的器物有：

鼎 口片一，夹炭红陶，口沿处泥片向外折叠成重唇，唇面下凹，外面有刮抹的弦纹（图二六，1）；鼎足二，一为粗砂红褐陶，残，丁字形，另一为泥质红褐陶，个体较小，残，应为扁三角形（图二六，5、6）。

钵 口沿片二，均为泥质红陶，一件为方唇，另一件泥片向外折叠成圆厚唇（图二六，2、3）。

杯底 泥质黑陶，轮制，平底出沿，下腹有一圈凸弦纹（图二六，4）。

擂钵 仅有上腹边，泥质红陶（图二六，7）。

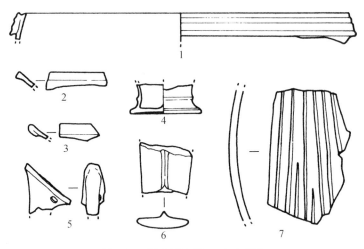

图二六 杨家湾灰坑H1出土器物

另有夹砂红陶厚缸片。

H1所出器物年代均应为石家河文化早期。

这个灰坑打破（叠压）一层黄褐色土文化层，含大量红烧土粒。

此处，在杨家湾南部地表采集到的器物还有如下一些：

鼎 口片一，细砂褐陶，折沿，沿面近平（图二七，4）。

豆 盘口片一，泥质灰陶，圆唇，浅盘；盘柄片一，泥质灰陶，盘柄对接，柄为轮制，上部有圆形镂孔（图二七，9、14）。

高领罐 口片二，一为泥质红陶，厚唇；另一为泥质黑皮灰胎，小平沿（图二七，6、8）。

盆 口片一，夹砂红陶，短沿外斜（图二七，3）。

钵 口片一，泥质红褐陶，口部泥片外折成厚唇（图二七，7）。

盖 口片二，均为泥质灰陶，一件为厚唇，另一件口部外壁有一周凹弦纹（图二七，17、18）；捉手一，泥质灰陶，圈足形（图二七，13）。

大口圈足杯 泥质红陶，口足均残，上腹折处有三角形凸棱（图二七，5）。

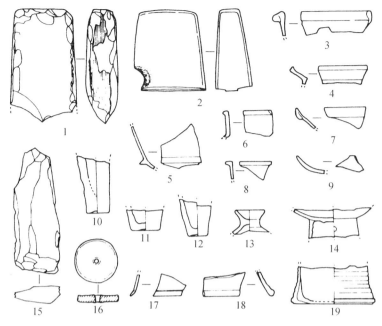

图二七　杨家湾地表采集器物

壶形器　夹砂红褐陶，口足均残，轮制，外壁尚留有轮旋痕，内壁另贴一层泥，下部有接圈足痕（图二七，19）。

杯　三件，泥质红陶，口部均残，器腹胖瘦略有不同（图二七，10～12）。

纺轮　一件，泥质红陶，扁圆饼形（图二七，16）。

石斧　一件，页岩，长方形，磨制不精，周边尚留石片疤，刃残，中锋（图二七，1）。

石料　一件为改制废料，似经三次改制，原器有琢孔，断后改做它器，并仔细磨光，一侧尚留有半个琢孔，然后又被从中两面对割掰断（图二七，2）；另一件为长条形石片，周身遍布石片疤，可能是未能打制成形的废料（图二七，15）。

以上器物年代亦不超出石家河文化早期的年代范围，说明杨家湾绝大部分文化堆积年代均应在石家河文化早期。

（七）朱家泊

朱家泊位于三房湾、谭家岭和邓家湾西部土垣的西侧与印信台、堰兜子湾之间，作南北方向长条形。因其水面面积较一般堰塘为大，故名之为"泊"，现水面东西宽度在80～100米左右（图三）。

现存水的朱家泊实际上只是一道环形壕沟的一部分。这道环形壕沟位于三房湾、谭家岭和邓家湾土垣的外侧与昌门冲、石板冲、堰兜子湾、印信台、杨家山、黄家山这一道环形土台之间。它在邓家湾东与土垣一道被土城所打破，在三房湾东段土垣断头处与杨家湾和肖家屋脊间的低冲相连，这道低冲在杨家湾和罗家柏岭间北拐，与黄金岭和敖家全、北堤间人工壕沟相贯通，再向北复被土城所打破。这道环形壕的三房湾段、谭家岭段（朱家泊）、邓家湾段和黄金岭段显然是人工开掘的，与这些地段的人工堆筑土垣相始终，应当是堆筑土垣取土所致。只是在杨家湾东南可能利用了自然冲沟相连接，而这里恰恰没有土垣。在土城所在位置被土城所打断，如按其走向将邓家湾东段与黄金岭北段相连接的话，环形壕正好通过土城东部，土城内东部的低洼地段或许正是环形壕的遗迹。

环形壕在各地段的宽度相差不大，大都相当于朱家泊水面宽度，即在80～100米左右，其深度无法度量，在三房湾和黄金岭，其底部与土垣顶面高差均达6米。周长在4800米左右。环形壕底部一般有一层灰黑色淤土，其下是黄色、棕褐色生土。这一点在三房湾石龙干渠经过环形壕底部暴露出的剖面上可以看得很清楚。这层淤积土一般厚30～40厘米，无包含物，当是环形壕长期存水时形成的。

（八）黄家山—杨家山、鲁台寺—严家山

黄家山—杨家山、鲁台寺—严家山是邓家湾环形壕西北侧的两道长弧形土岭。两道土岭弧向皆与环形壕、土垣在邓家湾西北拐弯的弧向相一致，它们之间间隔百米宽的深冲（图二八；图版二，3）。

黄家山—杨家山在内侧（东南），宽百余米，弧长约500米，顶面与环形壕底高差约8米。鲁台寺—严家山在外侧（西北），宽约80米，弧长约600米。顶面高度与杨家山高度约略相当。两道土岭顶面大多已辟为旱地，从翻耕出来的新鲜土来看，其色多斑驳不一，常见一片红土，一片褐土与一片黄土相混杂的现象。像是不同地方的原生土被搬动重新堆积在一起的样子。地表均不见有文化遗物（鲁台寺地表有灰瓦，据说以前这里曾建有一寺庙）。我们在鲁台寺和杨家山曾分别做过两处钻探，试图了解这两个弧形土岭的堆积情况（图二九）。

由钻探情况可知，这两处堆积土的质、色、成分略同于三房湾、邓家湾和黄金岭土垣的堆积土。加之这种长弧形的堆积形状及其与邓家湾土垣、环形壕相整合的走向，均表明他们不是自然营力的产物，而极可能是人工堆筑的。堆筑的确切年代难以判断，但从它与邓家湾土垣，环形壕的空间位置关系来看，其堆筑年代大约是相当的，尤其是内侧黄家山—杨家山，很有可能是由挖环形壕邓家湾段时翻上来的土堆积而成的。

（九）印信台

杨家山往南隔一个不宽的低冲即是印信台。它位于朱家泊西侧，是一个南北长200余米、东西宽130余米、平面略作桃形的土台，台面高出朱家泊水面3米多。其顶面最高处居中，四周缓降，而尤以西坡最缓（图二八）。

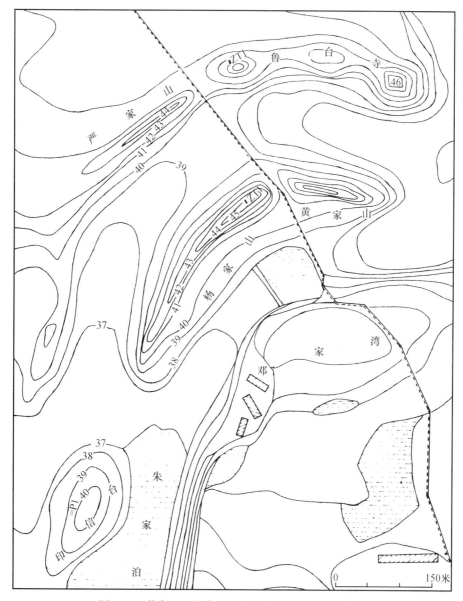

图二八 黄家山—杨家山、鲁台寺—严家山、印信台

印信台整个台面现为旱地，文化层较薄且严重暴露，大多被翻动过。我们在其顶面偏西的P1处见到的文化层堆积情况是这样的：第1层是灰黑色耕土，含较多陶片，厚10~20厘米；第2层为灰黑土，杂较多灰烬，含大陶片等文化遗物，厚5~10厘米，这一层主要分布在顶面西部及西坡、南坡；第3层为黄花土，杂较多炭屑、红烧土粒，含陶片较少，厚20厘米，这一层分布范围不明，但在台面东侧亦曾见到；其下即为杂棕黑结核的纯净黄黏土。

在P1第2层中采集到如下一些器物：

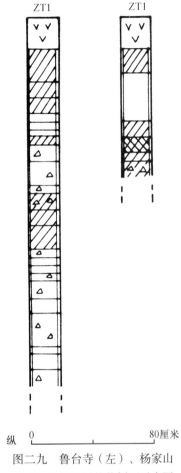

ZT1   ZT1

纵 0   80厘米

图二九 鲁台寺（左）、杨家山
（右）钻探地层柱状剖面示意图

鼎 口片，夹砂红陶，子母口状（图三〇，2）。

豆 盘片，泥质灰陶，圆唇，浅盘（图三〇，6）。

高领罐 口片，泥质灰陶，厚唇（图三〇，4）。

器盖 口片，泥质灰陶，平唇（图三〇，5）。

擂钵 腹片，泥质灰黄陶，外壁有拍印纹，已不清楚，内壁有方格网刻槽（图三〇，7）。

杯 底片，泥质黑陶，轮制，平底出沿（图三〇，3）。

敛口瓮 仅底残，泥质灰陶，下部为灰黑色；口外壁做成瓦棱状，浅圆腹，似为圈底，泥条盘筑成形，泥圈由内向外套接，然后拍打，内壁有拍垫凹痕，外壁通体方格纹，口沿瓦棱系刮抹出（图三〇，1）。

石铲（？） 灰岩，长方形，高4.65、宽4.05、厚0.6厘米，中锋中刃，磨制甚精，管钻孔，一面孔缘有琢痕（图三〇，8）。

残石片 灰岩，系一磨制较精石器上剥落下来的石片（图三〇，9）。

以上器物年代均为石家河文化早期。

印信台本身亦似由人工堆筑而成，在其坡面田边断面上多处可见文化层下有不同土色黏土分层堆积，每层厚10～20厘米，其中不含文化遗物。由于这种堆积之上叠压有石家河文化早期的地层，说明其形成年代当不晚于这一时期。

（十）堰兜子湾

印信台再往南，隔一不宽的低冲便是堰兜子湾。堰兜子湾亦在朱家泊西侧，是一个南北长约600米、北部东西宽约200米、南部东西宽100余米的长条形台地，顶面高出朱家泊水面约6米。现有民居坐落于北部（图三一）。

堰兜子湾和印信台一样，亦似由人工堆筑而成，然后又有人在上面居住、活动，留下了文化层。台地的东、北两侧耕土或灰土文化层下均可见到每层厚30厘米左右的被翻运过的原生土分层堆积。如P3垂直剖面，宽约2.5、深约1.6米，所见地层堆积为：

第1层，褐色耕土，厚30～40厘米；

第2层，红黄花黏土，厚约30厘米；

第3层，黄褐花黏土，杂棕斑，厚30～40厘米；

第4层，黄黏土，杂棕斑，厚约30厘米；

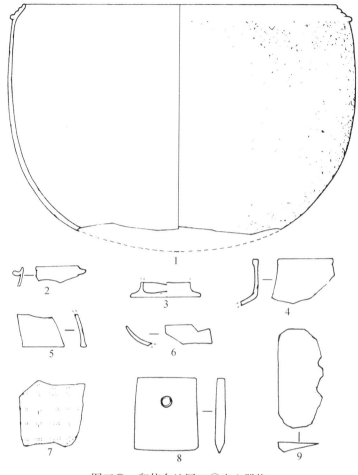

图三〇　印信台地层P1②出土器物

第5层，棕黄花黏土，出露20厘米，未到底。

以上2~5层均为水平堆积，不含文化遗物，显系人工堆积而成。

堰兜子湾台面现为旱地，耕土层较厚，文化层出露处较少，地表散见文化遗物也不多。仅从地表暴露出的情况来看，文化层主要分布在台地北部，向南约到南北向一排民居的中间。且偏南的文化堆积较薄，营建民居时遭破坏较严重。北部顶面，尤其是偏西南的坡面上，多处可见有灰土层出露。如P1处，在厚85厘米的梯田堆土下，这种灰黑土层出露30~40厘米，杂红烧土粒，含较多的陶片等文化遗物，能看出器形的主要有：

鼎　口片三，均为夹砂红陶，折沿，沿面略凹，只是唇缘及凹沿程度各不相同（图三二，1~3）；另有外卷边舌形鼎足残片二，均为夹炭红陶。

豆　一件，口底均残，泥质灰陶，浅盘，柄较细，上部有一圈凸弦纹（箍），柄为轮制，盘柄对接；另一件为底座，泥质灰陶，台形，轮制（图三二，5、8）。

高领罐　两件口片，均为泥质黑皮红胎陶，其一唇面略凹，唇下外壁抹出一圈凹槽；

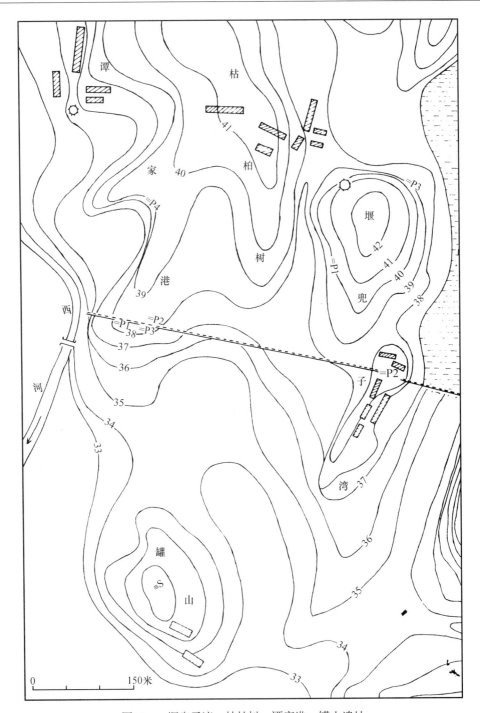

图三一　堰兜子湾、枯柏树、谭家港、罐山遗址

另一口部泥片外翻折叠，圆唇（图三二，4、6）。

　　罐　肩口片一，泥质褐陶，厚唇，大口，矮领、广肩，泥条盘筑，外套接，腹印竖篮纹（图三二，9）。

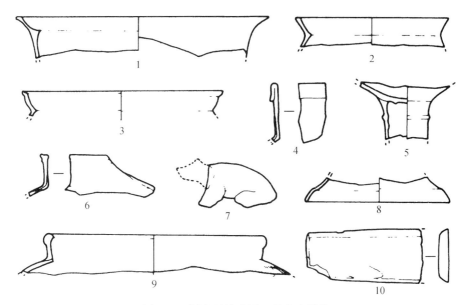

图三二　堰兜子湾地层P1②出土器物

陶塑小动物　泥质红陶，陶质粗糙，头部残，仅有身和四足，前足伸直，后足卷曲，做蹲踞状，样子像狗（图三二，7）。

石器　页岩，残，长方形，剖面为梯形，磨制较精（图三二，10）。

以上器物大致为石家河文化晚期偏早阶段的。

另在台地南部小路边东西向一排民房前，为修打谷场切出了一个垂直剖面——P2，剖面上暴露出一个锅底状灰坑，大部已被破坏，我们略做清理，编号为H1。此处地层堆积情况是：第1层，褐色表土，厚约8厘米；H1开口于此层下，它在剖面上口径为1.4米，深0.8米，堆土为灰黑色，杂大量烧土，含较多陶片；第2层，棕褐花土，杂红烧土，含陶片较少，厚60厘米；第3层，棕褐色黏土，无包含物，出露30厘米，未到底（图三十三）。

H1中所出器物能看出器形者有如下一些：

鼎　口沿片二，均为夹炭红陶，一为圆唇凹折沿，另一为斜唇平折沿；鼎足二，一为夹炭红陶，侧装长方形扁足，外壁有刮抹竖条纹，另一为夹砂红陶，三角形足（图三三，1、2、7、11）。

豆　口沿片一，泥质灰陶（图三三，4）；另有细柄豆柄残片二。

罐　小口矮领罐肩部片，泥质灰陶，肩外壁拍印叶脉纹；口片一，泥质红陶，厚唇（图三三，6、12）。

缸　泥质红陶，直口，圆厚唇，腹外壁拍印斜篮纹，泥条盘筑；由内向外套接（图三三，5）。

钵　口片一，泥质红褐陶，口部泥片外折叠成厚唇（图三三，3）。

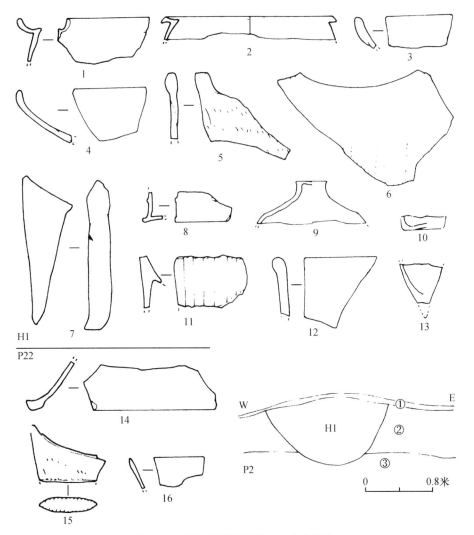

图三三　堰兜子湾地层剖面P2出土器物

鬶　残足一，泥质红陶（图三三，13）。

器盖　泥质黑皮红胎，口沿残（图三三，9）。

杯　底片二，一为泥质红陶，手制，另一为泥质黑陶，凹底出沿，下腹有凸弦纹，轮制（图三三，8、10）。

这些器物主要应是石家河文化晚期早一阶段的，H1亦应是此时的遗存。

在P2第2层中采集到的陶片较少，能看出器形的有：

鼎足　夹砂红陶，三角形，两面均有平行斜划纹（图三三，15）。

豆　底沿片，泥质灰陶（图三三，14）。

杯　口片，泥质红陶，有红衣（图三三，16）。

这三件器物大约应是石家河文化早期的。

另于堰兜子湾台面地表采集到器物有：

鼎　口片一，夹炭红陶，折沿，凸唇，沿面下凹（图三四，6）。

豆柄　泥质灰陶，细高（图三四，3）。

罐　肩口片一，夹砂灰陶，厚唇，矮直领，广肩，拍印篮纹；腹底片一，泥质灰陶，底略内凹，腹部拍印交错斜篮纹，间隔以凹弦纹，泥条盘筑，由内向外套接（图三四，1、7）。

碗　底片，泥质褐陶，圈足较矮，腹与圈足对接（图三四，5）。

缸　口片，夹砂灰白陶，大敞口，折叠成厚唇，泥条盘筑，由内向外套接（图三四，2）。

钵　口片二，一为泥质红陶，浅腹，另一为泥质褐陶，腹较深，二者均为折叠厚唇（图三四，4）。

这些器物也不超出石家河文化早、晚两期的年代范围。

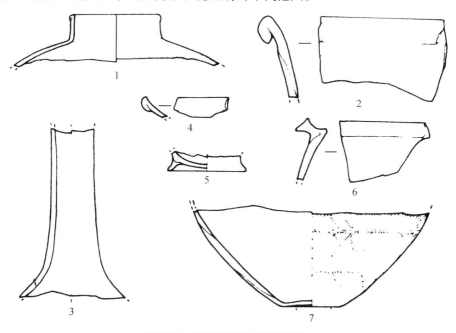

图三四　堰兜子湾地表采集器物

（十一）石板冲、昌门冲

石板冲、昌门冲位于三房湾以南，间隔三房湾环形壕南段。是东西长约1000米，南北宽100~200米的长条形台地，东西延伸范围基本与三房湾南段土垣、环形壕相始终，台面高出环形壕底3~4米。其中央部位略低（低于所分东、西二台约2米多），将这个长条形台子分成东、西两部分。西部是石板冲，有石板冲村民居东西向成排坐落于西部台子南缘；东部是昌门冲，有昌门冲村民居东西向成排坐落于东部台子南缘（图三五；图版一，4）。

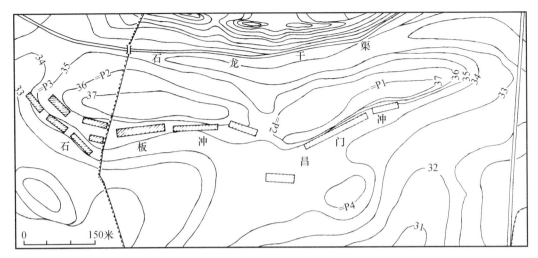

图三五　石板冲、昌门冲遗址

　　石板冲、昌门冲与前述印信台、堰兜子湾一祥，是由人工堆筑起来的台子，在其顶面晚一些的文化层堆积之下，可以见到被翻动过的原生土分层堆积，堆积结构也大致相同。它们分别同土垣和环形壕的邓家湾段、谭家岭段、三房湾的走向相整合，从其空间位置关系来判断，同黄家山—杨家山一样，都应当是由开挖环形壕翻出的土堆积而成。只是黄家山—杨家山在堆成之后无人在上面居住，没有留下后期的生活文化层。

　　石板冲台面大多已辟为水田，耕土层较深厚，下部文化层不易看清，从田边地脚暴露出的一些情况看，这里的文化层似不很厚，而北坡文化层尤薄且不连成片。文化层堆积较厚的地方主要在西南部。整个西南部顶面及其坡下，广泛分布着一层较厚的灰黑色文化层，坡下的这一层保存较好，而顶面的这一层大多被翻动过。P2处此层就已被土窑烧砖取土所完全破坏，并翻检出大量陶片弃置一边。残留文化层在P2处堆积情况如下：第1层，灰褐表土，厚10厘米，是被扰动过的早期文化层；第2层，黄褐花土，杂少量红烧土和炭屑，厚8～30厘米；第3层，黄花土，杂较多红烧土和炭屑，较黏，出露20厘米，未到底。

　　P3是西南坡下排水渠边的一个东西垂直剖面（图三六），这里的地层堆积情况是：第1层，褐色耕土，厚12厘米；第2层，灰黑土，杂红烧土、炭屑，含大量陶片，厚10厘米；这一层下开口的遗迹有H1和H2两个灰坑，打破H2，二者均打破第3层；第3层，黄褐花土，杂少量红烧土，含文化遗物较少，出露40厘米，未到底。第2层下H1大部分已被破坏，口部西侧亦被另一条水沟冲坏，坑内堆积分为两层：第1层是黄花土，杂大量红烧土；第2层亦为黄花土，但稍泛灰，含较多文化遗物，其中能看出器形的主要有：

　　鼎足　夹砂红陶，残，扁三角形（图三六，2）。

　　豆　口底残，泥质红陶，陶质松软（图三六，4）。

　　缸　折腹小平底缸的折腹处片，夹砂褐陶，折腹处外壁贴有一圈泥条，上下腹外壁拍印方格纹，泥条盘筑，由内向外套接（图三六，1）。

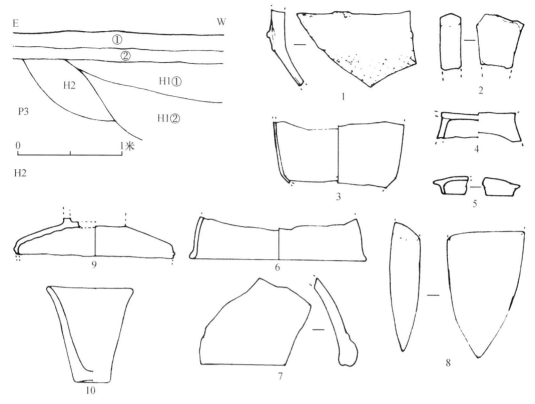

图三六　石板冲地层剖面P3及出土器物

杯（？）　腹片，泥质褐陶，折腹（图三六，3）。

盖　大致有7个个体的残片，样子有三种，一种是子母口盖，泥质灰陶（图三六，5）；一种是深腹平唇盖，泥质灰陶（图三六，6）；还有一种仅一件，泥质黑褐胎，折叠厚凹唇（图三六，7）。

石矛头　青灰页岩，磨制极精，四棱状，后身断后被磨平，刃、脊亦被磨平（图三六，8）。

H2由于被H1打去大部，形状亦不明，其堆土为花土，杂少量红烧土粒，出有一件器盖，泥质红陶，轮制，似为子母口，圈足形圆捉手（图三六，9），还有一件泥质红陶杯，大敞口，凹底，捏塑（图三六，10）。H1和H2所出器物年代均应为石家河文化早期。

在石板冲台面西南部地表采集到的器物大多应出自如P3②所代表的灰土层中，它们主要有以下一些：

鼎足　两件均为环形足，其一为夹砂红陶，另一为夹砂褐陶，砂粒粗大（图三七，20）。

豆　两件均残，其一为泥质黑陶，浅盘，柄较粗，另一为泥质红褐陶，浅盘，杯稍细。

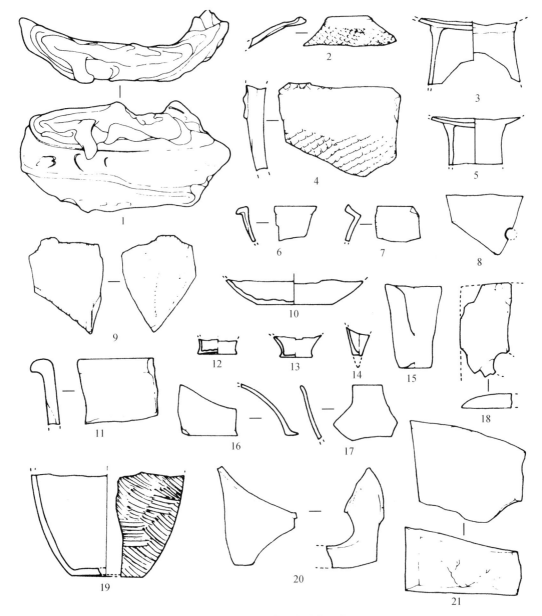

图三七　石板冲地表采集器物

二者柄均为轮制，盘柄对接；另有柄片一，泥质灰陶，有圆形镂孔（图三七，2、5、8）。

　　腰鼓罐　口片一，泥质灰陶，方唇，斜折沿，腹拍斜篮纹，泥条盘筑，由内向外套接；腹底片一，泥质灰陶，腹拍篮纹，印痕较深，底面亦有篮纹（图三七，7、19）。

　　擂钵　腹片一，泥质红陶，内壁为条形刻槽，外壁拍印篮纹（图三七，9）。

　　钵　底片一，泥质红陶，内面有轮旋纹（图三七，10）。

　　盆　口片一，泥质红陶，圆唇，斜短折沿（图三七，6）。

　　盖　口片一，泥质灰陶，尖唇，平折沿（图三七，16）。

鬶足　泥质黑褐陶（图三七，14）。

缸　一为口片，夹砂红陶，短卷沿，直腹泥条盘筑，由内向外套接（图三七，11）。另一为折腹小平底缸折腹片，泥质黑陶，折腹处贴一圈泥片，腹拍篮纹，泥条盘筑，由外向内套接（图三七，4）。

瓮　口片一，泥质褐陶，敛口，腹拍方格纹，泥条盘筑（图三七，2）。

杯　泥质红陶者两件，一件为完整器，腹较瘦，胎较厚，腹腔较小，另一为口片，胎较薄；泥质橙黄陶者二，均为底片，内面有轮旋痕（图三七，12、13、15、17）。

贴塑残片　泥质橙黄陶，贴面较糙，似贴于一圆形构件上，做法是于所贴泥片上泥塑一物（形态不明），然后翻卷泥片包裹其中（图三七，1）。

磨石　残，砂岩（图三七，21）。

石斧　上部残片，有圆形管钻孔（图三七，18）。

这些器物的年代大致不超出石家河文化早期的范围，说明石板冲顶部文化堆积的年代亦应不晚于此时。

昌门冲台面现为水田和旱地，耕土层亦较厚，地表基本不见暴露的文化层，文化遗物亦较少见。在P1处（排水沟剖面，图三九），我们见到这样的堆积：第1层，褐色耕土，厚40余厘米；第2层，褐色砂性土，杂大量棕结核及零星红烧土粒，厚20厘米；第3层，棕褐花土，杂较多红烧土末，厚6~8厘米；第4层，棕褐花土，杂大量红烧土及炭屑，含陶片等文化遗物，出露30厘米，未到底，这一层中所出陶片能看出器形者仅一件罐，泥质灰陶，大口，厚唇，矮领，广肩，腹部拍印方格纹，泥条盘筑，由内向外套接（图三八，1）。

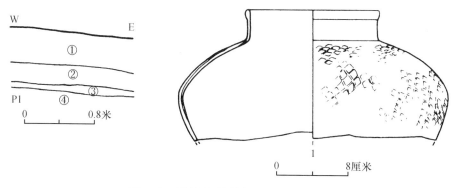

图三八　昌门冲地层剖面P1及出土器物

此外，在台面西端P2处见到耕土层下有P1第4层堆积出露，出露厚度近40厘米，未到底。

昌门冲正南与昌门冲相连有一东北—西南略长（约240米）的椭圆形台子，台面低于昌门冲台顶约2米，因该处无名，这里暂名之为昌门冲南台。这个台子上的文化层堆积较厚，但似与昌门冲台面堆积并无联系。在这个台面顶部约50平方米范围内的耕土层下是一层厚约20厘米的褐色花土，杂大量的红烧土块，烧土粒径从8厘米至1厘米不等，有的地方红烧土甚至连接成片，估计应是废弃的建筑遗存。这一层下是杂有棕结核的褐色花土，亦杂有少量的红烧土粒，含文化遗物较少。

这个台子西北坡面的堆积与顶面有所不同。这里排水沟边P4处，第1层为耕土；第2层是黄褐花土，杂红烧土粒、炭屑，并含有较多陶片；第3层是黄黏土，泛灰，杂少量红烧土末，出露15厘米（图四〇）。P4②中采集到的器物都是屈家岭文化中期前后的，能看出器形者有如下一些：

豆 底沿片一，泥质灰陶，底为台形（图三九，2）。

罐（？） 口片一，泥质灰陶，平唇折沿，泥条盘筑（图三九，5）。

碗（簋） 底部，泥质黑皮红胎，胎较薄，腹与圈足对接（图三九，6）。

缸 口部，夹粗砂红陶，翻沿大敞口，厚唇，颈部有一道凸弦纹，凸弦纹下还贴有一片起背泥片，腹拍斜篮纹，泥条盘筑（图三九，1）。

盖 共有六个个体，均为手制，形制基本一样，其中完整者一件，泥质灰陶，盖口外折，沿面略凹，腹部有凸弦纹，高圈足形大敞口捉手；另有一件为泥质黄陶灰芯，平沿厚唇（图三九，3、4）。

杯 三个个体，均为泥质红灰陶，陶胎极薄，大敞口，下腹较瘦，底略内凹（图三九，7~9）。

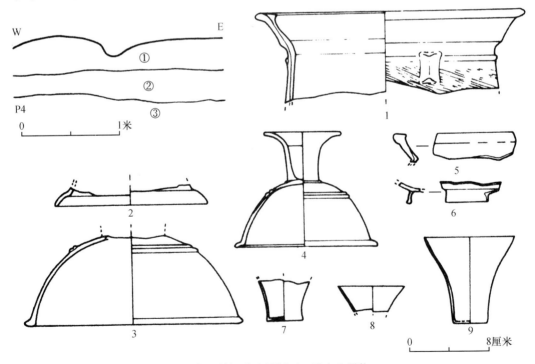

图三九 昌门冲地层剖面P4及出土器物

（十二）枯柏树、谭家港

枯柏树、谭家港位于堰兜子湾与自北向南流入西河的一条小河汊之间，是一个南北宽，东西窄（300余米）的长条形岗地。南部的平面形状颇似一只镈币，其偏东的部分是枯柏树，现有枯柏树村民居坐落于顶面；偏西部分是谭家港；现有谭家港村民居坐落于顶面偏西北处（图三一）。

枯柏树、谭家港台面耕土层较厚，这里的文化层分布和堆积情况看不太清楚。于排水沟边和田边可以见到有灰黑土文化层出露于耕土之下，厚度一般在30厘米左右，含文化遗物较多。这一层在南部分布较普遍，向南一直可达岗地南缘，向北到枯柏树民居以北约百米处。这一层之下的文化层仅在P4处见到，是一层棕褐色土，杂少量炭屑和红烧土粒，含遗物较少，出露厚度在30厘米左右，其分布范围不明。

在谭家港岗地的南缘，有一条以三房湾延伸过来的土路，路两边暴露出这里文化堆积的剖面，于剖面上可以见到数个因开拓道路已被破坏了的瓮棺葬，估计这里应当是一个瓮棺葬区。其中有两个瓮棺葬已严重暴露并遭破坏，我们做了抢救性清理，并顺次编号为W1和W2。

W1位于道路北侧P2第1层耕土层下，它打破的第2层为灰白褐色沙性土，较疏松，杂零星烧土粒，含少量陶片，厚约24厘米，2层下即为褐色生土（图四〇）。

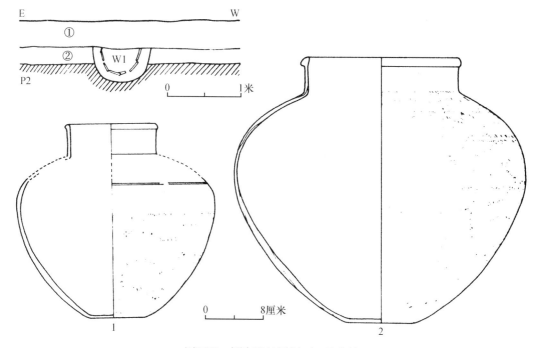

图四〇　谭家港地层剖面P2及瓮棺W1

W1的一部分已被破坏，还有少部分塌毁于路边，葬坑余下部分在剖面上口径80厘米，深50厘米，填土为灰褐色花土，较疏松。葬具为两件大口矮领罐，其中一件较大者正放于坑中，可以复原；另一件较小者散落于坑中，原位置不明，基本可复原。两件罐的形态基本相同，均为厚唇、大口、矮领、广肩、小平底。较大者为泥质红陶，泥条盘筑，泥圈内外部套接，外壁拍印篮纹，篮纹在肩部为竖行，腹部交错，并有三道凹弦纹，底部亦有篮纹，内壁有拍垫凹印。较小者为泥质黑皮红胎，泥条盘筑，肩部有凹弦纹，腹部拍印竖篮纹，下腹近底处为交错篮纹或斜篮纹，底部有篮纹，内壁有拍垫凹痕（图四〇，1、2）。

W2位于道路南侧P3处。该剖面所示地层堆积情况是：第1层，灰褐色耕土，厚15厘米；第2层，灰黑色土，杂烧土，含较多陶片，最厚处16厘米；第3层，褐色土，局部杂大量红烧土块，厚16厘米，其下即为褐色生土（图四一）。W2开口于3层之下。于2层中采集到的器物都具有石家河文化晚期偏早一阶段的特征，能看出器形者有：

鼎足　夹炭红陶，侧装长方形扁足，外侧压划竖条纹（图四一，12）。

豆　盘片一，泥质灰陶，较浅，盘心为深灰色；底沿片一，泥质黑灰陶；粗柄片一，泥质灰陶，饰一道凹弦纹（图四一，5、6、11）。

矮领罐　口肩部片二，一为夹砂褐皮灰胎，平唇，大口，矮领广肩，肩部有篮纹；另一为泥质灰陶，短卷沿，泥条盘筑（图四一，1、3）。

罐（鼎）口　夹砂灰陶，凸唇，斜折沿（图四一，4）。

盆　口片，泥质黑皮褐胎，平折沿，内面有竖向刻划槽（图四一，2）。

鬶　颈部，夹细砂红陶，有两道凸弦纹；袋足一，泥质红陶，外壁熏黑，实足跟与袋足对接（图四一，8、13）。

盖（豆？）　四个个体，均为泥质红陶，火候低，陶质极软，均残，圈足为轮制（图四一，7、9、10）。

W2大部分亦已坍毁，葬坑在剖面上口径约80厘米，深约60厘米。填土为灰褐色。葬具为一件大口矮领罐和一件浅腹钵。其中罐立放于地坑中，夹砂红陶，已不能复原，折叠厚唇，大口，领较矮，器表似拍印有竖篮纹，近底处出有骨粉和牙齿碎片；钵片散落于坑中和罐内，估计应为反扣的盖，泥质红褐陶，折叠厚唇，凹底（图四一，14、15）。

这两座瓮棺葬的年代均应为石家河文化晚期偏早，说明这里应有这一时期的瓮棺葬群。

（十三）罐山

罐山位于谭家港正南，石板冲以西，是一个东西约250米，南北约200米的桃形小岗地，现有民居坐落于岗地东南角（图三一）。

整个岗地上的文化堆积并不深厚并已被严重破坏。岗面顶部30米×30米范围内，地表

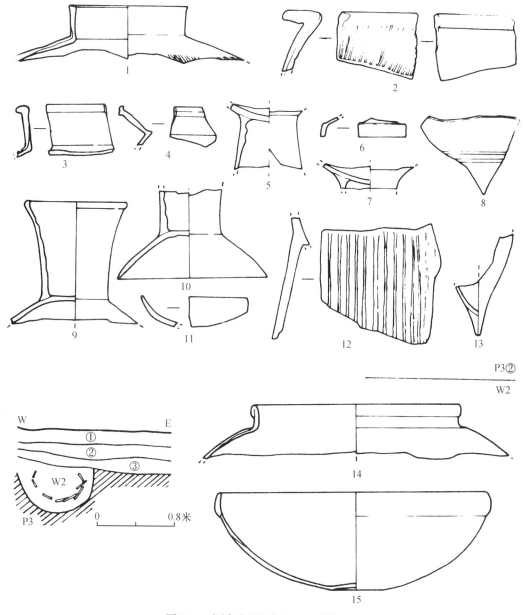

图四一　谭家港地层剖面P3及瓮棺W2

即可见到密度相当大的（20厘米×20厘米内有15粒左右）红烧土块堆积，粒径0.5～10厘米。这应当是被翻耕过的早期文化层，厚30～40厘米。这一层之下是厚10～20厘米的原生文化层，棕褐色土，杂大量炭屑，红烧土粒，并含少量碎陶片。其下即为棕褐色生黏土。这里的文化层应当是建筑废弃后的堆积。岗面东南坡还可见到有连接成片的灰黑土堆积，含较多遗物，应当是垃圾区。

在罐山地表采集到的器物年代较早，似应为屈家岭文化中期或更早，能看出器形者有：

高领罐　肩口片，泥质灰陶，肩部有三道泥片刮抹凸弦纹（图四二，6、7）。

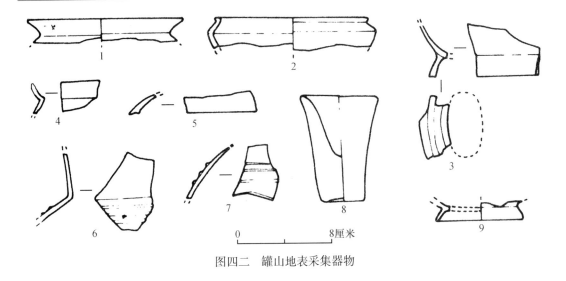

图四二　罐山地表采集器物

碗　底片，泥质灰黑陶，腹与圈足对接（图四二，9）。

盖　口片，泥质灰陶，厚凹唇（图四二，5）。

甑　底片，泥质灰陶，手制（图四二，3）。

尊（罐？）　口片三，一为泥质黑陶，平折沿；一为泥质黑陶，凹折沿；另一为泥质黑灰陶，折腹平凸唇（图四三，1、2、4）。

杯　较完整，泥质红陶，厚胎（图四二，8）。

（十四）京山坡

京山坡位于土城西北环形壕边，是一个东西长，南北短的伞状高岗。其顶面最高处偏于北侧中部，整个坡面东、西、南三面皆缓而北坡陡直，北坡下临一道东西向、宽40~100米的大冲，向东将毛家岭岗地从中切断，与毛家岭东、南北向的一条老河道相通，似为人工开挖的渠道，现已废弃。从京山坡现在的形状来看，它很难由自然营力形成。估计它的原状应该是一个圆形或椭圆形土岗，在挖这条渠道的时候将其北部切去，并将土堆积于其东、西两翼，这才形成现在这样的伞形，在京山以北约40米处，隔渠有一个东西长70米，南北宽约30米的椭圆形土包，上面尚留有屈家岭文化晚期或石家河文化早期的文化层堆积，应该即是原京山坡岗地北部的一部分，因未被挖干净而遗留下来。由于这条渠道将京山坡北坡堆积的文化层打破，故其开掘年代也应较京山坡坡面文化层堆积的年代为晚（图三、图四三）。

现京山坡坡面的早期文化堆积之上覆盖有一层厚达50厘米以上的纯净褐色黏土，应当即是在挖北侧渠道时翻上来的，这在京山坡东、西坡面看得尤为清楚。早期文化层堆积情况已看不太清，地表能采集到的文化遗物也较少。从其北侧陡坡上文化层出露情况来看，其分布范围东西大概有250米。

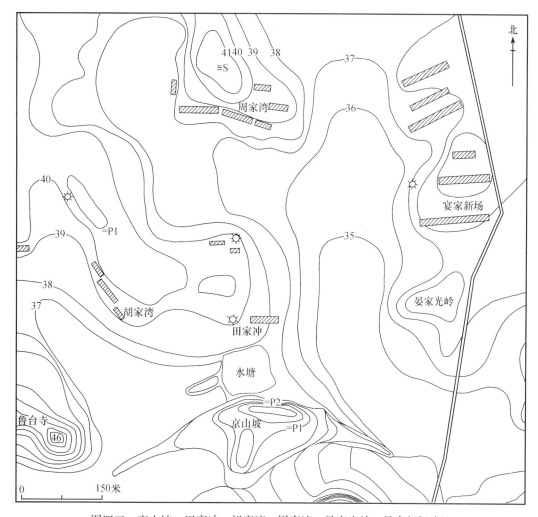

图四三　京山坡、田家冲—胡家湾、周家湾、晏家光岭—晏家新场遗址

　　京山坡北侧陡坡上暴露出的文化堆积情况可在P2剖面处见到，这里的地层第1层为棕褐色表土，厚60～70厘米；第2层是浅褐、黑褐色花土，几无色含物，厚60厘米，基本呈水平堆积，这两层均为晚期堆土；第2层下有顺次编号为H1和H2的两个坑状堆积，似为两个灰坑（或沟），H1打破H2，两个灰坑同时打破一座房址；房址编号为F1；H1、H2和F1打破的第3层为浅黄、黄褐色沙性土，杂少量红烧土，含少量碎陶片，厚约50厘米；第4层是黄黏土，杂少量烧土颗粒，厚约40厘米；其下即为有灰白网纹的深褐色生黏土（图四四）。

　　P2处H1剖面为平底梯形，深80厘米，堆土为棕黄、灰白、黄、浅褐色花土，底部有一层厚1厘米左右的灰色沙质土，含文化遗物较少。H2剖面为锅底状，深110厘米，堆土为棕黄，浅褐色花土，杂少量炭屑和红烧土粒，含较多陶片，能看出器形的有夹砂红陶三角形扁鼎足，泥质灰陶小鼎的腹片和顶部有三爪形纽的泥质灰陶小盖（图四四，1～3）。

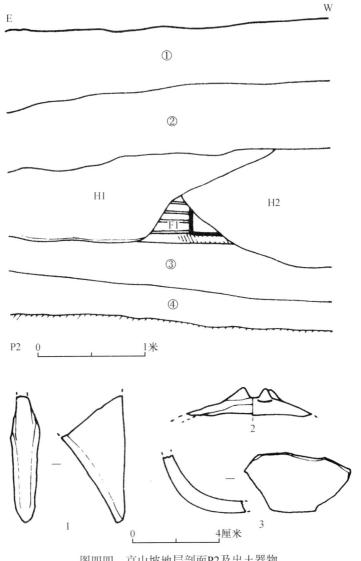

图四四 京山坡地层剖面P2及出土器物

都应是屈家岭文化中晚期的典型器物。

F1由于被H1和H2所打破，在P2处仅余高不足40厘米的一段残墙和一段墙角地面，从剖面上看，F1墙由厚10厘米左右的棕黄、褐色花黏土和厚1厘米左右的纯黄黏土分层相间砌成，残厚40厘米。其最下一层棕黄、褐色花黏土与居住面垫土相连。墙壁及地面均抹有一层厚2厘米左右的泥，并经火烧烤。居住面上出有一件屈家岭文化中晚期典型的三爪纽泥质灰陶器盖，说明F1即是这一时期的建筑。

另在京山坡坡面南部地表采集到的器物有以下一些：

豆 盘柄交接处片一，泥质灰陶，柄上部有圆形镂孔，柄盘对接（图四五，5）。

罐（？） 口片，泥质黑皮灰胎，折沿（图四五，1）。

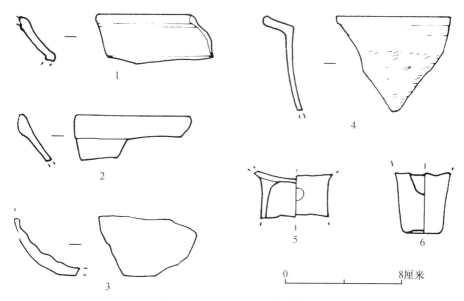

图四五　京山坡地表采集器物

盆　口片，泥质红褐陶，斜折沿，外壁拍印篮纹（图四五，4）。

钵　口片一，折叠厚唇，腹底片一，均为泥质红陶，内壁有轮制螺旋轮痕（图四五，2、3）。

杯　底片，泥质红陶，厚胎（图四五，6）。

这些器物年代均不超出石家河文化早期范围，说明京山坡南部还应有这一时期的文化堆积。

（十五）田家冲、胡家湾

田家冲、胡家湾位于京山坡以北，是一条从西北向东南延伸的岗地，从地表形态看，或许原来与京山坡部分相连，只是由于京山坡北侧人工渠道的开掘，才致使它们完全分开（图四三）。

田家冲、胡家湾岗地现存长度约500米，宽近200米。整个岗地东南部和西南部稍高，之间稍低，现有田家冲村民居坐落于其东南和东北角，胡家湾村民居坐落于西南缘。

这里的文化堆积遍布整个岗地，但东南部与西北部两片堆积较厚，一般在1.5米左右，而中间稍薄。东南部顶面耕土层下可以见到有暴露出的连接成片的灰黑色土文化层，地表文化遗物甚多，其下文化堆积情况不明。西北部顶面耕土层下有一层近代地层，出大量灰瓦和釉瓷等，早期地层堆积出露较少，整个的堆积情况也不太清楚。在P1处可以见到一些片段情况。P1剖面长3米，所示此处地层第1层为褐色耕土，厚30厘米；第2层为灰褐沙性土，含灰瓦、釉瓷等，厚40厘米；第3层为棕褐色沙性土，杂少量红烧土末，含文化遗物较少，厚12厘米；第4层为褐色土，杂少量红烧土粒，所含陶片中有石家河文化早期的红陶缸和豆等，厚14厘米左右；以下为棕色生黏土。

我们在岗地东南部地表采集到的器物较多，但多不完整，全部属石家河文化早期，能看出器形者主要有：

鼎　口片二，一为夹砂红褐陶，有轮制痕，另一为夹砂红陶，二者均为斜折沿，沿面略凹；鼎足一，夹砂灰陶，环形足（图四六，1、16、21）。

豆　口底均残，泥质灰陶，柄上部有两凸弦纹，盘柄对接（图四六，12）。

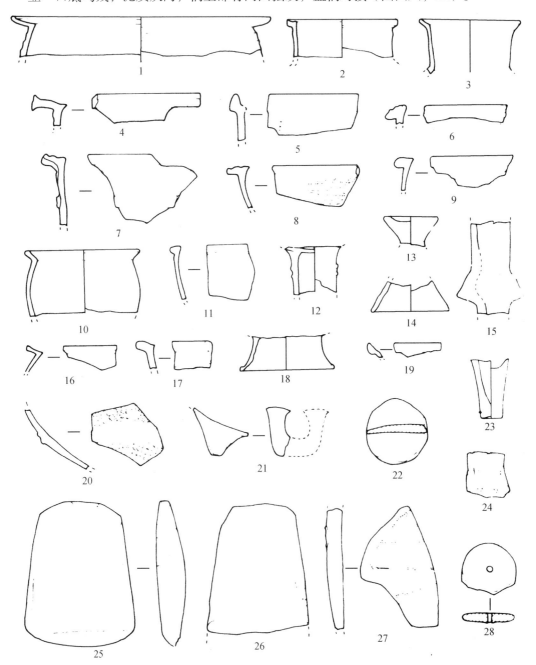

图四六　田家冲、胡家湾地表采集器物

高领罐　口片二，均为泥质灰陶，其一为敞口斜沿，领亦略斜，另一折沿，沿面略凹，直领（图四六，2、3）。

罐　底残，夹砂黑褐陶，圆唇斜折沿，圆腹，手制，口沿抹修（图四六，10）。

缸　有折腹小平底缸的口片二和腹片一，其中口片一为泥质灰陶，折沿近平，另一为夹砂黑皮褐胎陶；短折沿，上腹有附加泥条片，腹片有附加泥条，折印方格纹（图四六，4、7、20）；另有缸口片一，泥质黑褐陶，凸折沿，腹部拍印方格纹；腹片一，夹粗砂褐陶，外壁贴一圈泥条片，拍印斜篮纹，并有刻划纹饰，图案不明（图四六，5、27）。

碗　仅有圈足，泥质灰陶，轮制（图四六，18）。

盆　均为口部，一为泥质红陶，平折沿，沿面有两道凹弦纹，腹外壁拍印交错篮纹；一为泥质红陶，圆唇，短平折沿；一为泥质褐陶，短折沿；一为泥质褐陶，内斜折沿；另一为泥质褐陶，外斜折沿（图四六，6、8、9、11，17）。

钵　口片，泥质红陶，折叠厚唇，轮制（图四六，19）。

盖纽　泥质灰陶（图四六，13）。

圈足杯　一为泥质灰陶，口底均残，折腹；另一为泥质黑皮陶，仅有圈足（图四六，14、15）。

擂钵　腹片，泥质灰陶，方格刻划槽（图四六，24）。

杯　两件口均残，均为泥质红陶，其一为瘦腹，另一为胖腹（图四六，23）。

圆陶片　为泥质灰陶片，磨圆（图四六，22）。

纺轮　两件均为泥质红陶，扁圆饼形，其一剖面为梭形（图四六，28）。

石锛　砂岩，形状略近梯形，弧背，顶微弧，两角有崩缺，偏锋平刃，刃部京崩缺（图四六，25）。

石斧　灰岩，形状略近梯形，刃部崩缺，磨制不精，两侧保留有琢痕（图四六，26）。

（十六）周家湾

周家湾位于田家冲、胡家湾东北，三间相隔一条冲沟，也是一个从西北向东南延伸的条形岗地。现有周家湾村民居坐落于岗地东部和南缘（图四三）。

周家湾的文化堆积分布在岗地的顶部，西北—东南长约250米，宽100余米的范围内。地表文化遗物不多。调查时，我们在岗地西北部最高处顶面中部见到翻地犁出一道长约20米的夹砂红陶缸片带，并在其北侧不远田埂堆土下的断面上见到一层厚约15厘米的夹砂红陶缸片层，间杂少量其他陶片，其分布面积虽不能确知，但估计会有上百平方米。这种堆积大概是建筑的地基，同铺垫红烧土起的是一样的作用。这种夹砂红陶缸是石家河文化早期的常见器物。

另在岗地地表采集到的器物也都是石家河文化早期的，能看出器形的不多，主要有：

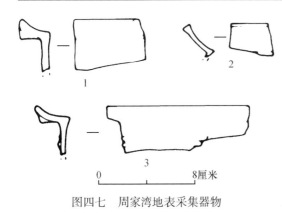

图四七　周家湾地表采集器物

鼎　口片，夹砂灰陶，斜折沿，沿面略凹（图四七，2）。

缸　除有夹砂红陶厚缸片外，还有折腹小平底缸，两件均为口片，一为夹砂灰褐陶，另一为夹砂灰陶，平折沿，沿面略凹，沿下外壁贴一条泥片（图四七，1、3）。

（十七）晏家光岭、晏家新场

晏家光岭、晏家新场位于田家冲、胡家湾正东，其间相隔一条宽200余米的大冲沟。晏家光岭、晏家新场，周家湾和胡家湾、田家冲这三处地点的平面分布形状恰似马蹄形，环绕于此冲的西、北、东三面。其中东面是一个极大的岗地，而有新石器时代文化堆积的晏家光岭、晏家新场仅分布于其两侧缘，或许表明这三处地点聚在一起并非偶然（图四三）。

晏家光岭、晏家新场文化堆积的范围大部分限于南北向土路以西。南北长400余米，东西宽200余米，堆积的顶面南部和北部较高，中间则是较低的鞍部，高差在1~2米。南部现为农田，名为晏家光岭，北部主要部分压在民房之下，名为晏家新场。

晏家光岭表层文化堆积严重暴露，耕地表面多见文化遗物。这层被严重扰动的文化层是灰黑色土，遍布整个顶面及周缘，下部地层堆积情况不明。

晏家新场顶部原为坟地，后经平整，盖了民房，文化堆积被严重破坏，已难明其原貌，地表文化遗物亦不多见，只在东部路边浅沟断面上见到有长不到2米的断续红烧土堆积，估计这里可能有建筑遗存。

在晏家光岭地表采集到的陶片均不完整，大部属于石家河文化早期，能看出器形者主要有：

鼎　口片一，夹砂粒黑陶灰胎，斜折沿；鼎足较多，其中尤以扁三角形者为多，此处所选两件标本，一为夹砂粒灰褐陶，足尖截平，一为夹石粒红陶，足尖圆钝，另一种是扁圆柱足，标本为夹石粒灰陶，个体较大，外面刻划平行竖槽，上部有泥条凸弦纹（图四八，1、14、18）。

豆　盘片一，泥质灰陶，较深；另一为泥质黑皮红胎，口底均残，柄为轮制，较粗，盘柄对接（图四八，10、15）。

高领罐　口片，夹砂灰陶，凸折沿，口较大（图四八，2）。

缸　均为口片，其中平折沿者二，均为夹砂粒灰陶；厚平唇者一，泥质灰陶，外壁拍浅斜篮纹（图四八，3、5、9）。

盆　均为口片，其中平折沿者一，夹砂粒灰陶，沿面有同心圆旋纹；凹折沿者一，夹

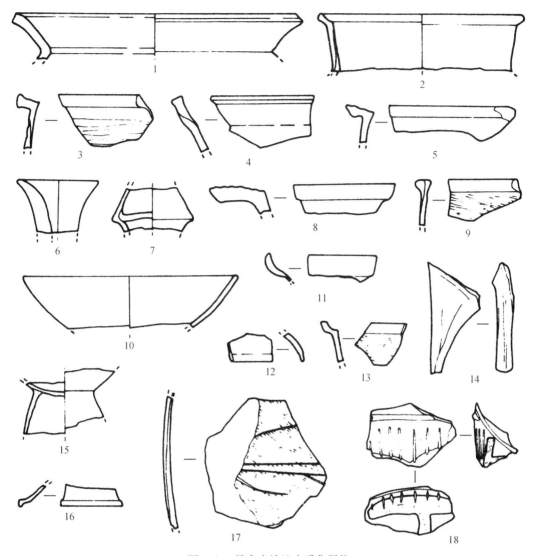

图四八　晏家光岭地表采集器物

砂粒灰陶，腹拍斜篮纹；平唇者一，夹石粒灰陶（图四八，4、8、13）。

　　盖　均为口片，其一为泥质黑皮灰胎，另一为夹砂灰黑陶（图四八，12）。

　　钵　口片，泥质红陶，折叠厚唇（图四八，11）。

　　圈足杯　泥质灰陶，口及圈足均残，底为附接（图四八，7）。

　　杯　泥质红陶，底残，大敞口（图四八，6）。

　　器腹残片　泥质黑皮陶，斜篮纹，并有细线刻划纹，图案不详（图四八，17）。

（十八）毛家岭、王家台

　　毛家岭、王家台位于晏家光岭以南，土城正东。这里是一个南北长近600米，东西宽约800米的长方形岗地。其北界是从京山坡北侧延伸过来的宽近60米的人工渠道，向东与一条南北向，宽约30余米的深沟相连通。这条深沟横切面作梯形，亦似由人工开挖或疏浚而成，原或为古河道，其南界是一条流入东河的水渠。整个岗地顶面较为平坦，现有毛家岭村民居位于岗地的东北角和西北部（图四九）。

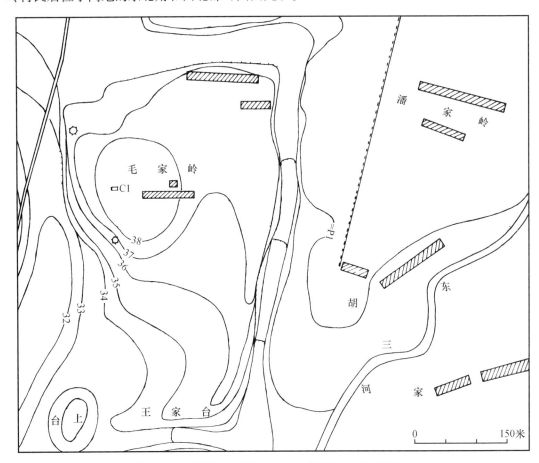

图四九　毛家岭—王家台、台上、潘家岭—胡三家遗址

　　这个岗地上的文化堆积暴露较多，面积较大的地方在西北角毛家岭村民房的左近。从暴露出来的文化层分布范围来估计，其面积在3万平方米左右。其次，在岗地南端亦有文化层暴露，面积在3千平方米左右。这里的地名叫王家台，在毛家岭和王家台之间的榨锅坟头处也有薄薄的文化层出露，但由于此处地表土层较厚，并压有较大面积的现代废弃屋基，早期文化堆积的分布范围不明。

　　毛家岭的文化堆积呈凸透镜体状，其顶面高出岗地顶面约1米，分布范围南北略长，近似椭圆形。部分压在毛家岭村民房之下。上部堆积在民房以西部分暴露严重，有大面积的黑灰色土文化堆积被翻耕于地表，并散见大量的陶片等文化遗物。值得注意的是，在C1左近百余平方米内，被翻耕出的大量陶片中大多为泥质红陶，而泥质红陶器中又尤以轮制小红陶钵为多，现将C1采集区陶片统计如下表：

纹饰	泥质红陶	夹砂红陶	泥质灰陶	夹砂灰陶	泥质褐皮灰胎陶	泥质橙黄陶
素面	221	3	4	6	3	
篮纹	32					
方格纹						3

注：表中未统计1厘米以下陶片。

其中，素面泥质红陶可看出器形的，有轮制浅腹钵口片31件、超过1/8圆面积的底片29件，卷沿盆口片5件，高领罐口片3件，杯1件；篮纹泥质红陶应为罐类腹片（其口领部为素面，腹部拍印篮纹）；夹砂红陶中有鼎口1件；泥质灰陶中有豆盘片1件；夹砂灰陶中有盆口片3件，鼎足片1件；泥质褐皮灰胎陶中可辨认出有高柄圈足杯1件；泥质橙黄方格纹陶片似应为罐类。均为石家河文化早期较为典型的器物。我们在一般建筑区和垃圾区采集陶片中大多以泥质灰陶占大宗，更未见过在10平方米范围内竟可以采集到数十件红陶钵的现象。这种红陶钵集中埋葬的现象似与三房湾东台红陶杯的埋藏情况十分相像，只是分布面积要小一些。

另在毛家岭文化堆积顶部地表采集到的器物也都不超出石家河文化早期的年代范围，能看出器形者主要有如下一些：

鼎　口片三，其一，为夹石粒灰褐陶，折沿圆唇，沿面略凹，另二为夹砂红陶，折沿凸唇，沿面略凹，有一沿下腹部饰一道凸弦纹（图五〇，2、4）；三角形扁足二，一为泥质红褐陶，另一为夹砂红褐陶，长方形扁足二，均为夹砂红陶，其一正面有两道齿状堆纹，另一正面有二凹槽（图五〇，21、25、30、31）。

豆　盘一，泥质灰陶，浅盘；柄一，泥质黑皮红胎陶，似为轮制，有圆形镂孔（图五〇，16、18）。

高领罐　口片三，均为泥质红陶，凸唇直领（图五〇，6、7）。

腰鼓罐　口片二，其一为泥质红陶，斜折沿，口沿泥圈外套接，另一为泥质红褐陶，平折沿，上腹拍横粗篮纹，口沿泥圈内套接（图五〇，14、15）。

缸　口片一，夹砂粒红褐陶，平折沿凸唇，捺印花边，直腹；另有折腹小平底缸折腹处片二，均为泥质红陶，附加一圈泥片，拍印方格纹，泥条盘筑，其一泥圈内套接（图五〇，10、28）。

盆　均为口片，其中三件为泥质红陶，小折沿，另二件为大折沿，有一为泥质灰陶，斜沿，略凹，另一夹砂粒灰陶，平沿，上腹饰一道凸弦纹（图五〇，1、5、8、9、13）。

敛口深腹钵　口片二，均为泥质红陶，其一腹拍斜篮纹，另一口下方有一道凹弦纹（图五〇，11、12）。

碗　圈足一，泥质灰陶，圈足与碗腹对接（图五〇，23）。

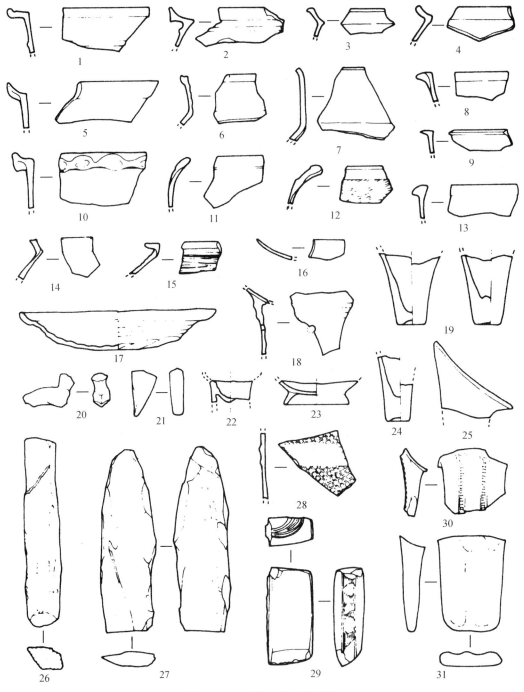

图五〇 毛家岭地表采集器物

钵 口片、底片均极多，完整者一件，泥质红陶，胎土未淘洗，里表均留有轮制拉坯螺旋纹，近底外壁有螺旋叶片形削痕（图五〇，17）。

杯 四件口均残，均为泥质红陶，凹底（图五〇，19、20）。

高柄杯 一件，泥质黑灰陶，残（图五〇，22）。

陶塑小动物 一件，泥质红陶，头足尾均残（图五〇，20）。

镞坯 青灰岩，打制，一面局部有磨光痕（图五〇，27）。

锛 一件，灰白页岩，磨光，刃部有崩落石片疤，一侧残留两面对割掰断痕（图五〇，29）。

石料 砂岩（图五〇，26）。

毛家岭往南不远的榨锅坟头处，仅在田边见到如下的地层堆积：第1层，褐色耕土，厚约40厘米；第2层，灰褐色沙性土，几无包含物，厚约22厘米；第3层为黄褐土，杂红烧土粒，含少量细碎陶片，均看不出器形，厚约30厘米；以下为黄色生土。这里的文化堆积范围不明。

再往南王家台的文化堆积在岗地南端断面上暴露较多，一般由褐色、黄褐色、灰褐色花土堆积而成，杂较多红烧土粒，含文化遗物较少。其西侧暴露出一个锅底形灰坑的一部分，位于耕土层下，其堆土为灰褐色，含较多陶片，但均细碎，其中能辨认出器形的有泥质灰陶大卷沿小鼎，可知应是屈家岭文化晚期的遗存。

（十九）台上、敖家全

毛家岭岗地南端水渠以南便是敖家全岗地，其西界是黄金岭东侧人工环形壕，东、北面下临东河。现有敖家全村民居坐落于岗地面北角（图五一）。

台上是指王家台以西、敖家全西北的一个椭圆形小土岗，南北长约百米，东西宽不足80米。地表散见有石家河文化时期的陶片，但较细碎。在田边可见耕土层下有灰褐色文化层堆积出露，并与其东南敖家全的文化层相连（图四九）。

敖家全岗地平面略呈三角形，南北长400余米，东西最宽可达300米。顶面北部和南部稍高，形成两个高土台，中间较低，形成鞍部。整个顶面覆盖有一层较厚的晚期堆积，新石器时代文化层埋藏较深，出露较少。岗地东南角因被东河长期冲刷，暴露出遗址边缘部分的文化堆积。在P1处我们见到如下的堆积情况：第1层，褐色表土层，厚达115厘米；第2层，黑灰土，杂红烧土粒，含石家河文化晚期陶片，但均较细碎，厚20～50厘米；第3层，褐色花黏土，杂少量烧土粒，含文化遗物较少，厚10～20厘米；其下为褐色生黏土。

在岗地西部水塔东侧，因盖房取土，表土层下暴露出一块杂有炭屑的灰褐色土，可能是灰层或灰坑的一部分，我们仅将其行将被破坏的部分稍做清理，并暂编号为H1，其中得能辨认器形的器物都是石家河文化晚期偏早一阶段的，主要有：

鼎 口沿片，夹炭褐陶，斜折沿。

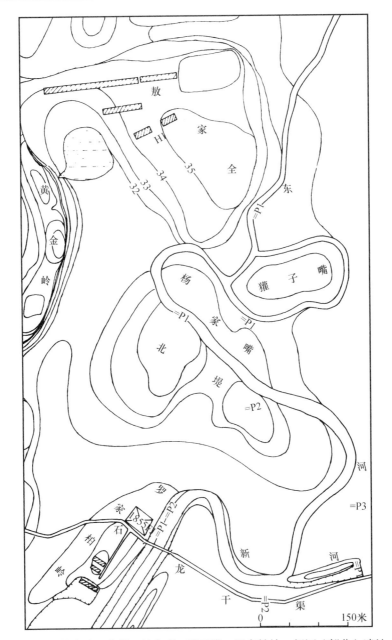

图五一　敖家全、北堤、杨家嘴、獾子嘴、罗家柏岭、新河（部分）遗址

豆　盘柄交接处片，泥质灰褐皮灰胎，柄为轮制，内外壁皆残留轮旋痕，盘柄对接（图五二，2）。

高领罐　一件，下腹残，泥质褐皮灰胎，厚唇，凹唇面，斜直领，腹外壁拍印方格纹，内壁有长方形拍垫印（图五二，1）。

杯　一件，口残，泥质红陶，内壁下部似有轮旋痕（图五二，3）。

（二十）獾子嘴、杨家嘴、北堤

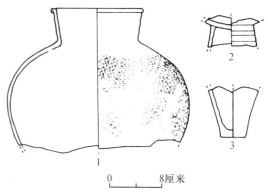

图五二　敖家全灰坑H1出土器物

东河在敖家全岗地南走了一个之字形曲折继续南流，之字形东拐圈住的一片地方是獾子嘴，现东河在这里裁直，现河道与故河道已完全将獾子嘴圈住。过去调查曾在獾子嘴地表采集到石家河文化时期的陶片，我们此次调查在这里既未发现有遗物，亦未发现有文化层。这里的地表土层是厚厚的晚期河流淤积土，或许早期的文化层已被压在下面。之字形西拐圈住的一片地方是杨家嘴，隔河即是北堤。北堤是东西两个分立的土岗，从形状上看，这两个土岗的东北缘显然已被东河切去，而恰好隔河与杨家嘴的两个高起部分相对应，所以很可能杨家嘴与北堤原为同一个岗地，后来才被东河所切断（图五一）。

杨家嘴文化层之上覆盖有厚1米左右的纯净黄土，可能是晚期河流的淤积土，地表亦不见有文化遗物。我们只在河边断壁P1处见到有较薄的文化层出露。这个剖面宽只有2.5米，所示第1层是1米的黄土，杂螺蛳壳；第2层为棕褐色黏土，杂较多炭屑，含较多文化遗物，厚约25厘米；第3层为褐色黏土，含少量陶片，出露约10厘米（图五三）。

我们在P1第3层中仅采集到一片泥质黑陶豆的盘片和一片泥质黑陶杯的底片（图五三，8、9）。在第2层中采集到的遗物稍多，均应是石家河文化早期的，能看出器形的主要有：

豆　盘片一，泥质黑皮灰胎陶，浅盘；豆柄一，泥质灰陶，轮制，较粗（图五三，3、6）。

高领罐　口片，泥质灰陶，厚唇，直领（图五三，1）。

罐　口片，夹砂灰陶（图五三，5）。

钵　口片，泥质红陶，似为轮制（图五三，2）。

盖　一件，捉手残，泥质灰陶，胎质较软，厚唇折腹（图五三，4）。

石镞形器　灰色页岩，圆柱形，有节，一端残（图五三，7）。

北堤东西两个土岗的顶面均覆盖有文化层，其中东面一个稍小，文化堆积分布面积近万平方米；西面一个稍大，文化堆积分布面积近25000平方米，并且其北部边缘有灰土文化层与敖家全的文化层相连。于地表看不出东西二岗地的文化堆积有相连的迹象（图五一）。

东岗地顶面最高处居中，四周缓降。其上文化堆积情况可由P2剖面略示（图五四）。这个垂直剖面宽约2.5米，所示此处文化层呈水平堆积，由上至下第1层为褐色耕土，厚14

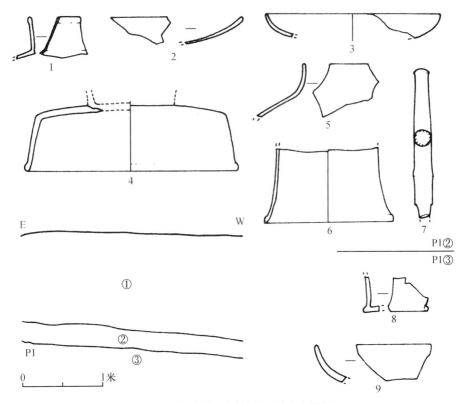

图五三　杨家嘴地层剖面P1及出土器物

厘米；第2层为褐色土，杂锰结核和红烧土粒，含少量碎陶片，厚约14厘米；第3层为纯净褐色沙土层，含锰结核，厚约20厘米；第4层为黄褐色黏土，杂烧土粒、炭屑及黄黏土粒，含较多文化遗物，厚约25厘米；第5层为纯净黄黏土，杂少量红烧土粒，可能与建筑遗存有关，厚约10厘米；第6层为褐色黏土，杂红烧土粒、炭屑及锰结核，含少量陶片，厚约35厘米；其下即为有铁锰网状纹的棕褐色生土。

以上P2诸层中采集到的陶片等遗物均甚细碎，唯第5层中所出者可辨识，接近石家河文化晚期，其中包括：

鼎　口片，夹砂红陶，铁轨式折沿；另有三角形扁足，夹砂红陶（图五四，2、6）

豆　口底均残，泥质灰陶，盘心有一周凸棱，盘柄对接（图五四，5）。

杯　两件均为底部，一为泥质灰陶黑胎，斜腹平底，轮制，另一件为泥质黑陶，平底出沿，近底腹部有一周凸弦纹，轮制（图五四，3、4）。

石坯　青灰页岩，经打制（图五四，1）。

P2第2～4层堆积均属石家河文化晚期。

西岗地顶面最高处偏东北，岗地东北部被东河切去一部分。在东河冲出的断面上可以清楚地看到这里的地层堆积情况，如我们清出的P1所示：第1层，黄褐色堆土，厚30

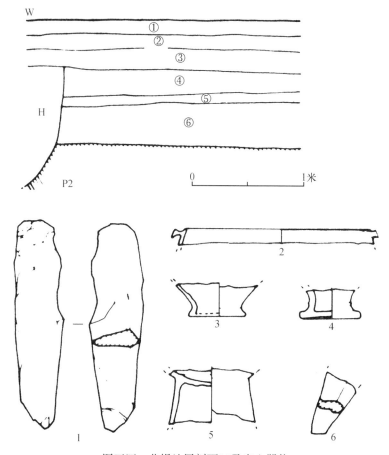

图五四　北堤地层剖面P2及出土器物

厘米；开口于1层下，锅底形，堆土为黄色，杂烧土粒，它打破第2层，H2和第3层；第2层，褐色黏土，杂少量烧土粒，厚约20厘米；H2开口于第2层下，锅底形，坑口径在剖面处约120厘米，深约60厘米，堆土为黑褐色，杂烧土粒及炭屑，它打破第3、4两层；第3层，黄褐色花土，杂较多烧土粒，厚近60厘米；H3开口于第3层下，锅底形，深30余厘米，堆土为褐色黏土，杂烧土粒及炭屑，它打破第4层；第4层，黄色黏土，杂红烧土粒，厚约12厘米；以下即为灰褐色生黏土（图五五）。

P1第2、3、4三个文化层中所含遗物均较少，H1、H2和H3三个灰坑中含器物较多。我们采集到的出于H1中的有：

鼎　足二，一为扁足，夹炭红陶，外面有竖条纹，一为圆锥足，泥质红陶（图五五，3、5）。

豆　盘口片，泥质灰陶，浅盘（图五五，4）。

高领罐　口片，泥质红陶灰胎，厚唇，凹唇面，直领（图五五，1）。

叶脉纹罐　腹片，泥质红陶，外壁拍印叶脉纹（图五五，6）。

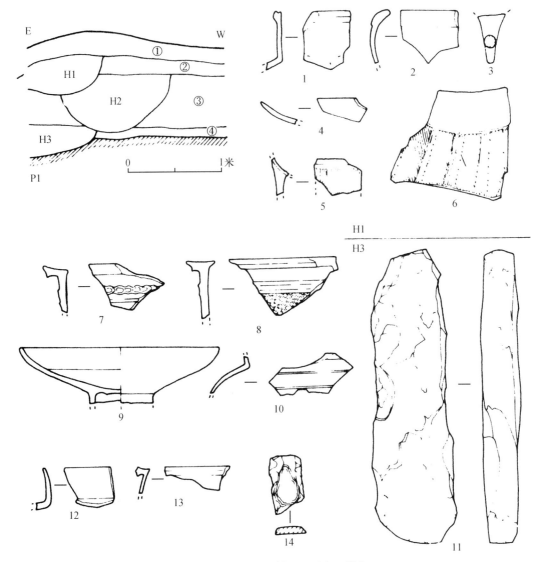

图五五　北堤地层剖面P1及出土器物

钵　口片，泥质红陶，敛口，厚唇（图五五，2）。

出于H2中的有：

豆　柄残，泥质灰陶，盘心中部颜色稍浅（图五五，9）。

高领罐　口片一，泥质灰陶，短卷沿；颈腹片一，泥质灰褐陶，外壁有三道凹弦纹（图五五，10）。

缸　口片二，一为泥质黑皮陶，灰胎，平折沿，沿下上腹贴一圈泥片，腹拍方格纹；另一为泥质灰陶，平折沿略凹，沿下腹部贴一圈按窝附加堆纹（图五五，7、8）。

石坯　两件，均为青灰色页岩，长条形，经打制（图五五，11）。

出于H3中的有：

鼎　口片，夹砂红褐陶，平折沿略凹（图五五，13）。

高领罐　口片，泥质灰陶，直口（图五五，12）。

石坯　一件，青灰色页岩，扁长条形，经打制（图五五，14）。

以上H2和H3所出器物均属石家河文化早期，说明P1第3层（可能还有第2层）亦应为此时的堆积，H1则为石家河文化晚期的遗存。

（二十一）罗家柏岭

罗家柏岭位于北堤以南，杨家湾正东，是一个东南—西北方向稍长的长条形岗地，高出四周低冲1～2米。岗地东侧因疏浚东河而被削去，同时也破坏了岗地顶面文化堆积近三分之一。现有石龙干渠横穿岗地中部（图五一）。

此处文化堆积的主要部分分布在条形岗地的中部，面积当在1万平方米以上。1955年为配合石龙干渠工程，曾在这里进行过发掘，发掘面积近1400平方米，位置在今石龙干渠以北的岗地中部（图五一）①。发掘资料有简报刊出[10]。简报描述此处的地层堆积：

"1～2层是地表土、烧红土、灰土，主要遗物是玉器、铜器和陶质禽兽。"其中陶质禽兽应为石家河文化的陶塑小动物，玉器中如管、环、人头、蝉等在肖家屋脊石家河文化晚期瓮棺葬中多有随葬，文化层中不多见，所以估计这里亦应有同一时期的瓮棺葬。

"2～3层是烧红土、灰草拌泥和红斑黄褐土，主要遗址（疑为"遗迹"之误写）是窑址。"此"窑址"长43～47、宽6.52～20.50米，面积约450平方米，可能是房屋基址，因"窑底上"出有"敞口平底盘"和"红陶杯"等器物，估计其年代大概为石家河文化早期。

"4～6层是黄褐、褐灰、灰黑或沙黄土，出土物特点是彩、红、黄、黑、灰陶器共存。灰陶最多，彩陶最少。"估计此处或许还有屈家岭文化时期的文化堆积。

我们在这里调查时，已很难见到原生文化堆积，只在东河河坡上还可以见到有原生早期文化层和灰坑等遗迹。其中P1处可以见到表土层下有三个依次打破的灰坑（沟?），依次编号为H1、H2和H3。这是一处长约4米多的垂直剖面，其北侧为一条冲沟冲断。剖面所示此处第1层为堆土，褐色，杂大量红烧土，是被扰动过的早期文化层二次堆积于此，厚约50厘米；其下H1打破H2，H2打破H3，三个灰坑均被北侧冲沟所打破；其中H1残深约40厘米，锅底形，堆土为黄褐、黑花土，杂锰结核，烧土颗粒和较多炭屑；H2深近80厘米，锅底形，堆土分两层，H2第1层为灰黑土，厚10厘米，H2第2层

---

① 因发掘位置已无地面标记，图中所示仅指大概位置。

为灰褐黏土，杂烧土粒、锰结核；H3残深40厘米，平底，直坑壁，堆土为黄灰花土，H2打破第2、3两层；第2层为黄褐黏土，较纯净，未见含文化遗物，厚约40厘米；第3层为褐色黏土，较致密，未见遗物；下即为黄褐色网纹生黏土（图五六）。

以上三个灰坑中仅H2近底部出有陶器，陶器上部还出有炭化编织物残片，似为竹编，每根篾片宽0.6~0.8厘米。所出陶器属屈家岭文化晚期，有：

鼎　口沿片一，夹砂红陶，斜折沿，应为三角形扁足罐形鼎的口沿片（图五六，5）。

甑　一件，泥质灰陶，大卷沿，罐形，有圈足，底有三椭圆、一圆形镂孔，口沿部外侧面有抹痕，沿腹转折处有尚未抹去的斜篮纹（图五六，1）。

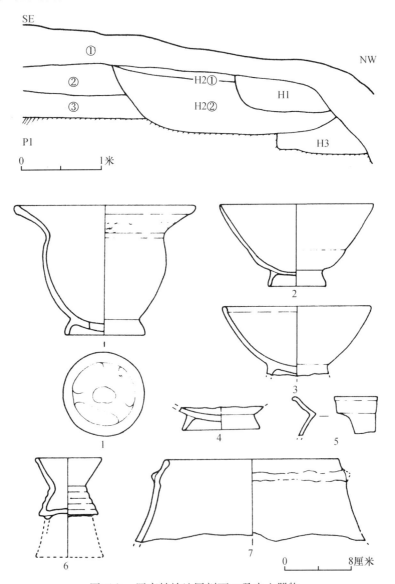

图五六　罗家柏岭地层剖面P1及出土器物

碗 三件，其中完整者一件，泥质灰陶，双曲腹，腹与圈足对接；一件圈足残，泥质灰黑陶，唇内凸，斜弧腹，腹与圈足对接；另一件腹残，泥质灰陶，圈足外撇（图五六，2～4）。

圈足杯 一件，圈足残，泥质黑灰陶，红褐芯，敞口，斜腹，腹部有轮制拉坯旋纹（图五六，6）。

瓮（？） 口片，泥质灰芯红陶，沿下有一周凸棱剥落痕，沿部表里均有抹痕（图五六，7）。

彩陶杯 一件，泥质红陶，红衣黑彩，残甚不能复原。

P1往北P2处有一座残房址遗迹，其北侧亦被一道冲沟所打破，暂编号F1（图五七）。P2处F1位于褐色沙质表土层下，打破P2第2、3两层。其中P2第2层为黄砂土，杂少量烧土粒，厚30厘米左右；第3层为灰褐土杂烧土粒，出露约30厘米。

F1残房址为一残深约40厘米的坑状堆积，分为两层，下一层是杂烧土粒的黄黏土，最厚约30厘米，上一层是纯红烧土，厚10～20厘米。估计其年代亦应与1955年发掘的"窑址"约略同时。

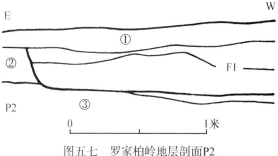

图五七 罗家柏岭地层剖面P2

（二十二）潘家岭、胡三家

潘家岭、胡三家位于毛家岭正东、毛家岭岗地东侧故河道与东河之间（图四九）。这里地表平坦，起伏很小。地表土层较厚，少见文化遗物，只在从潘家岭至胡三家间小路边排水沟断面上可以见到有断续的灰土、黑褐土文化堆积出露于表土层下。在疏通排水沟时挖出的早期文化层土中含有较多碎陶片。估计整个文化堆积的范围大致在潘家岭和胡三家民居之间，间距约300米，面积不明。我们在排水沟边采集到的陶片多属石家河文化晚期偏早阶段，能看出器形者主要有：

鼎足 两件，一为泥质红褐陶，侧装扁足，外壁有平行凹槽；另一为泥质红褐陶，剖面近曲尺形柱足（图五八，2、3）。

豆（盖？） 一件，残，夹砂红陶，（图五八，5）。

高领罐 口片，泥质红褐陶，厚唇，直领（图五八，1）。

碗 圈足，泥质褐陶，圈足与碗腹对接（图五八，6）。

钵 口片，泥质红陶，折叠厚唇（图五八，4）。

以上钵碗两件标本年代或稍早。

在胡三家民房西北60米P1处，还见到有很薄的文化层和瓮棺葬出露。P1处第1层是褐

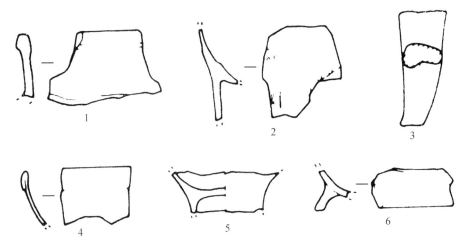

图五八　潘家岭—胡三家地表采集器物

色堆土，厚40厘米；第2层是黑灰土文化层，含较多陶片，厚10厘米左右；W1开口于第2层下；其下即为生土（图五九）。

W1葬坑残深35厘米，口径70厘米，填土为棕灰花土，瓮棺葬具为一只夹砂灰陶篮纹罐，上部已残，罐底可见朽烂骨渣，另坑内还出有几片夹砂红陶片，可能亦为葬具，但看不出器形（图五九，1）。

P1②层中采集到的陶片大约也是石家河文化晚期偏早一阶段的，能看出器形的有：

鼎足　一件，夹炭红陶，三角形（图五九，1）。

高领罐　口片，泥质灰陶，折叠厚唇（图五九，2）。

盖　一件，沿残，泥质红皮灰胎，实心圆纽（图五九，6）。

杯　两件，均为泥质红陶，一件完整的器腹由两圈泥套接，底后接；另一件口残，厚底（图五九，4、5）。

（二十三）新河

新河大约指北堤和罗家柏岭以东东河的东面、石河小学以北和天门至京山公路以西的这一片地方。这里地势平坦，无显著起伏，地表淤积土层较厚，基本不见有文化堆积出露，亦少见遗物分布，故此处文化堆积的范围并不清楚。只在南部横穿遗址的石龙干渠和北部流入东河的水渠断面上可见到文化堆积，只这二渠之间的文化堆积面积亦已近5万平方米（图五一）。

石龙干渠本身就像一条横贯遗址东西的大探沟，其断面上暴露文化堆积较充分的地方有两处，其中P1位置偏东，P2偏西。

P1处地层堆积：第1层，褐色堤土，厚约70厘米；开口于此层下的H1打破第2、3、4层；H1为一直壁平底灰坑，其堆土为灰褐色，含灰烬，其一边已坍毁，残深约170厘

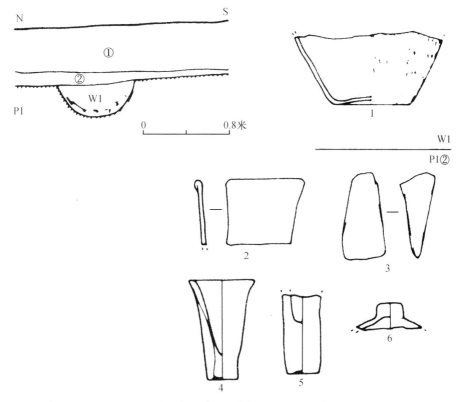

图五九　胡三家地层剖面P1及出土器物

（1.出于W1，2～6.出于P1②）

米，近底处含有较多陶片，器形主要有夹砂、炭红褐陶鼎、泥质灰陶细柄豆、泥质黑皮红胎轮制圈足盘、泥质红陶折沿罐、泥质黑皮灰胎陶轮制子口交错划纹扳柄杯和泥质红陶杯（图六〇，1～6）；第2层为灰褐土，厚约50厘米，出有夹砂红陶鼎口片和泥质灰陶叶脉纹罐片（图六〇，7、8）；第3层为黄褐色土，厚约3.5厘米，出有夹炭红陶压划竖槽扁鼎足，泥质灰陶轮制带箍细柄豆，泥质灰陶大圈足盘和泥质灰黑陶薄胎高圈足杯（图六〇，9～12）；第4层为灰褐色黏土，厚约15厘米，下为生土。从H1和第2、3两层出土器物来看，这里第4层至2层间的文化堆积主要是石家河文化晚期的。

P2处地层堆积第1层堤土厚约160厘米；第2～4层分别为黄褐土、黑灰土和灰色土，厚约50厘米，颇纯，应为晚期淤积土；第5层为黑灰土，厚15厘米；第6层为黄褐花土，厚约16厘米；第7层为灰色土，出露25厘米，未到底。以上第5、7二层含遗物较少，仅第6层中采集到可辨识器物有泥质灰陶漏斗形擂钵，泥质黑灰陶卷沿盆形擂钵和泥质红陶杯（图六一，1～3），均为石家河文化早期器物。

此外，在石龙干渠边还采集到夹砂红褐陶扁三角形鼎足一、泥质黑灰陶轮制带箍细把豆柄二、泥质灰陶黑灰陶大圈足盘圈足片二，夹砂灰陶弦纹折沿罐口片一，泥质灰陶罐口片一和夹粗砂红陶篮纹缸片一（图六二，1～8），均不超出石家河文化早晚两期范围。

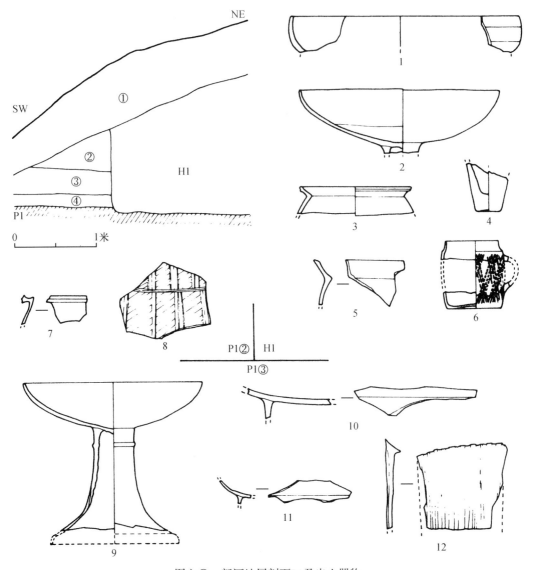

图六〇　新河地层剖面P1及出土器物

北部水渠断面暴露出的文化堆积比较简单，只有一层断续出现，厚15～30厘米的灰黑土文化层出露于耕土层下，含较多遗物，其下即为棕褐色生土。P3第2层即属此层，出有夹砂灰陶环形鼎足、泥质红陶灰胎豆、泥质灰陶镂孔柄豆、泥质红皮灰胎鬶裆、夹砂褐皮灰胎附加堆纹篮纹缸片、泥质红陶橙黄胎轮制浅腹钵和泥质红陶杯（图六三，1～7）。均为石家河文化早期器物。

由以上几处文化堆积暴露情况来看，新河石家河文化早期文化层分布较普遍，而晚期的堆积似偏于南部。

新河以南，石河小学、石河中学（陶家坟）和棉花收购站（造家坟）所在是一处低岗地，过去曾在这里采集到零星的石家河文化时期陶片。由于此处大部为房屋和公路所压，

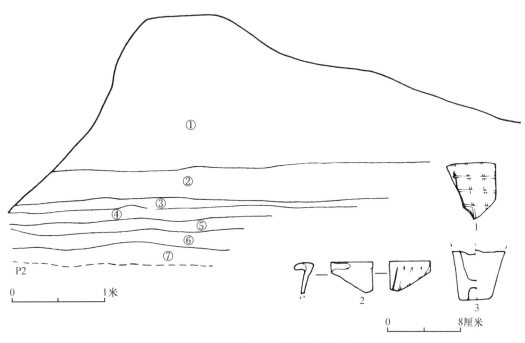

图六一 新河地层剖面P2及出土器物

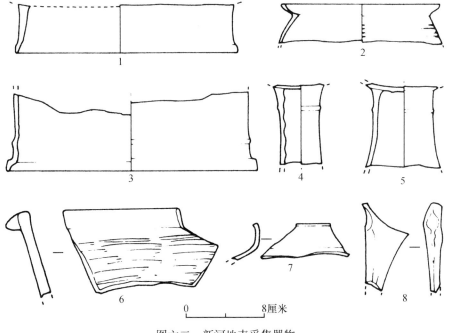

图六二 新河地表采集器物

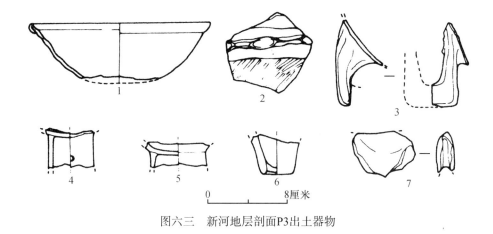

图六三　新河地层剖面P3出土器物

不见文化堆积，遗物亦极少见。如果这里确为遗址的话，其文化堆积也是和新河连成一片的（图三）。

（二十四）新农村

新农村指石河中学和棉花收购站西南麦芽厂（纸食厂）左近的一处高约1米的岗地（图三）。其西为东河，北面是新农村民居，估计面积在9万平方米以上。其西南部压在石河商场、麦芽厂和公路之下，东南似与肖家屋脊文化堆积相连。新农村大部地表不见有文化堆积出露，亦不见有遗物分布，仅在麦芽厂北侧有被翻耕出来的含红烧土粒的文化堆积，分布范围不明。在这里采集到的器物有：夹炭红陶压划竖槽扁鼎足、泥质灰陶大圈足盘、泥质灰陶豆盘片、泥质灰陶器盖片和夹砂红陶缸片，多为石家河文化晚期偏早的器物（图六四，1~5）。

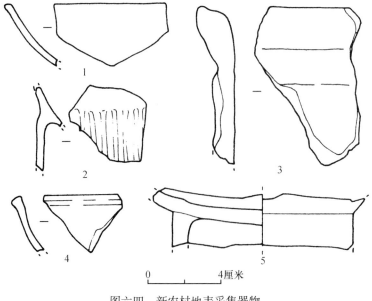

图六四　新农村地表采集器物

（二十五）肖家屋脊

　　肖家屋脊位于杨家湾正南，昌门冲东南，他们间隔宽不足百米的低冲，是一处东西500余米，南北550余米、面积近30万平方米的岗地，其东缘为东河所打破，河东坡尚可见到有文化层和灰坑等遗迹出露（图六五）。

　　整个岗地应由文化堆积堆积而成，北部和南部较高，中间稍底，高差1～2米。由于土路以东部分顶面堆积曾因取土被削去1米左右（在此发掘时，耕土层下现代墓木棺仅余底

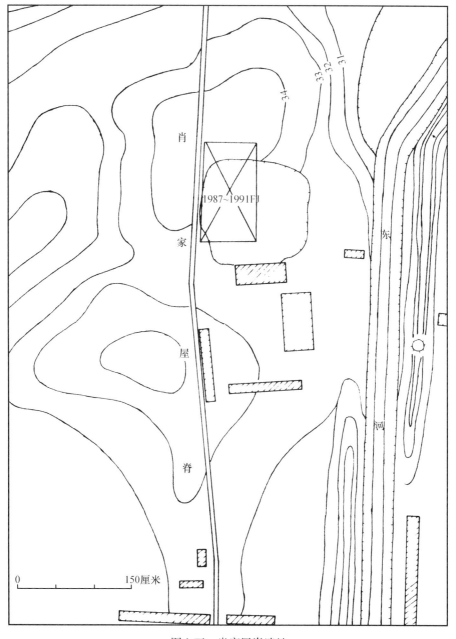

图六五　肖家屋脊遗址

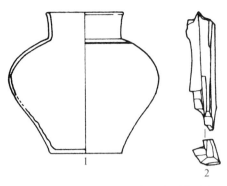

图六六　肖家屋脊地表采集器物

部），文化层暴露较严重。东面中部现有石河砖厂坐落其上。

肖家屋脊南部岗地的东南部已经多次发掘，并有1987年的发掘简报发表[11]。发掘表明这里的地层堆积厚1~2米，主要遗存有屈家岭文化晚期至石家河文化早期连续堆积的房屋基址（有挖基槽的和红烧土垫坑的两种，前者年代偏早）、排水沟、灰坑和墓葬；石家河文化晚期的灰坑和随葬大量小件玉器的瓮棺葬群（后者年代偏早）等以及少量东周墓。

（二十六）遗址群中心部位的遗迹

上节所述各地点文化堆积，大多关涉日常生活中房屋的建筑与废弃、垃圾的倾倒以及死人的墓葬等，无论其具体的变迁过程如何，都是在长期内由不断的文化活动累积形成的，而在遗址群中心部位发现的一系列由土垣、环形壕和土台构成的大型配套工程则基本是一次性规划，在相对较短的时期内建设完成的。这些工程中，土城现有较完整的城垣和环形壕暴露于地表，经试掘和调查分析，已基本可以肯定这是一处西周时期的城堡，与前些遗址群大范围的史前文化堆积没有关系。值得注意的是从三房湾南侧、西侧经由谭家岭西侧直至邓家湾民居南侧、暴露于地表的巨大曲尺形土垣、从三房湾P1和P3土垣剖面的地层材料来看，它无疑应为人工堆筑而成，建造年代也与遗址群堆积较丰富、稳定的时期相当。这道土垣现存形状为垄状，顶面宽8~10米，底部宽度在50米以上，高达6~8米以上。三房湾土垣南段基本呈正东西向延伸，东部向北略作弧形弯曲，长约700米，仅在三房湾堰塘南端处有一宽近30米的小缺口，东端断头处位于三房湾东、西端在三房湾西南角呈直角向北拐，经三湾房西侧、谭家岭西侧至邓家湾民居南，走向笔直，方向北偏东近15°，长约960米。这段土垣虽在邓家湾民居南侧与邓家湾台地相连，于地表不复能见，但从地表形态来看，邓家湾村民房所在位置较低，建房前肯定平整过这里的土地，但不能想象是将此处原有土垣挖去宽100余米的一块，或许土垣在这里原本即是断开的。在邓家湾台地西北和北侧地表，我们又见到了和土垣相似的堆积，在这里的钻探也表明了它的存在，说明土垣在邓家湾北侧已向东拐，方向东偏北约5°，长400余米，并在土城环形壕边断掉。另一处土垣是黄金岭，亦暴露于地表，位于谭家岭正东。由于其上部有石家河文化早期的建筑地层堆积覆盖，其原貌肯定已被有所破坏，现存形状略作弧形，顶宽20余米，底宽可能达80米，较周围低地高出6~8米，南北长400余米。南北走向与谭家岭西侧土垣平行。其北端恰好也在土城环形壕边断掉。所以我们推测结构相似、年代可能相当的黄金岭土垣与邓家湾北侧土垣原本是相连的，只是由于土城及其环形壕的兴建，将这一段相连的土垣破坏才形成现在我们看到的样子。这一推测不仅有于地表可见有完整形状的土城及其环形壕将邓家湾北侧土垣向东延伸的部分和黄金岭土垣向北延伸的部分完全打断的地层关系依据，而且亦已被我们在土城的试掘及钻探资料所证实。由于兴建土城时这一段土垣尚存，土城修建者未将它完全毁掉，而在土城城垣经过的地方略做修改加以利用，使之成为土城城垣的一部分，但土城城垣修建时的堆积与这一段土垣的堆积毕竟有所不同，这就使得我们得以辨明它的存在。这样，由于从三房湾南侧、西侧，经谭家岭西侧、邓家湾北侧至黄金岭的土垣建筑结构基本相同，平面形状围成一个近似长方形的框子（只是在三房湾东侧与黄金岭南侧间肯定有一个长400米的缺口），可以认为它是一次性规划营建的。显然应该是一处人工建造的城垣。这座城垣平面南北略长，长度为1200余米，东西略短，长1100余米。内部三房湾、谭家岭、邓家湾、蓄树岭、杨家湾和黄金岭诸地点的文化堆积连接成片，但均不超出城垣圈定的范围，说明城垣内的堆积与城垣本身整合，功能相关，使用和建造城垣的人即居住在城垣之内。以上诸地点中，三房湾位于城垣内西南角，北与谭家岭、东与蓄树岭、杨家湾相隔一冲，文化堆积仅有灰土层相连，其顶部堆积独立且富特色；谭家岭基本位于中部，东西横贯，文化堆积以建筑房屋为主，北与邓家湾分隔不甚明显，但它们的顶部堆积显然不相衔接；邓家湾位于北部，其东北部一部分堆积与谭家岭东部堆积显然已被土城所破坏；蓄树岭、杨家湾位于城垣内东南部，杨家湾已基本位于城垣东南缺口处，它们的堆积基本连接成片；黄金岭土垣之上有石家河文化早期的文化堆积，它与城垣内文化堆积的准确关系尚难明了。

城垣外侧下临至今尚存于地表的环形壕沟，它环绕城垣一周，除东北角被土城及其环形壕打断部分不明，东北角可能利用了自然低冲相连接外，其余部分均为人工开挖。周长在4800米左右，一般宽均在80～100米，最窄处（如三房湾南段城垣与昌门冲间）也在60米以上。壕底与城垣面高差在6米左右。考虑到城垣在自然和人为破坏作用下，其高度是不断降低的，而壕沟则反是，渐趋淤平，故其原初高差还要稍大一些。现在它的一些段落中存积有水，如西段的朱家泊，东部黄金岭与敖家全间的水塘等。环形壕的底部西段较东段稍高，高差在1～2米。底部一般有一层黑灰色纯净淤土，应该是当初利用此壕沟时淤积的。这道环形壕显然应该是城垣的护城壕。

人工堆筑的土台位于城垣环形壕外侧。它在邓家湾北面和西北面有两道，外面一道是鲁台寺—严家山，里面一道是黄家山—杨家山，均宽80～100米，弧长500～600米。里面一道往南断续延伸为印信台和堰兜子湾。位于三房湾城垣环形壕外侧的则是石板冲和昌门冲。昌门冲东端正与三房湾城垣东端断头处平齐。土台为人工堆积而成，这一点已被剖面观察和钻探所证实。即便仅从其与城垣、环形壕相对应的空间状态和外观形状来看也足以说明这一点。但其堆筑的具体方法仅凭调查手段尚无从了解。是否像土垣那样按照一定的营建方式建造抑或是随意堆筑只能留待以后加以辨明。从其现存外形来看，它仅在整个城垣的西半部分外侧出现，间断的地方较多，高矮、宽窄不一，不像土垣堆砌得那么整齐，随意堆筑的可能性大一些。

由于城垣、护城壕和壕外土台三者间的空间关系基本整合，它们应该就是同时被修筑、利用和废弃的（土台被利用的方式尚不可知）。城垣堆筑用土即来自护城环形壕的开挖，而由于环形壕开挖出土量巨大，除堆筑内侧城垣外尚绰绰有余，故将余者堆于壕外，这就成了现今我们所见的半环形土台。

这项由城垣、护城环形壕和土台共同组成的浩大工程，位于整个遗址群的中心位置，四周（除西北角外）均有遗址。仅由环形壕圈住的面积就达180万平方米，城垣内可使用的面积也在120万平方米左右。它们作为这个遗址群某一时期的中心当不成问题。

四、关于石家河遗址群的若干认识

从聚落形态研究的角度进行田野调查，对我们来说，尚是一个崭新的课题，没有现成的经验可以参考。尽管我们为此设计过一些方案，但由于各种原因，其实施结果未必尽如人意。仅就现有资料，我们获得以下几点认识。

（一）遗址分期

这次调查发现的古代文化遗存以屈家岭文化至石家河文化者最为丰富。前此的相当于大溪文化的遗存，只是在1987年谭家岭的发掘中有所发现，此次调查没有发现相关资料。西周时期文化遗存主要见于土城遗址，另在邓家湾台地西南角和胡三家村西有零星发现，数量少且不系统。故本节只讨论各遗址屈家岭文化至石家河文化阶段的分期。

立足于已经建立起来的陶器编年（见第一部分），分析调查所获各遗址的地层关系和采集遗物的文化面貌，可初步了解到石家河各遗址文化堆积的期别和年代，其情况归纳如下表，关于这一分期结果，还需要做以下三项补充说明。

首先，上述遗址分期所凭借的地层资料都是一些零星片断的资料，未必能够全面反映出一个遗址的整个年代跨度，遑论我们在若干遗址还没有找到理想的地层剖面。脱离地层关系的采集遗物也只能说明这个遗址有过什么，却不能根据它们来肯定这个遗址没有什么或者曾经还有过什么。因此，表中所示各遗址的分期显然还有待于今后发掘成果的验证和修订。

其次，表中所示分期是以已有的陶器编年划分的。但是，由于陶器分期与以后还要谈到的以文化堆积分布情况所标示的聚落变迁相契合，故这一分期结果很可能接近于当地考古学文化演进变迁之一般情况。

最后，上述分期出于尊重本地区新石器时代考古研究的历史，使用了诸如"屈家岭文化"和"石家河文化"的概念。但无论根据各期陶器的变化情况，还是根据石家河遗址群聚落的变迁，都不能得出当地屈家岭文化时期的文化面貌与石家河文化早期之间的变化较之石家河文化早晚两期之间的变化更大的结论。若仅以目前掌握的资料来看，结论或许恰恰相反。这也可能与我们目前对石家河文化晚期偏早阶段的资料（即相当于肖家屋脊、谭家港和罗家柏岭的瓮棺葬群时期）所知甚少有关。

（二）各期遗存的分布

我们对石家河遗址群的调查范围大致限定在地表可以看得出当时人们日常行为所遗留下来的文化堆积范围之内，也就是居住区及其左近地带。至于其他文化行为所涉及的地区，如狩猎、渔捞、植物采集的取食经济活动地点，种植业所在的旱地和水田，以及其他生业，诸如制陶业取土地点，石器原料的开采地点等，目前均未有确凿的证据可以肯定，只有一些从侧面材料出发的推测（详后）。不用说，石家河遗址聚落群体各种文化行为所利用的自然区域远比我们踏查的有文化堆积的日常生活区为大。尽管如此，这一日常生活区的面积仍旧有约8平方千米之大。因此，其内部各遗址或地点之间的时空关系就成为我们十分关心的问题了。限于资料，我们尚不能对各时期的情况进行充分说明，但上节表所利用的资料至少在反映距地表不那么深的地下堆积的年代方面，应当没有太大的出入，这便是我们本节讨论的基础。

若仅以我们调查的有文化堆积的6平方千米范围内的情况来看，这里的人类活动始自大溪文化时期。谭家岭遗址的发掘曾获得过这个时期的文化堆积[12]。但是，我们在调查中却没有发现对此可以进一步补充的资料。这大概与相当于大溪文化时期的堆积埋藏较深，仅凭地面调查手段难于发现有关。不过，在已经较大规模发掘过的邓家湾、谭家岭和肖家屋脊三个遗址中，也只有谭家岭有些发现。故可以推测，这个时期的遗址无论数量还是面积都不及以后时代者。

至屈家岭文化时期，这里的文化堆积面积扩大，地点增多。仅以我们发掘和调查发现者计，就有三房湾、谭家岭、邓家湾、蓄树岭、肖家屋脊、罗家柏岭、京山坡、王家台、罐山、昌门冲等，它们大致集中在今天看到的整个遗址群分布范围的中部。虽然不排除其他地点也有同期遗存，只是没有被我们发现的可能性，但从统计学的角度，这一带也应当是这期遗存的最密集区。

石家河遗址群最大范围的文化堆积形成于石家河文化早期，其分布几乎遍及已知的各个地点，如上述屈家岭文化地点中，除罐山一处之外，其他地点或者发现了石家河文化早期和屈家岭文化堆积的地层叠压关系，或者是在同一遗址上采集到两个时期的文化遗物。若将这两期文化遗存的分布情况加以比较，则石家河文化早期似乎是屈家岭文化遗存分布

地点		屈家岭文化	石家河文化早期	石家河文化晚期
三房湾	北台		√	√
	东台		√	
	西台	√	√	
谭家岭		√	√	
邓家湾		√	√	
黄金岭			√	
土城				√
蓄树岭		√	√	√
杨家湾			√	
印信台			√	
堰兜子湾			√	√
石板冲			√	
昌门冲		√	√	
枯柏树			?	
谭家港			?	√
罐山		√		
京山坡		√	√	
田家冲、胡家湾			√	
周家湾			√	
晏家光岭			√	
晏家新场			?	
毛家岭			√	
王家台		√	?	
台上、敖家全			?	√
杨家咀			√	
北堤			√	√
罗家柏岭		√	√	√
潘家岭				√
胡三家				√
新河			√	√
新农村				√
肖家屋脊		√	√	√

密集区的扩张或外延。事实上，种种迹象表明，石家河文化早期的核心区域也恰恰就在屈家岭文化遗存的密集区之内，例如在邓家湾、谭家岭、蓄树岭和杨家湾诸地点的文化堆积，特别是当为建筑遗存的红烧土堆积几乎连成一个整体，而很难再把它们看成是一个个孤立的遗址。相反，居于外围的遗址情况就不是这样，典型的例子可举北部周家湾、胡家湾、晏家新场和晏家光岭等几个遗址为例，这些遗址间隔散布在一个大冲湾边缘的岗地上，各遗址无论以灰层为标志的总体面积，还是以红烧土堆积所标示的建筑区面积，均远小于上述遗址。

从石家河文化晚期开始，文化遗存的分布在遗址数量和核心区域方面都发生了新的变化。如上节表中所示，这一时期的遗址数量显然少于早期者，我们只在谭家港、北堤、罗家柏岭、敖家全、潘家岭、胡三湾、肖家屋脊、新河和新农村等处发现了这个时期的遗存。至于在石家河文化早期的核心区域范围内，该期遗存仅在三房湾北台、蓄树岭台地顶面等局部范围有所分布。如果说石家河文化晚期的遗存埋藏浅，容易受到后期破坏而未能保存到现在，则这种理由却不能解释为什么在从石家河文化晚期以后历代文化皆不甚发达的这个地区，肖家屋脊、谭家港等遗址上却可以保留下来比较丰富的这个时期的文化堆积。因此，我们认为，石家河聚落群体发展到这个时期，其核心区域很可能发生了某种程度的游移。而且一个值得注意的现象是，石家河文化晚期的遗址中，除谭家港、堰兜子湾位于遗址群的最西缘外，其余绝大多数都集中在遗址群的东部和东南部，此或可以作为我们分析问题的线索。

我们认为，一个聚落或一个聚落群体的稳定与变化还应当反映在其文化堆积内涵的连续与间断方面。如果将石家河聚落群体作为一个整体，并从这样的角度全面考察其聚落形态的变化，显然需要相当规模的发掘资料的支持。这是不能一蹴而就的。但仅就现有发掘情况看，已经多多少少反映出问题的实质。谭家岭台地顶面中部目前已有三处发掘地点，其下部堆积属大溪文化时期，并发现当时的墓葬，上部是屈家岭文化至石家河文化早期的建筑遗存，叠压关系十分复杂，表明这里有一个房屋不断地被兴建、毁弃、再兴建的长期文化过程，即这里是一处恒久的日常生活居住区。邓家湾的情况比较复杂，有许多现象还需要深入研究才能搞清楚，但可以肯定这里有一处从屈家岭文化晚期到石家河文化早期的连续堆积的墓地。这两处遗址上都没有发现更晚的遗存。肖家屋脊与过去发掘的罗家柏岭的堆积情况大致相同，下部为屈家岭文化晚期至石家河文化早期的建筑堆积，其上有石家河文化晚期的灰层，灰坑以及瓮棺葬群。这四个遗址的发掘均表明，至少是从屈家岭文化晚期开始，至石家河文化早期，是这个聚落群体内部结构较为稳定的时期。其表现即这期间的建筑生活区域相对稳定，只有局部的改建与扩建，墓地情况亦然，其后的情况则发生了很大变化。这一认识也与我们调查不同时期遗址群核心区域的变化的结论相一致。前此的大溪文化时期因资料过少而情况尚不分明，后此的石家河文化晚期聚落重心不与这一时期相整合，文化堆积的内涵也发生了变化。表明从石家河文化晚期开始，这个聚落群体发生了重大变故。

自石家河文化晚期之后，当地文化衰微，直到西周，才再次出现一段以土城城垣兴建为标志的不太大的繁荣。不过，除去土城遗址之外，我们只在邓家湾台地西南角发现过一小块同期灰层堆积，另外还在胡三家村舍西面一块次生堆积中采集到一个鬲足。这样的规模显然不能同史前文化者同日而语。

（三）对石家河城的若干认识

本次调查的重要收获之一是在石家河遗址群的中心部发现了一座大型土垣、环壕以及与之配套的若干土台遗迹。根据其形状、规模以及这项工程与同期遗址的关系等直观现象，我们将它称为石家河城。这也是为方便区别土城城垣的权宜称呼。至于这座城的性质等涉及人类社会发展阶段的问题，远不是一下子可以弄清楚的。因此，我们首先就一些最基本的问题做些分析。

1. 石家河城的始建年代和兴衰过程

关于石家河城的始建年代问题可以从以下几个方面进行讨论。

在石家河遗址群范围内，除却石家河城之外，还有一座西周时期的城垣遗址，即土城。从它的城垣保存完整的现状、打破石家河城的宏观地层关系以及两者各自的文化堆积等情况分析，石家河城的年代当早于西周时期。我们在当地也没有发现过可以肯定为介于西周和新石器时代之间的文化遗存。所以，可以断定石家河城是新石器时代的遗存。

已知石家河的新石器文化主要属屈家岭文化和石家河文化时期，另有少许年代更早的相当于大溪文化时期的遗存。根据对三房湾西侧城墙剖面和十数个城垣部位的探眼观察，建造城垣的用土比较纯净，一般选择不同色质的原生黏土混合搅拌在一起，土中绝少见到红烧土、土炭、灰烬等生活污染物，也很少见到陶片。我们知道，石家河城的规模颇大，且位于遗址群中文化堆积最丰厚的中心部位，城墙外围的遗址也有比较密集的分布。如果在建造城墙之时，这里就已经分布着了如此大面积和高密度的遗址，则就近选取足够这样大规模工程需要的纯净黏土势必会遇到困难。若如是，也会不可避免地混进已有的文化堆积。另一方面，我们也很难设想这些用土是从较远的地方搬运来的。因此，石家河城的建造只能是在当地有了一定人口居住，但聚落分布密度还不太大的时期进行的，或者说是在当地聚落繁荣之前或繁荣之初兴建的。到目前为止，我们只在谭家岭遗址下层发现过大溪文化的堆积，遗址群的其他地点还没有任何发现。可以推测大溪文化时期的石家河居民尚无建造大型城垣的能力。从石家河文化早期开始，当地文化进入极度繁荣的阶段，以后还要谈到，这个时期的居民与其说开始建造这座城垣，不如说已经在使用它了。因此，石家河城的兴建最有可能是在屈家岭文化时期。

我们在三房湾西侧城垣剖面和黄金岭钻探提土中皆采集到少许陶片，多泥质灰陶和黑灰陶，十分破碎，甚至不能准确判断器形。但它们多数陶胎较薄，陶质软，火候不高，黑陶往往为红胎芯或灰胎芯，有的腹片上饰一周细凸弦纹或稍扁宽的附加带状弦纹，此皆为典型的屈家岭文化陶器的特征。在这些采集品中，没有发现其他时期的遗物。根据地层学的基本原理，可知石家河城的始建年代不可能较这些陶片所代表的年代更早，它的最高上限与这些陶片同时。由于所获陶片过于破碎，我们还不能准确判断出它们在屈家岭文化中的分期位置。但如果说石家河城的建造年代较晚于屈家岭文化的起始年代，是在屈家岭文化在当地经过了某种程度的发展以后开始兴建的，也许比较妥当。

在黄金岭和邓家湾遗址，我们皆见到石家河文化早期的地层叠压了城墙内侧斜坡面的钻探资料，在三房湾东台，我们还找到了最富这一时期特征的红陶杯堆积层叠压城墙内侧壁的地层剖面。这一时期文化是当地文化最繁荣的阶段。在城垣范围以内，有大量这个时期的文化遗迹，例如连绵不断地分布在邓家湾至谭家岭、蓄树岭台地上的当为建筑区的大面积红烧土堆积，它们的分布均未越过北面和东西两侧的城墙，和城墙的平面形状基本呈一种整合状态。三房湾的红陶杯堆积和邓家湾出土大量陶塑的地点还可能具有某种特殊意义[13]。这些情况表明，石家河文化早期是使用这座城垣的主要时期。当然，当地文化的繁荣也许开始得更早，有能力从事如此大规模工程建造的也必定是一个空前发展了的文化。通过调查可知，当地屈家岭文化遗存分布与石家河文化早期者基本重合，后者是它的延续和扩大。只是欲比较这两期文化的发展水平究竟有多大差别，还有待于今后更大规模的发掘。

从石家河文化晚期开始，当地文化发生了重大变化。石家河文化早期非常流行的红陶杯、大口圈足杯、腰鼓形罐、小型陶塑等十余种器物至此突然消失或趋于末路，却新出许多在本地没有谱系传统的小口高领瓮、玉质饰品等，并开始流行瓮棺葬式和大面积瓮棺墓地，而在历年的田野工作中，我们始终没有发现过石家河文化晚期的土坑墓。与这些文化面貌方面显而易见的转变同步，由遗存分布表现出来的聚落群体内部空间结构和同一遗址或地点上的文化堆积的内涵也发生了明显的变化。这些变化我们已经在前一节中有所涉及，即如曾为屈家岭文化至石家河文化早期的居住区的肖家屋脊遗址上突然出现了大面积瓮棺墓地，又如石家河城内部的大面积建筑区此时遭到普遍废弃，而聚落群体的中心部分在这个时期也发生了某种程度的游移。这些情况表明，从石家河文化晚期开始，尽管石家河城垣也许依然被当地居民以某种方式所利用着，但由这座城垣体现出来的聚落规划制度——也许还是当时的社会生活行为规范、社会组织制度乃至政治制度的反映——在这一时期中至少是受到了普遍的忽视。在土城遗址东南部保存的石家河城之墙体上发现的瓮棺打破墙土（如果资料属实的话）的现象便是这种观念转变的一种物证。因此，我们认为，石家河城垣作为城垣的本来意义，此时已经不复存在了。

2. 城垣建筑

就调查资料看，石家河城垣是一项规模浩大的工程。其保存状况最好的西墙长达千余米，墙体走向笔直，至黄金岭的东墙的东西跨度亦接近此数。在地势最低洼的邓家湾和三房湾台地之间的低冲部位，墙基宽50米左右，上宽4～5米，高可达6米左右，而原有高度当还不止于此。三房湾西侧城墙剖面（图六）大约是墙体宽度的一半稍弱，墙土堆积分两大层，表明建造工序是分两次完成的。各大层又因土质土色不同还可再分出若干小层，小层薄厚不甚一致，基本为水平状堆积。由于墙体用土甚黏，在各小层层面之间很难找出夯筑痕迹，但据现场鉴定，小层的土质皆比较紧实，还是很有可能经过夯实加工的，只是这一过程比较潦草。不过，就整体而言，墙体坡度甚小，仅25°左右，是知不是版筑明矣。故为了与通常所说的夯筑城墙技术加以区别，我们把石家河城墙的构筑方法称为"堆筑"。

堆筑墙体的用土主要取自外围附近地带。在地势高的地段如邓家湾台地北面和三房湾台地南侧，建墙用土较少，反之如两个台地之间的低洼地带，用土就多，其结果形成一道宽窄不一的环墙壕沟。有的地段受地形限制取土困难，也可能取用了城垣内侧的土，如黄金岭段的东墙之外是东河冲刷的低平地形，土源不多，不足者便可能转用了城墙内侧的土补充，从而形成现在可以看到的城墙内侧一段低洼地形。

但是，城墙以外的环墙壕沟绝非完全是建造城墙时的副产品，毋宁说城垣的建设者对环墙壕沟的重视程度并不亚于墙体本身。事实上，这道壕沟可能较墙体具有更重要且更完整的功能——至少从现在保存状态看是如此。仔细观察微地貌可以发现，东部黄金岭外侧和北堤低岗之间的壕沟自杨家湾台地东南缘向西转折，切断杨家湾台地和肖家屋脊台地的联系，并隐约和三房湾南段城墙外侧湾沟的东出口沟通。如果按照我们复原的土城遗址产生以前的地形，则这道湾沟是一条名副其实的环状壕沟，它把遗址群的核心部分完全包围起来了。相反，自黄金岭南端至三房湾东端近400米宽的地段却明显没有地面之上的墙体。

又从地形大势上看，环状壕沟沟底北高南低，符合石家河地区自然水系流动的总体规律。当然，长期的流水冲刷也可以在一些地段造成这种现象，但仅用这一原因不能解释为什么在不可能冲刷出壕沟的诸如三房湾与石板冲、昌门冲之间和邓家湾与杨家山之间的地段却出现了壕沟，而且它们也符合北高南低的总体原则。因此，石家河城的建设者们肯定注意到了这一规律，并力求使自己的工程符合这个规律。证据是环状壕沟外侧散布着一系列人工堆建的土岗土台，如杨家山、严家山、印信台、石板冲和昌门冲后的岗台皆是。我们调查发现，这些台岗上也有状似城墙墙体的地层堆积，且土质土色和墙体者十分接近，表明它们至少在相当程度上是人工所为，且堆筑它们的用土与城墙墙体用土大约取自相同的地点。如果仅为建造城墙，就不会有多余的土堆到这些地方。而且这些土台岗之多数上面没有多少人们的生活遗存，也就排除了建造这些台岗是出于城垣工程以外的其他原因的可能性。因此，可以认定它们是人们刻意开辟这道壕沟的物证。

但是，这些台岗在有意无意地建成之后，成为城垣工程的一个组成部分，是否也在城垣的整体功能——诸如军事防卫功能——中发挥过什么作用，则是一个值得研究、而我们的调查没能解决的问题。

无论从哪个方面看，由城墙、城濠和外围台岗共同构成的石家河城都是一项伟大的工程，但它也很可能是一项未竟的事业。高达6米多的石家河城的南段城墙在三房湾台地东端戛然而止，直到黄金岭南端近400米宽的地段内明显没有任何地面墙体的痕迹，而且在有可能是墙体通过的杨家湾台地上，我们调查发现了和北面蓄树岭台地连绵不断的文化堆积，故可以推测这一地段原本就是没有堆筑城墙的工程。根据地形，这一带地势较低，杨家湾台地也仅只比其西侧的大冲底高2米，若在这一带取土筑墙无疑是困难的。也许正是出于这一原因，才没有建造起城墙。但我们无法肯定还有没有其他原因，因为在取土同样困难的三房湾至邓家湾台地之间是有城墙的。我们还推测这一带或许有其他形式的设施，如木栅等，以弥补或代替城墙墙体的功能。但这是仅凭调查手段很难解决的问题。

关于石家河城垣，还有另外两个有待解决的问题。首先，它的墙体坡度甚小，仅25°左右，即使考虑到后期冲刷坍毁的可能，从三房湾的剖面分析，它的原有坡度也是比较小的。如果城墙的主要功能在于防卫的话，则这样缓斜的墙体很难起到多大防御作用。环墙壕沟或许能在一定程度上弥补墙体形式所带来的不足，而城墙本身是否还有诸如木栅等其他附属设施也是应当考虑的。其次，关于城墙的城门或出入口，也是目前全然不清楚的问题。城垣北部后期破坏较甚，东面和东南面也只有黄金岭一段不太长的墙体，状况也不分明。其余地段中有两个地点值得注意，一为三房湾东西台之间，这里的墙体有一宽约20米的缺口（图五；图版一，3）。另一处是邓家湾台地的西北角，西城墙在邓家湾村民舍南侧突然消失，只是在台地北缘才再度显露出来，这中间一段的缺口是引人注意的（图一五）。

3. 城区规划

通过对城垣内各地点的文化堆积情况和遗物内容的观察比较，我们发现屈家岭文化和石家河文化早期的城垣内部是按某种制度规划的。

邓家湾台地西侧共进行过三次发掘，总揭露面积1000多平方米，共清理了75座长方形竖穴土坑墓和14座瓮棺，以及其他一些遗迹[14]。由于发掘面积有限，相信墓葬的实际数量比已知者更多。目前这些资料还在整理中，但可初步认定这是一处年代自屈家岭文化中晚期至石家河文化早期的墓地。在石家河文化早期阶段，这个范围内还出土了大量陶塑小型动物和人像，数量累计已达5000余件。类似陶塑在其他遗址上虽然也有出土，但如此数量是绝无仅有的现象。故有论文推测这里曾经是陶塑品的专业生产场[13]。这当然还只是初步的结论。然与陶塑品同属一个时期的出土陶器中有数量较多的小罐形鼎，大口圈足杯、钵、红陶杯等，陶器群以小型器居多，不同于其他遗址中以中大型器为主的陶器组合。其中的大口圈足杯又称变异壶形器，也是比较特殊的器形，在其他遗址并不多见。这些情况至少表明这一带不是一般意义的日常活动场所。

和邓家湾的情况类似的是三房湾遗址的东台顶面，其堆积几乎全部为红陶杯构成，数量十分惊人。在该台地采集到的陶器形制还有腰鼓罐、高领罐、鼎、钵、豆、盆、擂钵、缸等，然数量均少，仅属偶见，根本无法同红陶杯相比。这里究竟是一处红陶杯的制作场还是具有诸如宗教意义的特殊场所，尚有待于进一步的研究。但无论如何其特殊性是值得注意的。

三房湾遗址的西台地和东台地中间仅隔一水塘，文化堆积却迥然不同。我们在这一带采集到的遗物甚少，钻探资料也不同于其他遗址常见的包含大量红烧土等建筑残迹或为生活废物的灰层的堆积。至少可以推测这里也不是日常生活的场所。

城垣之内的以建筑遗存所代表的居住生活区主要分布在邓家湾台地东半部至谭家岭、蓄树岭台地上，其中，谭家岭台地位于城垣之中央部，面积尤为广大和开阔。1989年，我们曾经在谭家岭台地中段近南缘部进行过小规模试掘，发现房子遗迹的堆积颇厚，其间的叠压打破关系错综复杂，可知人们在这里居住沿袭的时间颇长。由于发掘面积有限和为了不致因发掘面积小而造成对重要遗迹现象的破坏，这次发掘没有清理至生土，故不明房子的整体形状和结构。但可知皆为分间式建筑，有的房子墙厚达1米，柱洞间隔0.5米左右，柱洞直径可达0.3~0.4米。这种坚实的建筑结构不仅在石家河的历次发掘中尚属首见，在湖北、湖南的同期文化的田野考古中也是未见报道的，或许是一种特殊现象。

以上城垣内部各地点文化堆积内涵的不同以及由此反映出的它们各有自己的专门功能的现象表明，石家河城垣是按照当地居民的固有方式使用的。这种固有方式也可以视作某种规划制度。

如果将城垣内外的所有同期遗存视为不仅仅是一个时空关系上的整体，则我们还必须注意城垣外围遗址与城内遗址的关系。但在这方面我们还所知甚少，仅就分布情况而言，外围的遗址通常规模不大，环城散布，似乎表现为同城内遗址是一种从属关系。外围遗址不是均匀散布在城垣四周的，而是可以划分出几个小遗址群。如城北的胡家湾、周家湾、晏家新场和晏家光岭等几个遗址，它们间隔坐落在一个大冲湾边缘的台地上，可划为一小群。类似情况在城西有枯柏树、谭家港、堰兜子湾等一群，在城东北有毛家岭、王家台、敖家全、榨锅坟头等一群，东南部因地表后期堆积太厚而情况不明，也可能是单独的一群。只是这种分布情况究竟纯属偶然还是另有含意，目前尚不得而知。已有线索表明，外围遗址之间也有功能上的不同。毛家岭遗址地表采集到大量红陶钵，同样器形在1989年谭家岭发掘区也收获颇丰，而其他遗址上无论发掘品还是采集品均没有这两个遗址多。又据县博物馆同志介绍，枯柏树后的台地上曾采集到大量彩陶纺轮，当地人俗称"土钱"，是屈家岭文化时期和石家河文化早期的常见之物。但在其他遗址发现的数量绝无介绍者所描述得多，若情况属实，也是值得注意的现象。

4. 居民的生产和社会生活

我们将石家河遗址群的居民们的生产活动以及以此为基础的社会生活之各方面笼统地置于这样一个模糊的标题之下，并作为石家河城的一个问题在此谈论，无非是因为石家河文化早期以石家河城为中心的聚落形态的有关资料略多于其他时期，也是因为尽管如此，现有的资料仍不足以为我们勾勒出一幅比较完整的画面。

在讨论这些问题时，我们首先遇到的困难是对当时各项活动的主体，也就是对人的情况的一无所知。我们有两个可以参考的数字，即遗址群主要分布的现代土城乡有农业人口1869人，分属20个自然村[14]。但并不是每个现代村落下都有古代遗址，有的发现了古代遗存的村子也不一定都属于土城乡，两者折算起来，遗址群范围内的自然村和人口数都略小于以上统计。

我们在调查中发现，城垣以外的遗址个数和现代村落个数基本相同，遗址面积有的较现代村落大，也有得比现代村落小，而这个范围的现代人口约有1200人。城垣以内的情况则有很大不同。这里只有三房湾、谭家岭、杨家湾等五个现代村落，人口450人左右。古代建筑遗存的分布面积却占了城区内总面积的1/2～2/3，远大于现代村落居住区的占地面积。以谭家岭台地为例，现代村落位于台地中部偏北处，其余部分几乎全部是耕地，而古代建筑遗存的分布遍布整个台地，若按现代村落的居住生活区面积和人口比计算，当时的石家河城内居民当以万计。此外，还有两个可供对比的数据，一为严文明对仰韶文化早期姜寨聚落人口的复原研究。这个聚落占地近20000平方米，人口有450～600人[15]。按照这个比例换算，石家河城内应有居民22500～30000人。另外，综合西亚新石器时代至青铜时代的几个农业聚落人口和遗址面积之比例关系的分析，每人所占面积在19～34平方米[16]。以此衡量，石家河城内居民当在30000～50000人。当然，这些数字仅供参考。我们没有任何有关这个时期家庭组织形式和规模的资料，不知道当时到底有多少房子以及它们是否都是住人的，也不能肯定在同一时期内的城垣里到底有多少建筑，等等。总之，我们没有一个估算人口的可靠的出发点。但是尽管如此，从石家河城内外遗址分布状况和由此反映出的社会生活的制度性、从城垣工程的规模和能够承担这种巨大工程的人力物力、从以后我们还要谈到的石家河遗址群在江汉平原独一无二的地位等方面分析，我们还是有理由相信，当时的人口规模远大于现代土城乡的规模。

除了农业，我们很难想象在当时条件下还有什么别的手段能够维持一个大规模人口集团的生存——如石家河的居民是靠打猪或其他什么生计乃至凭借武力来获得足够食物的。已知长江中游是稻作农业极可能的起源地之一[17]，其历史目前已经追溯到距今9000年左右[18]，以后各时期的有关资料亦屡见不鲜。我们在石家河遗址群上也发现过含大量稻谷皮壳的红烧土等，故稻作农业是其主要经济活动当无大问题。但是，迄今为止，我们在当地却几乎没有发现过可以视为农具的考古资料。原因可能是田野考古资料积累不够，或者是当时的农业生产中使用的是非石质工具。关于前者，我们在经过了有数千平方米的发掘和普遍调查后，已经可以否定这一可能性。所以，唯一的解释就是当时使用的是非石质工具。在酸性土壤的埋藏环境中，无论是木、骨等有机质材料工具还是金属工具——如果不是过高估计的话——都有可能被分解或腐蚀殆尽。事实上，我们在发掘墓葬时，很难找到保存完好的人骨，甚至连石灰质的贝壳也往往只剩下一些白色粉末，此或可以作为非石质工具之所以难以保存下来的旁证。

我们也没有发现作为农业存在的另一证据——农田。这样的工作在国外已经有了很成功的经验，但一般是在火山灰或洪水冲积层下发现的。如何在石家河这样地层堆积没有明显间断的黏土层里寻找农田遗迹，将是我们今后继续探讨的课题。尽管如此，我们还是可以根据一些情况作一大致的推测。据国外对农业民族的调查，农业生产的最大活动半径约距聚落1小时的路程，即在约半径五千米的范围内都可能有该聚落的农田，超过这个距离，人们则往往建立新的居住地，至少也是季节性的临时住地[19]。如果从石家河遗址群外围遗址为起点计算，石家河聚落群体的居民生产活动范围直径则可能达14千米左右（图二）。现在，这个区域全部是高度开发的农田，但这是以机电排灌手段为前提的。据我们在调查中所见，这个区域内的东西两侧和中北部海拔40米以上被切割得很破碎的垄岗状地带，即使是在现代，旱作农业的比例也显然多于稻作水田。故推测在当时这种地形上不可能是从事稻作生产的主要地区。遗址群南部和西南部绝大部分地势低洼，海拔在30米以下，在气候正处在"最适宜期"的当时[20]，这里显然是一个湖泊，也无法进行农业生产。所以，遗址群东部和东北部海拔30~40米的平坦开阔地带应当是进行农业生产活动的主要地区。考虑到石家河文化早期的遗址多数分布在海拔35米等高线以上的现象以及居住区一般是高于水田的常识，则海拔30~35米的平坦地带是最有可能的水田分布区。遗址群城垣以东的遗址数量相对较多的现象也似乎暗示了同一个事实。相同高度的开阔地在遗址群西南方向也有一块，但和遗址群之间隔着一块很可能当时还是湖泊的低地，交通不便，据县文物普查记录和我们的调查，彼处的雷八家村附近也发现过同期遗址，故那一带未必是石家河聚落群的领地。

顺便说道，若遗址群东侧海拔30~35米的地区被全部开垦，则可获得约10平方千米，也就是1.5万亩农田。假设单产水稻300斤，又假设当时人们除稻米之外，还有一些其他的辅助性食物来源，那么可以推测当时的石家河聚落群居民可能有15000～20000人之众。

仅从地形环境分析，在地形起伏较大且地势较高的中北部地带可以经营旱作农业或从事植物性食物采集、畜牧、狩猎等生业活动；在南部湖区可以进行捕捞或水生植物的采集。但是有关的考古证据还有待发现，只是在历次发掘中得到的大量陶塑品可以提供一些线索。这些陶塑品多为动物形象，初步统计有二十多个种类[21]。值得注意的是，凡是有可能为人工饲养的，如猪、狗、羊、牛、鸡等，皆造型生动传神，且数量众多，其他种类的数量不但少，亦很难从形态上确认出是哪种动物。这种情况无非表明在日常生活中，人们同这几种动物有着更为密切的关系，因而可以生动地表现它们。此外，还有相当数量的陶人抱鱼和少许龟鳖的造型，推测渔捞也是经常被从事的生业之一。

据我们所知，在前述石家河居民的日常活动区域内没有石材产地。历次田野工作获得的石质遗物少也似与此有关。湖北宜昌红花套遗址曾发现过大溪文化阶段专门制作石器的半地穴式建筑，这个遗址坐落在长江畔，地形环境不利于以种植业为主的经济形态，遗址出土石器坯材、半成品极多，故有学者认为它是一个生产石器的专业遗址[22]。如是，石制品的流通在长江中游地区是颇有历史的了。但这并不意味着石家河居民没有自己的石器加工业。我们在调查时就采集过不少石斧等器物的半成品，一方面表明这些器物的精加工是在本地进行的，同时也表明石材的流通可能是以半成品的形态进行的。至于石材产地、流通的经济方式和流通媒介等，还是有待解决的问题。

涉及流通问题的还有绿松石和玉，两者都不为本地所产，却都有发现，无疑是输入品。绿松石即铜矿石之一种，可以直接用来制作装饰品，也可以冶铜，再制造其他用具。我们只采集到一些渣滓，不明成品之究竟。但目前中国考古学上似乎还没有确凿证据证明绿松石装饰品是先于铜实用器出现的。考虑到石家河出土的石器数量少，石器群构成内容简单，只有斧、锛、矛、镞、镞形器等几种器形，不是一套完整的工具组合，因此，我们似乎不能过低估计这些绿松石资料的意义。

玉是石家河文化晚期出现的，也是我们与石家河文化早期分期的重要标志物之一。已获玉器多出自近年的发掘，皆为小型饰物，绝大多数出于瓮棺中，计有人面、虎头、蝉等形象，质地均较软而易于加工。顺便谈到，1955年石家河的发掘中也出土了小型玉器，当时认为是周代遗物[23]，现在来看，至少其中一部分属石家河文化晚期。在玉器出现的同时，遗址群的文化面貌发生了一系列重大变化，石家河城垣的废弃大约也是这个时期。所以，石家河遗址群的玉不仅其产地等问题有待解决，同时也由此提出它出现的原因以及从中表现出来的石家河居民的精神观念、生活习俗、社会秩序的变化等一系列相关的问题。

陶器制作是史前经济的重要组成部分。石家河陶器群的成形技术有手制和轮制两种。轮制陶器一般为中小型陶器，如豆、红陶钵等，手制陶器中除红陶杯一类捏制的小型器物外，多为泥条盘筑或泥圈接筑后再拍打成形的大中型器物。就陶色而言，也分两类，一类为红陶和红褐陶，一类为灰陶和黑陶，又皆有泥质和夹砂的区别。陶色不同是烧成火焰气氛不同以及有无追加渗碳工序所致，也可能还有窑室构造方面的原因。陶质的不同则不仅是如通常所说，是为了满足不同的用途，也反映出工艺技术上的差别。一般情况下，人们是通过提高窑室烧成温度来降低成品易破损率，提高产品质量的。温度越高，烧出的陶器质量就越好。但是，提高窑室烧成温度除了受陶窑构造方面的限制之外，还受到陶土土质的制约。土质不同的陶器，在烧成过程中的半熔融状态下承受自身重量及窑室内气流冲击的能力不一样，夹砂质陶器可经受较长时间的高温，而泥质陶若在相同条件下就容易损坏。也就是说，在相同的窑室烧成温度条件下，是无法同时生产出质地不同的合格陶器来的。石家河的陶器群中不同形制的陶器一般与不同质地的陶土有着固定的对应关系，它们要么是在同一个窑中分批烧制的，要么就是由不同的陶窑乃至窑场生产出来的。如果属于后一种情况，则表明石家河的陶业组织内部存在着分工，而我们认为这种可能性极大。在进行石家河遗址群考古调查的同时，我们还对三房湾村西的现代陶器作坊做了调查，了解到如果在同一座窑内分批烧制不同质地的陶器，对一个窑工来说，熟练控制不同的火焰温度绝非易事，作坊的主人也不敢承认自己在这方面有多大把握。他不是谦虚，而是至今不忘几年前因改用其他陶土导致整窑产品报废，赔了大钱的教训。古代窑工也不会没有这方面的问题。如果考虑到不同的陶质还不仅仅是烧制过程中的问题，它包括从置备原料开始的各个工艺流程中的技术区别，因此，它们实际上是两种不同的技术系统。这两种技术系统被同一名窑工从头至尾全部掌握虽非不可能，但至少是很困难的。另一方面，调查现代陶窑得知，一定构造的窑室有它最佳的温度范围，若在这个基础上追求更高的烧成温度，就需要改变窑室结构和建筑材料，如果低于这个范围的温度，则烧不好陶器。当然，这是指现代"龙窑"的场合。关于石家河时期的窑室对温度究竟有多大宽容度，尚是有待研究的问题。但我们眼下也不能排除当时存在不同结构的陶窑的可能性。再就石家河聚落的规模而言，我们不难想象它对陶器的总需求量和对每种陶器的需求量都很大，因此就有同时存在若干陶窑，并且各陶窑专门生产某几种陶器的内部分工的客观需要。石家河陶器群的每一种类的陶器，如灰陶豆、夹砂红褐陶腰鼓罐、厚胎粗砂质红陶缸等，其形制及陶质等有很强的一致性，并且各有清楚的演变线索，这一现象也表明它们极有可能是在相当长的时间内分门别类地被专门的生产者制造的。还有一个值得注意的现象是彩陶纺轮、红陶杯和陶塑品分别且大量集中地出自不同的遗址，关于后者，已经有文章认为邓家湾是它的专业产地了[24]。

综上所述，石家河的陶业生产是有内部分工的。这种分工有技术上的原因，归根到底是社会需求方面的原因。其结果，在造成陶窑或者陶器制作单位之间的陶器产品专门化的同时，也势必会加深陶器生产者对其他产品即其他行业的依赖性。

我们还不知道石家河陶业生产内部分工的形式和它在整个石家河经济体系中的独立程

度和独立方式。同样的，我们也不清楚其他行业，如石器加工业与农业之具体关系。但有一点可以想见，就是为了确保石家河这样一个较大规模的综合经济体系的正常运转，某种对其进行组织、协调、管理的社会机能将是不可缺少的。这种社会机能的表现形式可能是纯自然的分工秩序，也可能约定俗成的村民公约，更可能是某种具有权威色彩的统一管理机构。我们之所以这样认为，是因为在一个大规模的综合经济体系中，许多经济活动是不可能以聚落或较聚落更小的单位单独完成的，而需要一个超出单个聚落之上的管理机构来负责诸如水田农业所必需的公共水利设施的建造和管理、灌溉用水量的分配等事宜，另如某些有关根本生计的重要原材料贸易和分配乃至部分农产品的再分配等，也都可能是置于统一管理之下进行的。

其实，石家河的居民们不仅在经济生活中受到了某种权威性的制约，这样的权威性已经深入到他们的社会生活的许多方面。城垣内部固定的居住区和特殊功能区的划分、城垣内外遗址的一系列区别以及城垣外围遗址分组分布的现象等聚落布局方面所表现出来的制度性已经在某种程度上暗示出这一问题。我们同时还注意到，这种制度是不能用诸如仰韶文化半坡等聚落的建立在血缘联系基础上的氏族制度所能完美解释得了的，因为我们很难想象石家河聚落群体的大量人口完全是一个氏族或胞族自然增殖的结果，就算是如此，那么维系这么大量人口协调生活在一起的也未必就是原有社会制度的机械扩大。更能表现约束石家河居民社会生活的权威性的是那项已经完全超出经济活动意义的巨大城垣工程。建造如此大型的工程，没有一个决策并进行设计规划的机构是颇难想象的，而且，建造这项工程时对投入的大量人力物力的组织使用方面，也许还是这个机构发挥了作用。然而，为了建筑这项工程，社会是怎样动员起足够的人力和物力的呢？尽管我们还不知道这一事件的细节，但我们似乎有理由认为，能够把大量石家河社会成员调动起来这一事件的本身就带有某种强制的色彩。

（四）从遗址群微地貌变迁过程复原看人对自然的改造

经过各遗址调查和对文化遗存的综合分析之后，我们实际上已经部分回答了调查之初所遇到的问题，即如何解释遗址群范围内有悖于自然规律的地貌现象成因的问题。现在可以肯定，这些地貌现象的形成，皆出自人为的原因。在本节中，我们综合散见在前面章节中的有关认识，复原遗址群范围内的微地貌变迁过程，并重点考察这个过程中人的活动对自然环境造成的影响。

依据地貌单位间的相互关系，如冲沟与台地、冲沟与冲沟之间的切割与被切割关系，并根据考古调查所掌握的文化堆积与地貌单位之间的相对年代关系，我们可以粗略复原出石家河遗址群范围内的微地貌演变过程。复原作业的程序是从现代向过去逐步追溯的，即按图三、图六七c～a的顺序，以下则依微地貌的演变进程描述之。

距今5000年以前,即约当屈家岭文化之前(图六七,a):到此间为止的石家河地区微地貌变化原因基本上只有自然营力一种。这里的原始地貌可以视作自西北向东南微倾斜的平坦而连续的地面。由于地表径流冲刷侵蚀,地面被切割成若干块北西—南东走向的台地。今天所见的堰兜子湾—三房湾—昌门冲台地、杨家山—邓家湾—谭家岭—杨家湾台地以及周家湾—京山坡—土城台地便大约是这之前的某一时间形成的。由于东西二河的摆动冲刷以及天门河的南北摆动,这些台地的东、南方面已经出现了低平地形,北港湖最晚也应当在这个期间形成了。根据已经掌握的材料,只有谭家岭等局部地点发现过相当于大溪文化的遗存,估计局部范围的人的活动,没有对自然地貌造成明显影响。

距今5000～4000年,即约当屈家岭文化至石家河文化期间(图六七,b):从距今5000年前开始,石家河地区微地貌的变化在受到自然作用的同时,开始受到大规模人为活动的影响,甚至成为引起微地貌改观的主要原因。考古调查表明,这里的史前文化从这时开始进入空前繁荣,遗址面积和分布密度大幅度增加,高阜处普遍发现当为人们居住遗存的连片红烧土堆积,特别是在遗址群中心部位,这种建筑遗存范围广、堆积厚,如在谭家岭台地,其堆积可达2米。文化遗存大规模且连续的积累,肯定加大了遗址群范围内台地与低冲之间的起伏程度。

在这期间,人们还建造了石家河城这一大型工程,更加导致了这个地区微地貌的重大变化。由城墙、环形壕沟和若干外围土台组成的宏大工程,截断了原有地表径流,改变了自然水系,人工开挖出一条新的环形水系,并切割开原本连为一体的台地,使这一带的地形更加支离破碎。

约距今4000年以来(图六七,c):在这段时间里,石家河地区的地貌又发生过两次较大人为原因的变化。第一次发生在周代,即土城城垣和环形壕沟工程的建造。它破坏了石家河城垣的北面部分地段,也局部改变了原有的人工水系。这些后果,基本完整地保存到今天,另一次较大变化是新中国成立以来修整农田和水利建设带来的。如修建石龙过江

 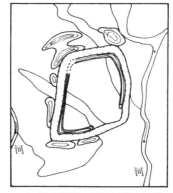 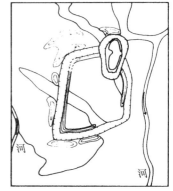

a. 距今5000年以前之原始地貌　　　b. 距今5000～4000年间之地貌　　　c. 距今4000年以来之地貌

图六七　石家河遗址群微地貌演变过程复原

干渠和自罗家柏岭以下的东河改道工程，大规模农田开发和平整土地也肯定削弱了地表的起伏程度，并使面积颇大的北港湖从此消失。

此外，还有一些显然出自人为原因的变化，如堆积有新石器时代文化遗存的周家湾—京山坡台地被分割开来，又如毛家岭台地南北两条槽状沟等，它们当形成于距今5000年以后，但我们目前尚不能确指这些工程的具体时间。

尽管5000年以来，人的活动对石家河地区微地貌造成显而易见的影响，主要来自河流的自然营力作用却也一刻没有停止过。在遗址群东部，东河的自发改道把原来可能是一个整体的北堤、杨家嘴、獭子嘴遗址分割成几个地点。它的淤积物也深埋了东南部大面积的遗址。最后，也许是出于自然和人为的综合原因，历史上两次建造起来的人工水系终于被废弃，最终形成我们今天看到的地貌景观。

纵观5000多年的石家河地区微地貌演变过程，它是一部人与自然的关系史。在这个特定的环境中，人们为生存进行的种种努力既受到它的制约，又不断创造出新的生存环境。尽管我们的复原十分粗糙，却也一定程度上重现出这一辨证发展的过程。同时，对这个过程复原的思考和复原作业的程序，也是我们在调查中，对遗址群形成过程的一种思考方法和认识过程。故在此介绍出来，作为本章的结束。

五、结语——本次调查提出的问题

从某种意义上说，我们这次对石家河遗址群调查的收获不在于解决了什么问题，而是提出了一些问题。一个学科只有在不断面临新问题时，才会显得生机勃勃，石家河遗址群的考古工作也是如此。在调查工作行将结束时的现场论证研究中，我们曾就一些问题进行过分析讨论，并且这种研究一直持续至今。对这些问题的思考，无疑会影响到我们今后在石家河的田野工作和研究。因此，我们把它们看成是以往石家河考古工作收获的一部分，同时也是对今后工作的一种展望，在这里提出来，作为这篇调查报告的结语。

这些问题可以归纳成两部分，其中一部分是技术上仅凭调查手段难以彻底解决的，诸如石家河城墙的结构、建筑特征、城门、每一个遗址的布局、房屋建筑、遗址的功能、遗址之间的内在关系、聚落群体的生业活动内容、社会组织等等，这些都是有待时日才能逐一解决的问题。如果这一系列技术性问题不解决或者至少是没有得到相当程度的解决，我们似乎不能进入以下问题的讨论，即石家河城的历史地位、石家河聚落群体所处的社会发展阶段以及与之相关联的中国文明的起源问题。但是，我们认为，如果现在对这些问题仍旧不加以思考，那么我们今后的工作将会丧失指导思想，陷入盲目摸索的境地。这样的问题在我们看来约有以下几个方面：

1. 石家河城在中国城市发展历史上的地位

石家河城是我们目前已知的新石器时代几座城堡中年代最早，规模最大的一座。它的发现无疑为我们探讨人类历史上城市起源的问题提供了十分宝贵的资料。

从它的墙壕并重的建筑形式而言，石家河城具有仰韶文化半坡[25]、姜寨遗址的环壕设施[26]和商代的偃师尸乡沟[27]、郑州二里冈[28]、黄陂盘龙城[29]等城址城墙建筑的中间特点。这些殷商城垣是否有环城壕沟还不清楚，我们推测是有的，但它们的共同特征是城墙墙体比较陡直，建造过程中运用了先进的版筑技术，说明这个时期人们对墙体的重视已经大大超过对壕沟的关注程度。而早期的半坡遗址只发现"大灰沟"内侧沟口高于另一侧1米左右，是知当时聚落的防御功能主要是由壕沟完成的。因此，从壕沟到城墙，似乎是中国古代城垣建筑形式的一个普遍的发展过程。

但是，石家河城是否是直接继承了仰韶文化的环壕聚落设施的形式并演变成殷商城垣的则是另外一个问题。和已经发现的黄河流域几座年代稍晚的新石器时代城堡相比，它们显然存在着规模、建筑形式、工艺技术以及可能还包括功能方面的若干差别。所以，在长江流域的中国南方地区城垣建筑形式的演变过程将是今后值得探索的问题。

我们同意这样的观点，即有了城垣还不等于就是城市。因为同样的防卫功能显然可以追溯得很早——如我们所看到的，它在仰韶文化早期就已经有了比较完备的形式。但是，石家河城垣和以城垣为中心的石家河聚落群规模之大毕竟是一个异乎寻常的现象，不但其城垣大大超过了已经发现的龙山时代的所有城址，连同外围遗址的整个遗址群约8平方千米以上的占地面积甚至比偃师二里头遗址[30]还大。此外，石家河城始建于屈家岭文化时期，较已知的龙山时代城址更早了数百年。因此，它的性质就自然成为我们关心的问题。现有的资料提供了以下线索：

以城垣为中心的石家河聚落群体显然占据着一个更大空间的中心。尽管我们不能确实指出这个空间的范围，但根据了解到的调查资料，在遗址群的左近地带，同期遗址只有零星分布，在更远的邻县，也不见这样大规模且密集的聚落群体。

这样大规模的聚落群体不是孤立地存在着的，它至少在石器原料方面依赖其他地区，而它的某些陶器产品则可能流布四方。石家河出土了大量红陶杯和陶塑，这两种器物几乎在各地石家河文化早期遗址中都有发现，甚至与石家河文化接壤的其他文化遗址中也有出土。虽然仅就形态相同和数量来说，还不足以肯定见于各地的这两种器物都是石家河的出产，但陶塑的造型丰富传神，堪称艺术品，每种造型又形制十分一致且数量极多而具有商品色彩，表明它们很可能是出自少数专业陶工之手，因而它们产自石家河的可能性极大。这些情况提示我们需要认真考虑在一个更大空间内的石家河聚落群体的经济地位。

如果注意到这些陶器并非是实用器，则可以进一步认为，由它们表现出来的石家河地区的精神文化已经涵盖了整个考古学意义上的石家河文化。因此，我们同样需要认真考虑石家河聚落群体的精神文化方面的地位。

但是，即使我们对以上方面都做出了准确的判断，我们还是不能回答石家河城究竟是不是城市这样一个看起来有点较真儿的问题。因为无论根据以上事实做出哪种回答，都显然是把某种关于城市的概念当成了先验的标准。而真正的情况是，到目前为止的关于城市的概念几乎全部来自西方，在中国这块地方并没有一个在什么情况下才可以算作城市的标准或概念。我们要么是满足于一种"禹都阳城"式的考据，以为这就是考古学研究的全部目的，要么是根据剩余价值导致私有制和阶级斗争的泛泛原理来简单地估量某个遗址是否为城市。张光直察觉到这一点，试图从商代资料中归纳出若干标准，以界定考古学上城市的初现[31]。张光直看到应当在中国自己的聚落形态史中找寻中国城市的发展过程及规律的必要性和现有城市起源研究中的方法论之贫乏，无疑是非常有见地的。但是，他受到商代城市中表现出来的浓重的政治性的感染，并把它作为界说城市初现的标准，就算事实如此，同样也是不自觉地利用了一个先验的标准。因为后期的政治性与前代的政治性有什么联系，前代是否有同等程度的政治性以及政治性究竟是否就是中国古代城市产生时的最主要标志等，都还是悬而未决的问题。

关于城市的起源，学术界一致认为它是一个漫长的过程。它的产生是伴随人类定居以来的聚落形态历史上划时代的事件。在一个初期农耕的聚落里，也许就有了某种城市的功能，但这并不意味着它就是城市。只有当许多功能聚集在一起共同发挥作用，并在某种新的条件下出现质的飞跃时，它们才创造出城市。这种新的条件，在戈登·柴尔德（V. Gordon Childe）看来是经济的起飞[32]，也可能是张光直所说系政治上的需要[33]，还可能是别的什么。但我们只有对包括城市出现以前的聚落形态演变的一长串链条之各环节的比较中，才能找到触发它质变的那个新的条件，唯此才能准确把握住中国城市的概念。同样的，对石家河聚落群体性质的认识也需要在这种瞻前顾后的研究中才能做出。

讨论石家河城的历史地位时，还有一个不应忽视的问题，即中国古代城市的起源是一元的还是多元的。石家河城和登封王城岗[34]、淮阳平粮台[35]、寿光边线王[36]的城堡不仅在形式上存在着明显差别，仅就规模而言，它们在经济和精神文化方面发挥的作用也肯定是不同的。当然，黄河流域在没有更新发现的情况下，我们还不能肯定这些差别就是它们各自的地区特点[37]。但考虑到长江流域和黄河流域不同的自然环境、人文环境、文化传统以及传说中的族属等，这些不同因素多半会在各自的城市起源过程中导致不尽相同的后果，则探讨它们各自地区的特点就尤为重要了。

2. 石家河文明的背景

目前，"文明"一词已成为十分敏感的字眼了，因此我们有必要声明，本节所谓石家河文明专指石家河的先民们所达到的文化成就，而没有更多社会发展史上的意义。

石家河遗址群位于江汉平原中央稍偏北处，江汉平原又是自大溪文化以来的长江中游新石器文化的核心地区。正是在这样的文化格局中养育出了石家河文明。因此，一切关于它的讨论都不应当脱离这个广阔的文化背景。

在长江中游这一广大的地理空间内，屈家岭文化所显示出的文化面貌惊人的一致性，给人留下相当深刻的印象。虽然限于资料，我们尚不能从和大溪文化阶段的对比中获得有关屈家岭文化发展的充分而具体的形象认识，但从对外关系的角度不难看出，屈家岭文化显然处在一个不断对外扩张的时期。一般认为，仰韶文化庙底沟期的文化已达湖北北部境内，郧县大寺[38]、均县乱石滩[39]、朱家台[40]以及淅川下王岗遗址[41]同期或稍早的遗存中，只有少许大溪文化的因素，可以理解为两个文化交流的表现。郧县青龙泉[42]和均县朱家台约当仰韶文化晚期秦王寨类型阶段的遗存中弦纹高领罐、原胎陶缸以及某些鼎类等来自南方的文化因素有了相当程度的增加，但基本面貌还是属于仰韶文化。不过从此以后，这个地区的文化发生了重大变化，如果仅以陶器为标准的话，青龙泉、大寺、下王岗遗址的同期遗存显然应当划入屈家岭文化的范畴。至于屈家岭文化的影响则传播得更远，河南信阳、南阳一带的文化受其影响，可在仰韶文化中单列出一个地方类型[43]，它的若干文化因素甚至在商县紫荆[44]、陕县庙底沟[45]、洛阳王湾[46]、郑州大河村[47]等仰韶文化腹心地区的遗址中也有发现。屈家岭文化的这种向北方扩张的势头一直持续到石家河文化的早期，淅川下王岗的所谓屈家岭晚期遗存实际为典型的石家河文化早期遗存，表明当时这个地区仍旧控制在南方文化的势力之中。而石家河文明正是诞生和繁荣发展于这样一个文化背景之中的。

直到石家河文化早期的尾声，南方文化的对外扩张才受到中原龙山文化的扼制。关于这个事件的原因，若干上古传说可提供一些线索，《尚书·吕刑》记载："苗民弗用灵，制以形，唯作五虐之刑曰法，杀戮无辜。"用这个口实，"尧战于丹水之浦，以服南蛮。"（《吕氏春秋·君览》）华夏族和有苗的战争从此便一发而不可收，几经反复，直到大禹时才分出高低。对于这场旷日持久的战争，已有文章分析[48]，兹不赘述。仅就考古资料而言，这些上古传说也不全都是望风捕影。随着以石家河城垣废弃为标志的石家河文明的衰败，当地进入石家河文化晚期阶段，同早期文化比较，它的文化面貌发生了根本性的变化。据我们粗略统计，红陶杯、红陶钵、变异壶形器、圈足杯、腰鼓形罐、漏斗状擂钵、刻划图形的粗陶缸以及陶塑等十余种盛行于早期的陶器器形消失或趋于末路，新流行起来的细柄带一周凸弦纹豆、大圈足盘、小口高领瓮等皆带有明显的中原龙山文化风格。我们曾经指出，由于目前对石家河文化晚期偏早阶段的材料掌握不多，早晚两期文化之间的变化也许不如我们感觉到的如此明显而强烈。但综合与陶器群变化同步发生的原有居住区被废弃、城垣被废弃、土坑墓葬俗为瓮棺葬俗所替代以及大量玉质饰物的出现等现象，我们有理由认为，石家河聚落群在社会生活秩序及制度乃至精神生活的深层次在这个时期都发生了深刻的变化。

石家河聚落所发生的一切远不是局部现象。据有的研究者介绍可知，湖北西部年代相当于石家河文化晚期的"季石遗存"的遗址上，一般没有相当于石家河文化早期的地层堆积，但这个地区却也存在着相当于同期文化的"鸡脑河遗存"[49]，即两个时期人们的居住地点不同。同样情况亦见于湖北北部的青龙泉、大寺、乱石滩以及房县七里河[50]等遗址，在这些遗址上也不见两期文化堆积的地层关系。至于石家河文化早晚两期之间表现出的文化面貌上的差异程度，无论石家河地区还是鄂西或者鄂北，都相差不多。由此观之，传说中的尧"窜三苗于三危"（《尚书·尧典》）也都不是无稽之谈了。经过这样一次波及全局的大事件，土著文化固然不会被消灭，它的发展方向却显然遭到了歪曲，而与早期文化之间呈现出一种"断层"现象。

所有迹象都表明，石家河文明的兴衰正是和这种南北方文化的折冲相始终的。但是，将若干考古学现象和某些古代传说相契合，这不应当成为考古学研究的最终目的。历史的研究不仅要揭示出某个历史事件，还要阐明导致它的原因。因此，就我们想到的而言，在今后的有关石家河文明的研究中，至少有如下几个方面有待深入。

我们尚不清楚以始建于屈家岭文化时期的石家河城为标志的石家河文明和文化的扩张究竟是谁为因，谁为果，还是互为因果的。究其根本原因，两者都是以大溪文化和屈家岭文化为表象的那个人类共同体能量积蓄发展的结果。有关这种能量积蓄的过程和方式是我们十分关心的问题。

在这个文化背景中，积蓄起来的能量又是以怎样的方式集中到石家河地区，使之成为也许是整个长江中游地区的文化中心的。

关于这一点，目前还发现一些资料可作补充。有消息说，湖南澧县和湖北石首都发现了大致和石家河城同时期的城址，但规模远小于后者。可知当时的长江中游很可能是一种"列城林立"的形势，而且，它们之间还有等级或层次的划分。因此问题在于，石家河这个十分可能的中心是以怎样的方式和若干地域的文化或列城保持联系，甚至是控制它们的。

和以上问题密切相关的是包括经济发展水平、社会组织、政治状况等诸方面的长江中游文化的社会发展阶段是怎样的。

如果石家河文明的衰退确如传说那样，主要是来自外部的原因所致，那么，它在这场可以从文化现象上表现出来的长期间的折冲过程中最终走向失败而不是胜利的原因是什么。如果还有别的原因，或者纯粹出于其他原因造成石家河文明的衰退，则这些原因又是什么。

尽管石家河文明没有延续下来，但不等于它对整个中国古代文明的历史没有任何贡献。因此，问题是它究竟以怎样的方式做出了怎样的贡献。

到目前为止，我们所说的石家河文明的衰退只是就一种现象而言，而由石家河文化晚期所表述的社会是否真的从此进入了一个社会发展史意义上的黑暗时期，还是以不同的方式把它已有的成就继续发展了，这些仍不得而知。

最后还有一个更迫切的问题，即我们若想对石家河文明的各有关问题做出比较深刻的理解，不仅有待于田野考古资料的丰富，更有待于针对这些问题的技术手段的开发和考古学理论的研究。

3. 石家河文明所处时代和中国文明起源问题的研究

从某种意义上说，石家河的考古发现也是意料之中的，因为近十年以来的中国新石器时代考古的许多重大发现都集中在以屈家岭文化到石家河文化早期为代表的这个阶段，石家河文明只是由这一系列重大发现所标示着的文化成就的一部分。这些发现是：长江下游地区良渚文化的大型墓地和大型祭坛和玉器[51]、江苏新沂的大汶口文化花厅期大墓[52]、辽河流域红山文化的大型祭坛和积石冢群[53]、晋南陶寺早期墓地和大型墓葬[54]、黄河上游秦安大地湾[55]的仰韶文化大型宫殿式建筑，连同石家河城址，它们形成全国范围的空前繁荣的文化态势。

这个时代大致相当于仰韶文化晚期到庙底沟二期阶段，或者为良渚文化时期，或者为大汶口文化的花厅期到景芝期，或者为红山文化晚期。它们各地的开始和终结时间也许稍有不同，但都处于"龙山时代"之前的阶段[56]。

这个时代和它们以后的时代有着许多联系，根据近年的发现，曾经作为龙山时代的许多新生事物都可以上溯到这个时代中来，如夯土、制砖、打井技术等等。因此，尽管这个时代的各文化同它们之前的那个时代的文化在面貌上是一个连续的过程，如大溪文化演变为屈家岭文化，崧泽文化过渡为良渚文化，大汶口文化和红山文化内部的早晚演进的连续过程等。但这些新生事物，特别是包括以上重大发现在内的许多文化现象却也清楚地将它与先行时代区分开来了。这些文化现象可以归纳为：

地区性中心聚落的形成和发展以及文化中心区的明朗化。关于中心聚落的问题，严文明先生已有专论[57]，不再重复。文化中心区的概念是苏秉琦先生针对大汶口文化和龙山文化皆主要分布在山东地区，后者承袭前者发展而来，但它们各有自己活动的核心地区这一现象提出来的[58]。它与中心聚落有联系，也有区别，或者可以说是较中心聚落更高一级的聚落现象，是整个文化的中心。在这样的中心地区中，遗址的规模和分布密度明显大于其他地区，并往往伴有直感上更发达的文化现象。这样的文化中心区，石家河及左近地区是其一例，晋南陶寺及周围地区也可能是一例。浙江余杭良渚地区和辽宁凌源、喀左两县接壤地带虽然尚未发掘出日常生活聚落，但就现有材料看，它们至少在某些重要领域的活动是关系全局的，故亦可视为中心地区。

大型工程，即本节开头所举的城垣、宫殿式建筑、大墓等耗工费时的大型工程。这些工程前所未有，成为显著的社会生产力进步的特征。

主要从墓葬规模和随葬品数量质量上表现出来的社会贫富分化的明朗化。有关这方面的研究文献汗牛充栋，兹不具体出示。在这些研究中，对墓葬资料反映出来的贫富分化所表现着的意义程度的理解因研究者不同或许不尽一致，但基本事实无可否认。

精神文化的繁荣。迄今为止的新石器时代文化中，还没有哪个时代为我们遗留下如此众多明显与宗教或思想意识有关的考古学遗存，如见于陶寺、红山文化中的龙的形象，大汶口文化、良渚文化和石家河文化早期的陶缸上的刻划图形，大汶口文化和良渚文化的玉雕，大地湾遗址的房屋地画，许多大型建筑以及大型墓葬的墓制、随葬品和墓地祭祀遗存上表现出来的浓重宗教色彩，大汶口文化和石家河文化早期阶段大量的非实用陶器等等。诚然，我们不能设想在此之前的社会没有精神文化。但从考古资料上看，前此时代的精神观念、宗教信仰等主要是借助具有实用功能的遗存表现出来的，如仰韶文化的彩陶、墓葬制度等。而为此专门投入大量社会劳动则是从这个时期开始的。

另外还有若干纵然不是全局，也是包括了相当地域的文化特征。例如形制基本相同且图案也具相似性的刻划图形粗陶缸在大汶口文化、石家河文化早期都有普遍发现。东部沿海地区文化中以精美绝伦的玉器为代表的石器加工技术极其发达，以致有的研究者据此提出了中国新石器时代曾经存在过一个"玉器时代"[59]。

这个时代和以后时代的区别也是显而易见的。其中最大的区别就是诸如石家河文化早晚两期之间文化面貌所表现出来的"断层"现象。这种现象在良渚文化和马桥文化、红山文化和小河沿文化、晋南陶寺早期和中晚期、关东以西的早期文化和齐家文化、甘青地带的马家窑文化和后续文化之间都有反映，只是在山东地区的文化中，这种现象发生得较迟，出现在龙山文化和岳石文化之间。这种现象究竟反映了社会的进步还是倒退另当别论，它们未能沿着正常的轨道发展则是事实。对此，学术界还没有令人满意的解释。也许这种现象不过是我们把它们同河南境内的文化对比时产生的视觉错觉，因为根据眼下的材料看，庙底沟二期文化似乎是一个大动荡、大分化改组的时期[60]，在此以后的以河南为中心的中原文化有了一次飞跃式的发展，并在这个基础上诞生了夏商文明，从而与周围文化的沉闷气雾形成鲜明的对比。但从另外一个意义上说，中原文化不是也经历了一次"断层"吗？

这个时代大致相当于"铜石并用时代早期"[61]阶段。从以上现象看，它既不同于以往的时期，也有不同于龙山时代的特点，新石器时代一系列最精彩的文化成就差不多都出现在这个时期，而造就出这些成就的又都是一些极富特色的区域性文化，它们恰如"满天星斗"，争胜斗艳，难分伯仲，共同编织出一幅绚丽多彩的时代画卷。正是在这个时代的基础上，中国历史才开始了以中原文化为依托的华夏民族对周围民族的漫长而伟大的统一历程。因此，我们在进行有关中国古代文明起源问题的讨论时，不应当因为这个时代曾经在传统观念中是新石器时代的一部分而对它有所忽视。

以石家河地区为中心的长江中游文化是这个时代的一个重要组成部分，一切有关它的研究都是对整个时代的研究中不可缺少的一环。而唯其对各个地区的文化都进行过透彻分析之后，我们才能回答这个时代的人类社会究竟发展到怎样的程度，它在中国古代文明形成过程中的历史地位和做出了哪些贡献，它在世界历史中有哪些特殊性等根本性问题。这当然是一项长期而艰巨的任务，也是中国考古学正在努力之中的事业。但是，在进行这项工作的同时，我们也无需画地为牢，让诸如文明等概念绊住手脚。因为和有关城市的概念一样，目前几乎所有文明的概念差不多都来自西方[62]。因此，在有关中国古代文明的研究还处在开始的阶段，我们不提倡利用现有的文明概念标准对中国古代社会进行衡量的研究方法，更不赞成利用现有的文明概念对产生于中国考古学资料基础上的一些初步看法横加指责的态度。因为这种态度本身就是对中国考古学界在丰富和发展历史唯物主义方面的种种努力的否定，至少也是在中国考古学面临着为人类思想理论宝库做出贡献的大好机会面前的麻木不仁。

注　释

［1］　石龙过江水库指挥部文物工作队：《湖北京山、天门考古发掘简报》，《考古通讯》1956年第3期。

［2］　石河考古队：《湖北省石河遗址群1987年发掘简报》，《文物》1990年第8期；《石家河遗址第五次发掘获新成果》，《中国文物报》1990年4月5日第一版。

［3］　石河考古队：《湖北省石河遗址群1987年发掘简报》，《文物》1990年第8期。

［4］　湖北省天门市地方志编纂委员会：《天门县志》，湖北省人民出版社，1989年。

［5］　湖北省天门市地方志编纂委员会：《天门县志》，湖北人民出版社，1989年；天门县地名领导小组：《湖北省天门县地名志》，1982年11月。

［6］　石河考古队：《湖北省石河遗址群1987年发掘简报》，《文物》1990年第8期；《石家河遗址第五次发掘获新成果》，《中国文物报》1990年4月5日第一版。

［7］　石河考古队：《湖北省石河遗址群1987年发掘简报》，《文物》1990年第8期。

［8］　荆州地区博物馆：《湖北荆门、钟祥、京山、天门四县古遗址调查》，《文物资料丛刊》（10），文物出版社，1987年。

［9］　《石家河遗址第五次发掘获新成果》，《中国文物报》1990年4月5日第一版。

［10］　石龙过江水库指挥部文物工作队：《湖北京山、天门考古发掘简报》，《考古通讯》1956年第3期。

［11］　石河考古队：《湖北省石河遗址群1987年发掘简报》，《文物》1990年第8期；《石家河遗址第五次发掘获新成果》，《中国文物报》1990年4月5日第一版。

［12］　石河考古队：《湖北省石河遗址群1987年发掘简报》，《文物》1990年第8期。

［13］ 石河考古队：《湖北省石河遗址群1987年发掘简报》，《文物》1990年第8期；张绪球：《石家河文化的陶塑品》，《江汉考古》1991年第3期。

［14］ 石河考古队：《湖北省石河遗址群1987年发掘简报》，《文物》1990年第8期。

［15］ 张绪球：《石家河文化的陶塑品》，《江汉考古》1991年第3期。

［16］ 湖北省天门市地方志编纂委员会：《天门县志》，湖北人民出版社，1989年；天门县地名领导小组：《湖北省天门县地名志》，1982年11月。

［17］ 严文明：《姜寨早期的村落布局》，《仰韶文化研究》，文物出版社，1989年。

［18］ F. A. 汉森：《人口统计学在考古学中的应用》，许志勇译，载于中国历史博物馆考古部编《当代国外考古学理论与方法》，三秦出版社，1991年。

［19］ 严文明：《中国稻作农业的起源》，《农业考古》1982年第1、2期；严文明：《中国稻作农业起源と展开》，日本考古协会设立40周年纪念文集《日本にねける稻作农耕の起源と展开》，日本静冈，1989年。

［20］ 湖南省文物考古研究所等：《湖南澧县彭头山新石器时代早期遗址发掘简报》，《文物》1990年第8期；严文明：《中国先史稻作遗物的新发现》，日本大阪经济法科大学东アジアの社会と经济89国际学术ミンポツウム报告书《稻作农耕の始源と展开》，日本大阪，1991年。

［21］ E. S. 希格斯等：《史前经济：一种领地研究法》，焦天龙译，载于中国历史博物馆编《当代国外考古学理论与方法》，三秦出版社，1991年；藤本强：《考古学者をえゐ——方法论の展望と课题》，日本，雄山阁，1985年2月。

［22］ 竺可桢：《中国近五千年来气候变迁的初步研究所》，《考古学报》1972年第1期。

［23］ 石河考古队：《湖北省石河遗址群1987年发掘简报》，《文物》1990年第8期；张绪球：《石家河文化的陶塑品》，《江汉考古》1991年第3期。

［24］ 红花套遗址资料待发；严文明：《中国新石器时代聚落形态的考察》，《庆祝苏秉琦考古五十五年论文集》，文物出版社，1989年。

［25］ 石龙过江水库指挥部文物工作队：《湖北京山、天门考古发掘简报》，《考古通讯》1956年第3期。

［26］ 张绪球：《石家河文化的陶塑品》，《江汉考古》1991年第3期。

［27］ 中国科学院考古研究、陕西省西安半坡博物馆：《西安半坡》，文物出版社，1963年。

［28］ 西安半坡博物馆、陕西省考古研究所等：《姜寨》，文物出版社，1988年。

［29］ 中国社会科学院考古研究所洛阳汉魏故城工作队：《偃师商城的初步勘探和发掘》，《考古》1984年第6期；中国社会科学院考古研究所河南第二队：《1983年秋季河南偃师商城发掘简报》，《考古》1984年第10期。

［30］ 河南省博物馆、郑州市博物馆：《郑州商代城址发掘报告》，《文物资料丛刊》（1），文物出版社，1977年。

［31］ 湖北省博物馆、北京大学考古专业盘龙城考古队：《盘龙城一九七四年度田野考古纪要》，《文物》1976年第2期。

［32］ 中国科学院考古研究所洛阳发掘队：《河南偃师二里头遗址发掘简报》，《考古》1965年第5期。

［33］ 张光直：《关于中国初期"城市"这个概念》，《文物》1985年第2期。

［34］ Childe, V. Gordon. The Urban Revolution. The Town Planning Review, 1950.

［35］ 张光直：《关于中国初期"城市"这个概念》，《文物》1985年第2期。

［36］ 河南省文物研究所、中国历史博物馆考古部：《登封王城岗遗址的发掘》，《文物》1983年第3期。

［37］ 河南省文物研究所、周口地区文化局文物科：《河南淮阳平粮台龙山文化城址试掘简报》，《文物》1983年第3期。

［38］ 《山东发现四千年前的古城堡遗址》，《人民日报》1985年1月3日；《寿光边线王龙山文化城堡遗址》，《中国考古学年鉴》（1985年），文物出版社，1986年。

［39］ 《城子崖遗址又有重大发现，龙山、岳石、周代城址重见天日》，《中国文物报》1990年7月26日第一版。

［40］ 中国社会科学院考古研究所：《青龙泉与大寺》，科学出版社，1991年。

［41］ 中国社会科学院考古研究所长江队：《湖北均县乱石滩遗址发掘报告》，《考古》1986年第7期。

［42］ 中国社会科学院考古研究所长江队：《湖北均县朱家台遗址》，《考古学报》1989年第1期。

［43］ 河南省文物研究所、长江流域规划办公室考古队河南分队：《淅川下王岗》，文物出版社，1989年。

［44］ 中国社会科学院考古研究所：《青龙泉与大寺》，科学出版社，1991年。

［45］ 严文明：《略论仰韶文化的起源和发展阶段》，《仰韶文化研究》第157页，文物出版社，1989年。

［46］ 商县图书馆、西安半坡博物馆、商洛地区图书馆：《陕西商县紫荆遗址发掘简报》，《考古与文物》1981年第3期。

［47］ 中国科学院考古研究所：《庙底沟与三里桥》，科学出版社，1959年。

［48］ 北京大学考古实习队：《洛阳王湾遗址发掘简报》，《考古》1961年第4期。

［49］ 郑州市博物馆：《郑州大河村遗址发掘报告》，《考古学报》1979年第3期。

［50］ 石兴邦、周星：《试论尧、舜、禹对苗蛮的战争——我国国家形成过程史的考察》，《史前研究》辑刊，1988年。

［51］ 裴安平：《鄂西"季石遗存"的序列及其与其诸邻同期遗存的关系》，《考古类型学的理论与

实践》，文物出版社，1989年。

[52] 湖北省博物馆：《房县七里河遗址发掘的主要收获》，《江汉考古》1984年第3期。

[53] 上海市文物保管委员会：《上海福泉山良渚文化墓葬文物》1984年第2期；上海市文物保管委员会：《上海青浦福泉山良渚文化墓地》，《文物》1986年第10期；浙江省文物考古研究所：《浙江余杭反山发现良渚文化重要墓地》，《文物》1986年第10期；浙江省文物考古研究所反山考古队：《浙江余杭反山良渚墓地发掘简报》，《文物》1988年第1期；浙江省文物考古研究所：《余杭瑶山良渚文化祭坛遗址发掘简报》，《文物》1988年第1期。

[54] 南京博物院：《1987年江苏新沂花厅遗址的发掘》，《文物》1990年第2期。

[55] 郭大顺、张克举：《辽宁省喀左县东山嘴红山文化建筑群址发掘简报》，《文物》1984年第11期；辽宁省文物考古研究所：《辽宁牛河梁红山文化"女神庙"与积石冢群发掘简报》，《文物》1986年第8期。

[56] 中国社会科学院考古研究所山西工作队、临汾地区文化局：《山西襄汾陶寺遗址发掘简报》，《考古》1980年第1期；中国社会科学院考古研究所山西工作队、临汾地区文化局：《1978～1980年山西襄汾陶寺墓地发掘简报》，《考古》1983年第1期。

[57] 甘肃省博物馆文物工作队：《秦安大地湾405号新石器时代房屋遗址》，《文物》1983年第11期；甘肃省文物工作队：《甘肃秦安大地湾901号房址发掘简报》，《文物》1986年第2期。

[58] 南京博物院：《1987年江苏新沂花厅遗址的发掘》，《文物》1990年第2期；严文明：《龙山文化和龙山时代》，《文物》1981年第6期。

[59] 严文明：《中国新石器时代聚落形态的考察》，《庆祝苏秉琦考古五十五年论文集》，文物出版社，1989年。

[60] 苏秉琦：《关于考古学文化的区系类型问题》，《文物》1983年第5期。

[61] 牟永抗、吴汝祚：《论谈玉器时代》，《中国文物报》1990年11月1日。

[62] 卜工：《庙底沟二期文化的几个问题》，《文物》1990年第2期。

[63] 严文明：《中国新石器时代聚落形态的考察》，《庆祝苏秉琦考古五十五年论文集》，文物出版社，1989年。

[64] 童恩正：《有关文明起源的几个问题——与安志敏先生商榷》，《考古》1989年第1期。

（原文刊于《南方民族考古》（第五辑），四川科学技术出版社，1992年）

湖北天门市邓家湾遗址1992年发掘简报

石家河考古队

邓家湾遗址是湖北天门市石河遗址群[1]比较有代表性的一处，为进一步了解文化堆积、聚落的分布及性质，1992年4～6月，石河考古队对该遗址西部保存部分做了一次补充性发掘。共开5米×5米的探方15个，发掘面积约400平方米，清理不同时期的新石器时代墓葬29座、瓮棺25座、灰坑14个、建筑遗迹5处，并解剖了一段城墙，出土了大量的遗物。

一、地层堆积

邓家湾遗址的文化堆积较复杂，地层因地势由北向南倾斜，文化堆积厚一般为2～3.5米。以T8南壁剖面为例（图一）。

第1层：耕土，厚50～150厘米，南薄北厚。W19、H116及一条现代沟开口在此层下。

第2层：褐红色土，夹大量陶片和红烧土粒，深30～90、厚10～50厘米，主要分布在东北部和西南部，出红陶缸、杯、罐、鼎等遗物。

第3层：褐土，土质紧密，较坚硬，深30～50、厚10～100厘米，主要分布于探方中南部，包含物较少，有陶纺轮、碗、罐等残片。M76开口在此层下。

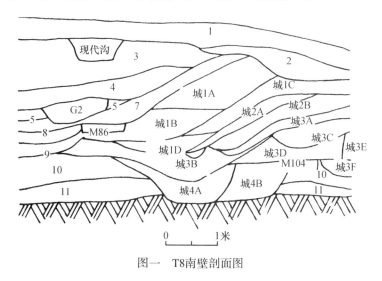

图一　T8南壁剖面图

第4层：灰绿色土，质松较软，深55～150、厚30～50厘米，主要分布在探方的东南部，出土陶鼎、碗等残片。M78、W23、W24、G2、H108开口在此层下。

第5层：褐红色土，较硬，有锈斑，深120～190、厚10～50厘米，主要分布在探方东南部，出土陶壶、罐、鼎、碗等残片。W28、W29开口在此层下。

第6层：褐黄土，较纯，深110～130、厚10～30厘米，分布在探方东北部，出少量陶片。

第7层：黄褐色土，较坚硬，含黄斑，深60～210、厚10～40厘米，分布在探方东南部，出石斧及少量陶片。M84、M86开口在此层之下。

第8层：灰褐色土，质松软，深170～215、厚10～30厘米，分布在探方东南部，出少量陶片。

第9层：褐红色土，质硬，夹少量黄斑，深220、厚10～30厘米，分布在探方东南部，包含物较少。城墙被此层叠压。

第10层：灰褐色土，较松软，深245～270、厚10～60厘米，出少量灰陶碗、红陶罐等残片。被城墙叠压，M104打破此层。

第11层：黄褐土，质密，较纯，深330、厚25～50厘米，包含物少。

二、聚落遗存

主要有城墙、房址、墓葬、瓮棺、灰坑，及一些零星分布的扣碗、柱洞等。现将城墙、房址、墓葬等遗存简介如下。

1. 城墙

1990年调查发现的石河城，大体呈不规则方形。南北长约1200、东西宽约1000米。其西墙中南段及南墙西段保存较好，地表所见墙体宽约30米，保留高度4米左右。墙外有城壕。但西墙北段在邓家湾遗址的走向一直不太明确。本次发掘表明，位于T6、T7、T8西北部和T9的大体呈东北—西南走向的墙体残迹为石河城西墙北段的一部分，它高出西部水田3～3.5米，东部为文化层堆积所破坏，墙体宽度不明，残高约2.9米。在T8南部解剖了2米×7.5米的一段城墙，其堆积情况如下（参见图一）。

1A层：紫色土，夹少量黄斑，质地较纯，厚10～80厘米，由西向东倾斜，无包含物。

1B层：紫色土，质地紧密，经夯打，有夯打所形成的密集小土块结，厚10～60厘米，由西往东倾斜，无包含物。

1C层：紫色土，夹块状褐黄色土，经夯打，较硬，厚10～30厘米，西部较平往东向下倾斜，无包含物。

1D层：紫色土，夹块状褐黄色斑土，经夯打，厚5～35厘米，分布面小，无包含物。

2A层：黄色土，夹细小的紫色土粒，质密，经夯打，厚5～35厘米，由西往东向下倾斜，无包含物。

2B层：黄色土，质松，厚10～40厘米，呈条状分布，包含物少。

3A层：灰褐色土，夹黄斑，质松，厚10～20厘米，由西往东向下倾斜，无包含物。

3B层：杂色土，由黄色、紫色、灰褐色土混杂而成，质密，经夯打，厚5～50厘米。

3C层：灰褐土，夹黄斑，质地较紧密，厚20～50厘米。

3D层：灰褐色土，夹少量黄斑，黏性较重，厚20～55厘米，含少量陶片。

3E层：紫色土，夹黄色土块，分层堆积，层次分明，质密，厚55厘米，只在西部分布。

3F层：黄色土，夹紫色土块，分层堆积，砂性重，厚10～35厘米，分布在西部。

4A层：灰色土，夹少量炭粒，质松，厚5～50厘米，含少量陶片。

4B层：灰褐色土，质松，黏性重，厚70厘米，含少量陶片和石块。

4A、4B层似墙体基槽，大体呈东北—西南走向。

2. 房址

房址多被破坏，分布范围与结构不明，F3保存较好。

F3主要位于T10及T11的南部，距地表深约0.7米，开口在T10第2层下，东北部和西部被破坏，北墙局部被H109打破。

F3平面呈长方形，坐北朝南，方向190°，分东、西两室。东室南北长3.4、东西宽2.94米，西室南北长3.4、东西宽15.4米。北墙较宽整，南墙设两门道。东室门道位于东室南墙中部，宽0.92米；西室门道较小，位于西室南墙略偏西，宽0.58米。东西室间有一隔墙；隔墙北距北墙约0.7米处留有一宽约0.64米的通道。东室宽敞、平整，地面板结光滑，仅北部残存红烧硬面。西室窄小，室内不太平整，亦未见有意平整迹象，西南部残留红烧硬面，东北部残留红陶缸朽痕、红烧硬面和零散的草木灰。从西墙北部和北墙西部的断墙看，往西可能还有墙。

F3为地面建筑。在筑墙之前，首先平整台基面，填土为红褐色土（F3②）。主要分布在东室，厚5～15厘米。填土平整、坚硬，无包含物。墙壁垒筑在红褐色土台面上，为灰白色土，宽25～27、残高15～20厘米，未见柱洞，可能用板夹垒筑而成。其上覆盖一层褐色土（F3①），内含灰黑色陶片，可能为F3废弃所遗留的堆积。

在北墙以北约2.9米的范围内，发现8件陶缸，因被H109等破坏，使有些陶缸残存底部、破碎、倒塌和移位。1、2、3号缸顺北墙正放，1、2号缸相距1.06米，2、3号缸相距1.3米。1、2号缸完整，3号缸只见底部朽痕，4、6、7号缸正放，残存底部，5、8号缸倒塌（图二；图版三，5）。

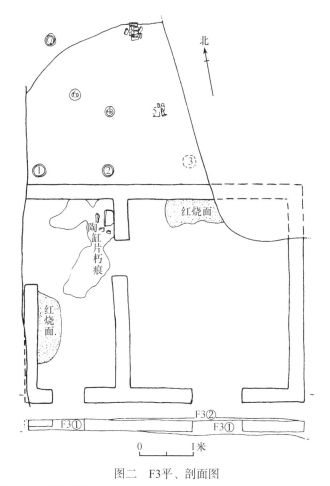

图二　F3平、剖面图

F3①褐色土　F3②红褐色土　1、2、4、6、7.陶缸　3.陶缸底朽痕　5、8.陶缸残片

3. 墓葬

多长方形土坑竖穴墓，单人葬，主要随葬品组合为罐、杯、盖，亦有鼎、盖、杯，杯、壶及鼎、碗，杯等不同的组合形式。

M77　开口在T1第3层下，打破第4层，距地表深1.2米。长方形土坑竖穴墓，方向236°。长2.7、宽1.16～1.38、深0.46米。灰黑色填土内含较多草木灰和少量红烧土粒。墓壁较陡，骨架已腐，只见少许朽痕，单人葬，随葬品放在墓坑东侧，共25件陶器，除杯、器盖各1件外，皆为罐（图三）。

M84　开口在T8第7层下，打破第8层城墙，距地表深约1.5米。长方形土坑竖穴墓，方向202°。长1.9、北宽0.55、南宽0.7、深0.85米。黄褐色填土，单人仰身直肢葬，下肢骨已朽，骨架下面残存木板腐痕，上涂红、黄两色。随葬陶器置于头两侧，分别为碗、鼎各1件（图四）。

M104　开口在T8城墙下，打破第10层，距地表深约2.4米。其南端伸入城墙内未清

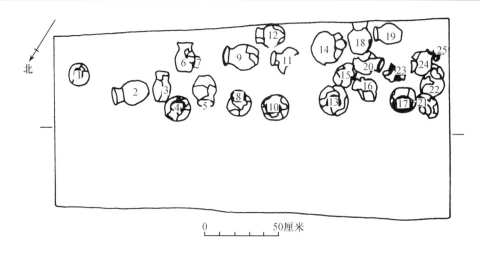

图三　M77平面图

1～6、8～24.陶罐　7.陶杯　25.陶器盖

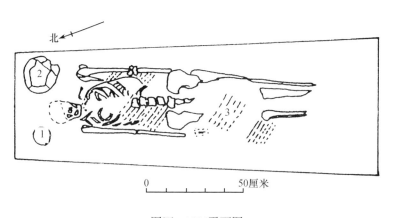

图四　M84平面图

1.陶鼎　2.陶碗　3.垫木朽痕

理，可能为长方形土坑竖穴墓，方向185°。墓口残长1.05、宽约0.6米，墓底残长约1、宽约0.55、深0.16米。深褐色填土，只存少量骨渣腐痕，单人葬，随葬陶器置于西南角，为鼎、盖、杯各1件（图五）。

三、分　期

依据层位关系和遗物特征，邓家湾遗址的新石器时代遗存大体可分为5期。各期所包含的文化特征、典型单位及器物介绍如下。

第1期：遗存较少，陶器以泥质灰、黑陶为主，也有一定数量的红陶。除少量弦纹、附加堆纹外，多素面。器种主要有圆腹鼎、敞口薄胎杯、宽沿盆、罐、盖等。典型单位以M104为代表。

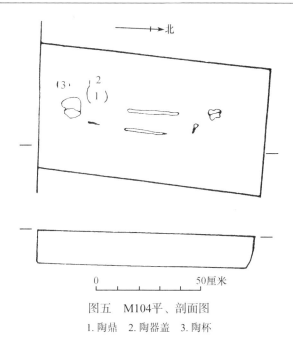

图五　M104平、剖面图

1. 陶鼎　2. 陶器盖　3. 陶杯

鼎　M104：1，泥质灰陶，胎较薄。直口，仰折沿，圆唇，圆腹，腹下部饰一周凸棱，三鸭嘴状足。口径11.2、通高10.4厘米（图六，1；图版三，1）。

器盖　M104：2，泥质黑陶，三角状纽，覆钵形盖，沿微卷。口径10、通高4厘米（图六，2）。

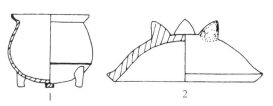

图六　第1期陶器

1. 鼎（M104：1）　2. 器盖（M104：2）

杯　M104：3，据土胎形状复原，泥质红陶，薄胎。敞口，斜直壁，底微内凹，口部内缘涂红衣。口径约7、底径约4、通高约5厘米。

第2期：陶器多泥质陶，夹砂陶次之，灰陶为主，红陶次之，黑陶较少。厚胎彩陶多见于壶形器，以网格纹黑彩最普遍；薄胎彩陶多见于蛋壳彩陶杯，多为条纹、弧线纹红黑彩，凸弦纹一般饰于高领罐的肩部，附加堆纹多见于筒形器的器身，镂孔则施于豆圈足。器种主要有扁圆腹壶形器、薄胎彩陶杯、双腹碗、双腹豆、小罐形鼎、高领罐、甑、盆等。典型单位以H117为代表。

鼎　T4⑦：24，泥质灰陶。敛口，侈折沿，圆唇，垂腹，圜底，三足残。口径9.6、残高约8厘米（图七，2）。T4⑦：23，泥质灰陶。形状与T4⑦：24近似，三扁凿形足。口径8、通高10厘米（图七，1；图版三，2）。

器盖　H117：7，泥质橙黄陶。塔形纽残，覆尖底钵形，平沿内有一道凹槽。口径8.4、残高2.4厘米（图七，3）。

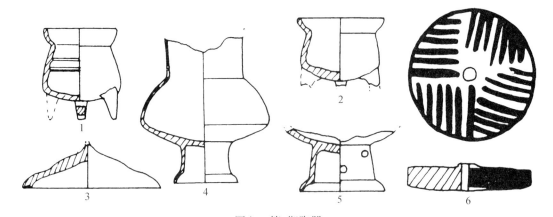

图七 第2期陶器

1、2. 鼎（T4⑦：23、T4⑦：24） 3. 器盖（H117：7） 4. 壶（T4⑧：13） 5. 豆（H117：1）
6. 纺轮（T4⑦：1）

壶 T4⑧：13，泥质橙黄陶，施红衣。口残，直领，扁腹微折，矮圈足下部外撇。最大腹径14.4、底径7.2、残高约16厘米（图七，4）。

豆 H117：1，泥质黑陶。盘口残，弧腹，矮圈足外撇，圈足上饰圆形镂孔。圈足径9.6、残高6.4厘米（图七，5）。

纺轮 T4⑦：1，泥质橙黄陶。直缘，面施红彩带，缘施红衣。直径3.6、厚0.6厘米（图七，6）。

第3期：陶器以泥质陶为主，夹砂陶次之，多灰陶，红陶、黑陶较少，有一定数量的红衣黑彩陶。纹饰以篮纹较多，还有镂孔、弦纹等。双腹器少见，出现鬶、折腹壶、侧装扁三角形足罐形鼎、弧壁小底杯等典型器物，还有罐、碗、豆、盆、缸、器盖、器座等。典型单位以H109为代表。

鼎 M84：1，泥质红胎黑皮陶。口残，斜直腹，平底，三凿形足。残高为9.2厘米（图八，1）。H109：36，夹炭红陶，质轻。直口，侈折沿，圆唇，深弧腹，下残。饰横篮纹。口径28、残高8.4厘米（图八，2）。

碗 M84：2，泥质灰陶。敞口，圆唇，弧腹，矮圈足。口径17.6、底径6.4、通高8厘米（图八，4）。

杯 H109：46，泥质橙黄陶，外壁及内壁上部施红衣。敞口，斜弧壁，底残。口径10.8、残高7厘米（图八，6）。

罐 H109：9，泥质灰陶。敞口，圆唇，高领，束颈，鼓腹下残。口径12.8、残高8厘米（图八，3）。H109：44，泥质灰陶。敞口，圆唇，束颈，弧腹，凹底。腹部饰四道凹弦纹。口径12.8、通高9.2厘米（图八，7）。

盆 H109：3，泥质灰陶。直口，沿微卷，尖唇，弧腹下残。口径16、残高10厘米

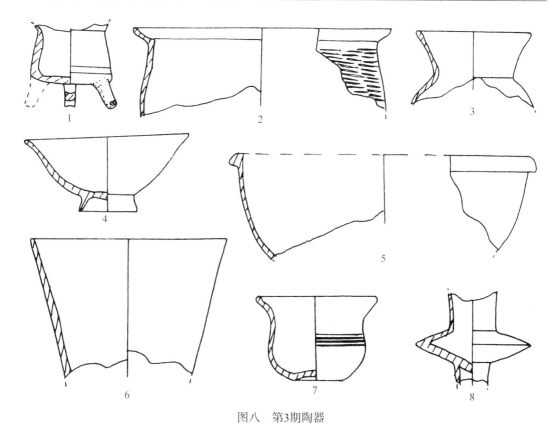

图八　第3期陶器

1、2.鼎（M84∶1、H109∶36）　3、7.罐（H109∶9、H109∶44）　4.碗（M84∶2）　5.盆（H109∶3）

6.杯（H109∶46）　8.壶（H109∶45）

（图八，5）。

壶　H109∶45，泥质橙黄陶，红衣。口残，直领，扁折腹，圈足残。腹径12.8、残高10厘米（图八，8）。

第4期：陶器以泥质灰陶占多数，夹砂陶次之，黑皮陶、红陶、褐陶较少。纹饰新见方格纹，彩陶少见，篮纹较多，弦纹、附加堆纹较少。器物除夹砂红陶厚胎缸、泥质红陶厚胎杯、大口折腹薄胎杯、篮纹高领罐为代表性器种外，还有鼎、器盖、碗、豆、盆、钵、鬹、瓮等。典型单位以H107、F4①为代表。

罐　M77∶1，泥质灰陶。直口，侈折沿近平，折沿处起凸棱，方唇，高领，溜肩，鼓腹，凹底。腹部饰篮纹。口径10.4、高17.6厘米（图九，1）。H107∶11，泥质灰陶。敛口，侈折沿，双唇，深鼓腹，下残。口径14.8、残高27.2厘米（图九，9）。H107∶5，夹细砂灰红胎黑皮陶。敛口，侈折沿，方唇，鼓腹下残。腹部饰篮纹。口径17.6、残高约12.8厘米（图九，4）。

鼎　H107∶4，夹砂灰陶。口残，扁鼓腹外起一周凸棱，圜底，三瓦足外撇。足面饰两条竖附加堆纹。残高16.4厘米（图九，2）。H107∶1，夹砂褐陶。敛口，侈折沿，双唇，深弧腹，下残。饰压印篮纹。口径28、残高12.8厘米（图九，3）。

豆 F4①：2，泥质灰红胎黑皮陶。直口，方唇，外缘微凹，弧腹，下残。口径25.6、残高6厘米（图九，7）。

盆 F4①：3，泥质灰红胎黑皮陶。敛口，平沿，圆唇，弧腹，下残。腹饰方格纹。口径32、残高6.8厘米（图九，5）。

杯 F4①：29，泥质红陶。敞口，斜壁，厚胎，平底。口径6.8、高9厘米（图九，8；图版三，3）。F4①：34，泥质橙黄陶，红衣脱落。大口残，锐折腹，圈足残。残高4.8厘米（图九，6）。

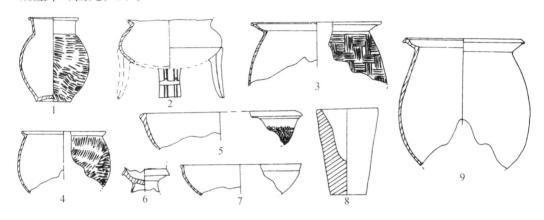

图九 第4期陶器

1、4、9.罐（M77：1、H107：5、H107：11） 2、3.鼎（H107：4、H107：1） 5.盆（F4①：3）
6、8.杯（F4①：34、F4①：29） 7.豆（F4①：2）

第5期：陶器以泥质灰陶、红陶为主，夹砂陶次之，有一定数量的黑皮陶。纹饰出现绳纹，除素面外，多篮纹、方格纹，镂孔、弦纹较少。豆、盘及大量的陶塑动物、人物形象是本期最富特色的器种。此外，主要有钵、碗、鬶、杯、罐、鼎、盆、瓮、器盖、缸、器座、纺轮等。典型单位以H106、H116为代表。

鼎 H116：9，夹炭红陶。直口，侈折沿近平，折沿处起棱，尖唇，束颈，弧腹，腹下残。口径16、残高4厘米（图一〇，1）。

罐 H103：6，泥质红胎黑皮陶。直口，折沿近平，圆唇，矮领，鼓腹，下残。腹部饰方格纹。口径16、残高8厘米（图一〇，6）。H118：14，泥质灰陶。直口，圆唇，溜肩，鼓腹，凹底。口径9.6、高16.4厘米（图一〇，8）。H118：2，泥质灰陶。形状与H118：14相近，腹部饰细绳纹。口径8.8、高15.2厘米（图一〇，4；图版三，4）。

盆 H103：3，夹砂褐陶。直口，侈折沿，折沿处起棱，圆唇。弧腹，下残。腹饰斜篮纹。口径24、残高10厘米（图一〇，2）。

盘 H118：15，泥质灰陶，内壁上灰下褐。敞口，圆唇，斜弧壁，矮圈足外撇。口

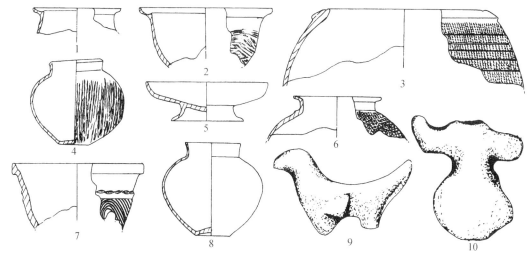

图一〇　第5期陶器

1. 鼎（H116∶9）　2. 盆（H103∶3）　3. 瓮（H106∶2）　4、6、8. 罐（H118∶2、H103∶6、H118∶14）
5. 盘（H118∶15）　7. 器座（H106∶6）　9. 鸟（H116∶27）　10. 人像（H116∶33）

径22.4、高6.8厘米（图一〇，5）。

器座　H106∶6，夹砂红胎黑皮陶。敞口，方唇，腹斜收，下残。腹部饰附加堆纹、波状划纹、镂孔等。口径24、残高11.6厘米（图一〇，7）。

瓮　H106∶2，泥质灰胎黑皮陶。弇口，厚唇，沿上有一道凹槽，鼓腹，下残。腹部饰弦纹间方格纹。口径27.2、残高13.2厘米（图一〇，3）。

人像　H116∶33，泥质红陶。头残，粗颈壮腰，左臂侧伸向上（残），右臂弯曲前伸（残），身以下残。残高5.2厘米（图一〇，10）。

鸟　H116∶27，泥质红陶。尖喙，昂首粗颈，尾上翘，三足鼎立，翅微收。长6.2、高3.9厘米（图一〇，9）。

四、结　语

邓家湾遗址的地层堆积复杂，文化内涵较丰富，依据层位关系和遗物特征，邓家湾遗址的新石器时代遗存可大体分为5期。参照石河遗址群[2]的分期，我们认为，无论从陶系、纹饰和器形看，第1、2期的文化面貌比较接近，第1期约相当于屈家岭文化中期偏晚阶段，第2期相当于屈家岭文化晚期。第3期与第2期既有联系又有差异，属屈家岭文化晚期与石家河文化早期的过渡阶段。第4期出现的厚胎斜壁杯、薄胎大口折腹杯、鬶、瓦足鼎等表明，已进入石家河文化早期阶段。第5期与第4期有一定的差别，大量的盘、豆及陶塑动物、人物形象的流行，表明可能已进入石家河文化中期偏晚阶段。

此外，通过这次补充性发掘，还取得了不少新的收获。

其一，首次在层位上确定了石河城的相对年代，从叠压和打破城墙的地层和墓葬及被城墙叠压的墓葬和地层的遗物看，石河城邓家湾遗址段的年代上限不早于屈家岭文化中期，下限不晚于石家河文化中期，从而为探讨我国古城的起源，石河城的兴衰及文明的进程提供了新的资料。

其二，对遗址的发掘和城墙的解剖，可以认为，石河城西墙北段在邓家湾遗址的外围，邓家湾遗址则位于石河城的西北角，与邓家湾遗址毗邻的谭家岭遗址可能是石河城的中心区，因而有助于对石河城的研究。

其三，在邓家湾遗址西部集中发现的墓葬、刻划有不同符号的厚胎红陶缸、粗硕的筒形器及大量的陶塑遗物，有助于我们深入了解该遗址的性质及其在石家河聚落群中的地位。

附记：发掘工作的领队为杨权喜，参加者有湖北省文物考古研究所的周国平、潘佳红、肖平、周世本同志。图由袁兰、肖平、孟华平绘制。荆州地区博物馆对本次发掘给予了大力支持。

执笔：孟华平　李文森　胡文春

注　释

[1]　石河考古队：《湖北省石河遗址群1987年发掘简报》，《文物》1990年第8期。
[2]　石河考古队：《湖北省石河遗址群1987年发掘简报》，《文物》1990年第8期。

（原文刊于《文物》1994年第4期）

大洪山南麓史前聚落调查
——以石家河为中心

大洪山位于湖北中北部，呈北西—南东走向。它北倚桐柏山，南抵江汉平原，西屏汉水。这里尤其是大洪山南麓发现的史前遗存不仅数量多、保存好，而且价值高、影响大，著名的"屈家岭文化"、"石家河文化"皆得名于斯，长江中游地区已知最大的史前古城——石家河古城及最大的遗址群——石家河遗址群也坐落于此，是国内外学界广泛关注的探讨中华文明进程的重要热点区域之一。

作为长江中游地区已知最大的史前古城，石家河古城的形成与发展无疑是我们研究长江中游文明进程乃至中华文明进程的核心课题。随着考古工作的深入，大洪山南麓继石家河古城之后，又相继发现应城门板湾[1]、陶家湖[2]、天门笑城[3]及年代更早的天门龙嘴[4]等史前古城，进一步充实了认识石家河古城形成与发展的材料基础。但是，该区域除石家河遗址群进行过比较全面地调查外[5]，其他史前古城与周边聚落的关系多不清楚。而南距石家河古城仅7千米的龙嘴古城的发现进一步显示，只有拓展考古工作视野，才能更全面深入地理解石家河古城的形成与发展。因此，在"中华文明探源工程（二）（3500BC～1500BC）——中华文明形成与早期发展阶段的社会与精神文化研究"课题的资助下，我们选择考古工作基础较好的大洪山南麓以石家河为中心的区域进行系统调查，旨在通过区域系统调查，加深对大洪山南麓以石家河为中心的史前聚落的数量、规模、年代、文化内涵、分布及其关系等方面的认识，弥补以往考古工作的不足，提供分析以石家河古城为核心的聚落形成与发展过程的基础性资料，进而推动该区域文明进程的研究。

一、调 查 区 域

以石家河为中心的大洪山南麓位于天门市和京山县的结合部，分属于石河镇、钱场镇、雁门口镇辖地。其地势北高而南低，包括了从北部山区山前剥蚀低丘逐渐过渡为河湖平原的三种地貌：西北方向的佛子岭最高，海拔191.4米；中北部垄岗起伏，大致呈掌状分布，海拔30~50米，以东河、西河为主的多条河流自北而南穿流而过，受地形限制，河流的游移摆动区域一般不大；南部即为由汉水和天门河冲积而成的平原地区，海拔一般在30米以下，因地势洼积成一系列湖泊。这里地处中纬度内陆，属亚热带季风性湿润气候，并兼有南北过渡性的气候特征。四季分明，夏暖冬寒，无霜期长，年均气温16.2℃。雨水充沛，年均降雨量1101.4毫米。土壤质地以中壤为主，间有少量重壤和黏土，水田土壤以黄土为主，土层深厚，质地适中。地表植被有自然次生植被和人工植被，自然次生植被主要是草地和水生植被，人工植被主要是农作物和人工林。总体构成一个自然条件优越而相对封闭的适宜人类生活的环境。

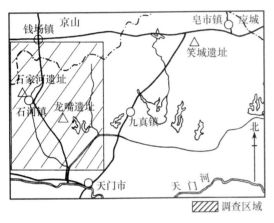

图一　调查区域示意图

结合石家河遗址群调查及以往文物普查的成果[6]，该区域的史前聚落呈现集中分布于东河与西河两侧岗台地上的特点。据此，我们选择以石家河遗址群为中心，东河、西河两侧岗台地为重点的区域作为调查范围，其南北长16千米、东西宽13千米，跨东经113°01′~113°09′30″、北纬30°41′10″~30°49′50″，面积约208平方千米。实际调查范围大体位于呈西北—东南向的长方形区域内，南以天北长渠为界，东达北汉湖一线，北至钱场镇区南缘，西抵寺山—佛子山—北港湖一线，面积约150平方千米（图一）。

需要说明的是，该区域内的石家河遗址群已进行过比较详细的调查。它由39处史前遗址组成，各遗址间并无明确的间隔或明显的分界线，占地面积约8平方千米，主要分布在石河镇土城村境内，绝大多数位于东、西二河之间，少数分属唐李村、卢岭村、东桥村。具体范围为：南部抵石家河镇区，北部最远的地点在周家湾村后，西部的谭家巷已达西河东岸，东部的地点已越过东河，在钱石公路以东也有小面积分布。整个遗址群坐落在一条处于两大垄岗之间内凹部的短垄岗的南部东侧，这些垄岗从三面环绕遗址，它们的相对高程差别虽然不大，地形却起伏崎岖。遗址的海拔在30~50米，局部地点超过50米。除大自然的剥蚀外，遗址群基本没有遭受大规模、大面积的动土破坏，保存基本完好，石家河古城的西、南城垣依然高耸地面，城壕也清晰可见。因此，我们未对石家河遗址群进行新的全面调查，本报告所涉及的石家河遗址群的资料多参考原调查报告（附表一）[7]。

二、调查方法

区域系统调查是中国近年运用较多的一种田野考古调查方法。但相对于中国北方多采用的拉网式区域调查方法而言，该区域内河渠纵横、湖汊密集，拉网式区域调查方法显然存在一定的局限。因之，我们的调查方法在借鉴拉网式调查方法的同时，结合该地区不同的地貌、农业生产现状以及以往发现的遗址分布特点等而有所调整。

（1）利用已有河渠、湖汊、道路等标志将调查区域自然分割成若干小区，对每一个小区内的岗台地进行系统调查。

（2）田野调查采用1：50000地形图，并利用全球定位仪（GPS）对发现的遗址进行准确定位与标识。

（3）调查过程中重点观察岗台地断壁、沟坎等处暴露的文化堆积现象，并采集可供断代的遗物。对发现的文化堆积和采集的遗物，分别记录它们在遗址中的位置与特点，为分析了解文化堆积关系及其空间变化尽可能提供帮助。

（4）遗址分布范围的确认一般以100米距离内至少有3～5片同期陶片作为界定一个遗址的最低标准。由于该地区乃高度开发的稻作农业经济区，地表多为水稻田，所见遗物少且多人为集中于田埂边缘，不利于准确判断遗址的分布范围，所以，结合以往在该地区的考古工作成果与经验，本次调查往往将既有文化层堆积又有陶片的岗台地自然边界作为遗址的分布范围。对于那些未发现文化层堆积仅见零星遗物的岗台地，其遗址的分布范围暂不予界定。对于部分以往发现的遗址，其分布范围若无特殊原因多参考原发表的成果。

（5）调查队分两个小组，每组一般由2～3人构成，分别对每一个小区的岗台地徒步系统踏查并及时记录。

（6）调查内容主要集中在史前时期的遗址方面。以往的考古工作和研究成果显示，该地区的史前考古学文化发展序列清楚，文化特征比较鲜明，其史前考古学文化发展序列为城背溪文化时期—边畈文化—油子岭文化—屈家岭文化—石家河文化—后石家河文化。本次调查所见遗址的遗物分别整理后归入上述相应的考古学文化。

2008年3月，我们对该地区进行系统调查，共调查遗址39处（图二）。其中，37处为史前遗址（含1处史前和周代遗址），2处为周代遗址；新发现遗址17处（含1处周代遗址）。遗址的面积普遍较小，暴露的遗物少，遗迹难以直接发现。除4处遗址存在两种以上文化属性的遗物外，其余遗址的文化属性单一（附表二）。

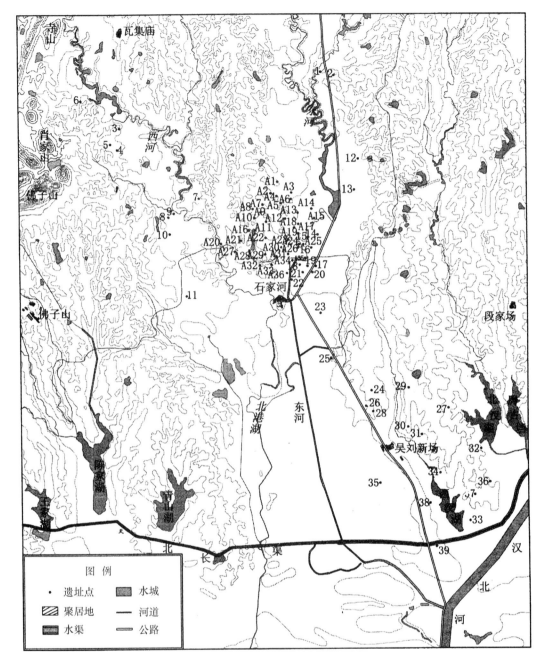

图二 遗址分布示意图

三、遗址概况

　　为便于叙述，现将本次调查的37处史前遗址按遗址编号顺次从位置、面积、文化堆积、采集遗物、文化属性等方面进行简单介绍，但已经发表简报的遗址不另描述采集标本。

油子岭遗址　位于京山县钱场镇钱场村油子岭的圆形台地上，东邻天（门）钱（场）公路。台地高出西、北侧低洼地约5米，其上建有石灰窑和养鸡场，直径约100米，面积约1万平方米。台地断壁暴露的文化层堆积厚约3米，采集遗物有石斧和陶片。陶片以泥质黑陶、黑皮陶为主，部分夹砂红陶和夹炭陶；器形有鼎、罐、豆、盆、盘、碗、甑、器盖等。属油子岭文化和屈家岭文化[8]。

白家岭遗址　位于京山县钱场镇幸福村白家岭台地上，西与油子岭遗址隔天钱公路相望。台地地表现种植桃树，南北长50、东西宽约50米，面积约2500平方米。台地北部断壁暴露文化层堆积，采集遗物仅数块夹砂灰胎褐陶、泥质灰、红胎黑皮等陶片，可辨器形有缸。属石家河文化。

付贵庙遗址　位于京山县雁门口镇百子桥村彭家小湾南约50米的近圆形台地上，西南距瓦子田遗址约500米。台地高出周围地面2～3米，南北长120、东西宽90米，面积约1万平方米。未发现文化层堆积，采集遗物仅数块泥质和夹砂灰、红陶片，纹饰有凹弦纹、篮纹，可辨器形有豆。属石家河文化。

标本采：1，豆，泥质灰陶。高圈足残。残高3.8厘米（图三，10）。

熊家下湾遗址　位于京山县雁门口镇百子桥村熊家下湾北侧的台地上，西北距瓦子田遗址约180米。台地南、西两侧地势低洼，高出周围地面约2米，东西长120、南北宽80米，面积约9600平方米。台地西北断壁暴露文化层堆积，采集遗物有石器和陶器。陶器以泥质灰陶为主，少量泥质黑陶、红陶，纹饰可见凹弦纹、凸棱纹等，器形有盘、杯形器、碗、盆等。属屈家岭文化（标本采：5、7、8）和石家河文化（标本采：2、3、4）。

标本采：1，石斧，青灰色岩，长方形。顶略弧，一边较直，另一边略弧。器身布满琢痕，刃部磨光，刃部有使用崩裂疤痕。长11.7、宽7.3、厚3.2厘米（图三，12）。

标本采：2，碗，泥质灰陶。敞口，折沿厚唇，弧腹残。口径20、残高3.2厘米（图三，1）。

标本采：3，杯形器，泥质灰陶。敞口，尖唇，斜壁，平底中间有穿孔。口径12、底径7.6、高8厘米（图三，8）。

标本采：4，盘，泥质灰陶。敞口，圆唇，浅盘，腹残。口径17、残高1.7厘米（图三，5）。

标本采：5，杯形器，泥质灰陶。敞口，圆唇，曲腹，折壁残。口径14.6、残高5厘米（图三，7）。

标本采：6，碗，泥质黑陶。敞口，方唇，弧腹残。口径22、残高4.3厘米（图三，2）。

标本采：7，盆，泥质黑陶。口微敛，卷沿，圆唇，腹残。口径22、残高2厘米（图三，3）。

标本采：8，碗，泥质黑陶。矮圈足外撇。足径9、残高2.2厘米（图三，9）。

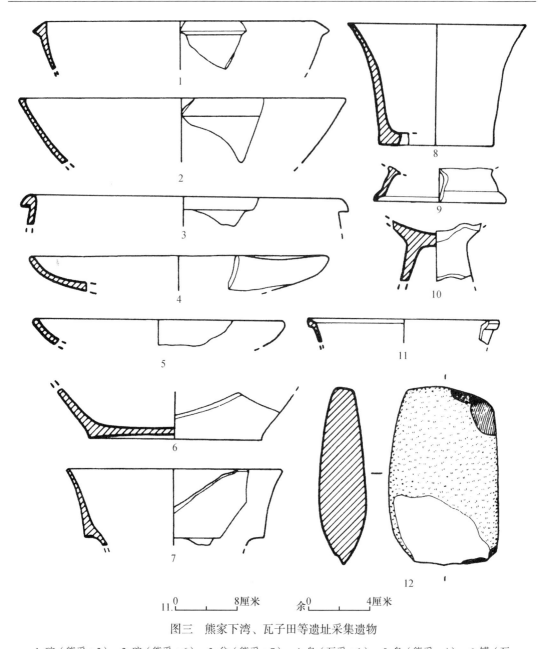

图三　熊家下湾、瓦子田等遗址采集遗物

1.碗（熊采∶2）　2.碗（熊采∶6）　3.盆（熊采∶7）　4.盘（瓦采∶1）　5.盘（熊采∶4）　6.罐（瓦采∶3）　7.杯形器（熊采∶5）　8.杯形器（熊采∶3）　9.碗（熊采∶8）　10.豆（付采∶1）　11.罐（新采∶1）　12.石斧（熊采∶1）

　　瓦子田遗址　位于京山县雁门口镇百子桥村彭家大湾西北侧"瓦子田"的台地上。台地东西长约200、南北宽约100米，面积约2万平方米。台地断壁暴露的文化层堆积厚约1米，采集陶片以泥质灰陶为主，少许泥质红陶、黑陶，纹饰有绳纹、篮纹、波浪形划纹，器形有罐、豆、圈足盘、碗等。属后石家河文化。

标本采：1，盘，泥质灰陶。敞口，圆唇，浅弧腹残。口径20、残高2.3厘米（图三，4）。

标本采：3，罐，泥质灰陶。腹残，平底微凹。底径11.6、残高3.1厘米（图三，6）。

罗家西湾遗址　位于京山县雁门口镇郝巷村罗家西湾北部约250米的台地上，东距西河约300米，台地面积约8000平方米。未见文化层堆积，仅采集几块泥质灰、红陶碎片，纹饰可见绳纹。属石家河文化。

新湾遗址　位于京山县雁门口镇江桥村新湾南部的台地上，南距西河约500米，面积约2000平方米。未见文化层堆积，仅采集一块夹砂褐陶罐残片和一块泥质红陶片。属石家河文化。

标本采：1，罐，夹砂褐陶。仰折沿，方唇，颈残。口径26、残高3.2厘米（图三，11）。

梅家大湾遗址　位于天门市佛子山镇戴河村梅家大湾北部的不规则椭圆形台地上，西北距梅家小湾约400米。台地表面较平坦，起伏不大，但边缘呈坎坡状，高出周围地面3～5米，南北长300、东西宽200米，面积约6万平方米。台地断壁暴露浅灰黑色文化层堆积，采集陶片以泥质黑陶为主，少量夹炭褐陶、泥质灰陶，器形有鼎、罐等。属屈家岭文化。

标本采：1，鼎，泥质黑陶。仰折沿，圆唇，腹残。口径11、残高2.5厘米（图四，9）。

雷八家遗址　位于天门市佛子山镇雷畈村雷八家北约50米的台地上，南距石河—佛子山公路约300米。遗址田埂断壁暴露的文化层厚约0.5米，夹少量泥质红陶片，面积约9000平方米。采集遗物有石器和陶片，陶片以泥质灰陶为主，少量夹砂红陶，纹饰可见凸弦纹，器形有豆、厚胎杯、盆、罐等。属石家河文化。

标本采：1，石锛，青色岩，长方形。弧顶，平刃。器身布满琢痕，一面磨光。长5.2、宽2.9、厚1厘米（图四，12）。

标本采：2，盆，泥质灰胎褐陶。口微敛，折沿厚唇，弧腹残。口径34、残高3.3厘米（图四，8）。

谢湾遗址　位于天门市石河镇界牌村谢湾东南部的台地上，东距石北小学约300米。台地北部为现代民居，东、南、西三侧环水，东西长约150、南北宽约100米，面积约1.5万平方米。台地南侧断壁暴露文化层堆积及丰富的陶片，陶片多泥质红陶、夹砂灰陶，另有部分泥质黑陶、夹炭红衣陶等，纹饰可见弦纹、镂孔、按窝纹，器形有罐、盆、附杯形耳圈足盘、鼎等。属油子岭文化。

标本采：1，罐，夹砂灰陶。卷沿，圆唇，束颈，鼓腹残。口径24、残高4.1厘米（图四，1）。

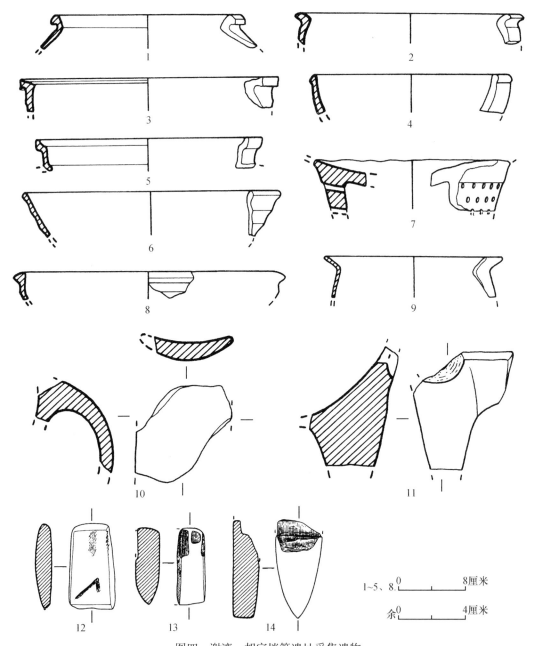

图四　谢湾、胡家垱等遗址采集遗物

1.罐（谢采：1）　2.盆（谢采：2）　3.罐（胡采：3）　4.盆（谢采：3）　5.罐（胡采：2）　6.豆（彭采：6）　7.盘（谢采：6）　8.盆（雷采：2）　9.鼎（梅采：1）　10.罐耳（谢采：4）　11.鼎（谢采：7）　12.石锛（雷采：1）　13.石斧（大采：1）　14.石凿（胡采：1）

标本采：2，盆，夹砂灰陶。卷沿，圆唇，束颈，弧腹残。口径28、残高3.8厘米（图四，2）。

标本采：3，盆，夹炭红衣陶。敞口，厚唇，弧腹残。口径24、残高4.8厘米（图四，4）。

标本采：4，器耳，夹砂灰胎褐陶。残宽5.8厘米（图四，10）。

标本采：6，盘，泥质红衣陶。粗圈足残。圈足饰数周圆形镂孔。残高3厘米（图四，7）。

标本采：7，鼎，泥质黑陶。锥状足。足面上端饰一按窝纹。残高3.6厘米（图四，11）。

胡家垱遗址　位于天门市石河镇胡垱村五组的胡家垱低岗上，西距天钱公路约400米。遗址东西长200、南北宽100米，面积约2万平方米。北部田埂断壁暴露文化层堆积，采集遗物有石器和陶器，陶片多泥质灰、黑皮陶，少量夹砂褐、灰陶，器形有罐、器盖等。属石家河文化。

标本采：1，石凿，青灰色岩，磨光。顶残，双面刃。残长6、宽2.8、厚1.7厘米（图四，14）。

标本采：2，罐，泥质灰胎黑皮陶。仰折沿，圆唇，矮领，腹残。口径28、残高3.9厘米（图四，5）。

标本采：3，罐，泥质灰陶。仰折沿近平，沿面有凹槽，方唇，矮领残。口径32、残高4厘米（图四，3）。

彭家大湾遗址　位于天门市石河镇唐李村彭家大湾南约20米的水塘边，北距清水垱水库50米，面积约1.4万平方米。仅采集到一块夹砂灰胎褐陶篮纹片和一块泥质灰胎褐陶片。属石家河文化。

标本采：1，豆，泥质灰胎褐陶。敞口，圆唇，弧腹较深。腹部呈瓦棱状。口径16、残高2.7厘米（图四，6）。

石灰台遗址　位于天门市石河镇唐李村田家湾西部的不规则台地上，南距老东河50米，南距大立林遗址约800米。台地大体呈东西向，高出周围地面0.6～1.2米，东西长35、南北宽25米，面积约800平方米。采集陶片多夹砂陶褐陶，少量泥质灰陶、黑皮陶，纹饰有绳纹，器形有盆、豆、缸等。属石家河文化。

大立林遗址　位于天门市石河镇唐李村七组的一长条形台地上，东距天钱公路100米，南距窑田遗址约200米。台地大体呈东西走向，中部微隆起，周边呈缓坡状，高出周围地面0.8～1.5米，东西长80、南北宽50米，面积约4000平方米。台地断壁暴露夹红烧土块的文化层，采集遗物有石斧及两块泥质褐胎黑皮陶篮纹陶片。属石家河文化。

标本采：1，石斧，青色岩，呈长条形。弧顶，斜刃。刃部磨光，器身上部有崩裂疤痕。长9.3、宽3.5、厚2.9厘米（图四，13）。

唐李遗址　位于天门市石河镇唐李村村委会南约100米的台地上，西邻天钱公路。台地南北长60、东西宽50米，面积约3000平方米。暴露少量红烧土和陶片。属石家河文化。

窑田遗址　位于天门市石河镇唐李村福利院西侧50米的台地上，台地北抵现代水渠，东南为鱼塘，南北长约100、东西宽约100米，面积约1万平方米。鱼塘断壁暴露的文化层厚1米，采集遗物有石器和陶器。陶片以泥质黑陶为主，夹砂红褐陶次之，纹饰有篮纹、凹弦纹、划纹，器形有瓮、豆、盆、缸等。属石家河文化。

标本采：1，砺石，灰色砂岩。四面均保留磨砺形成的凹痕。残长9.8、宽9.5、厚6.3厘米（图五，14）。

标本采：2，砺石，灰色砂岩。一面保留磨砺形成的磨痕，面平。残长7.8、残宽5.7、厚2.8厘米（图五，13）。

标本采：3，瓮，泥质灰陶。直口，厚唇，矮领，腹残。口径26、残高4.6厘米（图五，4）。

标本采：4，豆，泥质黑陶。喇叭形圈足。足径10.6、残高4.5厘米（图五，6）。

标本采：5，盆，泥质褐胎黑皮陶。直口，平折沿，圆唇。腹饰凹弦纹。口径37、残高5厘米（图五，1）。

后坟头遗址　位于天门市石河镇唐李村福利院内，面积约7000平方米。采集陶片较少，有泥质褐陶、红胎黑皮陶和夹砂褐陶，纹饰有弦断绳纹、方格纹，器形有豆、缸等。属石家河文化。

标本采：1，缸，夹砂灰胎褐陶。敛口，圆唇，深弧腹残。上腹施一周凸棱。口径24、残高4厘米（图五，3）。

陶家坟遗址　位于天门市石河镇唐李村石河二中内，西邻天钱公路。因石河二中建设平整土地，遗址大部分被毁，面积约7000平方米。采集陶片多泥质灰陶和夹砂褐陶，纹饰有篮纹、方格纹，器形有瓮、鼎、罐、缸、擂钵等。属石家河文化。

标本采：1，瓮，泥质灰陶。直口，厚唇，矮领，腹残。腹饰篮纹。口径24、残高4.8厘米（图五，2）。

标本采：2，鼎，夹砂褐陶。侧装三角形扁足残。足面饰一按窝纹。残高4.9厘米（图五，8）。

造家坟头遗址　位于天门市石河镇唐李村八组采购站内，东邻天钱公路，北部为水塘。遗址破坏严重，面积约7500平方米。采集陶片以泥质灰陶为主，少量夹砂灰陶、红陶，纹饰有篮纹和按窝纹，器形有鼎、圈足盘等。属石家河文化。

标本采：1，鼎，夹砂红陶。侧装三角形扁足残。足面饰一按窝纹。残高9厘米（图五，10）。

新农村遗址　位于天门市石河镇新农村八组，西距东河约50米，东北距造家坟头遗址约400米。遗址南北长约250、东西约200米，面积约1.5万平方米。采集遗物有石器和陶器。陶片多夹砂红褐陶，部分泥质灰陶、黑皮陶；纹饰有篮纹、方格纹、附加堆纹等；器形有罐、碗、缸和陶塑小动物。属后石家河文化。

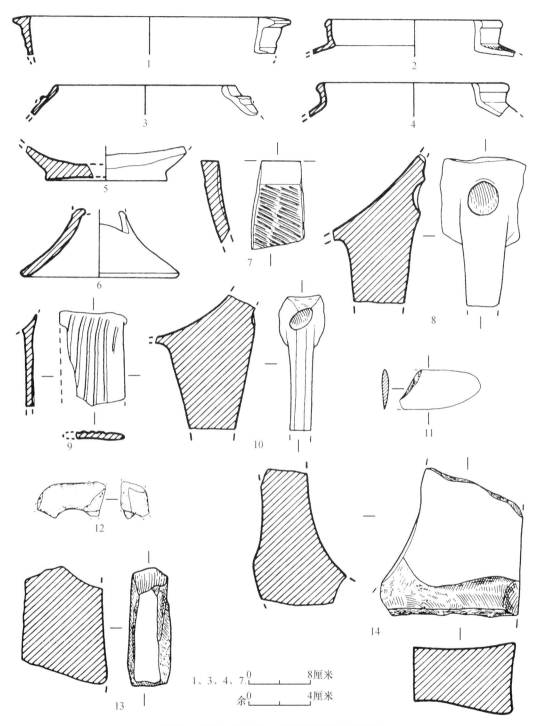

图五　窑田、新农村、陶家坟等遗址采集物

1.盆（窑采：5）　2.瓮（陶采：1）　3.缸（后采：1）　4.瓮（窑采：3）　5.碗（新农采：2）　6.豆（窑采：4）　7.缸（新农采：1）　8.鼎（陶采：2）　9.鼎（丁采：2）　10.鼎（造采：1）　11.石刀（新农采：3）　12.陶塑动物（新农采：4）　13.砺石（窑采：1）　14.砺石（窑采：1）

标本采：1，缸，夹砂灰陶。直口，厚方唇，深腹残。腹饰篮纹。残高11.6厘米（图五，7）。

标本采：2，碗，泥质灰陶。腹残，平底微凹。底径8、残高2.3厘米（图五，5）。

标本采：3，石刀，青灰色岩，磨光。残长5.5、宽2.6、厚0.5厘米（图五，11）。

标本采：4，陶塑动物，泥质红陶。首、尾、足均残，形态不明。残长4.6、高2.5厘米（图五，12）。

丁家坟头遗址 位于天门市石河镇东河村彭家小湾西南约200米的近方形台地上，西北距石河镇约500米。台地高出周围地面约0.8米，南北长60、东西宽50米，面积约3000平方米。采集陶片多见于台地西南及东北部，以泥质红陶为主，纹饰有划纹，器形有鼎、钵等。属石家河文化。

标本采：2，鼎，泥质红陶。横装宽扁足残，足面饰竖划纹。残高6.3厘米（图五，9）。

姚家岭遗址 位于天门市石河镇姚岭村段家湾北部的台地上，东距广沟溪约700米。台地东、北两侧地势低洼，东西长150、南北宽100米，面积约1.5万平方米。台地田埂断壁暴露大量红烧土块及灰土，文化层厚约1米。采集陶片以泥质黑、灰陶和夹炭红陶为主，少量夹砂陶，纹饰可见凸弦纹、压印纹、方格纹，器形有鼎、罐、豆、缸、杯、盆、钵、器盖、瓮等。属油子岭文化（标本采：1、2、4）和石家河文化。

标本采：1，器盖，纽残。泥质黑陶。覆盘形。盖为敞口，厚唇，弧腹。腹饰一周凸弦纹。口径16、残高1.8厘米（图六，5）。

标本采：2，盆，夹炭红陶。敞口，折沿，圆唇，弧腹残。口径20、残高4.3厘米（图六，4）。

标本采：3，鼎，夹砂粗泥红陶。仰折沿，方唇，腹残。口径24、残高3.4厘米（图六，6）。

标本采：4，器盖，纽残。泥质黑陶，器表磨光。覆盘形，敞口，厚唇，弧腹。口径12.4、残高2厘米（图六，10）。

标本采：5，鼎，泥质灰陶。侧装扁三角形足。高3.5厘米（图六，13）。

金台寺遗址 位于天门市石河镇姚岭村金台寺的近圆形台地上，东北距天钱公路20米，西距谭岭湾300米。台地高出周围地面3~5米，直径约100米，面积约1万平方米。台地东北部断壁保留1米厚的文化层堆积，采集遗物属周代的鬲、罐、甗等残片。台地西南部采集的陶片以泥质灰陶为主，另有少量泥质灰胎黑皮陶等；除素面外，有少量凸弦纹；器形有罐、壶、豆、杯、缸等。属屈家岭文化（标本采：1、4、5）和石家河文化（标本采：2、3）。

标本采：1，壶，泥质灰陶。直领，圆唇，腹残。口径10、残高8.6厘米（图六，3）。

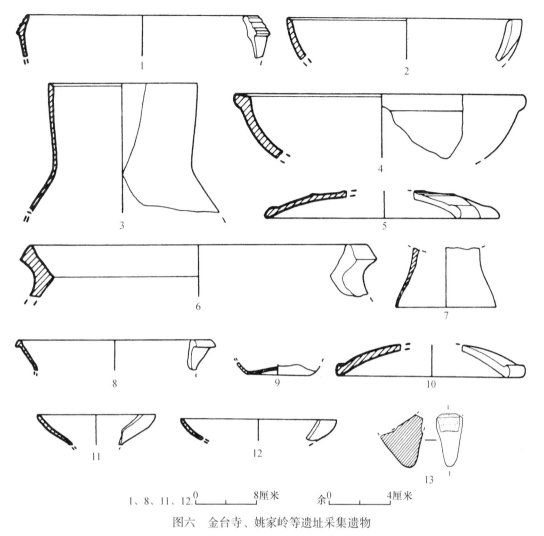

1、8、11、12. 0 ⎣___⎦ 8厘米　　余 ⎣___⎦ 4厘米

图六　金台寺、姚家岭等遗址采集遗物

1.盆（冷采：1）　2.碗（龚采：1）　3.壶（金采：1）　4.盆（姚采：2）　5.器盖（姚采：1）　6.鼎（姚采：3）　7.壶（金采：5）　8.罐（金采：2）　9.杯（金采：4）　10.器盖（姚采：4）　11.豆（金采：6）　12.豆（金采：3）　13.鼎（姚采：5）

标本采：2，罐，泥质灰陶。仰折沿，厚唇，腹残。口径27、残高4厘米（图六，8）。

标本采：3，豆，泥质灰褐胎黑皮陶。敞口，圆唇，浅盘。口径21、残高2.8厘米（图六，12）。

标本采：4，杯，泥质灰陶。薄胎，凹底。底径4.1、残高0.7厘米（图六，9）。

标本采：5，壶，泥质黄褐陶。喇叭形圈足。足径7、残高4厘米（图六，7）。

标本采：6，豆，泥质灰褐胎黑皮陶。敞口，圆唇，腹残。口径16、残高4厘米（图六，11）。

吴家坟遗址　位于天门市石河镇姚岭村天钱公路东侧倪家小湾南300米处的圆形台地上，东南距唐马台遗址约300米。台地直径约200米，其西边为低洼地，东南为冲沟，文化层主要分布在台地西南部，面积约9000平方米。采集遗物有石器和陶器。陶器多夹砂灰、褐陶，部分泥质灰陶、黑皮陶，纹饰有方格纹、凹弦纹、附加堆纹等。器形有罐、缸、鬶、碗、厚胎红陶杯等。属石家河文化。

标本采：1，砺石，粉红色砂岩。两面均保留磨砺形成的凹痕。残长10.7、宽12、厚3.1～3.5厘米（图七，12）。

标本采：2，石斧，青灰色岩，刃部打制，器身布满琢痕，似半成品。长8、宽5.4、厚2厘米（图七，10）。

标本采：3，罐，夹砂灰陶。敞口，厚唇，高领，腹残。饰凹弦纹。口径14、残高6厘米（图七，1）。

标本采：6，碗，夹砂灰陶。矮圈足。足径10、残高2.9厘米（图七，4）。

标本采：7，罐，泥质灰胎褐陶。斜腹残，底微凹。底径7、残高2.5厘米（图七，3）。

孙冲遗址　位于天门市石河镇孙冲村村委会西南约100米的岗地上。面积约9000平方米。属石家河文化。此次调查未发现文化层和遗物。

唐马台遗址　位于天门市石河镇姚岭村天钱公路东侧的唐马台地上。台地南北长约200、东西宽120米，面积约2.4万平方米。因植树所挖树窝暴露的文化层厚约1.5米，采集遗物主要为石器和陶器，陶器多泥质黑陶，少量夹砂灰陶、泥质红陶和红衣陶等；除素面外，有少量凸弦纹；器形有鼎、豆、罐、红衣圈足盘、器盖、纺轮等。属油子岭文化。

标本采：1，石斧，青色岩，器身布满琢痕，仅刃部磨光。长方形，顶残，弧刃。残长9.2、宽6.4、厚3.2厘米（图七，9）。

标本采：2，石斧，青色岩，器身布满琢痕，仅刃部磨光。长方形，顶残，弧刃。残长9.2、宽7.7、厚4.3厘米（图七，13）。

标本采：3，纺轮，泥质红陶。器形不规整。底、面平，弧缘。直径6.1～6.2、厚1～1.3厘米（图七，11）。

标本采：4，罐，泥质黑陶。敛口，折沿，圆唇，束颈，腹残。口径28、残高3厘米（图七，2）。

标本采：5，器盖，泥质黑陶，器表磨光。纽残，覆钵形。盖为敞口，圆唇，浅弧腹。口径12、残高2.1厘米（图七，5）。

标本采：6，器盖，泥质黑陶，器表磨光。纽残，覆碗形。盖为敞口，折沿，圆唇，弧腹。口径14、残高3.1厘米（图七，8）。

标本采：7，鼎，泥质黑陶。侧装扁三角形足残。残高3.2厘米（图七，7）。

标本采：8，器盖，泥质红陶。杯形纽残，覆盘形。盖口残。腹饰一周凸弦纹，内外红衣剥落。残高3.7厘米（图七，6）。

殷戴家湾遗址　位于天门市石河镇石庙村殷戴家湾北部的不规则长方形岗地上，南

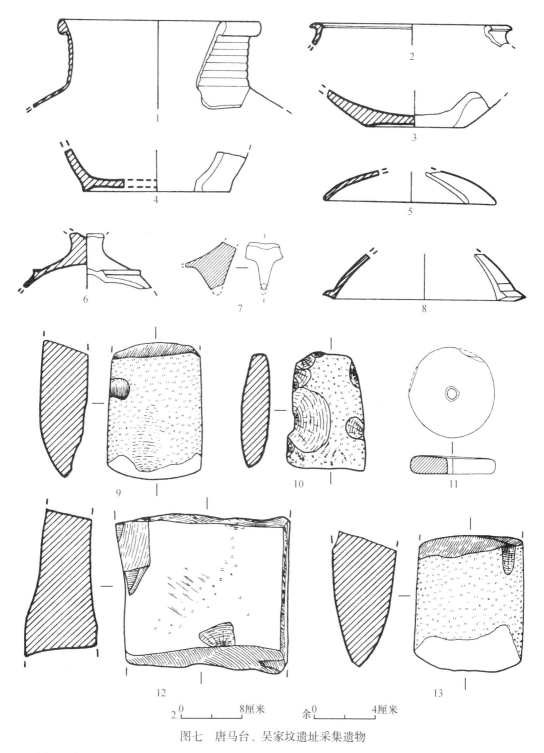

图七 唐马台、吴家坟遗址采集遗物

1.罐（吴采：3） 2.罐（唐采：4） 3.罐（吴采：7） 4.碗（吴采：6） 5.器盖（唐采：5） 6.器盖（唐采：8） 7.鼎（唐采：7） 8.器盖（唐采：6） 9.石斧（唐采：1） 10.石斧（吴采：2） 11.纺轮（唐采：3） 12.砺石（吴采：1） 13.石斧（唐采：2）

距龙嘴遗址约1500米。遗址分布于南北向岗地的西部，高出西北部冲沟约3米，南北长100~200米、东西宽70~80米，面积约8250平方米。文化层厚约1.1米。2005年发掘表明，该遗址的陶器以泥质陶灰陶为主，次为泥质黑陶、夹砂红、灰陶等，纹饰多篮纹、方格纹、弦纹和镂孔，器形有鼎、罐、豆、厚胎杯、缸等。属石家河文化[9]。

龙嘴遗址　位于天门市石河镇吴刘村和张巷村的龙嘴岗地南端。2005年发掘表明，该遗址是一处油子岭文化时期的古城遗址。城址平面近圆形，南北长305、东西宽269米，面积约8.2万平方米，城内面积约6万平方米。文化层堆积厚度一般在0.5~2米。陶器以泥质为主，夹炭次之，夹砂较少；陶色多黑陶和红衣陶；纹饰多弦纹、压印纹、按窝纹、戳压印纹、镂孔等；主要器形有鼎、罐、簋、釜、盘、豆、碗、杯、器盖、器座等[10]。

陈万家湾遗址　位于天门市石河镇张巷村陈万家湾北部的台地上，西距随岳高速公路约250米，龙嘴遗址的东侧。台地东南有环形水塘，南北长约100、东西宽约50米，面积约5000平方米。台地断壁暴露的文化层厚0.5~0.8米，采集陶片多泥质灰陶，泥质黑陶、红陶与夹砂褐陶少，器形有碗、杯、罐等。属石家河文化。

胡家湾遗址　位于天门市石河镇张巷村胡家湾北约100米的台地上，北临北汉湖。台地东西长约100、南北宽约60米，面积约6000平方米。台地上仅采集1件石器，未见文化层。可能属石家河文化。

标本采：1，石锛，青灰色岩，长方形，通体磨光。平顶，刃残。顶部有打击疤痕，一面有划痕。长9.3、宽3.9、厚1.1厘米（图八，10）。

许家咀遗址　位于天门市石河镇诸葛村二组民居之间的岗地上，东南距长渠约300米，西距西汉湖200米。岗地南端隆起，东西两侧呈坡状，东西长约200、南北宽约80米，面积约1.5万平方米。在遗址东南部采集到少量泥质红胎黑皮陶方格纹瓮残片。属石家河文化。

边家湾遗址　位于天门市石河镇张巷村大边家湾南部的台地上，西距西汉湖200米，东南距龚家咀遗址约1200米。台地南北长250、东西宽100米，面积约2.5万平方米。采集陶片见于遗址中部，以泥质黑皮陶为主，泥质灰陶、红陶次之，另有少量夹砂灰、红陶；纹饰多方格纹和篮纹；器形有罐、豆、碗、盘、盆、擂钵、厚胎红陶杯等。属石家河文化。

标本采：1，盆，夹砂灰陶。直口，平折沿，方唇，腹残。腹饰凸弦纹。口径32、残高6.8厘米（图八，5）。

标本采：2，豆，泥质灰胎褐陶。敞口，圆唇，浅盘残。口径13、残高2.1厘米（图八，6）。

焦家台遗址　位于天门市石河镇吴刘村四组魏家台以东200米的一处低矮台地上。台地南北长120、东西宽80米，面积约10000平方米。台地田埂断壁暴露的文化层厚约1米，包含零星的红烧土块。地表采集遗物较多，有石器和陶器。陶器以泥质、夹砂灰陶

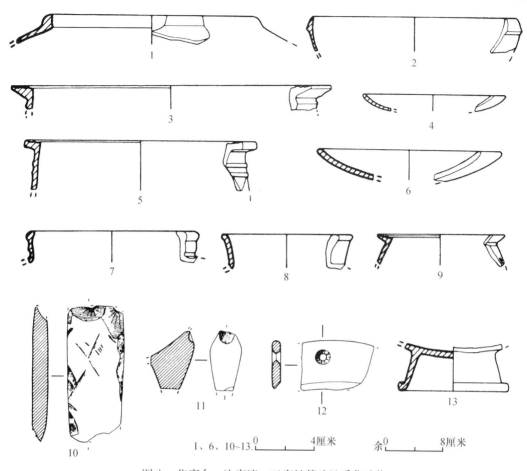

图八　焦家台、边家湾、王家坡等遗址采集遗物

1.瓮（王采：2）　2.盆（焦采：2）　3.盆（焦采：3）　4.豆（焦采：8）　5.盆（边采：1）　6.豆（边采：2）　7.瓮（焦采：6）　8.罐（焦采：5）　9.罐（焦采：4）　10.石锛（胡采：1）　11.鼎（王采：1）　12.石刀（焦采：1）　13.碗（焦采：9）

为主，纹饰有篮纹、方格纹和弦纹，器形有罐、瓮、豆、盆、盘、碗、擂钵、缸等。属石家河文化。

标本采：1，石刀，青色岩，通体磨光。弧背，单面刃。中部施一圆形对钻穿孔。残长6、宽3.3、厚0.6厘米（图八，12）。

标本采：2，盆，泥质灰陶。口近直，圆唇，弧腹残。上腹部加厚呈一周凸棱。口径30、残高4.8厘米（图八，2）。

标本采：3，盆，夹砂灰陶。直口，平折沿，圆唇，腹残。沿面上施两周凸棱。口径44、残高3.2厘米（图八，3）。

标本采：4，罐，夹砂褐陶。仰折沿，圆唇，鼓腹残。腹饰篮纹。口径18、残高4.2厘米（图八，9）。

标本采：5，罐，夹砂褐陶。敞口，卷沿，圆唇，矮领，腹残。口径18、残高4.8厘米（图八，8）。

标本采：6，瓮，夹砂褐胎黑皮陶。直口，厚唇，矮颈，腹残。口径24、残高4.4厘米（图八，7）。

标本采：8，豆，泥质灰陶。敞口，圆唇，浅盘残。口径20、残高2.2厘米（图八，4）。

标本采：9，碗，泥质灰陶。圈足底缘外翻。足径8、残高3.3厘米（图八，13）。

王家坡遗址　位于天门市石河镇诸葛村陈家湾北约100米的台地上，北临北汉湖。台地南北长约100、东西宽约50米，面积约5000平方米。台地断壁暴露的文化层厚50～80厘米，包含较多蚌壳、田螺和零星红烧土、夹砂灰陶片等。采集陶片以泥质灰陶为主，泥质红陶次之；多素面，少数饰篮纹；器形有鼎、瓮、豆等。属石家河文化。

标本采：1，鼎，泥质红陶。侧装三角形足残。足面上端饰一按窝纹。残高4.1厘米（图八，11）。

标本采：2，瓮，泥质灰陶。直口，圆唇，矮领，鼓肩残。口径14、残高2厘米（图八，1）。

龚家咀遗址　位于天门市石河镇诸葛村二组西北约400米龚家咀台地上，东南距许家咀遗址450米左右，西距西汉湖150米。台地东高西低呈坎坡状，南北长200、东西宽60米，面积约1.2万平方米。在台地中部采集到少量泥质灰陶、褐陶片，器形有豆盘类圈足、碗等。属石家河文化。

标本采：1，碗，泥质灰陶。敞口，圆唇，弧腹残。口径16、残高2.8厘米（图六，2）。

乌龟台遗址　位于天门市石河镇蔡岭村盘家湾东南约200米的乌龟台上，南距冷饱台遗址约1200米，东、北临西汉湖。台地近圆形，东西长70、南北宽50米，面积约3000平方米。采集陶片集中于台地中部，器形有擂钵、高领罐、盆等。属石家河文化。

冷饱台遗址　位于天门市石河镇蔡岭村王场的一条东西向不规则长条形岗地上，西距天钱公路150米，东南距李嘴村200米，北距乌龟台遗址约1200米。遗址东西长150、南北宽100米，面积约1.5万平方米。一条现代水渠将遗址分割成南北二片，采集陶片多见于遗址南部的水渠边。陶片以泥质灰陶、红陶为主，另有少量夹砂红陶；纹饰有绳纹和弦纹；器形有盆、圈足盘等。属石家河文化。

标本采：1，盆，泥质灰陶。敛口，圆唇，弧腹残。上腹饰四周凹弦纹和一周凸棱。口径34、残高5.6厘米（图六，1）。

四、初步认识

调查显示，在大洪山南麓以石家河为中心约150平方千米的区域内集中分布73处史前遗址，是目前已知长江中游地区史前遗址分布最密集的区域，其中，处于东河与西河交汇地带的石家河镇北的遗址分布最密集（共45处），北港湖与北汉湖之间的遗址分布其次（共17处），其他遗址则零星分布于西河西侧和东河东侧的岗台地上。这些遗址所反映的规模、数量、文化内涵等时空方面的基本信息是我们分析该区域聚落形成发展的基础，提供了进一步认识石家河古城形成与发展过程的重要线索。需要指出的是，对于遗址的聚落规模的判断显然以经过全面揭露的完整性遗址为标准最为理想，但在本次调查主要根据既有文化层堆积又有陶片的岗台地自然边界作为遗址的分布范围进行聚落规模测算的情况下，那些文化堆积单纯的遗址较之多时期重复利用的遗址无疑更准确地体现出聚落的实际规模，所以，本文选择文化堆积单纯的遗址作为分析聚落规模级差的基本参数。

早在城背溪文化时期，该区域就有人类活动[11]，虽然本次调查未发现相关遗址，但反映出史前人类对该区域的早期利用情况。本次调查的遗址分属油子岭文化、屈家岭文化、石家河文化和后石家河文化时期，这些不同文化时期的遗址在数量、分布、规模等方面呈现的若干变化与特点，初步勾勒出该区域聚落形成发展的大致轮廓。

油子岭文化时期的遗址有6处，分布较零散，除1处遗址位于石家河镇北（编号A22）外，其余5处遗址散布于东河—北港湖的东侧（图九）。这些遗址的文化堆积分两种情况：3处遗址含有不同时期的文化堆积，属于被重复利用的遗址；3处遗址的文化堆积单纯，属于油子岭文化时期。3处文化堆积单纯的遗址中，龙嘴遗址（编号30）的面积最大（8.2万平方米），另外2处遗址的面积较小（编号12的面积为1.5万平方米，编号28的面积2.4万平方米）。据此，我们将油子岭文化时期的聚落规模分为两级：一级聚落1处（龙嘴遗址），面积约8万平方米；二级聚落2处，面积约2万平方米。一级聚落规模的级差几乎是二级聚落的4倍。而3处含有不同时期文化堆积的遗址面积基本在1万～3万平方米[12]，与二级聚落规模相近，不超出上述两级聚落级差的范畴，可归于二级聚落。值得注意的是，龙嘴遗址已经出现平面近圆形的环壕土垣的聚落结构，其特点与长江中游地区已发现的史前古城相似，且土垣内的面积达6万平方米，出土大型陶器和玉器等重要遗物。同时，龙嘴遗址附近相对集中分布2处二级聚落。可见，油子岭文化时期的聚落已经初步发生分化，但尚未形成明显的聚落中心。

屈家岭文化时期的遗址有22处，集中分布于东河与西河交汇处的石河镇北（共18处），而东河—北港湖东侧仅2处遗址、西河西侧新出现2处遗址（图一○）。与油子岭文化时期比较，最显著的变化是此时在东河与西河交汇处的石河镇北形成石家河古城。石

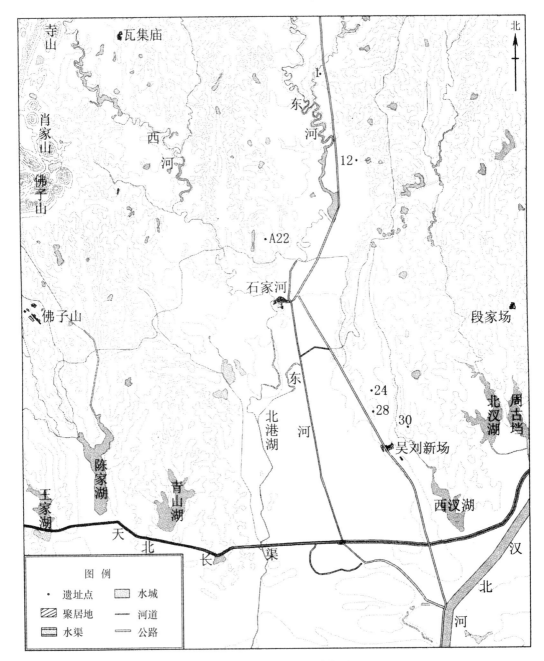

图九　油子岭文化遗址分布图

家河古城平面略呈圆角长方形，南北长约1200米，东西宽约1000米，城墙现存顶宽8～10米，底宽约50米，高达6～8米。城内由A11、A22、A23、A29、A30等遗址组成，面积达120万平方米。如果加上城外环壕及人工堆筑的土岗（A7、A8、A9、A10、A16、A28、A32、A33等遗址），其面积达200万平方米以上[13]。尽管构成石家河古城的上述遗址在其后的文化阶段仍然部分被重复利用，但其整体形成于屈家岭文化时期，无疑可作为单

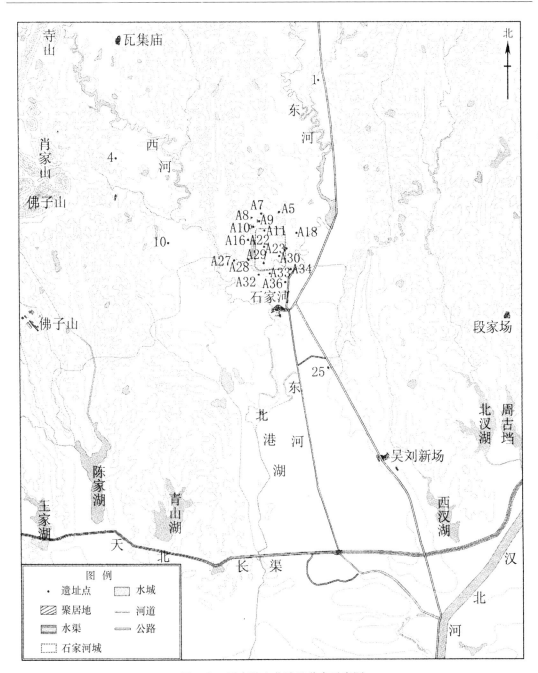

图一〇　屈家岭文化遗址分布示意图

纯的屈家岭文化时期遗址的聚落规模看待，由此，它与另1处属于单纯屈家岭文化时期堆积的遗址（编号10，面积约6万平方米）的聚落规模级差仅以石家河古城城内面积比较已达到20倍，明显大于油子岭文化时期的聚落规模级差。而环绕在石家河古城周围的5处遗址（编号A5、A18、A27、A34、A36）及其他零星分布的3处遗址均属于被重复利用的遗址，它们的聚落规模虽然难以准确判断，但差别还是存在的，出现的5处面积仅1万平方米以下小型聚落尤其引人注目。如果以5处小型聚落的平均规模计算（平均面积0.825万平方米），编号10的聚落规模级差是它们的7倍多；如果以5处小型聚落中规模最小的计算（编号A18，面积0.3万平方米），编号10的聚落规模级差是它的20倍。那么，我们将屈家岭文化时期的聚落规模分为三级：一级聚落1处，即石家河古城（包括城外环壕及人工堆筑的土岗）；二级聚落1处，面积约6万平方米（编号10）；三级聚落5处，面积1万平方米以下。其他3处被重复利用的遗址不超出二、三级聚落规模级差的范畴，暂不归类。可见，屈家岭文化时期的聚落已经发生明显分化，并形成以石家河古城为中心的聚落群。

石家河文化时期的遗址剧增，达63处，除集中分布于石家河古城周围外（共41处），北港湖与北汉湖之间的遗址新增14处，西河一带的遗址有少量增加（图一一）。与屈家岭文化时期比较，该区域石家河文化时期的聚落又发生了一些新变化，主要表现在三个方面。

其一，聚落规模等级相似，但小型聚落数量大增，聚落的分化更加突出。此时，石家河古城继续使用，古城的基本格局与屈家岭文化时期相比未发生多少变化，其城内的遗址构成依然如前，只是城外人工堆筑的土岗中部分土岗的功能可能发生改变（如A16、A28、A32等）。所以，城内面积达120万平方米的石家河古城仍然高居一级聚落的位置。属于单纯石家河文化时期堆积的遗址共39处，其规模在0.08万～6万平方米。其中，面积约6万平方米的聚落1处（编号A19），一级聚落规模级差是它的20倍，可作为二级聚落；面积仅1万平方米以下的小型聚落达24处，二级聚落规模级差是其平均规模（平均面积0.6125平方米）的近10倍，可作为三级聚落。处于二、三级聚落规模之间的14处遗址中，A2与A4之间无明显的地理间断（两者的面积共10万平方米），实际可作为一个整体看待，A3与A6之间亦然（两者的面积共5.5万平方米），加上面积达4.5万平方米的A21，它们与二级聚落的规模比较接近，暂归入；其他9处遗址的规模在1.2万～3万平方米，它们与三级聚落的规模比较接近，暂归入。另外11处被重复利用的遗址中有4处遗址的规模在1万平方米以下，可归入三级聚落，其余不超出二、三级聚落规模级差的范畴，暂不归类。

其二，环绕石家河古城的聚落数量明显增加，达27处，是屈家岭文化时期的5.4倍，表明一级聚落的中心地位得到进一步加强。

其三，石家河古城东南北港湖与北汉湖之间的区域新增遗址14处，是屈家岭文化时期的14倍，这些遗址规模小，分布散，反映出石家河文化时期开发利用该区域的新动向。

后石家河文化时期的遗址锐减，只发现14处，集中分布在原石家河古城的东南一带（图一二）。4处单纯后石家河文化时期的遗址中，面积最大者4万平方米，最小者1.5万平方米，聚落规模比较接近，尚达不到油子岭文化时期的聚落规模级差的水平。10处被重复利用的遗址中，多数规模与前者相近，即便面积最大的A29（面积18万平方米），其后石家河文化时期的堆积也仅限于局部范围[14]。总之，此时的石家河古城已经废弃，其聚

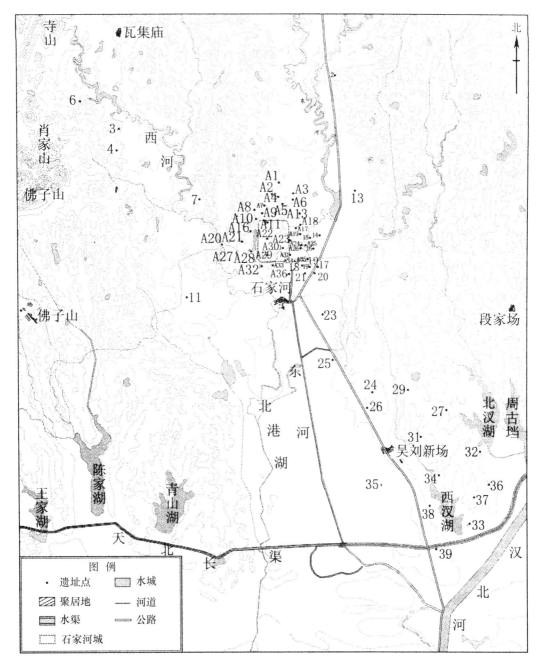

图一一 石家河文化遗址分布示意图

落的等级不明显，似未形成新的中心聚落，而屈家岭文化和石家河文化时期形成发展的以石家河古城为核心的聚落结构至此土崩瓦解。

以石家河为中心的大洪山南麓史前聚落调查尽管进一步丰富了我们对于该区域聚落形成发展及变化的认识，但基于调查手段的局限性，目前的认识应该说只是初步的，对于聚落规模、同一文化不同阶段聚落的变化、聚落内部结构、聚落功能等若干问题还需大量的

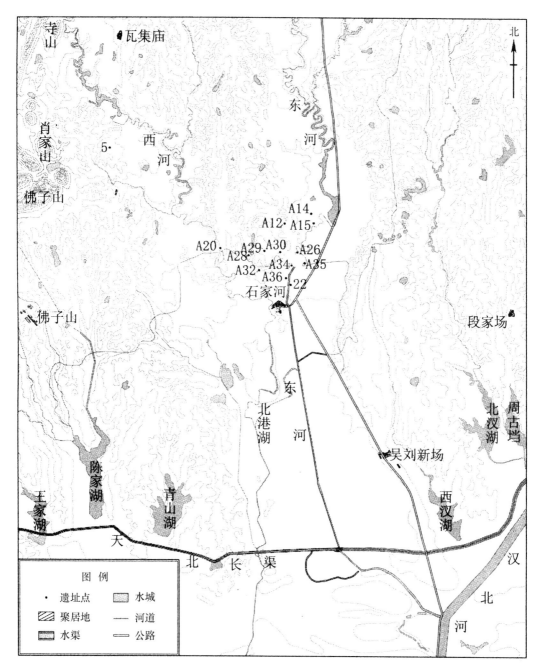

图一二　后石家河文化遗址分布示意图

工作予以充实完善。同时，石家河古城形成、发展、消逝的背景及其在中国早期文明进程中的作用与地位更需从宏观的文化、环境变迁等角度进行综合研究。对此，我们将在相关的文章中再予讨论。

　　附记：参与本次调查工作的有湖北省文物考古研究所孟华平、黄文新、张成明，天门市博物馆邓千武、周文、张益民、胡平乐、刘义勇等。由曾令兵、田晴绘图。

执笔：孟华平　黄文新　张成明

注　释

［1］　陈树祥等：《应城门板湾遗址发掘获重大成果》，《中国文物报》1999年4月4日。

［2］　李桃元等：《湖北应城陶家湖古城址调查》，《文物》2001年第4期。

［3］　湖北省文物考古研究所、天门市博物馆：《湖北天门笑城城址发掘报告》，《考古学报》2007年第4期。

［4］　孟华平等：《湖北天门龙嘴新石器时代遗址》，《2006中国重要考古发现》，文物出版社，2007年。

［5］　石家河考古队：《石家河遗址调查报告》，《南方民族考古》第五辑，四川科学技术出版社，1992年。

［6］　国家文物局主编：《中国文物地图集·湖北分册》，西安地图出版社，2002年。

［7］　《石家河遗址调查报告》所涉及史前遗址的编号按A1、A2、A3……表示，以与本次调查的遗址相区别。其中，陶家坟、造家坟头和新农村三处遗址与本次调查重复，按本次调查的遗址编号处理。

［8］　湖北省荆州地区博物馆：《湖北京山油子岭新石器时代遗址的试掘》，《考古》1994年第10期。

［9］　湖北省文物考古研究所、天门市博物馆：《湖北省天门市殷戴家湾新石器时代遗址发掘简报》，《湖北考古报告集》，《江汉考古》增刊，2008年6月。

［10］　湖北省文物考古研究所：《湖北省天门市龙嘴遗址2005年发掘简报》，《江汉考古》2008年第4期。

［11］　湖北省文物考古研究所发掘天门石家河土城遗址资料。

［12］　据发掘资料推算，谭家岭遗址（编号A22）两次发掘的油子岭文化时期的堆积范围约在3万平方米以内。参见［5］。

［13］　石家河古城及环壕外人工堆筑土岗的年代与关系参见［5］。

［14］　石家河考古队：《石家河遗址调查报告》，《南方民族考古》第五辑，四川科学技术出版社，1992年。

附表一　石家河遗址群调查表

编号	遗址名称	面积（平方米）	文化属性	备注
A1	周家湾	25000	石家河文化	
A2	胡家湾	50000	石家河文化	
A3	晏家光岭	15000	石家河文化	
A4	田家冲	50000	石家河文化	
A5	京山坡	25000	屈家岭文化、石家河文化	
A6	晏家新场	40000	石家河文化	
A7	鲁台寺	（长600、宽80米）	屈家岭文化、石家河文化	人工堆筑的土岗
A8	严家山			
A9	黄家山	（长500、宽100米）	屈家岭文化、石家河文化	人工堆筑的土岗
A10	杨家山			
A11	邓家湾	60000	屈家岭文化、石家河文化	
A12	土城	140000	后石家河文化、周代	周代城址，发现后石家河文化的瓮棺
A13	毛家岭	30000	石家河文化	
A14	潘家岭	40000	后石家河文化	
A15	胡三家	20000	后石家河文化	
A16	印信台	26000	屈家岭文化、石家河文化	存在人工堆筑的土岗
A17	台上	8000	石家河文化	
A18	王家台	3000	屈家岭文化、石家河文化	
A19	敖家全	60000	石家河文化	
A20	谭家港	50000	石家河文化、后石家河文化	
A21	枯柏树	45000	石家河文化	
A22	谭家岭	180000	油子岭文化、屈家岭文化、石家河文化	
A23	黄金岭	（长400、宽100米）	屈家岭文化、石家河文化	存在屈家岭文化时期人工堆筑的土岗
A24	杨家咀	5000	石家河文化	
A25	獾子咀	5000	石家河文化	
A26	北堤	35000	石家河文化、后石家河文化	
A27	罐山	50000	屈家岭文化、石家河文化	
A28	堰兜子湾	（长600、宽100~200米）	屈家岭文化、石家河文化、后石家河文化	存在屈家岭文化时期人工堆筑的土岗
A29	三房湾	180000	屈家岭文化、石家河文化、后石家河文化	
A30	蓄树岭	150000	屈家岭文化、石家河文化、后石家河文化	
A31	杨家湾	30000	石家河文化	

续表

编号	遗址名称	面积（平方米）	文化属性	备注
A32	石板冲	（长1000、宽100~200米）	屈家岭文化、石家河文化、后石家河文化	存在人工堆筑的土岗
A33	昌门冲		屈家岭文化、石家河文化	
A34	罗家柏岭	10000	屈家岭文化、石家河文化、后石家河文化	
A35	新河	50000	石家河文化、后石家河文化	
A36	肖家屋脊	150000	屈家岭文化、石家河文化、后石家河文化	

附表二　大洪山南麓史前聚落调查简表

编号	遗址名称	隶属关系	北纬	东经	高程（米）	面积（平方米）	文化属性	备注
1	油子岭	京山县钱场镇钱场村六组	30°49′08.0″	113°05′45.6″	43+	10000	油子岭文化、屈家岭文化	
2	白家岭	京山县钱场镇幸福村二组	30°49′07.1″	113°05′51.9″	43+	2500	石家河文化	
3	付贵庙	京山县雁门口镇百子桥村六组	30°48′10.9″	113°01′54.5″	43+	10000	石家河文化	新发现
4	熊家下湾	京山县雁门口镇百子桥村五组	30°47′54.5″	113°01′54.7″	43+	9600	屈家岭文化、石家河文化	新发现
5	瓦子田	京山县雁门口镇百子桥村五组	30°47′58″	113°01′48″	43+	20000	后石家河文化	新发现
6	罗家西湾	京山县雁门口镇郝巷村一组	30°48′40″	113°01′15″	50±	8000	石家河文化	
7	新湾	京山县雁门口镇江桥村二组	30°47′11″	113°03′30″	42±	2000	石家河文化	新发现
8	大神祖台	天门市佛子山镇戴河村七组	30°46′49.1″	113°02′51.5″	33+	10000	周代	
9	小神祖台	天门市佛子山镇戴河村七组	30°46′52.4″	113°02′56.5″	33+	4200	周代	新发现
10	梅家大湾	天门市佛子山镇戴河村一组	30°46′25″	113°02′53.4″	30+	60000	屈家岭文化	新发现
11	雷八家	天门市佛子山镇雷畈村二组	30°45′36.6″	113°03′07.6″	30+	9000	石家河文化	
12	谢湾	天门市石河镇界牌村十一组	30°47′48.7″	113°06′08.9″	33+	15000	油子岭文化	
13	胡家垱	天门市石河镇胡垱村五组	30°47′10.5″	113°06′15.6″	33+	20000	石家河文化	

编号	遗址名称	隶属关系	北纬	东经	高程（米）	面积（平方米）	文化属性	备注
14	彭家大湾	天门市石河镇唐李村五组	30°46′41.3″	113°05′38.4″	32-	14000	石家河文化	参见注释[6]
15	石灰台	天门市石河镇唐李村六组	30°46′29.4″	113°05′29″	32-	800	石家河文化	
16	大立林	天门市石河镇唐李村七组	30°46′24″	113°05′30″	32-	4000	石家河文化	新发现
17	唐李	天门市石河镇唐李村七组	30°46′08.5″	113°05′36.7″	32-	3000	石家河文化	
18	窑田	天门市石河镇唐李村八组	30°46′05.5″	113°05′24.5″	32-	10000	石家河文化	
19	后坟头	天门市石河镇唐李村	30°46′03.4″	113°05′28.3″	32-	7000	石家河文化	
20	陶家坟	天门市石河镇唐李村	30°46′01.1″	113°05′31.9″	32-	7000	石家河文化	参见注释[6]
21	造家坟头	天门市石河镇唐李村八组	30°45′59.8″	113°05′25″	32-	7500	石家河文化	
22	新农村	天门市石河镇新农村八组	30°45′55.5″	113°05′10.0″	32-	15000	后石家河文化	
23	丁家坟头	天门市石河镇东河村九组	30°45′15″	113°05′45″	28+	3000	石家河文化	新发现
24	姚家岭	天门市石河镇姚岭村七组	30°44′8.9″	113°06′39.6″	39-	15000	油子岭文化、石家河文化	
25	金台寺	天门市石河镇姚岭村一组	30°44′34.7″	113°05′53.8″	32	10000	屈家岭文化、石家河文化、周代	
26	吴家坟	天门市石河镇姚岭村六组	30°43′55.0″	113°06′28.5″	31+	9000	石家河文化	新发现
27	孙冲	天门市石河镇孙冲村三组	30°43′52.4″	113°07′59.2″	30+	9000	石家河文化	参见注释[6]
28	唐马台	天门市石河镇姚岭村八组	30°43′45.5″	113°06′31.7″	31+	24000	油子岭文化	
29	殷戴家湾	天门市石河镇石庙村十二组	30°44′19.9″	113°07′46.8″	34~38	8250	石家河文化	参见注释[9]
30	龙嘴	天门市石河镇吴刘村三组与张巷村一组	30°43′23″	113°07′16″	25.6~31.6	82000	油子岭文化	参见注释[10]
31	陈万家湾	天门市石河镇张巷村四组	30°43′27.6″	113°07′30.2″	30-	5000	石家河文化	新发现
32	胡家湾	天门市石河镇张巷村九组	30°43′15″	113°08′48″	30-	6000	可能属石家河文化	新发现

续表

编号	遗址名称	隶属关系	北纬	东经	高程（米）	面积（平方米）	文化属性	备注
33	许家咀	天门市石河镇诸葛村二组	30°42′9.1″	113°08′30.3″	29	15000	石家河文化	新发现
34	边家湾	天门市石河镇张巷村七组	30°42′46.2″	113°08′4.1″	30–	25000	石家河文化	新发现
35	焦家台	天门市石河镇吴刘村四组	30°42′36″	113°07′00″	27+	10000	石家河文化	新发现
36	王家坡	天门市石河镇诸葛村十二组	30°42′29″	113°08′58″	32±	5000	石家河文化	新发现
37	龚家咀	天门市石河镇诸葛村二组西北	30°42′24.5″	113°08′19.9″	30+	12000	石家河文化	新发现
38	乌龟台	天门市石河镇蔡岭村二组	30°42′20.9″	113°07′47″	30–	3000	石家河文化	新发现
39	冷饱台	天门市石河镇蔡岭村六组	30°41′41.0″	113°07′47.9″	30–	15000	石家河文化	

（原文刊于《江汉考古》2009年第1期）

湖北天门石家河古城三房湾遗址2011年发掘简报

湖北省文物考古研究所

北京大学考古文博学院

　　石家河遗址群位于湖北省天门市石河镇西北的土城村，是长江中游地区目前发现最大的史前古城——石家河古城址所在地。长期以来，有关石家河古城东南部低地是否存在城垣一直悬而未决，一定程度上影响到对古城结构、性质的判断及相关研究。为了提供石家河遗址保护更加准确的基础资料，明确石家河古城东南部低地是否存在城垣，以及了解该区域距今6000～4000年前的气候与环境变迁，经国家文物局批准，在科技部科技支撑项目"中华文明探源工程及相关文物保护研究"的资助下（课题编号2010BAK67B05），2011年3～4月，湖北省文物考古研究所和北京大学考古文博学院联合对石家河古城的三房湾、谭家岭遗址进行小规模发掘，揭露面积达200平方米。此次发掘取得了比较重要的收获，现将有关情况简报如下。

一、探方位置与地层堆积

　　此次发掘区位于石家河古城三房湾遗址东南低洼地带以及谭家岭遗址南部临近三房湾遗址的低洼地带。在前者布5米×5米的南北向探方6个，编号ⅠT1608～1613；在后者布5米×5米的南北向探方2个，编号ⅢT0619、0620。为了解城垣堆积的位置和走向，按10米的间距在三房湾遗址布探孔49个、在蓄树岭遗址的南端布探孔15个进行了勘探（图一、图二）。限于篇幅，本文仅报告三房湾遗址东南低洼地带的发掘情况。

　　ⅠT1608～1613的文化堆积层次较清晰，除城垣等遗迹外，地层可分为15层，下面以探方西壁剖面为例加以介绍（图三）：

　　第1层：现代耕土层，厚约0.2米，灰褐色土，土质较疏松，包含有少量陶片、瓷片、红烧土颗粒和大量水稻根茎。

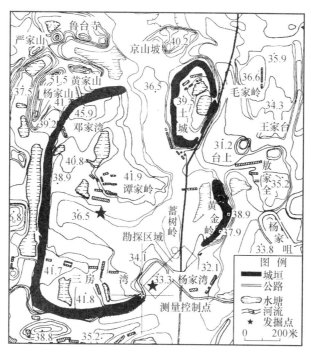

图一 遗址平面图

第2层：近现代扰乱层，厚约0.1米。灰白色土，土质较疏松，夹杂铁锈斑。包含有陶、瓷片和红烧土颗粒。

第3层：在ⅠT1611、1612堆积略厚，其余探方分布较薄，厚0.1～0.45米。浅灰色土，土质疏松，出土少量石斧等石家河文化时期的遗物。

第4层：除ⅠT1613之外的个探方均有分布，在ⅠT1609和ⅠT1610中部堆积最厚，厚0.2～0.4米。浅红褐土，土质板结，夹杂较多铁锈斑。出土遗物包括陶瓷、盘、杯、盖等残片，以及石刀、凿、镰等。

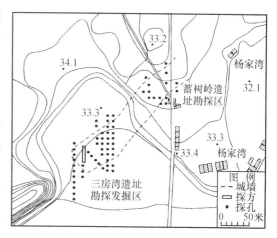

图二 三房湾遗址探方与探孔分布图

第5层：仅分布于ⅠT1610、1613，厚0.15～0.45米。灰黑色土，出土遗物包括少量陶杯及石镰、镞等。

第6层：各探方均有分布，厚0.1～0.2米。紫褐色土。出土少量陶器盖残片等。

第7层：又可分为两小层。7A层仅分布于ⅠT1609西部，最厚处为0.4米，灰色土，出土少量陶豆等残片。7B层仅分布于ⅠT1609和ⅠT1610的西部，最厚处为0.35米，浅

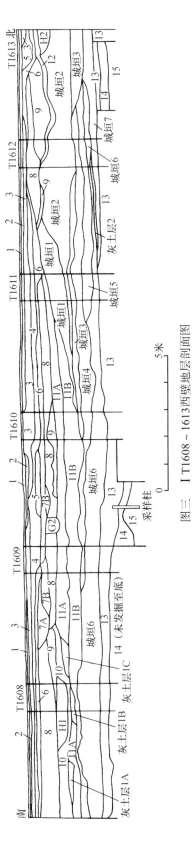

图三 ⅠT1608～1613西壁地层剖面图

1. 灰褐色土 2. 灰白色土 3. 浅灰色土 4. 浅红褐色土 5. 灰黑色土 6. 紫褐色土 7A. 灰色土 7B. 浅黄色土 8. 灰黄色土 9. 红褐色土 10. 灰褐色土 11A. 浅灰褐色土 11B. 深灰褐色土 12. 灰褐淤泥土 13. 灰色淤泥状堆积 14. 黄色土 15. 青灰色淤泥

黄色土，G2开口于此层下。

第8层：各探方均有分布，但堆积不连续，且厚薄不一，厚0.2~0.7米。灰黄色土，夹杂大量红烧土颗粒。出土陶片很多，主要器形包括石家河文化时期的罐、瓮、杯、盆、鬶、陶塑动物等。

第9层：除ⅠT1608之外的各探方均有分布，最厚处约0.6米。红褐色土，土质较疏松，夹杂大量红烧土颗粒。出土陶片多为泥质灰陶，器形包括石家河文化时期的豆、罐、碗、杯、鼎足、器盖等。H1开口于此层下。

第10层：仅分布于ⅠT1608、1609，厚0.1~0.45米。灰褐色土，夹杂黄色斑点。出土有少量碎陶片，难辨器形。灰土层1A、灰土层1C叠压在此层下。

第11层：主要分布于ⅠT1611以南的四个探方，又可分为两小层。11A层南厚北薄，厚0.2~0.55米，浅灰褐色土，土质疏松；出土少量陶片，以灰陶为主，有少量红陶和黑陶，难辨器形。M1~4及灰土层1B叠压在此层下，其中M2~4直接打破11B层，M1则打破墙垣1。11B层由北向南倾斜堆积，最厚处约0.8米，深灰褐色土，土质疏松，未见出土遗物。城垣1、3、4、6均叠压在此层下。

第12层：仅分布于ⅠT1612、1613，厚0.05~0.2米。灰色淤泥土，土质致密，黏性较强。出土少量陶片，器形包括鼎、罐、豆等。H2及城垣2叠压在此层下。

第13~15层皆被城垣堆积叠压，因地下水位较高等原因，仅在ⅠT1613、1610进行了局部发掘。

第13层：灰色淤泥状堆积，夹杂少量铁锈斑，厚0.3~0.5米。出土少量磨光黑陶片，难辨器形。

第14层：黄色土，土质板结，黏性较强，夹杂大量铁锈斑，厚约0.25米。此层未见出土遗物。

第15层：青灰色淤泥，土质较疏松，夹杂少量铁锈斑，发掘至0.15米仍未见底。此层未见出土遗物。

上述第3~15层均属新石器时代文化层。

二、遗迹及其遗物

（一）遗迹

发现的遗迹数量不多，主要有城垣、木构遗迹、灰土层、灰坑、灰沟、墓葬等（图四）。

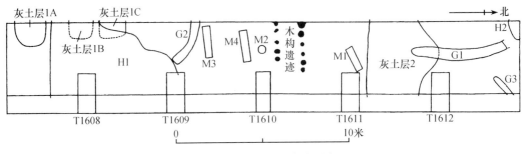

图四　发掘区遗迹总平面图

1. 城垣

距地表深0.5~1.2米，厚度超过1.5米，由北向南呈倾斜状堆积。根据勘探情况分析，该处城垣大致为西南—东北走向，略呈弧形，残存宽度30~35米。城垣堆积包括由上至下依次叠压的7层（参见图三；彩版四，1、2）。

城垣1　分布于ⅠT1611、1612，呈坡状堆积，南低北高，南薄北厚，最厚处为0.75米。浅灰黄色土，土质较板结，黏性较强，出土有1件残石刀。

城垣2　分布于ⅠT1611~1613，其中ⅠT1612内的堆积厚约1米，可细分为若干小层，每层厚0.035~0.04米。黄色土，土质较板结，黏性较强，未见出土遗物。

城垣3　分布于ⅠT1611~1613，厚0.1~0.3米。灰黄色土，土质较板结，黏性较强，未见出土遗物。

城垣4　分布于ⅠT1609~1613，其中ⅠT1611内的堆积厚约0.6米，包含少量红烧土块、灰烬及陶片。黄灰色土，黏性较强，夹杂大量铁锰结核斑和灰白色斑点。出土陶片以泥质灰、黑陶最多，有少量夹砂陶，可辨器形包括折沿罐、高领罐、盆、双腹豆、碗圈足、钵、器盖、鼎足等。

城垣5　分布于ⅠT1611~1613，厚0.2~0.4米。深紫色土，土质较板结，黏性较强，未见出土遗物。

城垣6　各探方均有分布，南厚北薄，南部最厚处达0.7米，北部最薄处约0.1米。橘黄色土，土质板结，黏性较强，夹杂较多铁锈斑。出土陶片多为泥质灰、黑陶，有少量磨光黑陶和橙黄陶，可辨器形包括罐、豆、碗、鼎足等。灰土层2叠压在此层下。

城垣7　主要分布于ⅠT1612、1613，在ⅠT1611北部也有小块分布，厚0.2~0.4米。灰褐色土，土质板结，黏性较强，夹杂大量黄色网状铁锈斑，未见出土遗物。

2. 木构遗迹

仅发现1处，位于ⅠT1610北部及ⅠT1611南部，叠压在城垣6之下，距地表深3.35~3.63米，打破第13层。共发现11根木柱，东西向排列并向探方外延伸。可分为南北两排，排间距约

1～1.1米，北侧一排共6根，南侧一排共5根。木柱皆腐朽严重，除3、5、8、9、10号柱仍保存有炭化的木质结构外，其余仅见柱状印痕。木柱直径为0.04～0.11米，长度不详。其中，3、4、7号柱可能为方木，其余皆为圆木（图五；彩版四，3）。

3. 灰土层

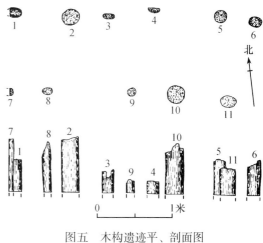

图五　木构遗迹平、剖面图
1～11. 木柱

共4处，编号为灰土层1A、灰土层1B、灰土层1C、灰土层2。

灰土层2　位于ⅠT1612西部，被城垣6叠压而又叠压着城垣7，略呈坡状堆积，南低北高，厚0.05～0.1米。灰色黏土，土质较疏松，夹杂较多木炭、灰烬和红烧土块。出土较多陶片，多为磨光黑、灰陶，有少量橙黄陶，可辨器形包括罐、豆、盆、杯等（图六；彩版五，1）。

4. 灰坑

共2座，编号为H1、H2。

H1　位于ⅠT1608北部和ⅠT1609东南部，部分延伸至探方外未发掘，开口于第9层下，打破第10、11A层。坑口的平面形状不清楚，坑壁较斜，坑底较浅，无人为加工痕迹（图七）。坑内填红褐色黏土，土质疏松，夹杂大量红烧土块和少量草木灰。出土陶片较

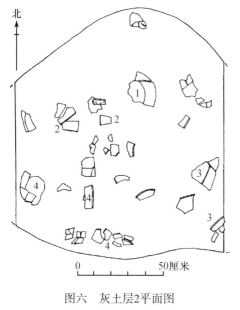

图六　灰土层2平面图

1. 陶豆　2. 陶杯　3. 陶罐　4. 陶盆

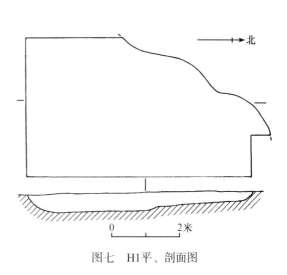

图七　H1平、剖面图

多，以泥质灰陶为主，红陶次之，另有少量夹砂红陶；除素面外，纹饰主要有篮纹、弦纹、刻划纹等；可辨器形包括罐、缸、豆、盘、杯、盉等。

5. 墓葬

共4座，编号M1～4。均为竖穴土坑墓，未见随葬器物。

M1　位于ⅠT1611北部，开口于第11A层下，打破城垣1。墓坑平面呈长方形，斜直壁，平底中部下凹，长1.4、宽0.42、深0.14～0.2米。坑内填黄色土，较纯净，仅见1小块饰细绳纹的陶片。人骨腐朽严重，但痕迹明显，经鉴定可能为成年女性；侧身屈肢葬，头向246°（图八；彩版五，2）。

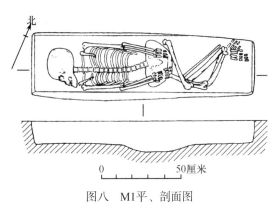

图八　M1平、剖面图

M2　位于ⅠT1610北部，开口于第11A层下，打破第11B层。墓坑平面呈椭圆形，直壁，平底，长0.47、宽0.36、深0.25米。坑内填黄色黏土，土质纯净。人骨大部保存完好，呈蜷曲状态，经鉴定为10岁左右的儿童，性别不详（图九；彩版五，3）。

M3　位于ⅠT1610西南部，开口于第11A层下，打破第11B层。墓坑平面呈长方形，直壁，平底，长1.75、宽0.36、深0.16～0.18米。坑内填黄色黏土，土质纯净。人骨腐朽严重，但形态完整，经鉴定为40岁左右的女性；仰身直肢葬，头向267°（图一〇）。

M4　位于ⅠT1610北部，开口于第11A层下，打破第11B层。墓坑平面呈长方形，斜壁较直，底部西高东低，长1.76、宽0.5、深0.12～0.21米。坑内填黄色黏土，土质纯净。人骨已被扰动，头侧向一边，脊柱弯曲，经鉴定为成年男性；应为仰身直肢葬，头向265°（图一一；彩版五，4）。

（二）遗物

各遗迹单位出土的遗物主要是陶片，大多较残碎，难以复原。下面按地层单位选择器形较为清楚的典型标本加以统计和介绍。

1. 城垣4出土陶器

罐　2件。城垣4：7，泥质黑陶，轮制。卷

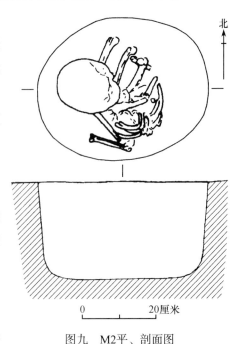

图九　M2平、剖面图

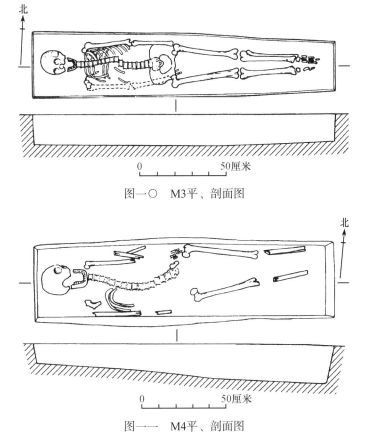

图一〇 M3平、剖面图

图一一 M4平、剖面图

沿，圆唇，沿外贴附泥条，侈口。素面。口径38、残高4.4厘米（图一二，1）。城垣4：1，泥质薄胎灰陶。宽仰折沿，尖唇，侈口，高直领，溜肩。口径14.6、残高6.4厘米（图一二，2）。

盆 3件。城垣4：3，泥质薄胎灰陶。卷沿，尖唇，敛口。素面。口径23.2、残高4.8厘米（图一二，4）。城垣4：8，泥质黑陶。平沿微内斜，尖唇，敛口。口径21、残高4.1厘（图一二，5）。城垣4：9，泥质黑陶。平沿微外斜，直口，斜腹微弧。素面。口径12、残高2.8厘米（图一二，7）。

碗 1件（城垣4：4）。泥质黑陶，内壁呈灰白色。圜底，矮直圈足。圈足径15.2、残高2.4厘米（图一二，13）。

豆 1件（城垣4：13）。泥质薄胎黑陶。敞口，圆唇，双弧腹，腹壁中部内折。素面。口径24、残高5.4厘米（图一二，12）。

钵 1件（城垣4：5）。泥质红陶，下腹胎较厚，轮制。直口，尖唇，弧腹，平底微凹。素面。口径9.6、底径4、高3.4厘米（图一二，11）。

鼎足 1件（城垣4：6）。泥质灰陶。侧装锥形足较矮，足跟内斜。残高2.5厘米（图一二，14）。

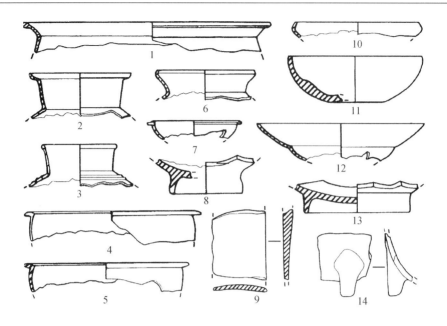

图一二　城垣内出土陶器

1~3、6. 罐（城垣4：7、城垣4：1、城垣6：1、城垣6：2）　4、5、7. 盆（城垣4：3、城垣4：8、城垣4：9）
8、10、13. 碗（城垣6：9、城垣6：8、城垣4：4）　9、14. 鼎足（城垣6：7、城垣4：6）
11. 钵（城垣4：5）　12. 豆（城垣4：13）

2. 城垣6出土陶器

罐　2件。城垣6：1，泥质灰陶，内壁泛黄色。沿外贴附泥条，尖唇，高斜领，广肩。肩部饰两周凸弦纹。口径10.4、残高6厘米（图一二，3）。城垣6：2，泥质灰陶。内折沿，尖唇，敛口，高领内弧。口径14、残高4.4厘米（图一二，6）。

碗　2件。城垣6：9，泥质红陶。小矮圈足，足底微内收。素面。圈足径5、残高2.7厘米（图一二，8）。城垣6：8，泥质薄胎灰陶。内折沿，尖唇，敛口。素面。口径18、残高2.1厘米（图一二，10）。

鼎足　1件（城垣6：7）。泥质黄陶。宽扁足，足面中部微隆。残宽3.7、残高6.8厘米（图一二，9）。

3. 灰土层2出土陶器

罐　2件。灰土层2：3，泥质灰陶。宽仰折沿，尖唇，沿上部外折，侈口，鼓腹。素面。口径24、残高9厘米（图一三，5）。灰土层2：5，泥质灰陶，轮制。高领残，广肩。肩部有两周突棱。残高2.8厘米（图一三，2）。

豆　2件。灰土层2：1，泥质灰陶。敞口，尖唇，双腹斜收，腹中部内折，圈足残。口径22、残高7.2厘米（图一三，1）。灰土层2：6，泥质薄胎磨光黑陶。喇叭状圈足，足底外折成台座。圈足饰成组的圆形镂孔，每组六个。圈足径11.6、残高5厘米（图一三，4）。

盆 1件（灰土层2：4）。泥质磨光黑陶，内壁呈灰色。卷沿，尖唇，敛口，上腹微弧。口径25.6、残高5.2厘米（图一三，6）。

杯 1件（灰土层2：2）。泥质薄胎黑陶。敞口，尖唇，斜腹，小平底略厚。素面。口径8.4、底径3.6、高5.8厘米（图一三，3；图版四，4）。

4. H1出土陶器

罐 1件（H1：6）。夹砂灰陶。外斜折沿，尖唇，敛口，矮斜领，广肩。沿面饰两周凹弦纹。口径24、残高5.2厘米（图一四，1）。

缸 2件。H1：10，夹砂红陶。仰折沿，尖唇上翘，上腹饰一道凸弦纹。口径36、残2.8厘米（图一四，2）。H1：5，夹砂红褐陶，泥条盘筑。直口，厚圆唇，束颈，深直腹残。腹饰篮纹。残高13.2厘米（图一四，3）。

图一三 灰土层2出土陶器

1、4.豆（灰土层2：1、灰土层2：6） 2、5.罐（灰土层2：5、灰土层2：3） 3.杯（灰土层2：2） 6.盆（灰土层2：4）

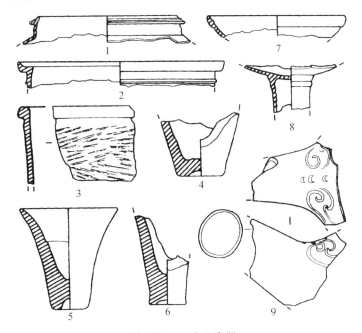

图一四 H1出土陶器

1.罐（H1：6） 2、3.缸（H1：10、H1：5） 4~6.杯（H1：8、H1：1、H1：9） 7.盘（H1：3）
8.豆（H1：7） 9.盏（H1：11）

杯　3件。H1：8，泥质厚胎黄陶。口残，斜腹，底内凹。底径4、残高5.4厘米（图一四，4）。H1：1，泥质红陶。敞口，尖唇，斜腹内弧，底内凹较深。素面。口径8.4、底径3.2、高8.6厘米（图一四，5）。H1：9，泥质红陶。口残，斜腹，底内凹，底缘微外突。底径3.2、残高7.6厘米（图一四，6）。

盘　1件（H1：3）。泥质红陶，轮制。沿外贴附泥条，尖唇，敞口。素面。口径24、残高3.6厘米（图一四，7）。

豆　1件（H1：7）。泥质灰陶。口残，圜底，细高圈足残，圈足上部微外突。残高8.4厘米（图一四，8）。

盉　1件（H1：11）。泥质红陶，手制。流残，细长颈，溜肩。肩部刻划卷云纹和弯月纹形纹（图一四，9）。

三、地层出土遗物

各探方地层中出土的遗物较多，分石器和陶器两类。下面选择器形较为清楚的典型标本加以统计和介绍。

1. 石器

7件。器形包括斧、锛、凿、刀、镰、镞等。

斧　4件。ⅠT1613⑨：21，灰色变质砂岩，琢制。梯形，顶部较尖，器身两面及两侧较平，棱角圆弧。长13、宽6.6、厚3.2厘米（图一五，1）。ⅠT1612②：1，灰绿色变质砂岩，通体磨光。梯形，顶部及器身两面均较平，双面斜刃，一侧刃角缺损。长7、宽4.4、厚1.9厘米（图一五，9）。ⅠT1609③：1，灰绿色花岗岩，琢制。舌形，顶面及转角圆弧，器身两面隆起，双面刃已残。长10.7、宽5.2、厚3.4厘米（图一五，2）。ⅠT1612③：1，灰白色砂岩，磨制。舌形，体扁薄，器身一面磨光，一面微隆起，侧边磨平。长8.1、宽6.2、厚1.2厘米（图一五，10）。

凿　1件（ⅠT1611④：2）。青灰色硅质岩，通体磨光。圭形，顶部呈三角形，器身两面平，侧边略弧，双面尖刃。长5.8、残宽2.1厘米（图一五，12）。

锛　2件。ⅠT1609⑧：14，褐色泥质岩，质地较软，磨制。圭形，棱角分明，双面尖刃。长8.9、宽2.5、厚1.5厘米（图一五，3）。ⅠT1609⑧：15，褐色泥质岩，质地较软，磨制。棱柱形，刃残。长8.4、宽3、厚2.4厘米（图一五，8）。

刀　1件（ⅠT1610④：1）。黑色泥质岩，通体磨光。半圆形，顶面弧形，器身上部有双面对钻孔，单面直刃。宽9.8、高3.2、厚0.4、孔径0.7厘米（图一五，4）。

镰　3件。ⅠT1612⑥：5，灰绿色砂岩，大部未磨光。不规整长方形，单面直刃。残

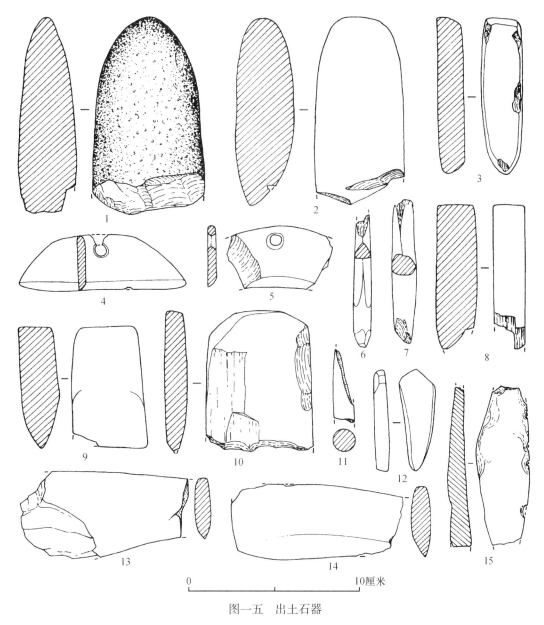

图一五　出土石器

1、2、9、10.斧（ⅠT1613⑨：21、ⅠT1609③：1、ⅠT1612②：1、ⅠT1612③：1）　3、8.锛（ⅠT1609⑧：14、
ⅠT1609⑧：15）　4.刀（ⅠT1610④：1）　5、13、14.镰（ⅠT1613⑤：1、ⅠT1609④：2、ⅠT1612⑥：5）
6、7、11、15.镞（ⅠT1608⑤：10、ⅠT1612⑨：10、ⅠT1610⑤：1、ⅠT1610④：5）　12.凿（ⅠT1611④：2）

宽10.2、高4.4、厚1.2厘米（图一五，14）。ⅠT1613⑤：1，黑色硅质岩，通体磨光。体
扁薄，顶面圆弧，器身上部有双面对钻孔，单面凹刃。残宽6、高3、厚0.6、孔径0.6厘米
（图一五，5）。ⅠT1609④：2，黄绿色细砂岩，磨制。已残，顶部较直，双面凹刃。残
宽9.4、高3.5、厚1厘米（图一五，13）。

　　镞　4件。ⅠT1610④：5，灰白色泥质岩，磨制。柳叶形，体扁薄。残长9.2、宽3厘米（图一五，15）。ⅠT1610⑤：1，青灰色泥质岩，磨制。仅存铤中部，圆柱形。残长4.2、直径1.2厘米（图一五，11）。ⅠT1608⑤：10，灰色泥质岩，通体磨制。镞身为三棱形，铤呈圆柱状，刃尖残。残长7.7、直径1厘米（图一五，6）。ⅠT1612⑨：10，青灰色泥质岩，通体磨光。体呈不规整棱柱状。长8.1、宽1.4厘米（图一五，7）。

2. 陶器

多为残片，主要器类有罐、盆、缸、瓮、豆、盘、钵、碟、盂形器、杯、鬶、器盖、纺轮及陶塑动物等。

罐　4件。均为轮制。ⅠT1612⑧：5，夹砂灰陶。仰折沿，尖唇，侈口，溜肩，鼓腹残。肩饰两道凹弦纹，腹饰方格纹。口径12.6、残高5.8厘米（图一六，1）。ⅠT1612⑧：4，夹砂褐陶。仰折沿，方唇，沿面凹，侈口，束颈。颈部有多道凸弦纹，腹饰竖篮纹。口径19.6、残高6.4厘米（图一六，9）。ⅠT1613⑫：1，泥质黑陶。侈口，尖圆唇，高直领，广肩，腹残。口径9.6、残高8厘米（图一六，10）。ⅠT1609⑨：17，泥质黑陶。小直口，尖唇，矮直领，广肩，鼓腹，底残。肩饰两道凹弦纹，腹饰篮纹。口径10.8、残高19.6厘米（图一六，16；图版四，2）。

瓮　3件。均为轮制。ⅠT1612⑧：10，泥质黄褐陶。直口，方唇，矮直领，溜肩，腹残。肩饰稀疏篮纹。口径14、残高5.2厘米（图一六，2）。ⅠT1612④：1，泥质橙黄陶。侈口，尖唇，矮弧领，腹残。腹饰篮纹。口径14、残高5.6厘米（图一六，3）。ⅠT1613⑨：4，夹砂灰陶。平沿略凹，敛口，矮粗领，广肩，腹残。沿面饰两道凹弦纹，肩饰叶脉纹。口径23.2、残高5.6厘米（图一六，4）。

盆　3件。均为轮制。ⅠT1613⑧：7，泥质灰陶。平沿，方凹唇，敞口，弧腹。上腹饰一道凹弦纹。口径28、残高6.8厘米（图一六，6）。ⅠT1612⑧：11，泥质红陶。直口，圆唇，上腹较直。口沿外侧饰四道凹弦纹，腹饰竖篮纹。口径36.8、残高6.2厘米（图一六，5）。ⅠT1613⑧：8，泥质红陶。卷沿，尖唇下垂，敞口，束颈，斜腹。口径24.8、残高5.6厘米（图一六，7）。

缸　1件（ⅠT1608⑤：1）。夹砂厚胎红陶。仰折沿，方唇，敞口，深直腹。素面。口径28.8、残高11.2厘米（图一六，8）。

豆　5件。均为轮制。ⅠT1613⑩：22，泥质灰陶。敞口，尖唇，浅斜腹，高圈足残。足内壁有瓦楞纹。口径16.8、残高10厘米（图一六，11）。ⅠT1608⑨：6，泥质红陶。残存细高圈足，柄上部饰一周凸弦纹。残高9.2厘米（图一六，18）。ⅠT1612⑥：4，泥质灰陶，局部偏黑。敞口，尖唇，浅斜腹残。口径26、残高5厘米（图一六，13）。ⅠT1609⑦A：9，泥质灰陶。残存高圈足，柄上部饰一周凸弦纹。残高12.6厘米（图一六，12）。ⅠT1613⑫：4，泥质灰白陶。残存喇叭状圈足，饰两周凸弦纹。残高8.8厘

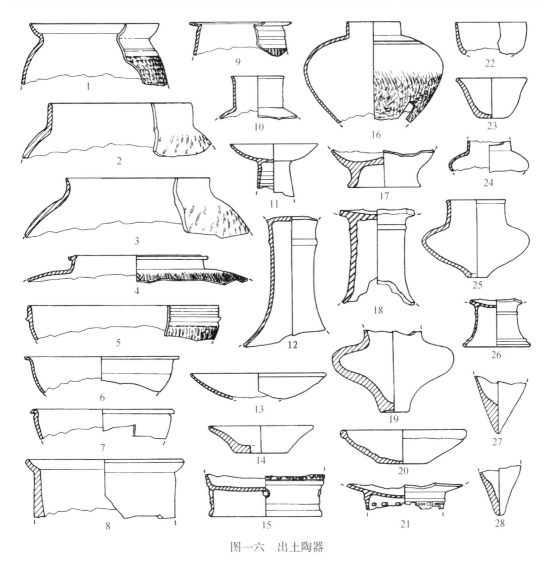

图一六 出土陶器

1、9、10、16. 罐（ⅠT1612⑧：5、ⅠT1612⑧：4、ⅠT1613⑫：1、ⅠT1609⑨：17） 2~4. 瓮（ⅠT1612⑧：10、ⅠT1612④：1、ⅠT1613⑨：4） 5~7. 盆（ⅠT1612⑧：11、ⅠT1613⑧：7、ⅠT1613⑧：8） 8. 缸（ⅠT1608⑤：1） 11~13、18、26. 豆（ⅠT1613⑩：22、ⅠT1609⑦A：9、ⅠT1612⑥：4、ⅠT1608⑨：6、ⅠT1613⑫：4） 14、23. 碟（ⅠT1611⑤：3、ⅠT1609⑦A：2） 15、21. 圈足盘（ⅠT1608⑩：1、ⅠT1608④：2） 17. 碗（ⅠT1612⑧：16） 19、24、25. 盂形器（ⅠT1608⑧：1、ⅠT1613⑨：24、ⅠT1609⑥：1） 20、22. 钵（ⅠT1613⑨：23、ⅠT1612⑧：15） 27、28. 鬶足（ⅠT1612⑧：22、ⅠT1608⑥：5）

米（图一六，26）。

圈足盘 2件。均为轮制。ⅠT1608④：2，泥质灰陶。口残，圜底，粗圈足残。圈足上部饰一周戳印纹及镂孔。残高4.8厘米（图一六，21）。ⅠT1608⑩：1，泥质黑陶。口残，斜腹，圜底较平，粗圈足，足底微外折成窄台座。盘外壁饰三角形刻划纹，圈足中部饰四个镂孔和两周凸弦纹。圈足径21.6、残高7.7厘米（图一六，15）。

钵　2件。均为轮制。ⅠT1612⑧：15，泥质薄胎灰陶。直口，尖唇，直腹，底残。素面。口径14.4、残高6.2厘米（图一六，22）。ⅠT1613⑨：23，泥质黄陶。敞口，圆唇，浅斜腹，平底。口径10.8、底径4.8、高3.2厘米（图一六，20）。

碟　2件。均为轮制。ⅠT1609⑦A：2，泥质黄褐陶。敞口，厚圆唇，斜腹略内弧，平底。口径6.8、底径2.8、高3.8厘米（图一六，23）。ⅠT1611⑤：3，泥质红陶。敞口，尖唇，浅斜腹，平底。口径10、底径4.8、高2.6厘米（图一六，14）。

盂形器　3件。均为轮制。ⅠT1613⑨：24，泥质黑陶。口残，高直领，扁鼓腹残。腹径14.4、残高5.6厘米（图一六，24）。ⅠT1608⑧：1，夹砂褐陶，上部呈橙黄色。高领残，扁鼓腹，下腹内收，小凹底。底径5.6、残高15.6厘米（图一六，19；图版四，1）。ⅠT1609⑥：1，夹砂黑陶。直口，圆唇，高直领，溜肩，扁鼓腹，下腹内收，底残。口径12、底径3.6、高14.4厘米（图一六，25；图版四，3）。

碗　1件（ⅠT1612⑧：16）。泥质灰胎黑皮陶。口残，矮圈足底部外撇。内底可见同心轮旋痕。圈足径7.2、残高3.5厘米（图一六，17）。

鬶足　2件。ⅠT1612⑧：22，泥质红陶，模制。锥形足。残高5.6厘米（图一六，27）。ⅠT1608⑥：5，泥质橙黄陶，模制。锥形足。残高5厘米（图一六，28）。

杯　8件。ⅠT1612⑧：14，泥质红陶，夹稀疏的砂粒。口残，下腹微外鼓，平底。素面。底径4、残高4.2厘米（图一七，2）。ⅠT1608⑤：5，泥质薄胎灰陶，轮制。口残，大平底微内凹，底缘外突。内底饰同心涡纹。底径7.6、残高3.6厘米（图一七，3）。ⅠT1613⑧：14，泥质厚胎红陶，胎心呈灰色，手制。口残，深斜腹，平底残。素面。底径6、残高10.4厘米（图一七，8）。ⅠT1608④：6，泥质薄胎红陶，手制。敞口，圆唇，斜腹，平底。外壁饰交错刻划纹。口径6.4、底径4.8、高6厘米（图一七，1）。ⅠT1611⑤：5，泥质红陶，手制。口残，斜腹，底略内凹。素面。底径3.6、残高5.8厘米（图一七，4）。ⅠT1612⑨：7，泥质红陶，手制。口残，斜腹，平底。底部有排列成正方形的四个孔，由外向内穿。底径2.4、残高2厘米（图一七，6）。ⅠT1608⑨：8，泥质厚胎黄褐陶，手制。口残，斜腹，底内凹。外壁施有红衣。底径3.6、残高4.4厘米（图一七，5）。ⅠT1609⑨：16，泥质黑陶，轮制。口残，直腹，圈足残。残高3.4厘米（图一七，7）。

器盖　8件。ⅠT1613⑨：13，泥质红陶，盖身轮制，纽为手制。角状纽；盖身敞口，尖唇，弧腹。素面。盖口径11.4、高5.8厘米（图一七，9）。ⅠT1608④：5，泥质黄褐陶。角状纽；盖口残，顶部抹平，器表不平。素面。残高2.6厘米（图一七，15）。ⅠT1610⑥：4，泥质黑陶，轮制。蒜头形纽；盖身呈浅盘状，沿微内折，双唇子母口。素面。盖口径5.2、纽径2.4、高2.7厘米（图一七，13）。ⅠT1612⑨：8，泥质灰陶，纽呈黑色，轮制。蒜头形纽，盖口残。素面。残高3.4厘米（图一七，12）。ⅠT1613⑨：15，泥质灰陶，轮制。圈纽边缘外撇，盖口残。素面。残高2.6厘米（图一七，14）。ⅠT1608④：4，泥质灰陶。圈纽边缘外斜，盖口残。素面。残高1.6厘米（图一七，20）。ⅠT1612⑧：19，泥质灰陶。圈纽，盖口残，器身歪斜。素面。残高3.2厘米（图一七，23）。ⅠT1608⑨：9，泥质黑陶，轮制。长柱状纽中空，盖口残。纽饰三周凸弦纹及细小戳印纹。残高4.4厘米（图一七，22）。

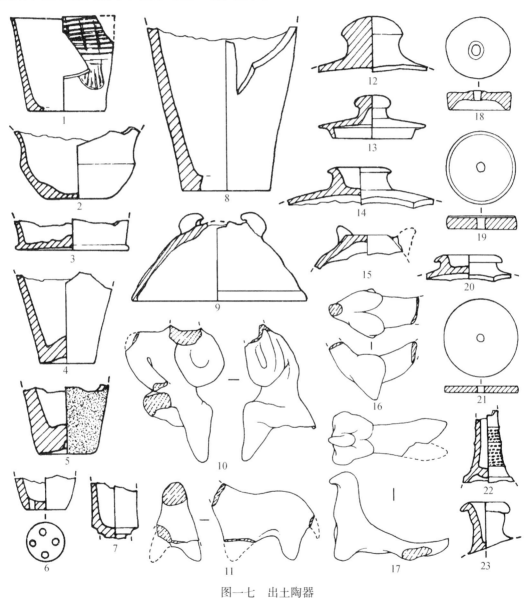

图一七　出土陶器

1～8.杯（ⅠT1608④：6、ⅠT1612⑧：14、ⅠT1608⑤：5、ⅠT1611⑤：5、ⅠT1608⑨：8、ⅠT1612⑨：7、ⅠT1609⑨：16、ⅠT1613⑧：14）　9、12～15、20、22、23.器盖（ⅠT1613⑨：13、ⅠT1612⑨：8、ⅠT1610⑥：4、ⅠT1613⑨：15、ⅠT1608④：5、ⅠT1608④：4、ⅠT1608⑨：9、ⅠT1612⑧：19）　10.舞蹈偶（ⅠT1609⑦A：3）
11.狗（ⅠT1609⑦A：1）　16、17.鸟（G2：1、ⅠT1613⑧：1）　18、19、21.纺轮（ⅠT1612⑧：25、ⅠT1613⑧：18、ⅠT1610⑧：1）

纺轮　3件。ⅠT1613⑧：18，泥质红陶。两面平，一面边缘微突起。素面。直径3.4、孔径0.4、厚0.6厘米（图一七，19）。ⅠT1612⑧：25，泥质黄褐陶。器形不规整，一面平一面凹，椭圆形孔。素面。直径3、孔径0.4～0.65、厚0.3～0.85厘米（图一七，18）。ⅠT1610⑧：1，泥质红陶。器体扁薄，两面平，直边。素面。直径3.5、孔径0.3、厚0.3厘米（图一七，21）。

陶塑工艺品　4件。均为手制，器形有舞蹈偶、狗、长尾鸟等。

舞蹈偶　1件（ⅠT1609⑦A：3）。泥质红陶。头残，左臂屈于胸前，右臂手端残，左腿站立略弯曲，右腿提起并向后弯曲。正面宽4.5、侧面宽3.5、残高6.1厘米（图一七，10；图版四，5）。

狗　1件（ⅠT1609⑦A：1）。泥质红陶。头残，背部隆起，双腿分开呈站立状。残长4.8、残高3.1厘米（图一七，11）。

鸟　2件。G2：1，泥质红陶。呈飞行状，双翅向下，尾翘起。长4.1、宽2.2、高2.6厘米（图一七，16）。ⅠT1613⑧：1，夹细砂红陶。昂首，卧姿，目视前方，双翅张开触地，尾较长略翘起。长5.5、高4.1厘米（图一七，17；图版四，6）。

四、结　语

1990年发现的石家河古城[1]，其西城垣与南城垣西段仍高耸于地面，东部的黄金岭一带经勘探也存在城垣堆积。1992年对邓家湾遗址北部的勘探和发掘，进一步证实了石家河古城北城垣的存在[2]。但石家河古城东南部的低洼地带是否存在城垣堆积却一直悬而未决，一定程度上影响了我们对古城结构和性质的判断。本次勘探和发掘所揭示的城垣堆积和相关遗存，为全面认识石家河古城的结构以及聚落的变迁提供了十分重要的新资料。

（1）发掘所见的城垣堆积分为7层，北高南低，系堆筑而成，每层内还可以分辨出若干堆筑夯打形成的小层。这种堆筑特点与邓家湾遗址北部的北城垣相似。勘探结果表明，石家河古城东南部的低洼地带广泛存在类似的城垣堆积且走向明确，大致呈西南—东北走向，西与石家河古城南城垣西段相接，东经蓄树岭遗址的南部与黄金岭遗址发现的东城垣相连。至此，石家河古城除东北部被周代的土城遗址打破外，其余的城垣范围基本上得以确认，整体呈不规则的长方形结构。至于是否存在城门等设施，尚需进一步的工作。

（2）发掘所见城垣的层位关系与出土遗物，为准确判断城垣的兴废年代提供了重要依据。从城垣7所叠压的第13层包含的少量磨光黑陶片，分布于城垣6下的灰土层2出土的高领罐、双腹豆、大口斜腹杯、卷沿盆等陶器，以及城垣内出土的高领罐、双腹豆、碗、鼎等陶器的特征看，皆属于屈家岭文化晚期的典型风格，则城垣的兴建年代应不早于屈家岭文化晚期。而叠压在城垣之上的文化层共分为12层，其间还有灰沟、灰坑、灰土层、墓葬等遗迹。从叠压打破城垣南侧的文化层及遗迹的内涵分析，尽管M1~4均无随葬品，第10层、第11A层仅见少量陶片，第11B层未见遗物，但开口于第9层下并打破第10层的H1所出喇叭形厚胎杯、盉、高柄豆等陶器均属于石家河文化晚期的风格，可知城垣最晚在石家河文化晚期就已经夷为平地。此结论与1992年解剖石家河古城西北部邓家湾一带城垣所得相对年代的认识[3]大体一致，应该说基本上反映了石家河古城的兴废年代。

（3）此次在城垣下发现的木构遗迹形制特殊，木柱排列整齐，它所打破的第13层为灰色淤泥状堆积，其下的第15层为青灰色淤泥堆积，土质细腻纯净，属湖相沉积。根据石家河古城内的地形地貌及淤泥堆积的特点分析，在没有形成城垣以前，这里存在一条通往湖泊的南北向古河道，而木构遗迹的位置刚好垂直于古河道，可能是连接三房湾遗址与蓄树岭遗址的一处古桥遗迹。考虑到城垣的兴建不早于屈家岭文化晚期，则木构遗迹的年代应不晚于屈家岭文化晚期。

附记：本次发掘的领队为孟华平，参加工作的人员有北京大学考古文博学院邓振华，湖北省文物考古研究所刘辉、向其芳、孟军涛，天门市博物馆徐同斌、严树翔等。陶器修复由谭娇娥完成，孟军涛、陈秋红绘制了本文插图。发掘工作得到天门市博物馆、石河镇文化站的大力支持和帮助，在此表示感谢。

执笔：孟华平　刘　辉　邓振华　向其芳

注　释

［1］　石家河考古队：《石家河遗址群调查报告》，《南方民族考古》第五辑，四川科学技术出版社，1992年。

［2］　石家河考古队：《邓家湾——天门石家河考古发掘报告之二》，文物出版社，2003年。

［3］　石家河考古队：《邓家湾——天门石家河考古发掘报告之二》，文物出版社，2003年。

（原文刊于《考古》2012年第8期）

湖北省天门市龙嘴遗址2005年发掘简报

湖北省文物考古研究所

一、地理位置与工作概况

图一　龙嘴遗址位置图

龙嘴遗址位于湖北省天门市石河镇吴刘村三组与张巷村一组境内。地理坐标为东经113°07′16″，北纬30°43′23″。南距天门市区6.5千米，北距石河镇5.6千米（图一；彩版七，1）。

龙嘴遗址地处大洪山南麓向江汉平原过渡的山前地带，位于龙嘴岗地的南端，广沟溪绕遗址的西南注入西汉湖，海拔25.6～31.6米，面积约82000平方米。

该遗址于1983年文物普查时发现，属于天门市文物保护单位。1987年，荆州博物馆在此进行小面积发掘，清理出8座具有油子岭文化典型特征的墓葬[1]。

2005年3～9月，在随州—岳阳高速公路建设中，湖北省文物考古研究所对龙嘴遗址进行了抢救性发掘。此次发掘按象限法将遗址分为Ⅰ、Ⅱ、Ⅲ、Ⅳ四个象限区，共布5米×5米探方50个、10米×10米探方1个、探沟5条，总发掘面积1900平方米，新发现一座油子岭文化时期的古城，揭示出同时期的其他各类遗迹97个，出土丰富的陶器、石器、玉器和稻壳等遗物。另有少量宋代、明代的遗迹。本简报仅介绍油子岭文化时期的部分遗存。

二、文化层堆积

龙嘴遗址的文化层堆积厚度一般在0.5～2米，各探方的文化层堆积不尽一致。总体而言，遗址北部的文化层堆积较薄，厚0.5～1.5米；遗址南部的文化层堆积较厚，厚0.9～2米。以ⅡT1033为例：

ⅡT1033位于遗址北部的第Ⅱ象限区内。其文化层堆积保存较为完整,共分六层(图二)。

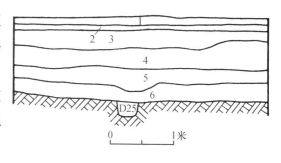

图二 ⅡT1033南壁剖面

第1层:耕土层。厚0.1～0.15米。浅灰褐色黏土。土质疏松,含大量植物根茎及现代遗物。

第2层:近代层。深0.1～0.15米,厚0.05～0.1米。浅灰色黏土夹少量红烧土粒,土质疏松。内含瓷片。

第3层:油子岭文化层。深0.2～0.25米,厚0.15～0.25米。浅灰白色黏土夹红烧土块,土质致密。出土陶片以泥质灰陶为主。器形有罐、小鼎、盆、钵、器盖等。

第4层:油子岭文化层。深0.35～0.45米,厚0.15～0.35米。浅灰黑色黏土夹少量红烧土颗粒,土质比较疏松。出土陶片以红陶为主,黑陶次之,灰陶最少。器形有鼎、罐、盆、钵等。

第5层:油子岭文化层。深0.7～0.85米,厚0.15～0.35米。浅黄灰黏土夹杂烧土块,土质较紧密。出土陶片以红陶为主,黑陶次之。器形有鼎、罐等。W8、W9开口在此层下。

第6层:油子岭文化层。深0.8～1米,厚0.2～0.55米。浅灰黑色黏土夹红烧土粒,土质较疏松。出土陶片以泥质红陶为主,黑陶与褐陶次之。H32、D25、D26、D27开口在此层下。

第6层下为生土。

三、遗迹与遗物

油子岭文化时期的遗迹共98个,其中城垣(含壕沟)1座、房址8座、灶2座、灰坑52个、灰沟12条、土坑墓葬12座、瓮棺葬11座。

出土遗物主要是陶器,另有部分石器、玉器、稻壳等。陶器以泥质陶为大宗,夹炭陶次之,夹砂陶较少。陶色多黑陶和红褐陶(含红衣陶),灰陶次之,偶见白陶。器表多素面,纹饰以弦纹、镂孔为主,压印纹、按窝纹、戳印纹次之,少见附加堆纹、篮纹、彩陶等。主要器类有鼎、罐、釜、簋、盘、豆、碗、杯、钵、盆、灶、器盖、器座、纺轮、陶球、陶环等。

以城垣(含壕沟)、灰坑、墓葬等几个有代表性的遗迹为例。

1. 城垣（含壕沟）

龙嘴遗址的地表并无城垣痕迹，其城垣是在勘探过程中发现的。勘探结果显示，城垣依地势而建，残高1～3.2米，底宽约17米。城垣平面近圆形，南北长约305米，东西宽约269米，面积约82000平方米，城内面积约60000平方米。其中，东城垣、南城垣和西城垣分别建筑在龙嘴岗地边缘的缓坡地带，北城垣建筑在龙嘴岗地的中段，而北城垣北侧的一条东西向壕沟将整个岗地人为切断。东城垣、南城垣和西城垣外侧的地势较低，系灰褐色淤土，深度超过2.7米，可能系古湖汊区。壕沟南距北城垣约12米，宽约18米，其上部堆积为淤积层，底部为灰白色淤泥，一般深1.5米左右，最深的地方超过2.7米。整体形成三面环湖、一面为壕的相对封闭的城垣结构，遗址的文化堆积多分布于城垣范围之内（图三）。

为了证实勘探的结果，分别在北城垣的中部、南城垣的中西部和东城垣的南部布四条探沟。发掘结果表明：北城垣中部的墙体预挖墙基，其基槽深约1.8米，由若干层堆积而成，基本上能确定墙体的结构；南城垣中西部的墙体保存较差，仅残存底部两层堆积，其整体结构不明；东城垣南部的墙体保存最好，其墙体结构清楚。以东城垣南部的探沟为例。

东城垣南部的探沟编号为TG3，东西长20、南北宽4米。由于受水稻田等环境的制约，只能选择水稻田埂外侧的空地进行发掘，所以该探沟实际位于东城垣与南城垣的结合部。其堆积共分9大层（图四；彩版七，2）。

第1层为现代耕土层。F1开口在第1层下，位于墙体内侧，打破第2层，出土陶器有泥质黑陶碗、夹炭红褐陶罐、盆等，属油子岭文化时期堆积。第2层与第3层叠压于墙体内侧（第9大层）之上，属油子岭文化时期堆积。第4至第9大层为墙体及附属堆积，可分为护坡、主墙体和淤积层三部分。

护坡位于墙体外侧，即第4大层。该层由7小层堆积而成，A、B、C三小层呈斜坡状，坡度为45°，D、E、F、G四小层呈水平堆积。土色以黄褐色为基调，土质较硬，未发现夯筑痕迹。从土质土色分析，填土主要来源于文化层，含少量红烧土粒。出土少量陶片，陶质以泥质黑陶和红褐陶为主，夹炭红褐陶次之，器形有鼎、罐、盆等。护坡残高2.04、宽3.5米。

主墙体由三部分组成。第一部分即第5大层，位于主墙体外侧，被第4大层叠压，分4小层。A层呈水平状堆积，B、C、D层呈坡状堆积。其土质较杂，土色以灰褐色为基调，土质较软，未发现夯筑痕迹。残高2.15、宽8.30米。第二部分即第7大层，位于主墙体的中部，被第5大层叠压，且叠压在第9大层外侧的下部，分3小层，呈坡状堆积。土色以黄褐色为主，土质较硬，夹大量锈斑和铅灰色斑点。未发现夯筑痕迹。出土少量夹炭红褐陶。

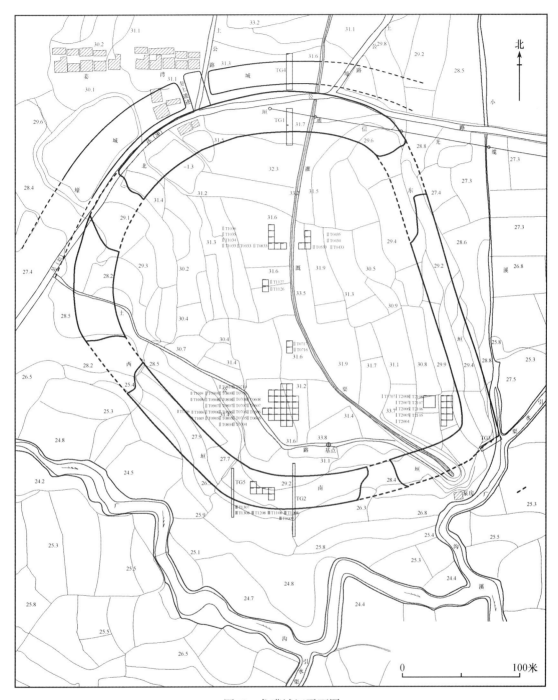

图三　龙嘴城垣平面图

高1.9、宽2.65米。从其堆积特点分析，与墙体护坡类似，可能是第三部分主墙体的护坡。第三部分即第9大层，位于主墙体内侧，被第7大层叠压，直接叠压在生土之上，分6小层。呈水平状堆积。土色以黄褐色为主体，夹灰白斑点与黑褐色砂粒。土质较硬，未发现夯筑痕迹。出土少量碎陶片。残高1.6、宽7.3米。

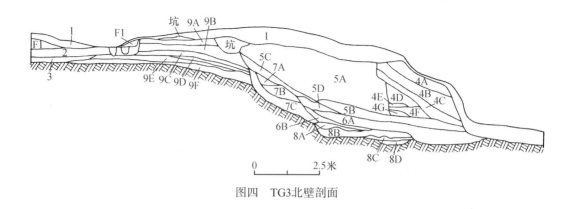

图四　TG3北壁剖面

淤积层分两部分。第一部分即第6大层，位于第二部分主墙体的外侧，被第5大层叠压，且叠压在第7大层之上，分2小层。土质疏软，呈黑灰色淤泥状，内含大量红烧土块和炭粒。厚0.6、宽7.05米。出土遗物较丰富，陶质以泥质黑陶和红褐陶为主，还有少量夹砂陶和夹炭陶。器形有鼎、罐、盆、钵、圈足盘等。第二部分即第8大层，位于第三部分主墙体的外侧，被第7大层部分叠压，直接叠压在生土之上，分4小层，厚0.6、宽4米。其中，A层为灰白色淤泥；B层为褐色淤土，土质相对湿硬，出土遗物较多，陶质以夹炭红褐陶为主，还有少量彩陶，器形有鼎、罐、圈足盘等；C层为浅黄色淤砂，土质硬散。

总体而言，TG3的城垣墙体特点显示，城垣墙体并非一次堆筑而成，而是多次堆筑的结果。其堆筑的相对早晚顺序可表述为：第9大层→第7大层→第5大层→第4大层。而城垣墙体的附属堆积第8大层可能与城垣主墙体第9大层基本同时，第6大层可能与城垣主墙体（护坡）第7大层基本同时。

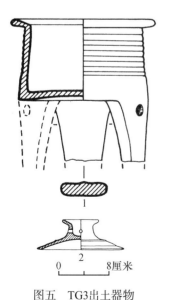

图五　TG3出土器物
1.鼎（TG3⑥A：3）　2.器盖（TG3⑥A：4）

TG3城垣主墙体、护坡及附属堆积内包含的陶片较多，器形有鼎、罐、盆、钵、附杯形耳圈足盘、器盖等，但能修复者仅2件。

鼎　1件（TG3⑥A：3），夹炭红衣陶，部分红衣脱落处呈灰黄、褐色。仰折沿，圆唇，深腹近直，平底略内凹，宽扁足残。腹饰十周凹弦纹，足面上端饰一窝纹。口径22.8、腹径20.6、残高21.8厘米（图五，1；彩版九，1）。

器盖　1件（TG3⑥A：4），泥质磨光黑陶。覆盘形，杯形纽，盖为敞口，平折沿，浅斜腹。腹部饰一周凸弦纹，纽部饰4个圆形镂孔。口径13.8、纽径5.9、高4.6厘米（图五，2）。

2. 灰坑

以H13、H18为例。

H13　位于遗址中南部，ⅡT0710的东北角。开口在第2层下，打破第3层。坑口平面呈不规则形，坑壁较斜，平底。坑口东西长100、南北宽40～80厘米，坑底东西长80厘米，坑深16～20厘米。坑内填灰黑色土夹少量红烧土粒和炭粒，土质较软。出土遗物较丰富，陶片以泥质灰陶为主，少量夹炭红褐陶、泥质黑陶，器形有鼎、器盖等（图六）。

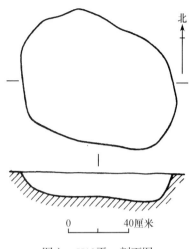

图六　H13平、剖面图

鼎　7件。H13：1，泥质灰陶。仰折沿，圆唇，弧腹微下垂，圜底，短扁足残。素面。口径12、腹径13.4、残高9.8厘米（图七，3）。H13：2，泥质灰陶。仰折沿，圆唇，弧腹下垂，圜底，短扁足。上腹饰两周凹弦纹。口径10.6、腹径13、高11.1厘米（图七，2；彩版九，2）。H13：4，泥质灰陶。仰折沿，圆唇，鼓腹近直，圜底，短扁足残。腹饰四周凹弦纹，下腹近底处有一周凸棱。口径12、腹径14.2、残高11.6厘米（图七，1；彩版九，3）。H13：6，泥质

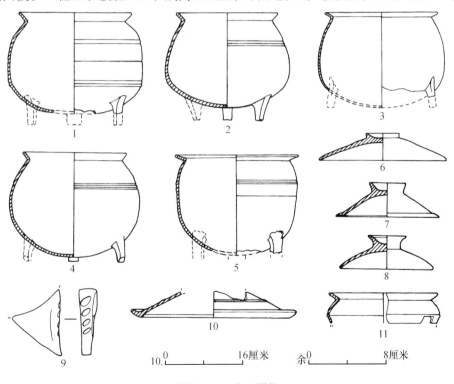

图七　H13出土器物

1～5、9、11.鼎（H13：4、H13：2、H13：1、H13：6、H13：8、H13：10、H13：9）

6～8、10.器盖（H13：7、H13：5、H13：11、H13：3）

灰陶。仰折沿，圆唇，鼓腹，圜底，短扁足。上腹饰两周凹弦纹。口径11、腹径13.8、高11.3厘米（图七，4）。H13：8，泥质灰陶。仰折沿，弧腹近直，圜底，鸭嘴状足残。腹饰两周凹弦纹。口径13、腹径12.8、残高10.2厘米（图七，5；彩版九，4）。H13：9，泥质灰陶。仰折沿，圆唇，弧腹微折，下残。弧腹折棱处饰一周凹弦纹。口径11.6、残高3.2厘米（图七，11）。H13：10，夹炭红褐陶。扁三角形足。外侧边饰一列压印纹。残高6.9厘米（图七，9）。

器盖　4件。H13：3，夹炭红衣陶，红衣多脱落。覆盘形，纽残，盖口沿外翻，厚圆唇，斜弧腹略深。腹饰一周凸弦纹。口径34.6、残高5.4厘米（图七，10）。H13：5，泥质灰陶。覆盆形，矮圈足形纽，盖口沿内折，圆唇，斜弧腹略深。口径11、纽径4、高3.5厘米（图七，7）。H13：7，泥质灰陶。覆钵形，矮圈足形纽，盖为敞口，圆唇，斜弧腹。素面。口径13.6、纽径3.6、高2.8厘米（图七，6）。H13：11，泥质灰陶。覆钵形，杯形纽，盖为敞口，圆唇，斜弧腹。素面。口径10、纽径4.2、高3.5厘米（图七，8）。

H18　位于遗址南部，TG2的中部。开口在第12层下（南城垣位于该层下），打破第14层。坑口平面呈长方形，直壁，平底。长85～90、宽70～80、深86～90厘米。坑内填灰黑色土，夹较多的草木灰和少量骨骼。出土少量红、黑色陶片，器形有盘、器座等（图八）。

盘　1件（H18：2），泥质红衣陶。敞口，厚唇，折腹，圜底，矮圈足。唇边的附杯形耳脱落。器表内外壁所施红衣多脱落。口径22.6、足径18、高9厘米（图九，1；彩版九，6）。

器座　1件（H18：1），泥质红陶。亚腰形，厚圆唇。素面。口径19.6、底径20.4、高10.2厘米（图九，2；彩版九，5）。

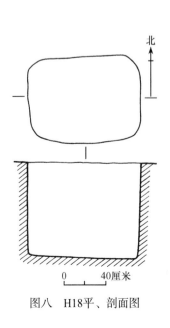

图八　H18平、剖面图

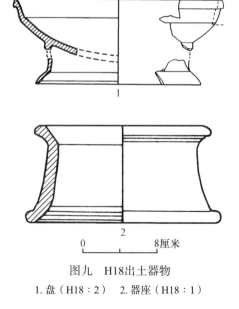

图九　H18出土器物
1.盘（H18：2）　2.器座（H18：1）

3. 墓葬

以M1、M9为例。

M1　位于遗址东南部，ⅠT2008的西北角。开口在第2层下，打破生土。长方形土坑竖穴墓，坑壁较直。头向270°。墓口长182～186、宽72厘米，墓底长180、宽70厘米，墓深10厘米。墓内填土呈灰褐色，夹黄色斑，土质较硬。单人仰身直肢葬，人骨保存较差。10件随葬陶器置于骨架左侧，器形有鼎、簋、罐、豆、盘、碗、器盖（图一〇；彩版八，1）。

鼎　2件。M1∶2，泥质磨光黑陶，足底呈褐色。口沿残，鼓腹，圜底，锥状足。上腹饰凹弦纹，足面上端饰一按窝纹。腹径18、残高10.5厘米（图一一，5）。M1∶5，泥质磨光黑陶。仰折沿，圆唇，弧腹下垂，圜底，圆柱状足。上腹部饰两周凹弦纹及三组压印纹，足面上端饰一按窝纹。口径10.2、腹径12、高12厘米（图一一，10；彩版一〇，1）。

簋　1件（M1∶1），泥质灰胎黑陶。口沿残，腹微折，圜底，矮圈足上部起折棱下部外撇。上腹部饰四周平行凹弦纹，圈足上饰四组圆形镂孔（每组并排两个）。腹径18、足径13.2、残高10.5厘米（图一一，4）。

罐　1件（M1∶8），泥质红褐陶。口沿残，鼓肩，斜弧腹，矮圈足。通体所施红衣多脱落，下腹部饰一周凸弦纹。腹径21.2、足径8.4、残高13.4厘米（图一一，3；彩版一〇，3）。

豆　2件。M1∶3，泥质黑陶。敛口，厚唇，深弧腹，圜底，粗高圈足。口沿下饰一周凹弦纹，上腹部饰两周凹弦纹及三组压印纹，中腹部施一周折棱，下腹部饰一周凸弦纹，

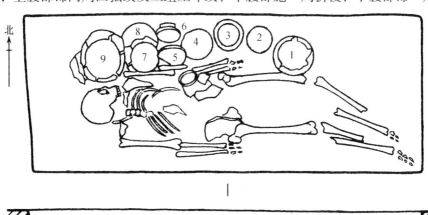

图一〇　M1平、剖面图

1. 簋　2、5. 鼎　3、4. 豆　6. 器盖　7、9. 盘　8. 罐　10. 碗

圈足上饰六组35个圆形镂孔（每组单列或双列相间，除一组单列为三个外，其余每列均四个）。口径10.4、腹径14.4、足径13.6、高13.6厘米（图一一，8；彩版一〇，2）。M1∶4，泥质灰胎黑陶。口沿残，深弧腹，圜底，粗高圈足。上腹部饰两周凹弦纹及三组压印纹，中腹部施一周折棱，圈足上饰四组26个圆形镂孔（每组两列，除一组为四个外，其余每列均三个）。腹径13.6、足径12.2、残高15厘米（图一一，6）。

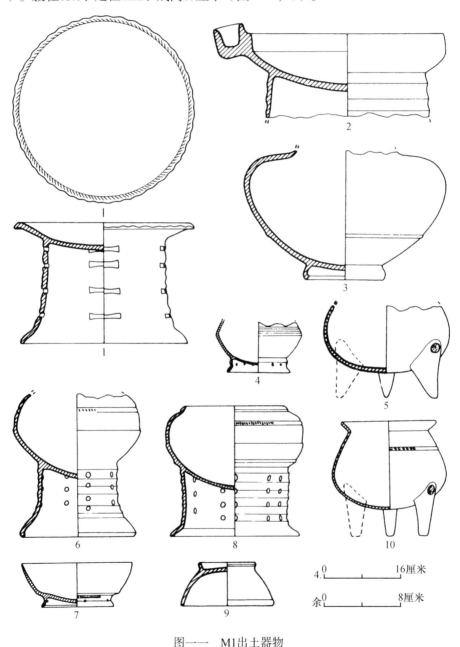

图一一　M1出土器物

1、2. 盘（M1∶7、M1∶9）　3. 罐（M1∶8）　4. 簋（M1∶1）　5、10. 鼎（M1∶2、M1∶5）
6、8. 豆（M1∶4、M1∶3）　7. 碗（M1∶10）　9. 器盖（M1∶6）

盘 2件。M1:9，泥质红衣陶，红衣多脱落。口近直，圆唇，弧腹微折，圜底，粗圈足残。唇边贴附一杯形耳，圈足上饰凹弦纹。盘口径20.4、杯形耳口径3.2、残高9.8厘米（图一一，2；彩版一〇，5）。M1:7，泥质红衣陶，红衣多脱落。敞口，下折沿，花边唇，浅腹，粗高圈足。沿面饰一周压印纹，圈足上饰四组16个长方形镂孔（每组一列四个）。口径18.8、足径18、高12.6厘米（图一一，1；彩版一〇，6）。

碗 1件（M1:10），泥质磨光黑陶。敞口，斜弧腹微折，圜底，粗矮圈足。下腹部饰三组压印纹，圈足上饰四组8个圆形镂孔（每组一排两个）。口径12、足径7.8、高4.6厘米（图一一，7；彩版一〇，4）。

器盖 1件（M1:6），泥质黑陶。覆碗形。矮圈足形钮。盖为敞口，厚唇，斜弧腹较深。素面。口径9.6、钮径6.2、高4.6厘米（图一一，9）。

M9 位于遗址南部，TG2的中北部。开口在第6层下，打破南城垣。长方形土坑竖穴墓，坑壁较直。方向303°。墓口长140、宽76厘米，墓深30厘米。墓内填土呈褐灰色，夹黄色斑，土质较硬。人骨保存差，仅见几根骨骼朽痕，其葬式不明。随葬陶器共22件（套），置于人骨之上，器形有鼎、簋、罐、豆、盘、碗、器盖（图一二；彩版八，2）。

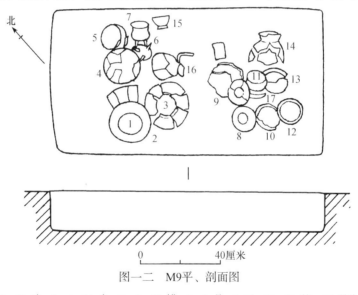

图一二 M9平、剖面图

1、15.碗 2、4、14.盘 3、9、16.罐 5～7.鼎 8.豆 10～13.簋 17.器盖

鼎 3件。特征基本相同。泥质磨光黑陶。仰折沿，圆唇，弧腹下垂，圜底，凿形足。足面上端饰一按窝纹。M9:5，上腹部饰两周凹弦纹，下腹部饰一周凹弦纹。口径11.6、腹径12.8、高11.2厘米。其盖为泥质黑陶，覆盘形。杯形钮。盖为敞口，圆唇，斜弧腹。腹部饰一周凸弦纹。口径10.4、钮径4、高4.2厘米（图一三，2；彩版一一，1）。M9:6，上腹部饰两周凹弦纹，下腹部饰一周凹弦纹。口径11.2、腹径12.8、高11.8厘米（图一三，6；彩版一一，2）。M9:7，上腹部饰两周凹弦纹及一周压印纹，下腹部饰

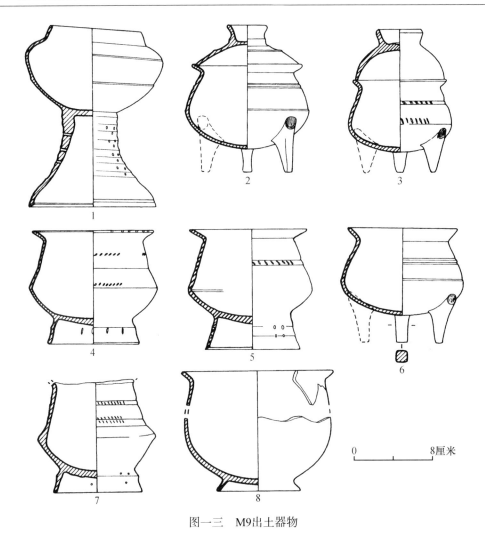

图一三　M9出土器物

1.豆（M9∶8）　2、3、6.鼎（M9∶5、M9∶7、M9∶6）　4、5、7.簋（M9∶13、M9∶12、M9∶11）
8.罐（M9∶16）

一周凹弦纹及压印纹。口径9.6、腹径10.8、高9.6厘米。其盖为泥质黑陶，覆碗形。矮圈足形纽。盖为敞口，圆唇，弧腹较深。口径9.2、纽径4.4、高5.2厘米（图一三，3；彩版一一，3）。

　　簋　4件。M9∶10，泥质磨光黑陶。仰折沿，圆唇，上腹斜直，下腹扁鼓，圜底近平，高圈足外撇。上腹部饰两周凹弦纹及三组压印纹，下腹部饰一周凹弦纹及压印纹，圈足上饰三组12个近方形镂孔（每组两排共四孔）。口径11.2、腹径13、足径10.8、高14厘米。其盖呈覆碗形，矮圈足形纽。盖为敞口，圆唇，弧腹。口径11.2、纽径5.6、高5.2厘米（图一四，2；彩版一一，6）。M9∶11，泥质磨光黑陶。折沿残，上腹斜直，下腹微折，圜底，矮圈足。上腹部饰两组凹弦纹及压印纹，折腹处饰一周略弯曲的凹弦纹，圈足上饰三组9个圆形镂孔（每组3个圆形镂孔呈倒三角形排列）。腹径12.8、足径9.6、残

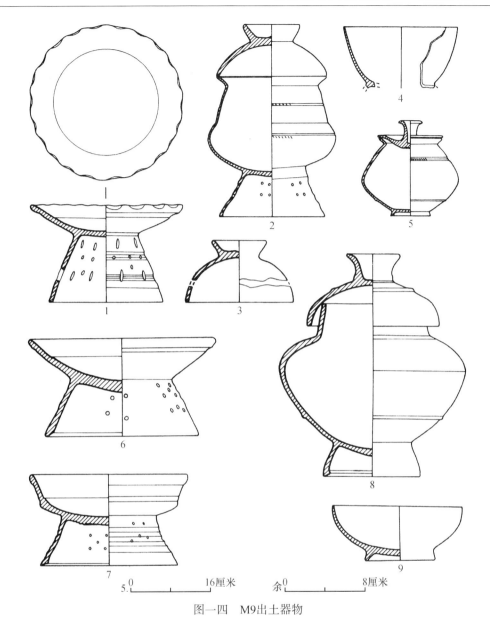

图一四　M9出土器物

1、6、7.盘（M9：4、M9：2、M9：14）　2.簋（M9：10）　3.器盖（M9：17）　4、9.碗（M9：1、M9：15）

5、8.罐（M9：9、M9：3）

高11.6厘米（图一三，7）。M9：12，泥质磨光黑陶。仰折沿，圆唇，上腹斜直，下腹微折，圜底，矮圈足。上腹部饰两周凹弦纹及压印纹，圈足上饰三组12个未穿透的圆形镂孔（每组4个圆形镂孔呈方形排列）。口径11.2、腹径13、足径10、高12.4厘米（图一三，5；彩版一一，4）。M9：13，泥质磨光黑陶。仰折沿，圆唇，上腹斜直，下腹微折，圜底，矮圈足。唇部饰压印纹，沿面饰一周凹弦纹，上腹部饰一周凹弦纹及三组压印纹，折腹上部饰三组压印纹，圈足上饰三组6个长方形镂孔（每组并列两个长方形镂孔）。口径13、腹径13.8、足径10、高11.7厘米（图一三，4；彩版一一，5）。

罐 3件。M9：3，泥质红陶，通体施红衣。口微敛，圆唇，直领，鼓肩，斜弧腹，矮圈足。下腹部饰一周凸弦纹。口径10.4、腹径19.2、足径10、高17.2厘米。其盖呈覆碗形，杯形纽。盖为敞口，圆唇，弧腹。腹部饰一周凸弦纹。口径13.6、纽径5.8、高7.2厘米（图一四，8；彩版一二，1）。M9：9，泥质灰胎红衣陶，通体施红衣。仰折沿，圆唇，鼓腹，平底，矮圈足略外撇。上腹部饰两周凹弦纹及一周压印纹，下腹部饰一周凸弦纹。口径13、腹径20、足径8.4、高15.2厘米。其盖呈倒"T"形，杯形纽。盖为敞口，平折沿，圆唇，斜壁，平底微凹。口径13.6、纽径5、高5.6厘米（图一四，5；彩版一二，2）。M9：16，残。泥质磨光黑陶。仰折沿，圆唇，深弧腹，圜底，矮圈足外撇。素面。复原口径16、腹径15.4、足径8.8、复原高12.4厘米（图一三，8）。

豆 1件（M9：8），泥质磨光黑陶。敛口，圆唇，矮领，鼓肩，深腹，喇叭形高圈足。器体上部不规整，略倾斜。肩、腹部各饰一周凹弦纹，圈足上饰凹弦纹及三列共35个圆形镂孔，其中两列均由4组呈倒三角形排列的圆形镂孔构成（每组3个），另一列的镂孔排列形式与前两列相似，但其中的一组只有2个圆形镂孔（图一三，1；彩版一二，3）。

盘 3件。M9：2，泥质红陶，红衣大多脱落。敞口，圆唇，斜腹，内壁微折，圜底，粗圈足外撇。圈足上饰三组24个圆形镂孔，呈不规则排列。口径19.2、足径15.6、高9.8厘米（图一四，6）。M9：4，泥质红陶，通体施红衣。敞口，厚花边唇，斜腹，内壁微折，圜底近平，粗高圈足。唇缘上饰一周压印纹，圈足上饰凹弦纹、长方形镂孔及圆形镂孔。口径15.6、足径11.6、高9.8厘米（图一四，1；彩版一二，4）。M9：14，泥质磨光黑陶。敞口，厚唇，折腹，圜底近平，粗圈足外撇。腹部饰两周凹弦纹，圈足上饰凹弦纹及三组15个圆形镂孔（每组5个）。口径16.2、足径14、高9.1厘米（图一四，7；彩版一二，5）。

碗 2件。M9：1，泥质红陶。敞口，薄胎，斜弧腹较深，矮圈足残。黑彩大多脱落。复原口径12、残高6.2厘米（图一四，4；彩版一二，6）。M9：15，泥质磨光黑陶。敞口，圆唇，斜弧腹较浅，圜底近平，矮圈足。器形不规整。素面。口径13.5、足径7.3、高5.3～5.6厘米（图一四，9）。

器盖 6件。其中5件如上述。M9：17，残。泥质磨光黑陶。覆碗形。矮圈足形纽。盖为敞口，圆唇，斜弧腹。素面。口径11、纽径5.6、复原高6.2厘米。（图一四，3）。

四、结 语

本次发掘表明，龙嘴遗址的文化内涵比较单一，基本上属于新石器时代油子岭文化时期的遗存，其遗迹关系复杂，遗物类型丰富，是研究油子岭文化的特征、分期、年代、谱系关系以及聚落形态等方面的重要资料。

通过初步整理，结合层位关系和遗物特点，我们认为龙嘴遗址的油子岭文化遗存大体可分为早晚两期。

早期以M1、M9为代表。其陶器以泥质黑陶和红褐陶（含红衣陶）为主，夹炭陶次之，夹砂陶较少。纹饰多见弦纹、镂孔、压印纹、按窝纹等。主要器形有鼎、罐、釜、篮、盘、豆、碗、盆、器盖、器座等。

晚期以H13为代表。其陶器以泥质灰陶为主，少量夹炭红褐陶、泥质黑陶。主要器形有鼎、器盖等。

其中，早期遗存基本可分两段。一段以M1为代表，包括H18、TG3⑥A等单位；二段以M9为代表，包括F1等单位，其年代相对晚于一段。二段的鼎、罐、篮、盘、豆、碗、器盖等与一段的同类器相比，其形态特征略有变化。

早期遗存中，鼎、篮、罐、豆、器盖等与京山油子岭遗址第一期文化的同类器特征相同[2]，附杯形耳圈足盘与枣阳雕龙碑遗址第二期文化的同类器相似[3]，均属于油子岭文化油子岭类型早期，其文化编年相当于汉东地区3、4段，绝对年代在距今5900～5500年左右[4]。晚期遗存中，鼎、器盖等与天门谭家岭遗址M7等代表的同类器相似[5]，属于油子岭文化油子岭类型中期[6]。早期与晚期遗存中的鼎、罐、篮、豆、碗、器盖等多为其后的屈家岭文化所继承和发展。

龙嘴古城的发现是此次发掘的另一重要收获。从层位关系与遗物特征观察，M9打破南城垣、F1打破东城垣，可知城垣的年代不晚于M9、F1所代表的年代。同时，城垣内所含陶片的特征不超出M1所代表的范畴。因此，我们认为龙嘴古城的建筑、使用年代相当于该遗址的早期，即油子岭文化油子岭类型早期，约在其早期二段后逐渐废弃。另一方面，龙嘴古城的平面特点、建筑规模、堆筑方式以及三面环湖、一面为壕的相对封闭的城垣结构等也符合目前长江中游地区发现的史前古城之变化规律，正处于该地区史前古城的早期阶段[7]。

龙嘴遗址所处的大洪山南麓一带目前已经发现四座史前古城，其西北距著名的天门石家河古城约6千米，东北距天门笑城古城约22千米，东北距应城门板湾古城、陶家湖古城约40千米。在这些史前古城中，龙嘴古城的年代最早，对研究该区域史前古城的起源、发展、分布特点等具有重要的学术价值。

附记：该项目获"中华文明探源工程（二）3500BC～1500BC中华文明形成与早期发展阶段的社会与精神文化研究"子课题"大洪山南麓史前聚落调查——以石家河为中心"的经费资助，特此致谢！本文由曾令斌绘图。

执笔：孟华平　张成明　黄文新

注　释

［ 1 ］　张绪球：《长江中游新石器时代文化概论》，湖北科学技术出版社，1992年。

［ 2 ］　湖北省荆州地区博物馆：《湖北京山油子岭新石器时代遗址的发掘》，《考古》1994年第10期。

［ 3 ］　中国社会科学院考古研究所：《枣阳雕龙碑》，科学出版社，2006年。

［ 4 ］　孟华平：《长江中游史前文化结构》，长江文艺出版社，1997年。

［ 5 ］　石河考古队：《湖北省石河遗址群1987年发掘简报》，《文物》1990年第8期。

［ 6 ］　孟华平：《长江中游史前文化结构》，长江文艺出版社，1997年。

［ 7 ］　孟华平：《长江中游早期文明初步研究》，《庆祝张忠培先生七十岁论文集》，科学出版社，2004年。

（原文刊于《江汉考古》2008年第4期）

湖北天门笑城城址发掘报告

湖北省文物考古研究所

天 门 市 博 物 馆

一、地理位置与工作概况

笑城城址位于湖北省天门市皂市镇笑城村二、四组境内。地理坐标东经113°18′37.7″，北纬30°50′59.2″。距天门市区36.4千米，距皂市镇7.5千米（图一）。城址地处山地向平原过渡的丘陵地带熊家岭岗地南端，海拔26～29.5米，东、南、西三面地势较低，海拔高程为20～22米。岗地南北长约1千米，东西宽约0.5千米。姚家河自西而东从城址南侧流入新皂市河。该城址于1983年文物普查时发现，为天门市文物保护单位。笑城城址位于江汉平原北缘，地理位置

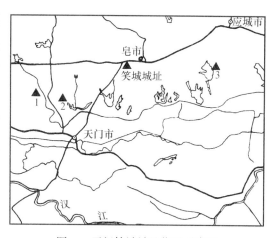

图一　天门笑城城址位置示意图

1. 石家河城址　2. 龙嘴城址　3. 门板湾城址

十分优越，南为湖泊区，后为丘陵地带，依山傍水，对稻田经济与渔猎经济的发展十分有利。在周围25千米的范围内，还有新石器时代古城3座。遗址以西25千米有天门石家河城址；往西南22千米有天门龙嘴城址；往东22千米有应城门板湾城址。

为了配合武汉至荆门高速公路建设，湖北省文物考古研究所于2005年7月25日至9月10日，对笑城城址进行了抢救性发掘。分别在东、西、北城墙开探沟三条，城内布方两个（图二），发掘面积共230平方米。清理出新石器时代、周代、汉代、六朝及明代遗迹15个。城址坐北朝南，平面呈"凸"曲尺形，东西长250～360、南北156～305米，面积约9.8万平方米，城内面积约6.3万平方米。城址除城北有壕外（图版五，1），其余三面均为湖泊。城墙东西两面没有发现缺口，而南北城墙正中各有一残存缺口，可能为城门残迹。

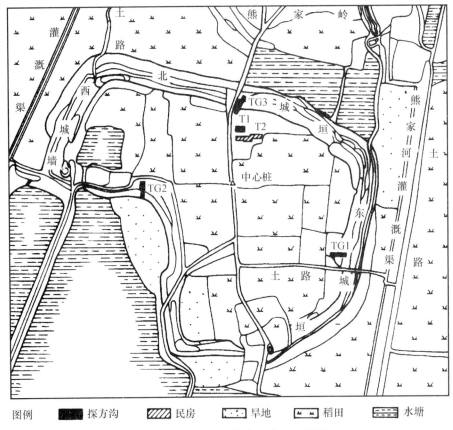

图二　笑城城址地形与探方分布示意图

通过本次发掘，确定了笑城城址的分布范围及文化内涵。而城址年代的确定，对研究汉水流域乃至长江流域城址的起源、分布规律及发展轨迹具有一定的意义。本报告只介绍与城址年代相关的遗存部分，其他部分遗存将另文发表。

二、地层堆积

笑城城址地层堆积自上而下有耕土层（地表土）、近代扰乱层、周代文化层、石家河文化层、屈家岭文化层。周代文化层包含物较少；石家河文化层遗物较少；屈家岭文化层遗迹与包含物较丰富。下面以T1北壁剖面、TG1南壁剖面、TG2西壁剖面、TG3东壁剖面为例，分别介绍如下。

（一）T1北壁

T1位于城内北部中段，距北城墙15米。该方地层堆积共分六层。

第1层：耕土层。厚0～0.20米。

第2层：近代扰乱层。灰白色土，厚0~0.15米。土质较硬。未见包含物。

第3层：周代文化层。灰色土，厚0~0.15米。土质较软，夹少许红烧土粒。出土遗物以泥质灰黑陶为主，器形有鬲、罐、豆等。

第4层：周代文化层。灰黑色土，厚0.25~

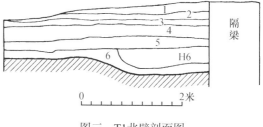

图三　T1北壁剖面图

0.33米。土质较硬，夹少许草木灰与红烧土粒。出土遗物以泥质灰黑陶居多，器形有鬲、罐、豆、碗等。

第5层：石家河文化层。灰褐色土，厚0.15~0.30米。土质较硬，夹少许红烧土粒。出土遗物以泥质灰陶为主，器形有缸、鼎足、罐、直口罐、碗、红陶杯、豆、器盖等，纹饰有篮纹、方格纹、附加堆纹。H6开口该层下。

第6层：屈家岭文化层。灰褐色土，厚0.10~0.35米。土质硬而纯，夹少许草木灰。出土遗物较少，器形有罐、缸、碗等。该层下为生土（图三）。

（二）TG1南壁

TG1位于东城墙中部。地层堆积分四层。

第1层：耕土层。厚0.10~0.20米。

第2层：近代扰乱层。浅灰色土，厚0~0.35米。土质较杂，包含有瓷片、汉砖及周代陶片。此层下开口的有H1、G1，及M1、M2、M3等。

第3层：周代文化层。灰黑夹黄斑土，厚0.10~0.65米。土质较软。出土遗物以泥质灰陶为主，器形有鬲、罐、盆等。此层下开口的遗迹有城1、H2等。

第4层：石家河文化层。灰褐土夹烧土，厚0~0.75米。土质较硬，夹少量红烧土粒、草木灰。出土遗物以泥质灰陶为主，器形有鼎、罐、碗、杯等。此层下开口的遗迹有城2、Z1、Z2、H4、H5、M4、M5等（图四）。

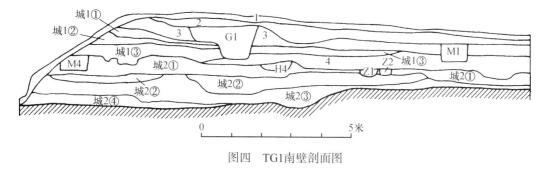

图四　TG1南壁剖面图

（三）TG2西壁

TG2位于南墙的曲尺形结合处，地层堆积分七层。

第1层：地表层。厚0.10~0.20米。

第2层：近代扰乱层。灰色土，厚0~0.18厘米。土质较杂，包含有少量瓷片、汉砖及周代陶片。

第3层：周代文化层。灰黑粉状土，厚0~0.20厘米。土质较软。出土遗物有少量绳纹碎陶片。

第4层：周代文化层。黄色土，厚0~0.40厘米。土质较硬，夹少量红烧土粒。出土少量碎陶片，可辨器形有罐、鬲、豆等。此层下开口的遗迹有城1第1~7层和城2第1、2层及F1第1、2层，而城1第1层又叠压F1第1、2层。

第5层：周代文化层。黑灰土，厚0~0.30厘米。土质较软。出土少量碎绳纹陶片，可辨器形有陶鬲、罐等。

第6层：周代文化层。灰白色土，厚0~0.30厘米。较软。出土少量碎绳纹陶片。

第7层：周代文化层。灰色土，厚0~0.17米。出土少量碎陶片。此层下即为生土（图五）。

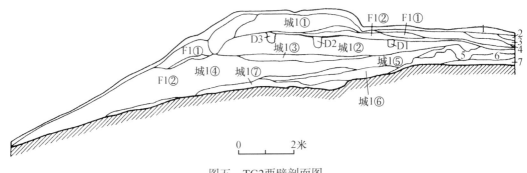

图五　TG2西壁剖面图

（四）TG3东壁

TG3位于北城墙中段。地层堆积分六层。

第1层：地表层。厚0~0.30米。

第2层：近代扰乱层。灰白色土，厚0~0.35米。土质较杂。出土少量六朝时期墓砖、周代及大量新石器时期的陶片。此层下有扰坑两个。此层叠压城1的第1层。

第3层：周代文化层。灰色粉状土，厚0~0.30米。土质较软，较纯。出土遗物以泥质灰黑陶为主，器形有鬲、罐、豆等。

第4层：周代文化层。灰色土，厚0~0.60米。土质较硬，夹少量红烧土粒。出土遗物以泥质灰黑陶为主，器形有鬲、罐、盆、豆等。此层叠压城1的第2层。

第5层：周代文化层。灰褐色土，厚0~0.40米。土质较软。出土遗物以泥质灰陶为主，器形有鬲、罐等，纹饰有绳纹、弦纹等。

第6层：周代文化层。褐灰色，厚0~0.45米。土质较硬，夹红烧土粒。出土少量泥质灰陶片，器形有鬲、罐、盆等。此层叠压城2的第1层（图六，图版五，2）。

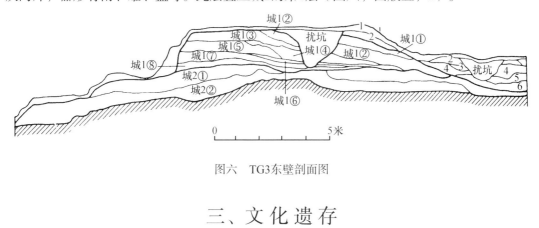

图六　TG3东壁剖面图

三、文化遗存

（一）屈家岭文化遗存

1. 遗迹

城2　东城墙开口在TG1第4层下，被Z1、Z2和M4、M5打破（石家河文化遗存）。堆积共分四层。第1层，灰褐色沙土，厚0~0.80米。土质松软。分布在城墙大部。出土少量泥质灰陶片。第2层，深褐色土，厚0~0.50米。土质较硬，夹少量烧土粒。分布在城墙东、西部。出土遗物较丰富，陶片以灰陶为主，还有一定数量的彩陶。器形有罐、碗、杯等。第3层，红褐色土，厚0.10~0.50米。土质较硬，夹大量红烧土块和草木灰。分布在城墙底部。出土遗物较丰富，陶片以泥质灰陶为主，彩陶较多。器形有罐、缸、碗、杯等。第4层，灰色土，厚0~0.80米。土质松软，夹少许草木灰。分布在城墙底部东端。出土较多的泥质灰陶片和彩陶。器形有罐、缸、碗、杯等。该层下为生土。东城墙内缓外陡。城墙底宽约23米（依据发掘与勘探资料），残高0.60~1.60米（图四）。

南城墙开口在TG2第7层和城1第6层下（周代遗存）。堆积分二层。第1层，灰色土，厚0.20~0.90米。土质较松软。出土少量灰陶片。第2层，灰白色土，厚0~0.65米。土质较松软。主要分布在探沟东部。出土少许灰陶片。该层下为生土。南北宽约6米，高0~0.90米（图五）。

北城墙开口于TG3第6层和城1第8层下（周代遗存）。堆积分二层。第1层，黄褐色土，厚0~0.75米。土质较硬，夹大量红烧土块。主要分布在北城墙底部。该层中部较高，南北两侧较低，呈坡状堆积。出土遗物较多，以泥质灰陶为主，黑陶和红陶次之，器形有鼎、罐、缸、碗、杯、纺轮及器盖等。第2层，灰色土，厚0.25~0.85米。土质较硬，夹少量红烧土粒与草木灰。分布于城墙中南部，中部较高，南北两侧较低，呈坡状堆积。出土遗物较丰富，以泥质灰陶为主，黑陶和红陶次之，器形有鼎、罐、缸、碗、杯、纺轮及器盖等。该层下南侧和西端明显下凹，可能是当时修筑城墙时有意识挖的基槽，由于发掘的范围较小，其结构与性质不明。底宽21米，残高1.25~2.7米（图六）。

2. 遗物

根据城2第5层陶片统计数据来看，泥质灰陶占48.55%，泥质灰黑陶次之。器表多素面，占91.79%，还有少量的弦纹、方络纹、篮纹及附加堆纹。器形有鼎、罐、瓮、甑、壶形器、碗、豆、杯、器盖、纺轮及菱角。

鼎 8件。根据形体特征分为二型。

A型 2件。折沿，深垂腹。TG3城2①：25，泥质灰陶。轮制。口微敛，折沿，沿面内凹，圆唇，垂腹，圜底，凿形足。腹底交界处有一道凸棱。口径10.4、腹径10.4、高13.4厘米（图七，6；图版六，1）。TG1城2⑤：14，泥质灰陶。侧三角形足。腹部饰两周凸棱纹。口径13.2、腹径14.4、残高13.4厘米（图七，1）。

B型 6件。折沿，浅腹微鼓。TG3城2①：14，泥质灰陶。轮制。敛口，凹折沿，溜肩，腹微鼓，圜底，圆锥形足。腹底交界处饰一道凸棱纹。口径11.8、腹径12.8、残高9.4厘米（图七，4）。TG3城2①：15，泥质灰陶。轮制。腹底交界处饰凸棱一道。口径12.8、腹径12.8、残高8.4厘米（图七，5）。

鼎足 数量较多，根据安装方式分为二型。

A型 3件。横安足，按照鼎足结构又可分为二亚型。

Aa型 2件。横截面"T"形。TG3城2①：63，夹蚌红褐陶。鼎圜底，梯形宽扁状足。足面两侧饰三条附加堆纹，然后压成节状，形成节状附加堆纹。残高24厘米（图七，3）。TG3城2①：60，夹砂红褐陶。手制。鼎圜底，宽扁状梯形足，横截面"T"形。足面饰三组条形锯齿状附加堆纹，每组两条。残高15.2厘米（图七，10）。

Ab型 1件（TG3城2①：62）。泥质灰黑陶。横截面凹弧形。手制。鼎圜底，扁形横安足。足宽2.4~4、残高6厘米（图七，14）。

B型 1件（TG3城2②：14）。夹砂红褐陶。手制。侧安足。三角形足，足尖凿状。残高7.6厘米（图七，13）。

高领罐 14件。根据口、领部特征分为二型。

A型 8件。凹沿，鼓腹。根据口沿特征可分二式。

Ⅰ式：5件。沿面内凹。TG1城2⑤：3，泥质灰陶。轮制。高领微束，鼓腹残。肩部饰五道凸棱纹。口径12.8、腹径21、残高11.3厘米（图七，7）。

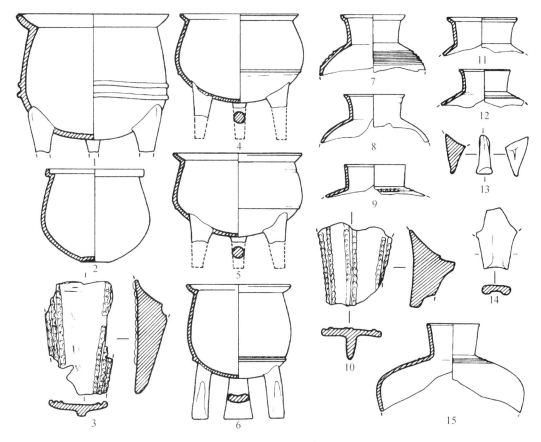

图七 屈家岭文化陶器

1、6. A型鼎（TG1城2⑤：14、TG3城2①：25） 2. 大口罐（TG1城2③：2） 3、10. Aa型鼎足（TG3城2①：63、
TG3城2①：60） 4、5. B型鼎（TG3城2①：14、TG3城2①：15） 7. A型Ⅰ式高领罐（TG1城2⑤：3）
8、11. A型Ⅱ式高领罐（TG3城2①：34、TG3城2①：51） 9、12、15. B型高领罐（TG3城2①：33、
TG1城2⑤：24、TG1城2⑤：1） 13. B型鼎足（TG3城2②：14） 14. Ab型鼎足（TG3城2①：62）

Ⅱ式：3件。沿面微凹。TG3城2①：51，泥质灰陶。轮制。高领较直，鼓腹残。素
面。复原口径14、残高6.8厘米（图七，11）。TG3城2①：34，泥质橙黄陶。尖唇。复原
口径12、残高8厘米（图七，8）。

B型 3件。领较高，尖唇，广肩。TG1城2⑤：24，泥质灰陶。轮制。腹残。肩部饰
二周凸棱纹。复原口径10、残高7.6厘米（图七，12）。TG1城2⑤：1，泥质灰陶。肩部
饰三道凸棱纹。口径10.4、腹径30、残高17.2厘米（图七，15）。TG3城2①：33，泥质灰
陶。肩部饰附加堆纹。复原口径12、残高6厘米（图七，9）。

大口罐 1件（TG1城2③：2）。泥质灰陶。轮制。子母口，方唇，垂腹，平底略
凹。素面。口径19.6、腹径26、底径6、高18.5厘米（图七，2）。

甑 4件。TG3城2①：26，泥质灰陶。轮制。宽折沿，深弧腹，圜底，矮圈足。底部

有三个椭圆形和一个圆形算孔。素面。口径34.5、足径15.2、高26.2厘米（图八，2；图版六，2）。

瓮　7件。根据口部变化，分为三型。

A型　3件。侈口，卷沿。TG3城2②：16，瓮口沿，泥质灰陶。轮制。侈口，卷沿，圆尖唇，矮领，广肩，腹残。复原口径22、残高4.8厘米（图八，4）。TG3城2②：8，泥质灰陶。轮制。口径20、残高4.4厘米（图八，3）。

B型　3件。矮领，鼓肩。TG1城2④：8，泥质灰陶。轮制。直口，矮颈，腹残。素面。复原口径16、残高4厘米（图八，15）。TG3城2①：36，泥质灰陶。轮制。复原口径16、残高6.2厘米（图八，14）。

C型　1件（TG3城2②：17）。泥质灰陶。轮制。圆唇，敛口，无颈，广肩，腹残。近口处有一道凸棱。口径24、残高4厘米（图八，1）。

壶形器　8件。部分器物领部绘有彩绘。TG1城2⑤：9，泥质橙黄陶。轮制。直口，圆尖唇，长颈，广肩，折腹残。素面。口径10.6、腹径16、残高12厘米（图八，16）。TG1城2⑤：46，泥质橙黄陶。长颈。饰网格纹黑彩。复原口径10、残高7.8厘米（图八，18）。TG1城2⑤：48，泥质灰胎橙黄陶。长颈残。饰网格纹暗红彩。复原口径7、残高6.2厘米（图八，17）。

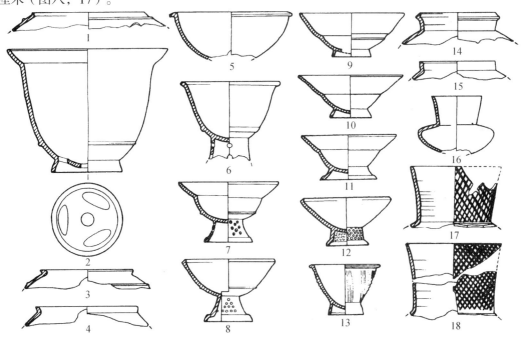

图八　屈家岭文化陶器

1. C型瓮（TG3城2②：17）　2.甑（TG3城2①：26）　3、4.A型瓮（TG3城2②：8、TG3城2②：16）　5、6.C型豆（TG3城2①：21、TG3城2①：47）　7.A型豆（TG1城2⑤：4）　8、12.B型豆（TG3城2①：10、TG3城2①：17）　9、10.A型Ⅱ式碗（TG1城2②：1、TG1城2⑤：8）　11.A型Ⅰ式碗（TG1城2⑤：6）　13.B型碗（TG3城2①：11）　14、15.B型瓮（TG3城2①：36、TG1城2④：8）　16～18.壶形器（TG1城2⑤：9、TG1城2⑤：48、TG1城2⑤：46）

碗 14件。能分型、式的8件，根据口、腹部特征分为二型。

A型 6件。仰折沿双腹。分二式。

Ⅰ式：1件（TG1城2⑤：6）。泥质灰黑陶。轮制。内外腹仰折较明显。敞口，圆唇，折腹（折痕明显），圜底，矮圈足。素面。口径20、足径12、高9.6厘米（图八，11）。

Ⅱ式：5件。腹壁折痕不明显。TG1城2⑤：8，泥质灰陶。轮制。口径22.2、足径8.8、高9厘米（图八，10）。TG1城2②：1，泥质灰黑陶。敞口，圆唇，折腹（折痕明显），圜底，矮圈足。素面。口径22、足径8.4、高10厘米（图八，9）。

B型 2件。侈口，深腹。TG3城2①：11，泥质灰黑陶。轮制，器表有旋痕。侈口，折沿下垂，圆尖唇，深斜腹，尖圜底，圈足较高。腹部饰竖条状刻划纹九组，每组6根。口径14.8、足径6、高10.8厘米（图八，13）。

豆 21件。完整器较少，绝大多数仅存圈足，可分型式的有五件。分三型。

A型 1件（TG1城2⑤：4）。泥质黑陶。轮制。敞口，双折腹。圆唇，内外腹壁折痕明显，圜底，喇叭形圈足。腹饰凸棱一周，圈足上饰三方对称缕孔，每组三条，呈梅花点式排列。口径21.4、足径10.4、高12.6厘米（图八，7；图版六，3）。

B型 2件。敛口，内折沿。TG3城2①：17，泥质灰陶。轮制。圈足上饰盲眼。口径18.4、足径9.2、高10厘米（图八，12）。TG3城2①：10，泥质灰胎黑陶。轮制。敛口，内折沿，圆尖唇，盘较深，喇叭形矮圈足。腹饰凸棱一周，圈足上饰三组三角形盲眼。口径19.2、座径10.4、高13.2厘米（图八，8）。

C型 2件。侈口，卷沿，深腹。TG3城2①：21，泥质灰胎黑衣陶。轮制。敞口，圆唇，深腹，圜底，圈足残。圈足上饰对称圆形镂孔四组。口径21、残高16.4厘米（图八，5）。TG3城2①：47，泥质灰陶。轮制。侈口，折沿，尖圆唇，弧腹，残。素面。口径26、残高10厘米（图八，6）。

杯 15件。分斜腹杯、高圈足杯和矮圈足杯三种。

斜腹杯 10件。敞口。分三式。

Ⅰ式：1件（TG3城2①：8）。泥质黑陶。轮制，底部有线切割痕迹。敞口，双腹，小平底微凹。素面。口径6.8、底径3.8、高4.8厘米（图九，15）。

Ⅱ式：3件。口底比例较大，斜壁，浅腹。TG1城2①：4，泥质红褐陶。轮制。敞口，斜腹，小底微凹。素面。口径12.8、底径4.4、高7.6厘米（图九，5）。

Ⅲ式：6件。口底比例较小，斜壁，深腹，小平底。TG3城2①：123，泥质灰陶。轮制。腹外壁和口内上部饰红褐彩，在红褐彩上用黑彩绘纹，外壁绘斜条纹，内壁上部绘条纹两周，下部绘竖条纹和斜点纹。复原口径11.6、残高6.4厘米（图九，6）。

高圈足杯 2件。薄胎，垂腹。TG3城2①：122，泥质褐陶。轮制。直口，折沿，圆尖唇，直腹，残。腹部饰竖条状划纹。复原口径8、残高3.1厘米（图九，7）。TG3城

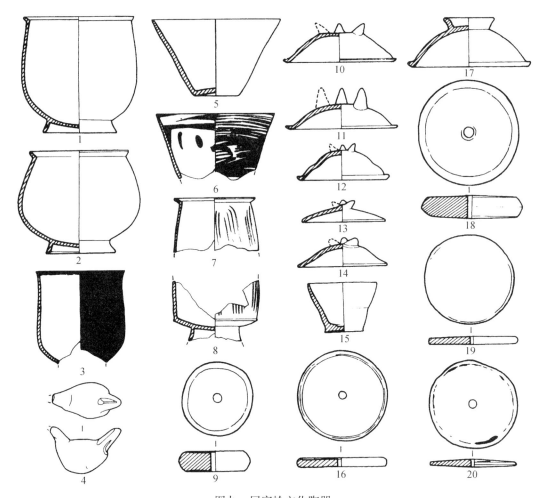

图九 屈家岭文化陶器

1、3.Ⅱ式矮圈足杯（TG3城2①：7、TG3城2①：9） 2.Ⅰ式矮圈足杯（TG1城2⑤：10） 4. 菱角（TG3城2②：2） 5.Ⅱ式斜腹杯（TG1城2①：4） 6.Ⅲ式斜腹杯（TG3城2①：123） 7、8. 高圈足杯（TG3城2①：122、TG3城2①：13） 9、18. A型纺轮（TG1城2①：5、T1⑥：1） 10、11. A型Ⅱ式器盖（TG3城2①：24、TG3城2①：20） 12. A型Ⅰ式器盖（TG3城2①：22） 13、14. A型Ⅲ式器盖（TG1城2①：1、TG1城2③：1）15. Ⅰ式斜腹杯（TG3城2①：8） 16、19. B型纺轮（TG1城2①：2、TG1城2①：6） 17. B型器盖（TG3城2①：16） 20. 彩陶纺轮（TG3城2①：1）

2①：13，泥质红褐陶。轮制。口残，直腹，圜底，喇叭座残。腹部饰竖状条纹十组，每组六根。腹径8.2、残高4厘米（图九，8）。

矮圈足杯 3件。分二式。

Ⅰ式：1件（TG1城2⑤：10）。泥质黑陶。轮制。折沿，鼓腹较扁，敛口，圆唇，折颈，鼓腹，圜底，矮圈足。素面。口径9.9、腹径12、足径7、高10厘米（图九，2）。

Ⅱ式：2件。折沿，深垂腹。TG3城2①：7，泥质橙黄陶，施红衣。轮制。口近直，折沿，圆唇，深垂腹，圜底，矮圈足。口径11、腹径11.4、足径7.3、高11.4厘米（图九，1）。TG3城2①：9，泥质橙黄陶。轮制。侈口，卷沿，圆唇，深弧腹，底残。腹外壁与口内侧饰黑彩。复原口径8、残高9厘米（图九，3）。

器盖　15件。根据纽的形制分为二型。

A型　14件。盖纽呈三角形。分三式。

Ⅰ式：1件（TG3城2①：22）。泥质黑陶。轮制，器壁有旋痕。卷沿，双腹较深，弧顶。素面。口径9、高3.4厘米（图九，12）。

Ⅱ式：7件。卷沿，弧腹。TG3城2①：20，泥质灰陶。轮制。腹较浅，弧顶。素面。口径11、高4厘米（图九，11）。TG3城2①：24，泥质灰陶。轮制。平顶。素面。口径11、高3.8厘米（图九，10）。

Ⅲ式：6件。侈口，斜腹。TG1城2③：1，泥质灰黑陶。轮制。腹较深，弧顶。素面。口径8.6、高2.7厘米（图九，14）。TG1城2①：1，夹砂灰陶。盖身轮制，纽捏制。浅腹，弧顶。素面。口径8.3、高1.1厘米（图九，13）。

B型　1件（TG3城2①：16）。泥质灰陶。轮制。覆碗状，腹较浅，弧顶，杯形提手。素面。口径12、顶径5.6、高4.8厘米（图九，17）。

纺轮　13件。分二型。

A型　8件。棱边。T1⑥：1，泥质灰褐陶。轮制。圆鼓形，折边，中央有一圆孔，孔径0.5厘米。素面。直径5、厚1.1厘米（图九，18）。TG1城2①：5，泥质灰黑陶。胎较薄。轮制。孔径2厘米。素面。直径3.5、厚0.6厘米（图九，9）。

B型　5件。弧边。TG1城2①：2，泥质红褐陶。薄胎。轮制。孔径0.3厘米。素面。直径4.4、厚0.4厘米（图九，16）。TG1城2①：6，泥质橙黄陶。薄胎。轮制。弧边较直，孔径0.3厘米。素面。直径4.4、厚0.4厘米（图九，19）。

彩绘纺轮　1件（TG3城2①：1）。泥质褐陶，薄胎。轮制。圆形，隆面，中央有一圆孔，孔径0.4厘米。正、反两面饰红彩，彩大部分已经脱落。直径4.3、厚0.35厘米（图九，20）。

菱角　1件（TG3城2②：2）。泥质灰黑陶。塑制。塑成菱角形。素面。长3.5、宽1.8、高2厘米（图九，4）。

（二）石家河文化遗存

1. 遗迹

仅见灰坑和墓葬。

灰坑　3座（H4、H5、H6）。

H5　位于TG1中部北侧。开口于第4层下，打破城2第1层。平面近椭圆形，长1.50、宽0.40、深0.12～0.40米。坑内填黑色黏土，夹少许草木灰，较松软。出土遗物较丰富，器形有罐、碗、壶、杯等（图一〇）。

墓葬　2座（M4、M5）。

M4　位于TG1的东部南侧。开口于城1第3层下，打破城2第1层，被M5打破。长方形土坑竖穴，方向334°。坑口长1.8、宽0.9、深0.55～0.60米。坑内填黄褐色夹灰斑土，较松软，包含少量烧土粒。未发现葬具，人骨架腐烂，葬式不详。随葬品共11件，其中陶高领罐8件，中口罐1件，碗2件（图一一）。

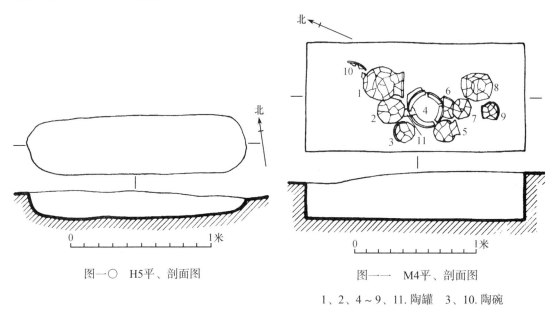

图一〇　H5平、剖面图

图一一　M4平、剖面图

1、2、4～9、11.陶罐　3、10.陶碗

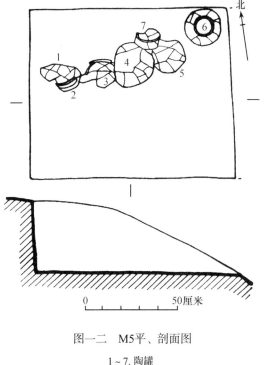

图一二　M5平、剖面图

1～7.陶罐

M5　位于TG1的东部，南边扩方部位。开口于城1第3层下，打破城2第1层和M4。长方形土坑竖穴，方向94°。坑口残长1.1、宽0.9、深0～0.40米。坑内填灰褐色土，较松软，包含少量草木灰。墓底未发现葬具，人骨架腐烂，葬式不详。随葬7件陶器，均为高领罐（图一二）。

2. 遗物

石家河文化遗物较少。根据H6陶片统计数据来看，泥质灰陶占55.23%，夹砂灰黑陶次之。器形有鼎、罐、缸、钵、碗、碟、杯、豆、熏等。器表多素面，占89.22%，还有少量的弦纹、方格纹、篮纹及附加堆纹。

鼎　1件（TG1④：9）。夹砂灰黑陶。轮制。敛口，宽折沿，圆唇，折颈，垂腹，圜底，侧三角形足。饰横浅篮纹。口径23.2、腹径24.4、高27.6厘米（图一三，3；图版六，4）。

罐　14件。分高领罐、中口罐二种。

高领罐　13件。根据口部特征分二型。

A型　9件。折沿，沿面内凹。M5：1，泥质灰黑陶。轮制。折沿，圆尖唇，鼓腹，下腹弧收，凹底。肩部饰四道凹弦纹。口径12、腹径20、底径8.8、高23厘米（图一三，2）。M5：4，泥质灰陶。轮制。侈口，折沿，高领较直，鼓肩，深腹，凹底。肩部饰四道凹弦纹。口径13.2、腹径24、底径8.6、高26.8厘米（图一二，5；图版六，6）。

B型　4件。M4：1，泥质灰黑陶。轮制。侈口，圆唇，高领，溜肩，球腹，凹底。素面。口径13.4、腹径21.6、底径8.8、高24.4厘米（图一三，6）。

中口罐　1件（M4：4）。泥质灰褐陶。轮制。敛口，折沿，圆唇，溜肩，深弧腹，平底微凹。腹部饰五道凹弦纹。口径22.4、腹径32、底径14.4、高38.2厘米（图一三，1；图版六，5）。

缸　5件。分二式。

Ⅰ式：2件。折沿，沿面内凹。H6：1，夹砂灰陶。轮制。直口，宽折沿，上腹外斜，下腹内折起棱，小平底。器表饰斜方格纹，折腹处加饰带状附加堆纹。口径28.3、腹径28.8、底径11.6、高31.6厘米（图一三，4）。T1⑤：7，夹砂灰褐陶。沿下饰带状附加堆纹，腹饰斜粗篮纹。复原口径39、残高10.8厘米（图一三，8）。

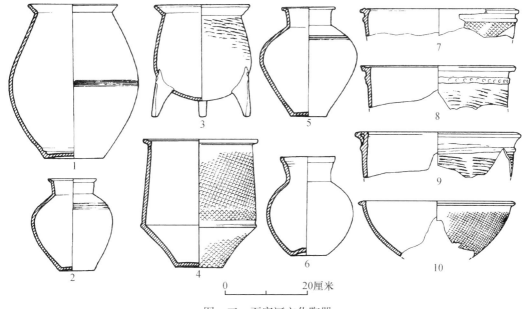

图一三　石家河文化陶器

1.中口罐（M4：4）　2、5.A型高领罐（M5：1、M5：4）　3.鼎（TG1④：9）　4、8.Ⅰ式缸（H6：1、T1⑤：7）　6.B型高领罐（M4：1）　7、9.Ⅱ式缸（T1⑤：6、H5：3）　10.钵（T2⑤：2）

Ⅱ式：3件。卷沿外凸。T1⑤：6，夹砂灰陶。轮制。口微敛，沿面微隆，圆唇，弧腹，底残。沿下饰一道凸棱，腹饰斜方格纹。复原口径40、残高7厘米（图一三，7）。H5：3，夹砂红褐陶。手制，口部经慢轮修整。沿下有凸棱纹一道，腹部饰横篮纹。复原口径42、残高11.6厘米（图一三，9）。

钵　1件（T2⑤：2）。泥质灰胎橙黄陶。轮制。卷沿，沿内起棱，深弧腹，底残。腹部饰斜方格纹。复原口径40、残高12.6厘米（图一三，10）。

碗　3件。分二型。

A型　2件。分二式。

Ⅰ式：1件（M4：10）。泥质灰陶。轮制。敞口，斜腹，矮圈足。口径20.2、足径8.6、高9厘米（图一四，2）。

Ⅱ式：1件（T1⑤：5）。泥质灰陶。轮制。口残，深弧腹，圜底，矮圈足。足径8、残高6.8厘米（图一四，4）。

B型　1件（H5：1）。泥质橙黄陶。轮制。侈口，唇外突，深弧腹，圜底，矮圈足。素面。足径17.6、口径8.4、高8.4厘米（图一四，5）。

碟　1件（T1⑤：4）。粗泥灰褐陶。轮制。敞口，圆唇，浅弧腹，圜底，矮圈足。下腹饰斜方格纹。口径20.8、残高6厘米（图一四，3）。

杯　数量较多。有斜腹杯、高圈足杯二种。

斜腹杯　11件。分三型。

A型　7件。薄胎，喇叭形口，斜弧腹，小平底微凹。分三式。

Ⅰ式：1件（H6：4）。泥质红陶。薄胎，口底比例较大。手制。喇叭口，斜弧腹，小平底微凹。素面。口径9、底径2.2、高8厘米（图一四，15）。

Ⅱ式：3件。胎较薄，口底比例变小。H6：2，泥质红陶。手制。喇叭口，腹壁微弧，下腹较直，小凹底。素面。口径6.6、底径2.6、高7.7厘米（图一四，12）。T1④：2，泥质橙黄陶。素面。口径6、底径2.4、高7.6厘米（图一四，16）。

Ⅲ式：3件。口底比例较小。T1④：1，泥质外红内灰陶。手制。侈口，斜壁，小平底。素面。口径6.4、底径2.4、高8.3厘米（图一四，9）。

B型　3件。厚胎，斜壁，口底比例较小。分二式。

Ⅰ式：1件（TG3②：48）。泥质红陶。轮制。口残，口底比例较大。斜壁，下腹较直。小平底内凹。素面。底径2.8、残高7.8厘米（图一四，14）。

Ⅱ式：2件。口底比例变小，斜腹。TG3②：1，泥质红陶。轮制。敞口，小平底微凹。素面。口径6、底径2.8、高9.3厘米（图一四，17）。TG3②：2，泥质红陶。素面。口径5.6、底径2.8、高8.4厘米（图一四，13）。

C型　1件（TG1④：11）。泥质红褐陶。轮制。敞口，斜腹，小平底。上腹黑彩已脱

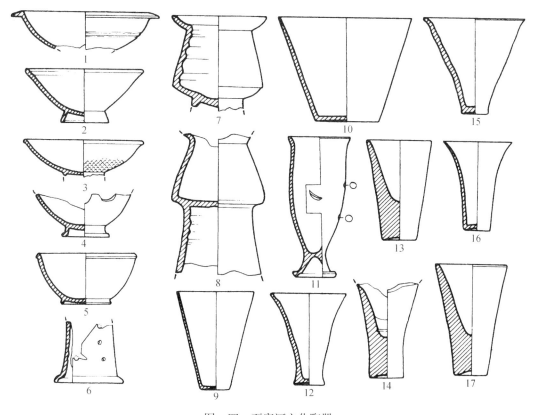

图一四 石家河文化陶器

1、6.豆（H5∶6、H5∶5）   2.A型Ⅰ式碗（M4∶10）   3.碟（T1⑤∶4）   4.A型Ⅱ式碗（T1⑤∶5）
5.B型碗（H5∶1）   7、8.高圈足杯（TG1④∶21、TG1④∶19）   9.A型Ⅲ式斜腹杯（T1④∶1）   10.C型斜
腹杯（TG1④∶11）   11.熏（H5∶2）   12、16.A型Ⅱ式斜腹杯（H6∶2、T1④∶2）   13、17.B型Ⅱ式斜腹杯
（TG3②∶2、TG3②∶1）   14.B型Ⅰ式斜腹杯（TG3②∶48）   15.A型Ⅰ式斜腹杯（H6∶4）

落。口径11.4、底径5.4、高8.8厘米（图一四，10）。

高圈足杯 4件。小口，斜腹。TG1④∶21，泥质灰陶。轮制，内壁有右旋痕迹。直口，沿面内凹，直腹，圈足残。素面。口径8、腹径7.6、残高7.8厘米（图一四，7）。TG1④∶19，泥质灰胎橙黄陶。足上饰三方对称圆镂孔。腹径7.8、残高11.8厘米（图一四，8）。

豆 2件。H5∶6，泥质灰陶。轮制。侈口，宽绢沿，盘较深，底残。素面。复原口径26、残高7厘米（图一四，1）。H5∶5，泥质灰陶。盘残，粗喇叭座较直。饰圆形镂孔。圈足径12、残高10厘米（图一四，6）。

熏 1件（H5∶2）。泥质褐胎灰褐陶。手制，器表有捏窝，器身向一侧歪斜。侈口，圆唇，深垂腹，喇叭形矮圈足。腹部饰对称圆形镂孔和月牙形镂孔各二组，圆形镂孔每组二个，月牙形镂孔每组一个。足素面。口径10.4、圈足径7.6、高24厘米（图一四，11）。

（三）周代遗存

1. 遗迹

有房址、城1和灰坑三类。

房址 1座（F1）。位于TG2西部，开口于第4层和城1第1层下，打破城1第2层。平面呈长方形，方向185°。根据烧土面和柱洞分布范围进行复原，在方内部分东西长3、南北宽5米。F1堆积分二层。第1层，灰褐色土，厚0~0.18米。该层向南一直延伸到城墙坡脚。土质较软，夹少量红烧土粒，出土少量绳纹陶片，器形有鬲、豆等。第2层，红褐色土，厚0~0.30米。土质松软，夹大量木炭粒与红烧土块。由于西部未发掘，其整体建筑结构不明，而在烧土面与柱洞附近又未发现墙基，从总体分析，推测为干栏式建筑。可分为凹坑烧土面和斜坡烧土面两部分。凹坑烧土面，位于城墙主体中南部，平面呈长方形，地面较平坦，用火烧烤，呈暗红色，东西残长2.89、南北宽1.76、深约0.03米。凹坑内呈东西向堆放大量柱状木炭，小炭屑掺杂其间，坑内出土四个陶支座（垫）和弹丸等。斜坡烧土面位于城墙主体中北部，从凹坑向北延伸，与北部坡下的卵石地面相连，地面由南向北倾斜，烧土面的火候较低。在D1的西侧出土一件铜靴形钺。烧土面东部发现柱洞三个，呈南北排列。2号柱洞处于烧土凹坑的东部，柱洞内填黄褐色土，夹少量红烧土粒。D1，直径0.20、深0.28米。D2直径0.42、深0.35米。D3，直径0.40、深0.30米。烧土面北侧坡下有一块用卵石铺的地面，卵石大小基本相同，平面呈不规则形，在方内部分南北长1、东西宽1.90米。卵石地面东南部还有一块不规则形的大石块（图一五）。

城1 东城墙开口在TG1第3层下，被H2打破。堆积分三层。第1层，灰褐色夹黄斑土，厚0~0.30米。土质较软，包含物及遗物较少。分布在城墙的东部，西高东低，呈斜坡状堆积。出土遗物以灰陶为主。器形有鬲、罐等碎片。第2层，灰黑色沙土，厚0~0.60米。土质较软。分布在城墙东部，呈斜坡状堆积。该层由若干层黑灰相间的小层堆积而成，包含物与第1层基本相同。第3层，灰色沙土，厚0~0.40米。土质松软。分布在城墙东部。出土遗物以泥质灰陶为主，器形有鬲、罐、盆等碎片。开口此层下的遗迹有M4、M5，叠压城2第1层和TG1第4层。东西残宽11、残高1.08米（图四）。

南城墙开口在TG2第4层下。堆积分六层。第1层，黄褐色夯土，厚0~0.50米。土质较软。分布在城墙中部。包含少量碎陶片。此层下叠压F1第1层。第2层，褐黄色夯土，厚0~0.50米。土质较软。出土遗物较少。此层被F1打破，叠压TG2第5层。第3层，灰色土，厚0~0.75米。土质较硬。分布于城墙中部，包含物较少。出有少许灰陶片和红陶片。第4层，黄色黏土，厚0~1米。土质较软，分布整个城墙，北高南低，呈斜坡状堆积。出土遗物较少。此层下叠压TG2第5、6层。第5层，灰白色土，厚0~0.40米。土质较软，分布

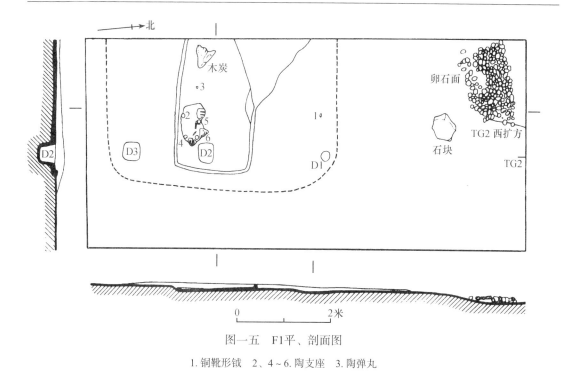

图一五　F1平、剖面图

1. 铜靴形钺　2、4～6.陶支座　3.陶弹丸

城墙中部，坡状堆积。出土遗物较少。第6层，灰黑色黏土，厚0～0.65米。土质较软。分布城墙中部，出有较少的陶片。此层下叠压TG2第6层和城2第1层。城墙南北宽14.5、残高2.54米（图五）。

北城墙分八层。第1层，黄褐色土，厚0～0.40米。土质较软，包含物及遗物较少。分布在城墙南缘，呈斜坡状堆积。出土少量灰陶片，器形有罐、豆等。第2层，褐色土，厚0～0.50米。土质较硬。分布在城墙南缘，呈斜坡状堆积。包含物与城墙的第1层基本相同。此层被TG3第4层所压。第3层，灰黑色土，厚0.10～0.45米。土质松软，夹大量螺蛳和贝壳。分布在城墙北部，呈坡状堆积。无包含物。第4层，灰黑色土，厚0～0.50米。土质松软，夹少量螺蛳和贝壳。分布在城墙中南部，呈坡状堆积。出土少量碎陶片。第5层，灰黑色土，厚0～0.50米。土质松软，夹少量螺蛳和贝壳。分布在城墙北部。出土少量碎陶片。第6层，灰白色土，厚0～0.15米。土质硬而纯。分布在城墙中部，略呈坡状堆积。出土遗物较少，器形有鬲、罐、盆等碎陶片。第7层，灰黑色土，厚0～0.50米。土质松软，夹大量螺蛳和贝壳及少量草木灰。分布在城墙中北部，呈坡状堆积。出土少量泥质灰陶片，器形有罐、瓮、钵等。第8层，灰白色土，厚0～0.35米。土质较软，夹少许草木灰。分布整个城墙。出土少量泥质灰陶片，器形有罐、盆、豆等。此层下叠压城2第1层。城墙南北宽11.4、残高1.4～1.6米（图六）。

城1是在城2废弃的基础上加高扩建而成。从堆积结构分析，北城墙和东城墙的修筑方式较复杂，土质结构为粉状，与湖泊淤泥相似，城墙的堆积中包含有大量的螺蛳和贝壳，

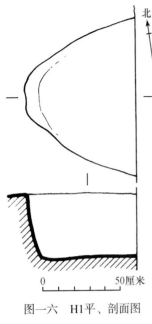

图一六　H1平、剖面图

而且第3层至第8层中均由若干个薄层组成。薄层厚一般在1厘米左右，厚的也不过4.5厘米。从城墙堆积中包含大量螺蛳和贝壳的特点推测，城墙应为堆筑而成，填土可能来自湖泊中。

灰坑　3座（H1、H2、H3）。

HI　位于TG1的东部，开口于第2层下，打破第3层，平面形状呈椭圆形。南北长1、东西宽0.70、深0.40米。坑内填黑色土。较松软，夹少许炭粒，出土遗物较丰富，器形有罐、碗、壶、豆等（图一六）。

2. 遗物

遗物较丰富，除陶器外，还有一定数量的自然遗物，如动物骨骼、牙齿、鹿角，以及螺蛳、蚌壳等遗存。这里仅介绍陶器。

陶器以夹砂红褐陶为主，占42.39%，泥质浅灰陶次之，占38.48%，还有少量黑皮陶。纹饰以粗绳纹为主，占57.41%，素面占12.95%，还有凹弦纹、细绳纹、间断绳纹、交错绳纹、按窝纹、附加堆纹等。器类有鬲、罐、瓮、盆、钵、豆、纺轮、支座、网坠等。

鬲　35件。分二型。

A型　9件。卷沿，束颈，口径大于腹径，弧腹较直。T1④：4，夹砂红褐陶。鬲身轮制，足手制，后与器身拼接。卷沿，方唇，束颈，连裆，柱形足凹窝较深，足尖有下压痕迹。器表饰竖状粗绳纹，裆部有一周凹弦纹，颈部饰抹绳纹。复原口径22、复原高20厘米（图一七，6）。H1：8，泥质灰黑陶。腹饰竖绳纹，颈腹部饰六道弦纹。复原口径32、残高21.6厘米（图一七，13）。

B型　26件。折沿，口径小于腹径，腹壁外弧。分二式。

Ⅰ式：9件。折沿，瘪裆。TG1③：16，夹砂褐陶。轮制。侈口，折沿，圆唇，折颈，弧腹，瘪裆，足残。上腹饰间断斜绳纹，中部饰附加堆纹一道，下腹饰交错绳纹。复原口径26、残高18厘米（图一七，1）。TG1③：6，夹细砂灰黑陶。腹部饰间断细绳纹。复原口径26.4、残高8厘米（图一七，5）。

Ⅱ式：17件。卷沿，束颈。H1：4，泥质褐胎黑皮陶。轮制。侈口卷沿，方唇，束颈，溜肩，腹较瘪，底残。饰竖间断粗绳纹。复原口径20、残高9.2厘米（图一七，9）。

罐　8件。分二式。

Ⅰ式：2件。卷沿，尖唇。TG1③：15，夹细砂红褐陶。轮制，唇反贴泥条，颈部绳纹被抹平，有压印痕迹。侈口，卷沿，尖唇，束颈，腹残。颈部饰斜绳纹。复原口径30、

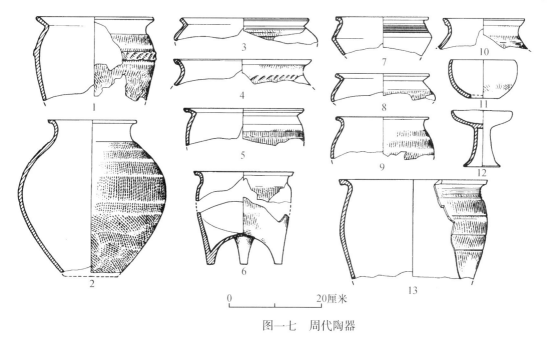

图一七　周代陶器

1、5.B型Ⅰ式鬲（TG1③：16、TG1③：6）　2.Ⅱ式罐（T1④：5）　3、8.Ⅰ式盆（TG3④：1、TG1城1②：4）
4、10.Ⅰ式罐（TG1③：15、TG1城1③：3）　6、13.A型鬲（T1④：4、H1：8）　7.Ⅱ式盆（T1④：14）
9.B型Ⅱ式鬲（H1：4）　11.敛口钵（TG1③：2）　12.豆（TG3⑥：1）

残高5.2厘米（图一七，4）。TG1城1③：3，泥质灰陶。饰竖绳纹，肩部两周不规则的右旋划痕。口径18、残高6.4厘米（图一七，10）。

Ⅱ式：6件。卷沿，方唇。T1④：5，泥质灰褐陶。轮制。侈口，卷沿，方唇，束颈，鼓腹，底残。腹部饰竖绳纹，肩部在绳纹上加饰弦纹。口径19.3、腹径32.4、残高33厘米（图一七，2）。

盆　3件。分二式。

Ⅰ式：2件。TG1城1②：4，夹细砂灰黑陶。轮制。折沿，方圆唇，折颈，折腹残。领腹交界处有一道凹弦纹。复原口径28、残高4.6厘米（图一七，8）。TG3④：1，夹细砂灰陶。肩部饰斜绳纹。复原口径20、残高5.8厘米（图一七，3）。

Ⅱ式：1件（T1④：14）。泥质灰陶。轮制。卷沿，折腹残，方唇。素面。复原口径20、残高8厘米（图一七，7）。

敛口钵　1件（TG1③：2）。夹细砂红褐陶。手制，器壁有捏窝。敛口，弧腹较深，平底。下腹饰竖绳纹。复原口径14、高8.4厘米（图一七，11）。

豆　2件。TG3⑥：1，泥质橙黄陶。轮制，不规整。口微侈，圆唇，深盘，细柄，喇叭座。素面。盘口径13.6、座径8、高12厘米（图一七，12）。

四、结　语

天门笑城城址是湖北境内主要的古城遗址之一。由于以往对笑城城址未做过发掘工作，其年代和文化内涵不清。通过本次发掘，基本上搞清楚了城址的年代及其文化内涵。自上而下堆积有耕土层、周代文化层、石家河文化层、屈家岭文化层。在东城墙上还发现少量汉代、六朝及明代等时期墓葬。

笑城城址的文化内涵较丰富，根据地层关系与遗物特点，与周围同类遗址相互对比，年代大致可以分三阶段。

第一阶段：以城2为代表。包含物较单纯，陶系以泥质灰陶居多。器表多素面。器类较丰富，以鼎、杯为主，小罐形鼎、双腹碗、双腹豆、蛋壳彩陶杯最富特色。本期的A型鼎、A型Ⅰ、Ⅱ式碗、A型Ⅱ式杯与肖家屋脊遗址[1]屈家岭文化第二期的Ac型鼎、Ⅰ、Ⅱ式碗、Ⅰ式杯相似；甑、壶形器、高圈足杯、Ⅰ式矮圈足杯、A型豆与邓家湾遗址[2]屈家岭文化的Ⅰ式甑、BⅡ式壶形器、Cc型杯、D型Ⅰ式杯、A型Ⅰ式豆近似。根据出土遗物特征分析，其年代应为屈家岭文化晚期。城2修筑在生土之上，被石家河文化早期地层和遗迹叠压或打破，城墙包含物也较单纯，城墙的年代应属于屈家岭文化晚期。

第二阶段：以M4、M5和H5、H6及TG1第4层为代表。出土陶器以泥质灰陶和夹砂灰黑陶为主。器表多素面。器形较单一，以罐、杯居多。侧安足的釜形鼎、厚胎红陶杯、高圈足杯、大口折腹缸最具风格。釜形鼎、缸、A、B型高领罐、A型Ⅰ、Ⅱ、Ⅲ式杯、C型杯与肖家屋脊遗址的石家河早期的A型Ⅰ式鼎、Aa型Ⅲ式缸、Ⅰ式广肩罐、Ⅰ、Ⅱ、Ⅲ式杯、D型杯相似；缸、B型杯、C型杯、碗与邓家湾遗址石家河文化的C型Ⅰ、Ⅱ式缸、A型Ⅴ式杯、A型Ⅰ式杯、Aa型Ⅱ式、C型Ⅰ、Ⅱ式碗相同。综合各类器物特点，本阶段的年代可定为石家河文化早期或稍晚。

第三阶段：本阶段城1为两次形成。南城墙在城1第1层下叠压F1，而F1又叠压城1的第2~6层，显示城1形成早晚两次堆积的过程。第一次堆积除南城墙的第2~6层外，还包括东城墙的第1~3层，北城墙的第3~8层。以TG1第3层为代表，出土陶器以夹砂和泥质红褐陶为主，纹饰以粗绳纹为主，器口沿有反贴泥条和颈部绳纹有抹平手法。器类以鬲、罐、盆较常见。鬲大多为折沿瘪裆。TG1城1开口在第3层下，其下为石家河文化层。城1堆积中出土的陶罐和陶盆与TG2第3层的陶罐和陶盆的特征基本一致。B型Ⅰ式鬲、Ⅰ式盆、敛口钵与大悟吕王城遗址[3]Ⅲ式鬲、Ⅰ式、Ⅱ式盆、Ⅰ式钵接近；Ⅰ式罐与钟祥六合遗址[4]A型罐相似。根据陶器特征对比分析，本阶段具有西周晚期风格，其堆积年代应不晚于西周晚期，也不早于西周中期，因此本次堆积年代可定为西周晚期或稍早。第二次堆积包括南城墙的城1第1层和北城墙的第1~2层。由于TG2叠压城

1的第3、4层和被城1所压的第5～7层，出土陶片很碎，难以作为年代判断的标准，但从陶质和器形特征来看，与TG3第4层、T1第4和H1出土的陶器特征基本相似。A型鬲、Ⅱ式盆与真武山遗址[5]的A型Ⅵ式鬲、A型Ⅲ式盆接近；B型Ⅱ式鬲、豆与赵家湖楚墓[6]BⅢ式鬲、A型Ⅱ式豆相似。因此本次堆积年代应为春秋中期。

从上述分析可知笑城城墙分属两个时代，早期城墙属于屈家岭文化晚期，晚期城墙为西周晚期和春秋中期。早晚城墙的修筑范围基本吻合，晚期城墙是在早期城墙的基础上加高而成。

土筑城墙至今仍大部分保存在地面，由于笑城城墙修建在岗地的缓坡上，形成城墙外高内低，城墙一般高出地面2.5～4.6米，底部宽20～22米，上部宽8～10米。在解剖的过程中未发现夯筑痕迹，从北城墙的堆积方式分析，城墙应为堆筑而成。

附记：发掘工作得到天门市文化局、市博物馆及笑城村委会的大力支持，在此表示感谢。发掘领队孟华平，项目负责人黄文新。参加本次发掘的工作人员有李天智、李治明、罗忠武、张清云、郑以农等。绘图由符德明完成，修复、拓片工作由黄文娟、杨红负责。

执笔：黄文新 周 文 张益民

注 释

［1］ 石家河考古队：《邓家湾》，文物出版社，2003年。

［2］ 石家河考古队：《肖家屋脊》，文物出版社，1999年。

［3］ 湖北孝感市博物馆：《鄂东北地区文物考古》，湖北科学技术出版社，1995年。

［4］ 荆州地区博物馆等：《钟祥六合遗址》，《江汉考古》1987年第2期。

［5］ 湖北省文物考古研究所等：《湖北襄樊真武山周代遗址》，《考古学集刊》（9），科学出版社，1995年。

［6］ 宜昌地区博物馆等：《当阳赵家湖楚墓》，文物出版社，1992年。

（原文刊于《考古学报》2007年第4期）

湖北荆州市阴湘城遗址东城墙发掘简报

荆 州 博 物 馆

〔日〕福冈教育委员会

一、工 作 概 况

阴湘城遗址位于湖北省荆州市荆州区城西北约25千米处，西距马山镇约3千米，现隶属荆州区（1994年10月前行政区划为荆州地区江陵县）马山镇阳城村五组（图一）。50年代，经考古调查证实，此城属新石器时代遗址。1983年，荆州地区博物馆与江陵县文物局对阴湘城进行了考古调查，确认这里是一处新石器时代至周代的遗址，并且有城垣的存在。随着考古研究工作的不断深入，学术水平的提高，考古学界对于阴湘城遗址的学术价值十分重视。

1991年冬，荆州博物馆在配合荆江大堤加固工程时，为确定阴湘城遗址的时代和文化内涵，对该遗址进行了历时4个多月的调查和试掘，工作时间从1991年10月至1992年2月。试掘重点放在阴湘城城址的东城墙中段，在城垣上以东西向并排开5米×5米探方9个，对东城墙进行解剖，发掘结果确定阴湘城城址始建于新石器时代屈家岭文化时期，并一直沿用至西周，在遗址的下层堆积有大溪文化遗存。

1995年春季，经国家文物局批准，由荆州博物馆与日本福冈教育委员会联合组成考古队，对阴湘城遗址进行调查和发掘。此次工作从1995年3月初开始至5月中旬结束。首先，对遗址及周围进行了测量，测绘出了较为精确的遗址图。同时，为进一步明确阴湘城的时代及性质，对1991年发掘的东城墙解剖处填土进行了清理，铲光断面，核对原有资料，并重新绘制了城墙剖面图。

1995年的发掘工作中，采用象限布方法，将城址划分为Ⅰ、Ⅱ、Ⅲ、Ⅳ区，进行统一编号。在西城墙中段开5米×5米探方2个，编号为ⅣT1169、ⅣT1170，以了解西城墙的建筑情况及时代。发掘中对西城墙内侧进行了局部解剖，结果证实西城墙内侧叠压在大溪文化堆积之上。西城垣的墙体以黄褐色土及灰褐色土分层堆筑，并经夯实，其夯层清楚，夯层一般厚0.05～0.2米。墙体内包含有屈家岭文化时期遗物，器类有石斧、锛及陶罐、豆、碗、杯等。在墙体之上叠压有石家河文化堆积，厚0.15～0.3米，发现的遗迹有灰坑、窑址

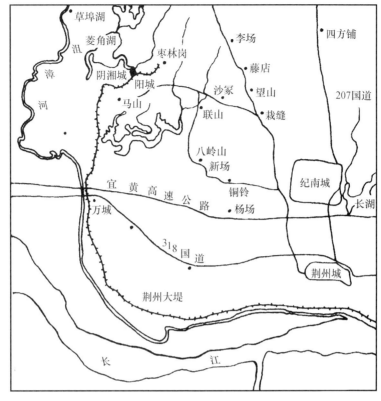

图一　阴湘城遗址地理位置示意图

等；遗物则有陶鼎、罐、碗、杯、纺轮以及石斧、锛等。此外，在Ⅳ T1170南侧西部发现一座春秋时期楚墓，墓坑打破石家河文化层及屈家岭时期的城墙，墓葬中随葬有陶鬲、盂、罐及铜带钩。

在城址中部开5米×5米探方4个，编号分别为Ⅳ T0202、Ⅳ T0203、Ⅳ T0302、Ⅳ T0303，以了解城内文化堆积的情况。发掘结果表明城内文化堆积由下而上的叠压关系依次为大溪文化、屈家岭文化、石家河文化和商周时期遗存。其中大溪文化遗存最为丰富，文化层厚约2.5米，依地层及遗物可分为四期。发现的遗迹有房址、灰坑；出土遗物以泥质红陶和夹炭红衣陶为主，器形有陶鼎、三足盘、器座、罐、杯、碗、曲腹杯以及石斧、铲、锛、凿等。屈家岭文化层厚0.25～0.4米，出土遗物有碗、罐、杯、豆等陶器；遗迹有房基、灰坑、瓮棺等。石家河文化层厚约0.3米，出土遗物有陶鼎、罐、瓮、豆、杯等；遗迹则见灰坑、瓮棺等。西周文化层厚0.2～0.3米，出有鬲、豆、罐等陶器，遗迹见有灰坑。

在遗址西南部开5米×5米探方1个，临时编号为Ⅲ T1。探方内文化堆积较薄，仅厚0.6～0.8米，包括石家河文化和屈家岭文化堆积，遗物有陶罐、豆、碗、杯及石斧、锛等，发现有灰坑及建筑遗迹。

本报告主要介绍1991年度的调查及发掘工作。

二、地理环境及城址概况

阴湘城遗址所处的马山镇位于荆州市荆州区西北,这里正处在长江支流沮漳河的下游地区,是岗地与湖泊、河流交错地带。马山镇整体地势为东高西低,东望荆山余脉八岭山及枣林岗丘地,西为湖泊洼地,濒临沮漳河。这里气候温暖湿润,土壤肥沃,物产丰富,适宜人类居住。

阴湘城遗址的地理坐标为北纬30°30′58″、东经112°01′11″,四周地势低洼,平均海拔约为38米,遗址区地势则相对较高,平均海拔41~42米。遗址西北临湖泊,为菱角湖—港汊,小地名余家湖;湖东连接有古河道,流入湖。遗址以南200米处为荆江大堤,大堤东去向北转约2千米即枣林岗丘地。

阴湘城遗址平面略呈圆角方形,东、西、南三面城垣保存完好,南垣与东垣转角处略外凸,遗址北侧被湖水冲毁,北垣已无存(图二)。现存城址东西长约580、南北残宽约350米,城垣宽10~25、东城垣基脚最宽处为46米。城垣全长约900米,高出城内附近地面1~2米,高出城外城壕5~6米。城外相应有城壕,宽30~40米。东西两面城垣宽且高,南垣则较为窄矮。城垣最高点在东城墙上,海拔为44.4米,城墙最低点海拔37.9米,二者高差为6.5米。

城内东部地势较高,地形平整,海拔41.6~42.6米,其上现为水稻田及少量鱼塘,两则较为集中的分布有三排民居。经钻探,此处有大量的红烧土堆积,似为房屋遗迹较为集

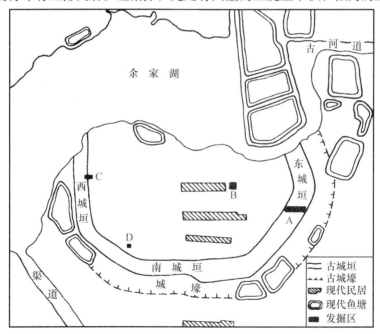

图二 阴湘城遗址平面示意图

A.1991年东城墙发掘点　B. Ⅳ T0202、Ⅳ T0203、Ⅳ T0302、Ⅳ T0303　C. Ⅳ T1169、Ⅳ T1170　D. Ⅲ T1

中处，文化堆积厚度在3米以上，遗存也十分丰富。

城址中部为一条南北向，宽约50米的低洼地，海拔37.1~38.7米，此处遗物分布较为稀疏。其与城壕的海拔高度相近，可能是城址中部的一条古河道。经钻探，此处地层中包含有大量的稻谷硅酸体，推测可能存在较为丰富的原始稻作遗迹。

城内自中部向西部地势逐渐趋高，海拔39.1~41.7米，其上现多分布水稻田和菜地，文化遗存亦十分丰富。经钻探，文化堆积厚在2米以上，有大量红烧土，可能存在房址等遗迹。

阴湘城遗址的大致布局是东部、西部可能属居址遗存，中部低洼处则可能是稻作农业区，而在西部偏南，文化堆积相对较为稀疏，可能为墓葬区。城址区文化堆积的基本情况是下层为大溪文化遗存，文化层厚在2米以上，遗迹保存较为完好，遗物十分丰富。中层为屈家岭文化及石家河文化时期的遗存，文化层厚1~1.5米，遗迹保存相对完好，遗物也十分丰富。上层为商周文化遗存，厚约1米，遗迹保存较差，遗物较为丰富。在城址西部曾发现有春秋时期楚墓。阴湘城遗址从大溪文化至西周时期都曾作为人类聚落址沿用，到东周时则逐渐废弃。

三、地层堆积

1991年东城墙的发掘，其目的明确，拟对东城墙进行解剖，故采用正东西向直线排列布方。先在东城墙的中心部位由东向西开5米×5米探方6个，编号为91JYT1、T2、T3、T4、T5、T6。其后又根据工作需要，在城墙外侧开5米×5米探方一个，编号91JYT7，在城墙内侧开5米×5米探方2个，编号91JYT8、T9。所有探方皆留有北隔梁，实际发掘面积为180平方米，地层堆积厚薄不均，一般厚5~7米。城垣内外侧探方的地层堆积情况各有不同，内侧各探方地层堆积大致相同，由上至下共分为7层；外侧各探方堆积基本一致，共分为5层。下面分别以T6、T2西壁为例加以介绍。

T6位于城垣内侧，其西壁文化堆积厚5.8米，共分为7层（图三）。

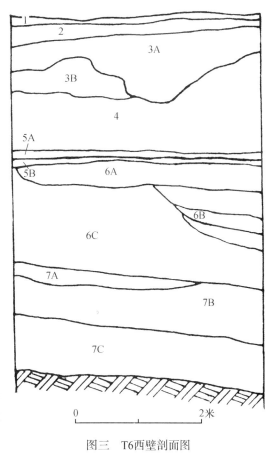

图三 T6西壁剖面图

1. 灰黄褐色土 2. 黄褐土 3A. 灰黑土 3B. 灰褐土
4. 黄褐色黏土 5A、5B. 黄褐土 6A、6B、6C. 黄褐土
7A、7B、7C. 浅灰褐土及灰白土

　　第1层：表土层，灰黄褐土，厚约0.15米。土质松软，内含少量新石器时代及商周时期陶片和近现代瓷片。此层下曾发现有现代墓。

　　第2层：近代扰乱层，黄褐色土，厚0.15～0.3米。土质较为坚硬，内含有红烧土块、陶片及近代瓷片、砖瓦等。此层又可分为若干小层。

　　第3层：灰黑色土，土质松软，厚2.1米多，可分为两小层。3A层含灰土较多，灰黑色，土质松软。3B层含灰烬较少，夹红烧土颗粒较多，土质相对坚实，灰褐色。第3层是第二期城墙的修整部，是挖取城内文化堆积土夯筑而成，属次生堆积。因而此层中包含物十分复杂，包括有大溪文化、屈家岭文化和石家河文化时期的遗物，见有石器、陶器及动物骨骼等。

　　第4层：黄褐色黏土，土质坚硬纯净，几乎不见包含物，属二期城墙堆积。

　　第5层：黄褐色土，土质坚硬，层面光滑平整，似曾作为生活面使用，厚约0.2米，可分为两小层。此层内包含较多屈家岭文化泥质黑灰陶片，应是一期城垣的生活面，在5A层下发现一灰坑，时代亦属屈家岭文化。

　　第6层：黄褐色土，土质坚硬，为较为单纯的黄色黏土堆积，厚约2米，可分为三小层。6A层土质坚硬，层面较为平整，为黄褐色土。6B层见明显夯层，似经局部夯筑。6C层土质较为松软，为灰黄色土，直接叠压在第一期城墙之上。此层属屈家岭文化时期，含少量陶片，系一期城垣的内侧护坡。

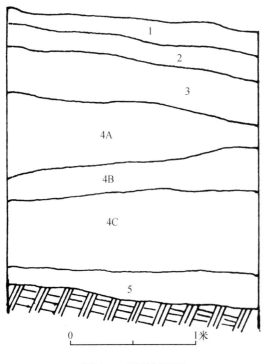

　　第7层：浅灰褐色和灰白色土，土质松软，黏性差，包含物极少，夹泥沙较多，似为淤土，依土质土色分为三小层。7A层含有少量黏土，土质较为坚实。7B层土质松软，含沙较多，灰色。7C层含泥沙，为灰白色。在7C层下部发现有少量泥质灰陶片，属屈家岭文化时期。第7层为第一期城墙堆积。

　　第7层以下为黄褐色生土。

　　T2位于城垣外侧，其西壁文化堆积厚约4.5米，共分5层（图四）。

　　第1层：表土层，灰黄色土，质地松软，厚0.15～0.5米。此层含少量陶片及瓷片。

　　第2层：近代扰乱层，厚约0.5米，黄褐色土，土质坚硬。内含有较多近代砖块、布纹瓦片及瓷片，此层下发现明代窑址一座。

　　第3层：灰色土，厚0.8米，土质坚

图四　T2西壁剖面图

1.灰黄土　2.黄褐土　3.灰色土　4A、4B、4C.黄褐色
黏土　5.灰白色含砂黏土及灰黄色黏土

硬。此层内包含有较多夏、商及西周时期文化遗物，包括玉器、铜器残片和陶器，以陶器为主体。此层属二次堆积所形成的次生地层，是第二期城墙的修整部。

第4层：黄褐色黏土，厚2.5～2.8米。土质坚实，不见包含物，可分为三小层，各小层间有较为明显的层面。4A层为黄褐色，土质较为松软，内含少量红烧土颗粒。4B层黄色泛灰，土质较杂，较为坚实。4C层为灰黄色，含有较多的淤沙，土质较软。三小层相互叠压，属于同时期三次堆筑而成，层面不平，但界线明显。此层似为二期城墙的外侧堆积。

第5层：为一期城墙堆积。灰白色含砂黏土和灰黄色黏土，土质纯净，较为松软。层面较为平整，与第4层的分界明显，有较坚硬的界面。一期城墙直接堆筑在生土之上，原始地表不平，无明显修整痕迹。

第5层下为黄褐色生土。

四、遗　　迹

包括有城墙、灰坑等。

（一）城墙

根据地层叠压关系可分为第一期城墙和第二期城墙（图五）。

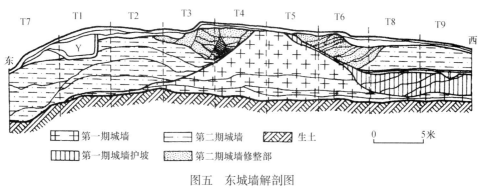

图五　东城墙解剖图

Y.窑　H.灰坑

1. 第一期城墙

第一期城墙横断面为梯形，高约7米，由墙体和护坡组成。墙体是以纯净的灰白色、灰黄色土堆筑成斜坡状，表面光滑，分界明显。墙体高8米，顶面宽约6.5、底宽约30米，与城壕边缘高差为7.8米。城内侧有护坡，以黄褐色土构筑，与城墙顶部的高差约为3米。护坡与墙体的土质、土色差别明显，应是在墙体建成后再堆筑而成，以加固墙体，其作为城墙构造的一部分，与城墙时代相一致。在护坡之上叠压有一层薄薄的文化堆积，有坚硬光滑的界面，属一期城墙内侧的人类生活面，其中包含有较多的屈家岭文化时期灰黑色陶片。由此推断第一期城墙的时代下限为屈家岭文化时期。

第一期城墙建造在生土之上，墙土纯净，墙体内尚未发现可供断代的文化遗物，故此期城墙的时代上限尚难确定。

第一期城墙堆土可能取自城址周围，取土处逐渐挖低形成城壕。

第一期城墙建筑在生土之上，基脚处地势凹凸不平，墙体中心处底部似有凹状基槽，但未发现有明显的修补痕，难以断定是人工所为。从墙体断面观察，构筑情况是先填平基脚，再在基脚上层层堆垒，似经夯打，但夯层并不明显。墙体下部坡度平缓，形状不太规整；墙体上部则坡度较为陡急，形状规整，似采用了挡土堆筑的方法。墙体土质纯净松软，为防护墙土流失，墙体表面用纯净的黄色黏土加固，似经夯实，坚硬光滑，与二期城墙堆积分界十分明显。

2. 第二期城墙

第二期城墙是在第一期城墙的基础上加宽加高而成，墙土为黄褐色和灰褐色黏土，厚2～4米。墙体亦为分层堆筑，层次清晰，但不平整，皆向墙心部倾斜。第二期城墙在靠近一期城墙顶部的内外两侧，又进行过修整，有明显的夯筑和版筑痕迹。内侧修整部以含草木灰和陶片的新石器时代文化堆积土修筑，分层夯筑，层次明显，但厚薄不均。此处修整部厚2.5～3米，土质松软，土色为灰黑，包含有大溪文化、屈家岭文化及石家河文化的遗物。外侧修整部是以夏商周时期的文化堆积土修筑，厚约2.15米，有明显的版筑痕，夯层清晰平齐，较为规整。其土质坚硬，灰黑色，包含有较多夏、商及西周时期的遗物。

第二期城墙较第一期城墙更为宽大，其基脚宽约45米。此期城墙叠压在第一期城墙之上，夯层中未见可供断代的遗物，其时代上限不明。在靠近墙体中心部位的内外两侧有明显的修补痕，内侧修整部出土的陶片皆属新石器时代，最早的见有大溪文化遗物，最晚为石家河文化遗物；而外侧修整部所见陶片等遗物绝大多数属商周时期，极少见到新石器时代遗物。这种现象可能表明，二期城墙经过一段时期使用后，又进行过多次修整，其使用的时期可能是屈家岭文化晚期至石家河文化时期，而后期修整则在商周时期，西周时期为二期城墙的下限。

（二）灰坑

仅1个，编号为H1。位于城墙内侧，开口在T65A层下，打破第6层。坑口圆形，圜底，坑壁光滑，直径0.85、深0.25米，坑内有泥质红衣陶片，时代属屈家岭文化时期。

五、出土遗物

遗物主要出土于城墙内、外侧第3层和内侧第5层之中。城墙内、外侧第3层是第二期城墙的修整部，属次生地层，各探方此层出土遗物有明显的时代差别。城墙外侧第3层出土的遗物多属夏、商及西周时期，而内侧第3层出土遗物则以新石器时代为主，包含有大溪文化、屈家岭文化及石家河文化的遗物。城墙内侧第5层属原生文化层，是第一期城墙内侧护坡之上的人类生活面，该层所出遗物皆属屈家岭文化时期，是确定第一期城墙时代的重要依据。

出土遗物有石器、玉器、陶器及部分兽牙、兽骨。石器保存较为完整;陶器除少量小形器外，大多已残破，但器形及时代特征仍较清楚。

（一）石器

均出于城墙内侧第3层中，器形有斧、锛、铲、砺石、杵等，年代皆属新石器时代。

斧 可分二式。

Ⅰ式：青石质，通体磨光，器体厚实。平面略呈梯形，双面直刃，弧边，窄背。T5③A∶2，长13.5、宽7.8、厚4厘米（图六，1）。

Ⅱ式：通体磨光。平面为长方形，双边平直，双面刃略弧。T6③B∶5，长9.2、宽6、厚2.4厘米（图六，5）。

锛 青石质，磨制。平面近似梯形，凸背斜边，单面直刀。T6③C∶3，高4.8、宽5.5、厚1.5厘米（图六，4）。

铲 通体磨光，器体扁薄。梯形，刃部磨光，器身偏上部有一对钻孔。T6③A∶1，长13.5、宽10、厚1.5、孔径3.7厘米（图六，2）。

砺石 面及边缘磨光，底部保留有自然裂痕，长方形，中间已磨出浅槽。T8③A∶1，长18、宽11.6、厚2.6厘米（图六，6）。

杵 青石质，通体磨光。圆柱形，两端有明显的使用痕迹。T5③A∶1，长14.9、直径7厘米（图六，3）。

（二）玉器

仅1件（T3③∶11），残。器形为环，琢磨精细，似为西周时期遗物。肉宽0.6、厚0.22厘米。

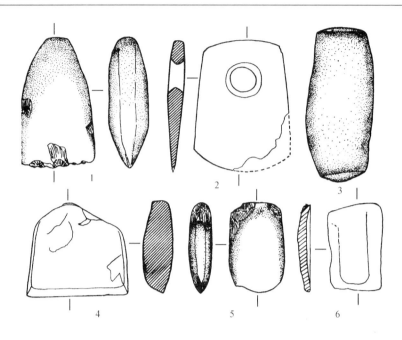

图六　出土石器

1. Ⅰ式斧（T5③A∶2）　2. 铲（T6③A∶1）　3. 杵（T5③A∶1）　4. 锛（T6③B∶3）　5. Ⅱ式斧（T6③B∶5）
6. 砺石（T8③A∶1）

（三）陶器

出土的陶器数量大，种类较多。有相当部分出于城墙内、外两侧的第3层中，此层是二期城墙的修整部，属二次堆积的次生地层。器物出土时残破相当严重，只能根据器形特征选择典型标本加以介绍。在城墙内侧的第5层中，也出有一定数量的陶器，此层属原生地层，时代为屈家岭文化时期。

1. 大溪文化陶器

出土于城墙内侧第3层中，器形有鼎、釜、罐、盆、钵、碗、曲腹杯、陶球及彩陶片等。

鼎　皆为鼎足，可分七式。

Ⅰ式：泥质灰陶，铲形矮足，器身扁平。T6③B∶8，高3.8、宽3.5厘米（图七，1）。

Ⅱ式：泥质灰陶，凿形矮足。T8③A∶6，高3.2、宽2.2厘米（图七，2）。

Ⅲ式：泥质红陶，施红衣，火候较高，质地坚硬。扁平宽直足。T5③A∶5，残高7.5、宽3厘米（图七，5）。

Ⅳ式：夹炭陶，捏制，火候较低，质地疏松。扁圆锥状足。T8③A∶9，高7.4、宽3.8厘米（图七，9）。

Ⅴ式：泥质红陶，圆柱状细长足。T6③B∶10，高5.5、直径1.2厘米（图七，3）。

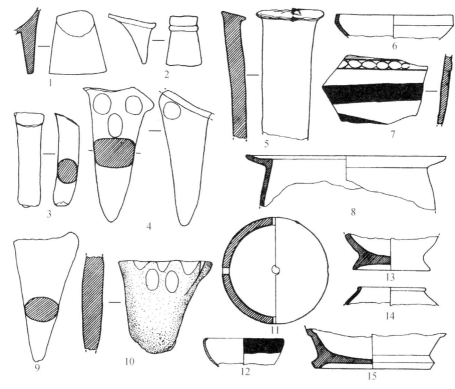

图七 大溪文化陶器

1. Ⅰ式鼎足（T6③B：8） 2. Ⅱ式鼎足（T8③A：6） 3. Ⅴ式鼎足（T6③B：10） 4. Ⅵ式鼎足（T5③A：4）
5. Ⅲ式鼎足（T5③A：5） 6. 盆（T8③A：13） 7. 彩陶片（T8③B：15） 8. 釜（T6③B：12） 9. Ⅳ式
鼎足（T8③A：9） 10. Ⅶ式鼎足（T8③A：8） 11. 陶球（T6③B：19） 12. 钵（T8③B：18） 13. 碗
（T5③A：12） 14. 罐（T5③B：10） 15. 曲腹杯（T6③B：18）

Ⅵ式：夹炭陶，似施有红衣。形为方柱锥状，足上端有按窝。T5③A：4，高8、宽4.2
厘米（图七，4）。

Ⅶ式：夹炭陶，扁平梯形，上端有按窝。T8③A：8，高5.5、宽5.5厘米（图七，
10）。

釜 夹砂陶，宽沿略凹，薄胎，深腹。T6③B：12，口径24厘米（图七，8）。

罐 泥质橙黄陶，施红衣，素面。圆唇，小口，斜肩，鼓腹。T5③A：10，口径16厘
米（图七，14）。

盆 泥质红陶，施红衣，直口，折腹内收。T8③A：13，口径28厘米（图七，6）。

钵 泥质灰陶，素面，口部施红衣。敛口，斜腹内收。T8③B：18，口径18厘米（图
七，12）。

碗 泥质红陶，施红衣，外红内黑。斜腹，圜底，矮圈足。T5③A：12，圈足径9.2厘
米（图七，13）。

曲腹杯 泥质红陶，施红衣，内黑外红。仅存底部，圜底，矮圈足。T6③B：18，底径7厘米（图七，15）。

陶球 泥质红陶，圆球状，体内空，球体上对称饰有6个小圆镂孔。T6③B：19，直径6.2厘米（图七，11）。

彩陶片 泥质橙黄陶，施红衣，胎质较薄。红底黑彩，饰宽带纹，上端有附加绚纹。T8③B：15，陶片略弧，似为器腹残片，长6.2、宽4厘米（图七，7）。

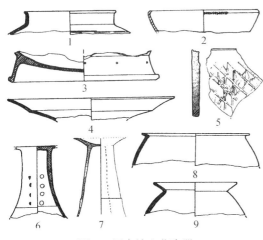

图八 屈家岭文化陶器

1. 罐（T6③B：20） 2. 钵（T8⑤B：1） 3. 篦形器圈足（T6⑤A：5） 4、7. Ⅱ式豆（T8⑤B：11、T6⑤B：10）
5. 缸片（T9⑤A：7） 6. Ⅰ式豆（T8⑤B：8） 8. Ⅱ式篦形器口沿（T6⑤A：1） 9. Ⅰ式篦形器口沿
（T6③B：23）

2. 屈家岭文化陶器

部分出于城墙内侧的第3层中，也有部分陶片出于城墙内侧第5层中，器形有罐、篦形器、钵、豆、缸等。

罐 泥质灰陶，直口，高领，广肩，饰细弦纹。T6③B：20，口径11厘米（图八，1）。

篦形器 泥质黑陶，器表磨光。仅见口沿及圈足，依口沿可分二式。

Ⅰ式：宽折沿，束领，斜肩，鼓腹。T6③B：23，口径20厘米（图八，9）。

Ⅱ式：窄平沿，鼓腹。T6⑤A：1，口径13厘米（图八，8）。

圈足皆为圜底矮圈足，有小圆镂孔。T6⑤A：5，底径9.1厘米（图八，3）。

钵 泥质黑陶，素面磨光。敛口，内折沿，斜腹内收。T8⑤B：1，口径13厘米（图八，2）

豆 泥质黑陶，器表磨光，见有口沿及圈足。可分二式。

Ⅰ式：盘底较平，喇叭形高柄，柄上有圆形及长方形镂孔。T8⑤A：8，残高8.1厘米（图八，6）。

Ⅱ式：盘为圜底，喇叭形长柄，下段起棱，柄上饰有指印纹。T6⑤B：10，残高9.4厘米（图八，7）。T8⑤B：11，仅见口沿，为敞口，双腹，口径20厘米（图八，4）。

缸片 夹砂橙黄陶。直口，凹沿，直壁，深腹，器表刻划网格纹。T9⑤A：7，壁厚2厘米（图八，5）。

3. 石家河文化陶器

出于城墙内侧第3层中。器形有盆、罐、缸、陶球和纺轮等。

盆　泥质灰陶。宽沿内凹，斜腹外鼓，唇边饰手按绚纹，腹上饰凸弦纹。T8③A：22，口径40厘米（图九，1）。

罐　泥质灰陶，小口，高领，肩较平。T5③A：23，口径12厘米（图九，2）。

缸　夹砂红陶，厚胎，弧壁，素面。T8③B：27，壁厚2厘米（图九，6）。

纺轮　泥质红陶，可分二式。

Ⅰ式：器身扁平，边凸起，形体较厚。T6③C：35，直径5、厚1.5厘米（图九，3）。

Ⅱ式：扁圆状，平底，弧面。T8③B：29，直径3.3、厚1.2厘米（图九，5）。

陶球　泥质红陶，圆球状，实心，素面。T5③A：20，口径3厘米（图九，4）。

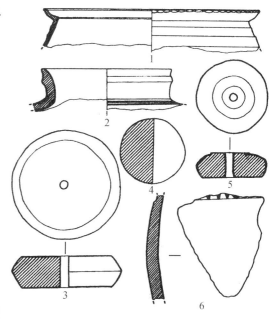

图九　石家河文化陶器

1. 盆（T8③A：22） 2. 罐（T5③A：23） 3. Ⅰ式纺轮（T6③B：35） 4. 陶球（T5③A：20） 5. Ⅱ式纺轮（T8③B：29） 6. 缸（T8③B：27）

4. 夏、商时期陶器

出于城墙外侧的第3层中，器形有鬲、釜、尊及云雷纹陶片等。

鬲　见有口沿及足，足可分二式。

Ⅰ式：夹砂橙黄陶，素面，手制。圆锥状，足窝浅，形体粗壮。T3③：2，高9.5厘米（图一〇，8）。

Ⅱ式：夹砂红陶，素面。圆锥状，微外撇。T2③：1，高7.2厘米（图一〇，9）。

鬲口沿为夹砂橙黄陶。卷沿，束颈，斜肩，鼓腹，腹上饰方格纹。T3③：3，口径26厘米（图一〇，1）。

釜　仅见口沿，可分二式。

Ⅰ式：夹砂灰陶，素面。卷沿，束颈，斜肩，胎较厚。T3③：5，口径15.6厘米（图一〇，2）。

Ⅱ式：夹砂黑陶。卷沿，束颈，鼓腹，斜肩，饰方格纹，胎质较薄。T2③：6，口径11厘米（图一〇，3）。

尊　泥质灰陶，素面。卷沿，敞口，折肩。T2③：2，口径22厘米（图一〇，7）。

云雷纹陶片　泥质橙黄陶，胎较厚，略弧，似为腹上部残片，器表模印有云雷纹。T3③：10，壁厚0.75厘米（图一〇，5）。

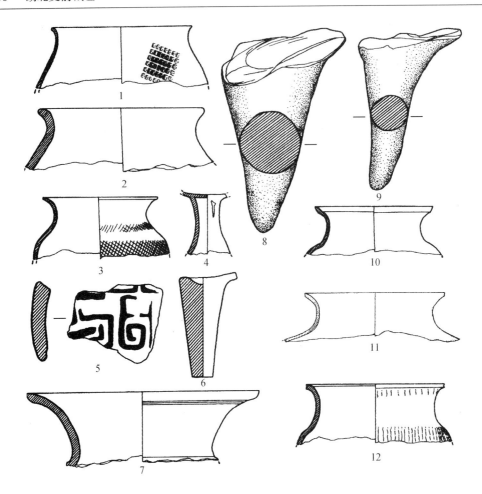

图一〇 夏、商、周时期陶器

1、11、12.鬲口沿（T3③：3、T3③：30、T3③：25） 2.Ⅰ式釜（T3③：5） 3.Ⅱ式釜（T2③：6）
4.豆（T3③：15） 5.云雷纹陶片（T3③：10） 6、8、9.鬲足（T2③：9、T3③：2、T2③：1）
7.尊（T2③：2） 10.罐（T2③：5）

5. 西周时期陶器

出于城墙外侧第3层中，器形有鬲、罐、豆等。

鬲　仅见鬲足及口沿。

鬲足为夹砂红陶，足窝浅，为柱状足，素面。T2③：9，高10厘米（图一〇，6）。

鬲口沿为泥质红陶，可分二式。

Ⅰ式：卷沿，凹唇，束颈，斜肩，颈上饰绳纹并经磨光，肩以下饰粗绳纹。T3③：25，口径26厘米（图一〇，12）。

Ⅱ式：卷沿，方唇，束颈，广肩，颈饰绳纹并磨光，肩饰粗绳纹。T3③：30，口径26厘米（图一〇，11）。

罐　泥质红陶，素面。小口，卷沿略凹，束颈，广肩。T2③：5，口径22厘米（图一〇，10）。

豆　泥质红陶，平底，喇叭形高足，足上饰对称三角形镂孔。T3③：15，残高10.8厘米（图一〇，4）。

六、结　语

阴湘城是江汉平原西部一处十分重要的古文化遗址。其文化堆积包括大溪文化、屈家岭文化、石家河文化和夏、商时期及西周至东周时期遗存。遗址的延续时间长，文化内涵丰富，对于研究这一地区的历史文化具有十分重要的意义。

调查和发掘资料表明，阴湘城遗址在大溪文化时期已是一处规模很大的聚落遗址。屈家岭文化早期，开始修筑起颇具规模的城垣，成为方圆数十里区域内的一个中心聚落。阴湘城城址的始建年代为屈家岭文化时期，发掘资料显示，西城墙叠压在大溪文化堆积之上，而东城垣第一期城墙建造在生土之上，在城墙内侧护坡平台之上则有屈家岭文化时期的生活面，从而可以断定第一期城墙的时代下限为屈家岭文化时期。东城垣第二期城墙是在第一期城墙基础上加高、加宽而成，在城墙中心部的内外侧有明显的修整痕迹，修整部采用了版筑法，其中外侧修整处包含有西周时期的陶片，由此推定阴湘城城址的时代下限是西周时期。

阴湘城遗址屈家岭文化时期的古城址，作为长江中游地区所发现的古城址群中的一个重要组成部分，具有其重要的学术价值。严文明先生曾撰文指出"众多城址的发现，证明了那时已处于小国林立的局面……可称为中国的古国时代，是真正的英雄时代"。明确地将城与国家起源联系在一起。

阴湘城的出现，其高大的城垣及深而宽的城壕是防御和进攻最为理想的人造工事，它是战争规模扩大及频繁的产物，也是生产力提高、社会发展的必然产物。巨大的城垣工程本身就是社会生产力发展的反映，是文明起源的重要标志。阴湘城以其高大的城垣和宏伟的规模构成中心聚落，其周围数十千米内，分布有几十处同时代的聚落遗址，但规模上都无法与之相比，更无城垣的存在。从地域分布看，阴湘城是这一地区的中心，它与周围其他遗址之间无疑也可能存在着某种地缘因素所决定的联盟关系，这一遗址群也就极有可能具备了类似城邦文明的基本条件。

　　附记：1991年的调查和发掘，以陈跃均为领队，院文清、陈新平、张正发、谢顺义、陈芳林等同志参加了工作。1995年的中日联合考古队，参加工作的中方人员有张绪球、院文清、刘德银、郑中华、贾汉清、武家璧、张正发等，日方人员则有冈村秀典、宫本一夫、猪岛启二、滨石哲夫、大庭康时、加藤隆也，联合考古队并特聘严文明先生担任了顾问。本简报插图由院文清、朱德萍、肖友红、李天智绘制。

执笔：院文清

（原文刊于《考古》1997年第5期）

湖北荆州市阴湘城遗址1995年发掘简报

荆州博物馆

阴湘城遗址位于湖北省荆州市（曾一度称为荆沙市）荆州区马山镇阳城村三组，南距马山镇约4千米。1994年荆州地区与沙市合并前属江陵县。遗址处于沮漳河下游平原和荆山余脉的交界地带，北面和西北面紧邻菱角湖的一部分——余家湖，东面为低矮的枣林岗地，闻名全国的荆江大堤即以枣林岗为起点，从遗址东南约300米的地方蜿蜒而过。

1991年秋，为配合荆江大堤的加固工程，荆州博物馆曾对古城东城墙进行过发掘[1]，初步搞清了古城的构筑和使用年代。为进一步搞清城址的平面布局、对遗址进行聚落形态、环境变迁等问题的研究，1995年3月至5月，我馆和日本福冈市教育委员会联合组成考古队，对遗址进行更大规模的调查和发掘。日方工作人员对遗址进行了精心的测绘工作。这次发掘，除对1991年挖号9个探方（统一编号为ⅡT1）继续进行发掘外，又发掘了三个地点。在遗址中部，发掘5米×5米的探方4个（ⅣT0202、ⅣT0203、ⅣT0302、ⅣT0303）；在西北部，发掘东西相邻5米×5米的探方2个（ⅣT1169、ⅣT1170）；在西南部，发掘5米×5米的探方1个（ⅢT1），揭露面积共370平方米[2]。由于遗迹现象复杂及工期紧等原因，没有一个探方完全发掘到底。

一、地 层 堆 积

遗址中部的四个探方，为了不使下面的大溪文化房址遭到因发掘面积小而造成的破坏，仅ⅣT0203的西部发掘到生土。现以该方西壁地层剖面为例说明（图一，上）。

第1层：晚近代堆积层。可分为两小层。

1A层：耕土，为疏松的灰土，厚15～20厘米，现代房基被压于此层之下。

1B层：灰白色土，较疏松，出土青花瓷片等，厚5～10厘米。在现代房基和1B层之间，有厚约3厘米的薄灰土层。

第2层：西周文化层。可分为两小层。

2A层：灰褐色土，颜色较浅，含少量褐色铁锰结核斑，厚薄不均。

2B层：灰褐色土，颜色较深，含褐色结核斑较多，厚10~30厘米。包含物以细砂红陶和红胎陶为主，主要器形有鬲、豆等残片，纹饰以绳纹为主。还有铜镞、铜带钩带小型铜器。

第3层：石家河文化晚期层。灰黄色黏土，含少量烧土颗粒，厚15~20厘米。包含物以泥质灰陶和黑陶为主，典型器物有细柄豆、碗、高领罐等，以素面为主。

第4层：黄土遗迹，为大溪文化晚期遗存，厚10~20厘米。分布广泛，可能是当时人们的活动场所。包含物很少，典型器物有泥质黑陶内折沿碗等。

第5层：大溪文化中期层。含大量的烧土块和烧土颗粒，可分为三小层。

5A层：几乎由烧土块和烧土粒组成，厚约5厘米，分布范围不广，包含物也不丰富。

5B层：深褐色土，厚20~30厘米，包含物很丰富。

5C层：灰褐色土，厚5~20厘米，包含物较少。

第5层出土的遗物，主要为夹炭或泥质红衣陶，典型器形有釜、子母口碗等。

第6层：大溪文化早期层。可分为三小层。

6A层：较纯净的黄土，略含烧土粒，厚10~20厘米。

6B层：灰黄土，仅分布于本方西南角，厚15~30厘米。

6C层：烧土层，厚20~30厘米。

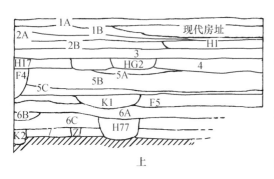

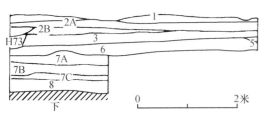

图一 阴湘城遗址地层剖面图

上. ⅣT0203西壁：1A. 耕土 1B. 灰白土 2A. 浅灰褐土 2B. 深灰褐土 3. 灰黄黏土 4. 黄土 5A. 烧土 5B. 深褐土 5C. 灰褐土 6A. 黄土 6B. 灰黄土 6C. 烧土 7. 灰白土 H. 灰坑 K. 未编号灰坑 Z. 柱洞

下. ⅣT1169西壁：1. 表土 2A. 浅黄橙黏土 2B. 灰黄黏土 3. 黄褐黏土 4. 黄橙黏土 5. 黄绿黏土 6. 灰黄黏土 7A. 黄黏土 7B. 黄褐黏土 7C. 红烧土夹黄褐黏土 8. 灰白黏土

第6层出土遗物仍以夹炭红陶为主，流行内黑外红的作风。典型器形有敞口折壁碗、内卷沿盆、三足碟、器座、支脚等。

第7层：大溪文化早期层。为灰白色次生土，厚约20厘米，包含物极少。

西北部的两个探方，仅ⅣT1169部分发掘至生土。现以其东壁地层剖面为例说明（图一，下）。

第1层：表土层。灰沙土，遍布全方，厚10厘米左右。

第2层：石家河文化早期层。可分为两小层。

2A层：浅黄橙黏土，厚6~20厘米，出土陶片以泥质灰陶为主，次为泥质红陶和夹砂红陶，多素面，可见少量篮纹、弦纹、附加堆纹，器形有碗、豆、高柄杯、缸等。另有石斧、纺轮等。

2B层：灰黄色黏土，主要分布在东半部，厚20厘米，出土陶片有凸棱宽扁鼎足等。

第3层：石家河文化早期层。黄褐色黏土，主要分布在探方中部和东部，厚16～40厘米。出土泥质灰陶和泥质红陶较多，素面陶为主，少量饰篮纹。器形有碗、豆、缸、罐、鼎等。

第4层：屈家岭文化晚期层。黄橙色黏土，主要分布在西半部，厚20～25厘米。出土泥质黑陶片增加，器形有薄胎红陶杯、碗、高领罐、鼎等。

第5层：屈家岭文化晚期层。黄绿色黏土，主要分布于西半部，厚6～28厘米。典型陶器有高领罐、缸、鼎等。

第6层：屈家岭文化早期层。灰黄色黏土，分布于东部，厚6～28厘米。出土陶片以泥质灰陶为主，多数为素面，有少量凸弦纹和附加堆纹。器形有双腹碗、凹沿高领罐、缸、折沿罐等。

第7层：大溪文化早期层。可分为三小层。

7A层：黄黏土，含较多红烧土颗粒，厚14～30厘米。出土陶片少，主要器形有釜等。

7B层：黄褐色黏土，较纯净，厚10～26厘米，出土陶片很少，多为红陶。

7C层：红烧土夹杂黄褐色黏土，厚4～12厘米，堆积比较平整均匀。可复原的器形有三足盘等。

第8层：大溪文化早期层。较纯净的灰白色黏土，为次生土，厚约25厘米。出土陶片主要为施褐红色衣的红陶片。

以上两处文化层堆积，基本上反映了阴湘城遗址古文化遗存发展、演进的全貌。大溪文化遗存可粗分作早、中、晚三期，屈家岭和石家河文化遗存，因材料比较少，暂不分期。西周遗存和春秋遗存（墓葬1座）材料更少，留待以后介绍。

二、大溪文化遗存

（一）早期遗存

1. 遗迹

大溪文化早期遗存的文化堆积有的地方厚达1米左右，发现的遗迹主要有房址和灰坑。

房址　6座（F2、F5～F9）。平面大致呈长方形，残存有柱洞、基槽和居住面。居住面多经火烤，有的还打磨得很光滑。F6，位于ⅣT0202南部，房址北部被H23、H57打破，东、南部在探方外，未发掘。西墙为红烧土构成，因坍塌而错位，残高约20厘米。基槽宽约30、深5～10厘米。柱洞仅发现3个（Z1～Z3），直径20～40、深20～30厘米。基槽和柱洞内均填充灰红色烧土粒。居住面仅存北部一片和南部两小片，厚约1厘米，经过火烤，比较平整。仅对基槽、柱洞进行解剖，从基槽的形状看，房址应是长方形分间式房屋（图二）。

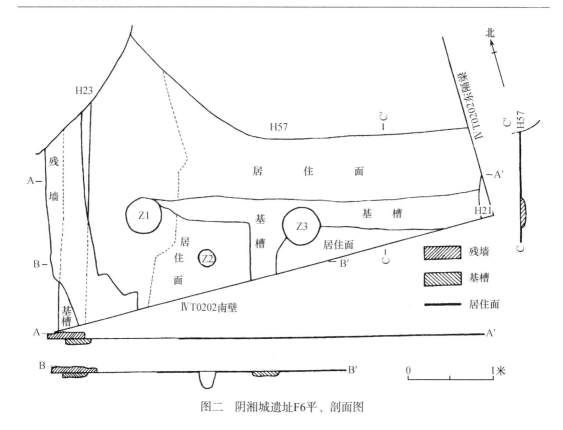

图二　阴湘城遗址F6平、剖面图

灰坑　11座（H50、H52、H66、H67、H71、H76~H80），其中H79可能是水井。大多为锅状，口大底小，坑口近圆形或椭圆形。H67，坑口呈长方形，口大底小，斜壁，平底。口长95、宽70、深50厘米。H78，部分在探方外，估计坑口近椭圆形，锅状底。深110厘米，填土分四层。

2. 遗物

主要是生活用具，均为陶器。以夹炭或泥质红陶为主，并有少量磨光黑陶。流行褐红色陶衣及其与细绳纹、镂孔、刻划纹或黑彩组成的复合纹饰，陶色内黑外红较常见。典型器形有釜、碗、盆、碟、杯、盘、鼎、器座、支脚等。

釜　已残，均为夹炭红陶，宽折沿。H79：2，高领，弧腹。口部及上腹部饰褐红衣，下腹饰细绳纹。口径14、残高8厘米（图三，1）。

鼎　复原2件。夹炭红陶，颜色不均匀，平折沿略卷，扁鼓腹，圜底，锥状足。H67：1，内壁黑色，腹中部饰凸弦纹一周，外表饰酱褐衣。口径24、高24厘米（图三，12）。H52：1，足根部有摁窝，外表饰酱褐衣（图版七，3）。

盆　器形较大，均残，内卷沿，H78①：6，夹炭红陶，斜弧腹，底残。上腹部饰褐红衣和压划凹弦纹。口径70.4、残高24厘米（图三，14）。

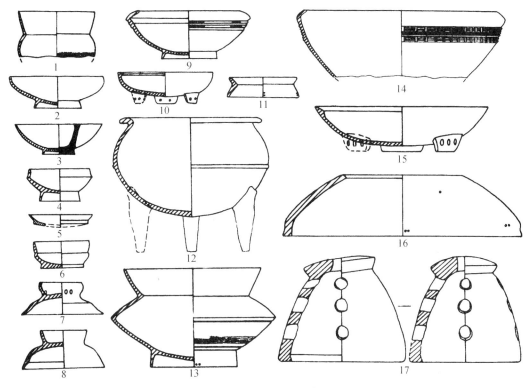

图三　大溪文化早期陶器

1. 釜（H79：2）　2~4. 碗（H80②：1、F6：3、H80①：1）　5. 圜底碟（F6：2）　6. 折腹杯（ⅣT0203⑦：1）
7、8. 器盖（ⅣT0203⑥A：1、ⅣT0303⑤D：3）　9. 碗（H78①：2）　10、15. 三足盘（H78②：1、
ⅣT1169⑦C：1）　11、16. 器座（H78①：9、H78①：1）　12. 鼎（H67：1）　13. 折腹罐（H78①：5）
14. 盆（H78①：6）　17. 支脚（H78①：3）

碗　主要有弧壁碗和内折沿碗。浅腹，矮圈足。弧壁碗多为泥质红陶，内壁黑色，外表饰酱红衣，并有支烧留下的黑色痕迹。H80②：1，口微敛。口径17.2、高5.6厘米（图三，2）。F6：3，敞口，内壁近底部下凹。口径16、高5.5厘米（图三，3）。内折沿碗有红陶和黑陶两种。H78①：2，夹炭红陶，圆唇，弧腹。外表施褐红衣，上腹饰凹弦纹和摁窝纹，内壁可见不规则的网状纹。口径18、高8.4厘米（图三，9；图版七，1）。H80①：1，泥质黑陶，磨光，尖唇。口径11.2、高6厘米（图三，4；图版七，2）。

三足盘　复原3件。尖唇，浅弧腹，梯形板足，足饰圆镂孔或盲孔。ⅣT1169⑦C：1，夹炭陶，内壁黑色，外施褐红衣，足略残，饰三个圆盲孔。口径31.6、高8厘米（图三，15）。H78②：1，泥质红陶，近直口，足饰两个圆镂孔，外表施酱褐衣，内壁可见不规则网状纹。口径16.8、高5.6厘米（图三，10；图版七，5）。

圜底碟　复原2件。泥质红陶，器形较小。F6：2，圆唇，敞口，浅腹，下折成圜底。口径11.6、高约2.4厘米（图三，5）。

折腹罐 复原1件（H78①：5）。泥质红陶，尖唇，宽折沿，扁折腹，矮圈足。上腹部及沿内外均施褐红衣，下腹部饰篦刷绳纹带。口径24.8、高17.6厘米（图三，13；图版七，4）。

折腹杯 复原2件。ⅣT0203⑦：1，泥质红陶，侈口，假圈足式平底。口径10、高4.8厘米（图三，6）。

器盖 复原1件。ⅣT0203⑥A：1，夹炭红陶，尖唇，折壁，圈纽，外表施褐红衣，纽饰圆镂孔。口径15.2、高5.6厘米（图三，7）。ⅣT0303⑤D：3，内壁黑色，外表施褐红衣，口径14.8、高6.8厘米（图三，8）。

器座 可分为圆台形、束腰形和鼓形三类，后者均为残片。圆台形的仅复原1件（H78①：1），器形较大，夹炭红陶，内壁可见不规则网状纹，外表施褐红衣和戳点纹。上口径21.6、高10.8厘米（图三，16）。束腰形的复原2件，器形较小。H78①：9，夹炭红陶，外表施褐红衣及戳点纹。上口径12、高3.6厘米（图三，11）。

支脚 复原2件，高圈足状，弧顶，中空。H78①：3，夹砂红陶，顶部中部镂一圆孔，器身饰四组、每组纵向三个圆镂孔。顶径12～12.8、高18.8厘米（图三，17）。

此外，还有不少大折壁碗等陶器残片。

（二）中期遗存

1. 遗迹

仅发现灰坑8座（H22、H53、H60～H62、H68、H70、H74）。形状与早期相似。H53，坑口呈长椭圆形，长径330、短径180、深80厘米。斜弧壁，平底，填土堆积分两层。

2. 遗物

有生活用具和生产工具两类。

（1）生活用具

都是陶器，夹炭陶或泥质红陶占绝大多数，前者的比例有所增加。红衣陶的比例约占陶片总数的一半，主要流行酱红衣及其与刻划、镂孔、戳点纹等组成的复合纹饰，内黑外红的作风也较普遍。器形主要有釜、盆、碗、钵、豆、盘、器盖、器座等。

釜 均为夹炭红陶。复原1件（H53②：7），圆唇外凸，侈口，矮领，球形腹已残，圜底。外表施深红衣，颜色不匀。口径17.6、高约28厘米（图四，1）。

盆 均为夹炭陶。H53②：5，灰陶，颜色不匀，口微侈，圆唇外凸，折腹，平底。口径30、高约12厘米（图四，2）。H53②：13，红陶，圆唇，内折沿，腹下部残。外表施酱红衣，沿外饰三角形盲孔与短压划纹组成的纹带，腹上部饰压划方格纹带。口径51.2、残高12.8厘米（图四，3）。

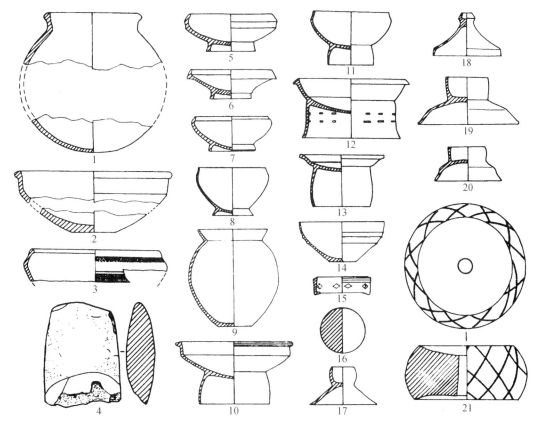

图四 大溪文化中期陶、石器

1.陶釜（H53②：7） 2、3.陶盆（H53②：5、H53②：13） 4.石斧（H62：12） 5~8.陶碗（H53②：1、H62：4、H53②：3、H53②：10） 9.陶罐（H62：2） 10、11.陶豆（H53②：4、H53②：9） 12、13.圈足盘（H62：5、H68②：1） 14.陶钵（H62：7） 15.陶器座（H68④：1） 16.陶球（H53①：3） 17~20.器盖（H53②：6、H62：6、H53②：2、H68①：1） 21.陶纺轮（H22：1）

碗 数量较多，大致分为内折沿碗和子母口碗两种。内折沿碗均为红陶，H53②：1，夹炭陶，沿下一周下凹，矮圈足略外撇。内外表均施酱红衣。口径16.4、高7.6厘米（图四，5；图版七，6）。H62：4，泥质陶，沿较宽，矮圈足根部有凸棱。内表黑色，外表施暗红衣。口径16、高5.6厘米（图四，6）。子母口碗复原2件，皆内黑外红。H53②：3，夹炭陶，弧腹，矮圈足下部内收。外表施酱红衣。口径14.4、高7.2厘米（图四，7）。H53②：10，泥质陶，深弧腹，矮圈足外撇。外表施红衣。口径13.2、高9.6厘米（图四，8；图版八，2）。

豆 复原2件，皆为夹炭陶。H53②：4，红陶，外卷沿，圆唇，折腹，粗高圈足下部内收。内外表均施酱红衣。口径21.2、高12厘米（图四，10；图版八，1）。H53②：9，子母口，深弧腹，圈足下部内收。内表黑色，外表施酱红衣。口径15.2、高10.8厘米（图四，11；图版八，5）。

圈足盘 均为夹炭红陶，外折沿，折腹，粗高圈足，内外表均施酱红衣。H62：5，圈足下部外撇，饰两周横条形镂孔。口径21.6、高11.6厘米（图四，12；图版八，4）。H68②：1，素面，圈足下部内收。口径16.8、高10.2厘米（图四，13；图版八，3）。

钵 复原1件（H62：7）。泥质陶，口微敛，方唇，弧腹，平底。内表黑色，外表施酱红衣。口径16.8、高8厘米（图四，14）。

罐 复原1件（H62：2）。夹炭红陶，侈口，尖唇，宽沿，深鼓腹，平底。外表施酱红衣。口径14、高19.2厘米（图四，9）。

器盖 复原6件，皆为夹炭陶。H53②：6，敞口，斜壁，球台形纽。内外表均施酱红衣。口径13.6、高7.6厘米（图四，17）。H62：6，折壁，算珠形纽。内表施酱黑衣，外表施酱红衣。口径14、高8.8厘米（图四，18）。H53②：2，折壁，圈纽。内外表均施酱红衣，颜色不匀。口径20.8、高9.2厘米（图四，19）。H68①：1，与前者相似，器形略小。口径13.6、高6.8厘米（图四，20）。

器座 复原1件（H68④：1）。泥质红陶，扁圆环形，饰菱形镂孔和弦纹。上口径10、高3.6厘米（图四，15）。

（2）生产工具及其他

石斧 4件，均为砂岩。H62：12，墨绿色，平面梯形，弧顶，两面刃。长10.6、刃宽8厘米（图四，4）。H53②：13，黑色变质岩，含雪花斑，已残。

陶纺轮 1件（H22：1）。泥质黑陶，圆形，弧边，上下面内凹，饰戳、点组成的网格纹（图四，21）。

陶球 1件（H53①：3）。泥质红陶，实心，素面。直径约2.3厘米（图四，16）。

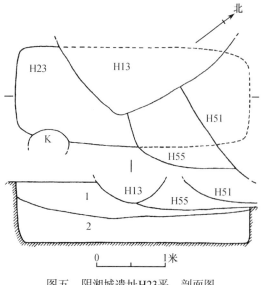

图五 阴湘城遗址H23平、剖面图

（三）晚期遗存

1. 遗迹

有房址、灰坑和黄土遗迹。

房址 2座（F3和F4）。保存不好，仅存部分柱洞和居住面。

灰坑 有H23、H54、H55、H57、H27、H28、H51等18座，形状与大溪文化早、中期类似。H23，坑口大致呈圆角长方形，长约340、宽约140、深约80厘米，斜壁，平底。填土分两层（图五）。H27，坑口略呈圆形，直径约140、深40厘米，斜壁，平底。

黄土遗迹　在遗址中部分布范围很广。从中部四个探方的发掘情况看,其南部边缘在Ⅳ T0202和Ⅳ T0203的南部,向东、西、北三面延伸,具体范围不得而知。黄土为较纯净的黏土,厚20厘米左右,均匀分布,是有意铺垫在地面上的,推测为一种公共活动场所。

2. 遗物

有生活用具和生产工具两类。

（1）生活用具

皆为陶器,红陶仍占绝大多数,夹炭陶比例下降,泥质黑陶比例上升。仍流行内黑外红的作风。红陶衣的颜色一般较浅,且易脱落。器形有碗、盆、钵、盘、豆、簋、筒形瓶、器盖等。

盆　复原7件。可分为内折沿盆、外折沿盆、外卷沿盆、敛口盆四类。内折沿盆复原2件,皆为泥质红陶,H57①：2,方唇,斜弧腹,平底,外表施红衣,口径36、高15.2厘米（图六,5）。外折沿盆复原3件,H55：1,泥质红陶,圆唇,弧腹,微凹底,口径16.8、高8厘米（图六,1）。外卷沿盆复原1件（H23②：16）,夹炭红陶,弧腹,平底,内外表施红衣,口径20、高8.8厘米（图六,2）。敛口盆复原1件（H51①：4）,细砂红陶,方唇,口微敛,斜弧腹,平底,口径26.4、高12厘米（图六,3）。

钵　复原2件。敛口,弧腹,平底。H51①：6,泥质陶,外表近口沿处有一周宽红衣带,余皆黑色。口径15.2、高7.2厘米（图六,6）。H54②：1,泥质暗红陶,内表陶色不匀。口径17.2、高7.6厘米（图六,7）。

碗　数量较多,多为内折沿,内黑外施红衣。斜腹,圜底,矮圈足。H23②：3,泥质陶,腹较深。圈足饰"八"字形戳印纹数周。口径18、高6.4厘米（图六,8）。H27：3,泥质陶,腹较浅。圈足饰方镂孔。口径19.2、高6厘米（图六,9）。

圈足盘　复原2件。皆为泥质红陶,浅斜腹,圈足上部有凸棱。H51①：1,内折沿。圈足饰方镂孔,内外表施红衣。口径17.2、高8.4厘米（图六,10）。H23②：10,敞口,方唇,高圈足饰月牙形戳痕,内表灰色。口径18、高12.8厘米（图六,11；图版八,6）。

豆　复原2件。泥质黑陶,敛口,深弧腹,高圈足下部外撇。H28：1,尖唇。口外饰凹弦纹二周,圈足饰圆镂孔（图版九,2）。H69：1,圆唇。腹饰凹弦纹一周,圈足饰长方镂孔。口径13.6、高10.4厘米（图六,12）。

彩陶碗　复原1件（H23②：4）。泥质红陶,敞口,尖唇,深弧腹,矮圈足外撇。内外表均饰黑彩。口径12、高8厘米（图六,14；图版九,1）。

簋　复原1件（H51②：1）。泥质黑陶,外折沿,扁球形腹,矮圈足。口径10.8、高10.8厘米（图六,4；图版九,4）。

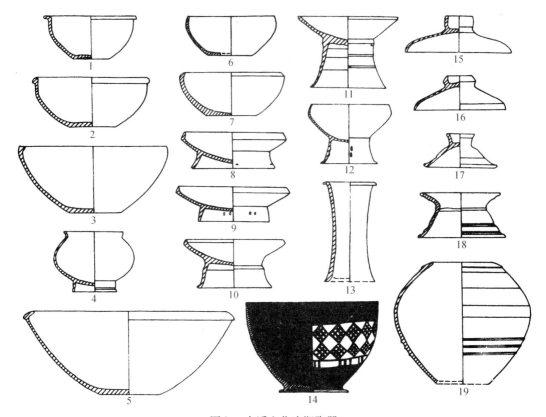

图六 大溪文化晚期陶器

1～3.盆（H55：1、H23②：16、H51①：4） 4.簋（H51②：1） 5.盆（H57①：2） 6、7.钵（H51①：6、
H54②：1） 8、9.碗（H23②：3、H27：3） 10、11.圈足盘（H51①：1、H23②：10） 12.豆（H69：1）
13.筒形瓶（H54①：5） 14.彩陶碗（H23②：4） 15～17.器盖（H23②：13、H23②：1、H23②：14）
18.器座（H23②：11） 19.瓮（H27：2）

筒形瓶 复原2件，皆为泥质红陶。H54①：5，外卷沿、束腰弧腹、平底残，外表施红衣。口径8、高17.6厘米（图六，13）。另1件外表饰数组凹弦纹。

瓮 复原1件（H27：2）。泥质红陶，敛口，方唇，深鼓腹，底残。上腹施红衣和四条黑彩，多已脱落，下腹饰螺旋状凸弦纹三周。口径20.8、残高43.2厘米（图六，19）。

器盖 复原6件。H23②：13，泥质陶，内黑外施红衣，圈纽。口径19.2、高6.4厘米（图六，15）。H23②：1，泥质红胎黑皮陶，颜色不匀。口径16.4、高6厘米（图六，16）。H23②：14，泥质磨光黑陶，腹饰凹弦纹。口径12.4、高5.6厘米（图六，17）。

器座 复原1件（H23②：11）。泥质灰陶，陶色不匀。敞口，束腰，外表饰数周凹弦纹。上口径14.4、高8厘米（图六，18）。

（2）生产工具及其他

石斧 3件。H23①：1，绿色泥岩，平面梯形，窄弧顶，双面刃。长8.2、宽5.6厘米（图七，1）。

石铲 1件（H27：1）。已残，灰白色变质岩，双面刃，穿一孔。残长10、残宽12厘米（图七，2）。

陶纺轮 2件。H23②：20，夹炭红陶，扁圆形，平边，两面略凸。直径4.7厘米（图七，6）。H23②：19，已残，泥质红陶，上面平，下面内凹，突棱边，饰线状戳点纹。直径约5.8厘米（图七，5）。

陶球 3件。均残，泥质红陶，空心。H49：1，红衣，黑彩（图七，4）。H23①：3，泥质褐陶，饰镂孔、盲孔和戳点纹。直径约4厘米（图七，3）。

三、屈家岭文化遗存

（一）遗迹

除城址外，还有灰坑、灰沟和窑址等。

城址 现存平面略呈圆角方形，东、南、西三面城垣基本保存完好，北面城垣可能被湖水冲毁。城址东西长约580、南北残宽约350米，面积约20万平方米。城垣宽10～25米，东垣墙基最宽处约为46米。城垣全长约900米。城垣外相应有城濠，宽30～40米。城垣高出城内附近地面1～2米，高出城外壕沟5～6米。

东城垣探沟（ⅡT1）的发掘表明，此段城垣的构筑可分为两期。第一期城垣为屈家岭文化时期筑成，横断面呈梯形，高约7米，外侧有护坡。推测城址的大体框架应是这一时期形成的。第二期城垣是西周时期在原来城垣的基础上内外大规模加宽而形成的，仅南城垣似乎没有多少改变。详情参见有关报道[3]。

灰坑 有H32、H34、H38、H44等10座。H38，坑口呈不规则椭圆形，斜壁，平底。长径约160、短径约100、深约40厘米，填土可分两层。

灰沟 4条（HG1、HG10～HG12）。HG10，口呈长条形，部分压在隔梁中，残长370、宽约110、深约40厘米。弧壁，平底。

窑址 1座（Y3）。位于ⅣT1169西北角，部分在探方外。略呈半圆形，残存窑壁、火道和台面等，具体结构不清。

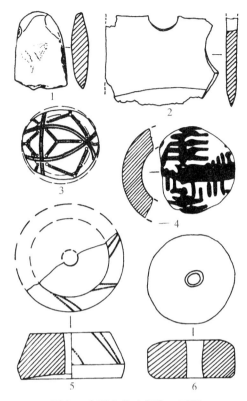

图七 大溪文化晚期陶、石器

1. 石斧（H23①：1） 2. 石铲（H27：1）
3、4. 陶球（H23①：3、H49：1） 5、6. 陶纺轮
（H23②：19、H23②：20）

（二）遗物

1. 生活用具

主要是陶器，泥质陶的比例大增，泥质黑陶和灰陶占绝大多数，以素面陶为主，纹饰主要有凹弦纹、篮纹、附加堆纹等。

器形有双腹豆、碗、鼎、盆、器盖、器座等。

双腹豆 均残。HG1：2，泥质磨光黑陶，圆唇，敞口，折腹偏上，圈足残，饰圆形和竖条形镂孔。口径19.2、残高8厘米（图八，1）。

高圈足盘 复原1件（HG1：1）。泥质磨光黑陶，外折沿，敞口，浅腹，圜底，高圈足，满饰圆形、弧边菱形和弓形镂孔组成花瓣纹。口径20、高22.4厘米（图八，2；图版九，3）。

碗 复原1件（HG10：1）。泥质黑陶，敞口，圆唇，深弧腹，圈足外撇。口径14.4、高8.8厘米（图八，4）。

鼎 复原1件（ⅣT1169④：1）。泥质黑陶，双唇，浅弧腹，圜底，腹饰凸弦纹一周。板状足已残，上有两条纵向窝痕。口径16.4、残高8.8厘米（图八，3）。

甑 复原1件（H38：1）。泥质灰陶，侈口，宽折沿，深弧腹，矮圈足。底残，有圆形和三个椭圆形箅孔，腹饰不规则凹弦纹三周。口径28、高20.8厘米（图八，9）。

盆 复原2件，皆为泥质灰陶。H32：2，敞口，唇外卷，斜弧腹，凹底，素面。口径20.4、高8.8厘米（图八，5）。

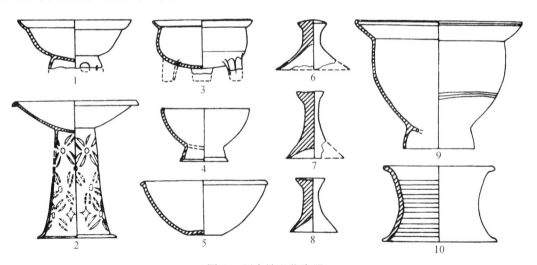

图八 屈家岭文化陶器

1.豆（HG1：2） 2.高圈足盘（HG1：1） 3.鼎（ⅣT1169④：1） 4.碗（HG10：1） 5.盆（H32：2）
6~8.器盖（ⅣT1169⑤：1、H34：2、H34：1） 9.甑（H38：1） 10.器座（H44：1）

器盖 复原5件。均为泥质红陶，喇叭形口，高钮。ⅣT1169⑤：1，铆钉状纽。口径6、高4厘米（图八，6）。H34：2，实心平顶纽。口径4.4厘米、高5.6厘米（图八，7）。H34：1，凹顶纽。口径4、高4.4厘米（图八，8）。

器座 复原1件（H44：1）。泥质灰陶，束腰内弧壁，内壁可见多周弦纹。上口径18、高12.4厘米（图八，10；图版九，5）。

此外，还有薄胎红陶杯、圈足杯，高领罐等陶器残片。

2. 生产工具及其他

主要是石器，还有陶纺轮。

石斧 3件。皆为砂岩。ⅣT1170④：1，灰红色，平面梯形，弧顶，弧刃。长11.6、刃宽7.2厘米（图九，7）。

石锛 4件。多为砂岩，也有页岩，平面梯形，单面刃。ⅢT1③：1，灰色砂岩，弧顶，宽弧刃。长6.6、刃宽4.8厘米（图九，2）。HG12：5，灰色砂岩，窄弧顶。长6、刃宽3.6厘米（图九，3）。

石镞 1件（ⅣT1169④：13）。灰绿色泥岩，柳叶形，中脊不明显，铤残。残长5厘米（图九，1）。

陶纺轮 数量很多，多是泥质红陶，可分为算珠形和圆台形两种。前者较多，

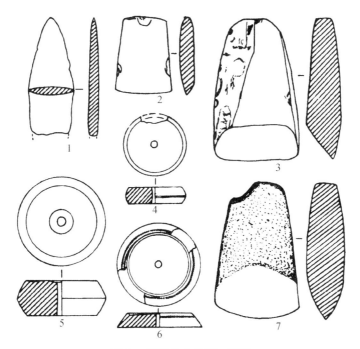

图九 屈家岭文化陶、石器

1. 石镞（ⅣT1169④：13） 2、3. 石锛（ⅢT1③：1、HG12：5） 4～6. 陶纺轮（H34：3、HG12：1、HG12：4）
7. 石斧（ⅣT1170④：1）

HG12：1，扁圆形，突棱边，直径3.8厘米（图九，5）。H34：3，扁圆形，突棱边，饰戳点纹一周，直径2.7厘米（图九，4）。圆台形纺轮较少，HG12：4，扁圆形，斜边，一面周边起棱，饰戳点纹，直径3.5厘米（图九，6）。

四、石家河文化遗存

（一）遗迹

有灰坑、窑址、瓮棺葬和扣碗遗迹等。

灰坑　有H11～H14、H18、H19等12座。H13，坑口形状不规则，东西宽约4.4、南北长约4.6、深约1.25米。锅状底，填土分四层。

陶窑　2座（Y1、Y2）。均已残破，平面呈"Y"字形。

瓮棺葬　3座（W1～W3）。W3，坑口呈圆形，斜壁，近平底。口径44、深35厘米。葬具为夹炭红陶瓮和泥质灰陶豆（图一○）。

扣碗遗迹　1处（YJ1）。在一大口近平底的浅坑内置一黑陶盆，盆内又倒扣一黑陶碗，坑口径40、深16厘米。一般认为这是房屋奠基时的一种仪式。

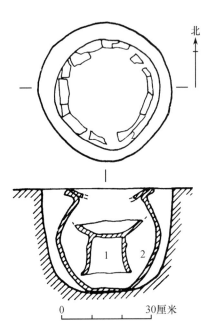

图一○　阴湘城遗址W3平、剖面图
1.陶豆（W3：1）　2.陶瓮（W3：2）

（二）遗物

1. 生活用具

均为陶器，泥质灰陶和黑陶较多。素面陶占陶片总数的90%以上，纹饰主要有篮纹、堆纹、凹弦纹等。器形主要有盆、釜、碗、钵、高领瓮等。

瓮　复原1件（W2：2）。泥质灰陶，领已残，宽弧肩，鼓腹，最大腹径偏上，凹底。满饰细绳纹，上腹加饰数周凹弦纹。腹径28、残高24厘米（图一一，4；图版九，6）。

盆　复原1件（YJ1：2）。泥质黑陶，敞口，外卷沿，斜弧腹，微凹底。口径24、高8.4厘米（图一一，1）。

釜　复原1件（H14②：1）。夹炭红胎黑皮陶，凹沿外折，尖唇，深鼓腹，圜底残。口沿以下满饰篮纹。口径25.6、残高27.2厘米（图一一，7）。

碗　复原1件（YJ1：1）。泥质灰陶，敞口，圆唇，斜弧腹，圈足。内壁近口沿处有

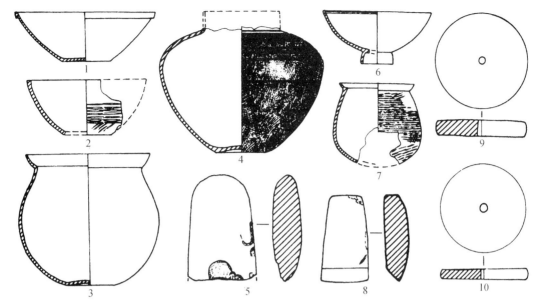

图一一　石家河文化陶、石器

1. 陶盆（YJ1：2）　2. 陶钵（ⅣT1169③：1）　3. 陶罐（ⅣT1170②：1）　4. 陶瓮（W2：2）

5. 石斧（ⅣT1169③：5）　6. 陶碗（YJ1：1）　7. 陶釜（H14②：1）　8. 石锛（ⅣT1170②：2）

9、10. 陶纺轮（H14①：3、T1169③：6）

凹弦纹一周。口径18.4、高8.8厘米（图一一，6）。

　　钵　复原1件（ⅣT1169③：1）。泥质红胎黑皮陶，口微敛，方唇，弧腹，底残。腹下部饰篮纹。口径20.4、残高9.2厘米（图一一，2）。

　　罐　复原1件（ⅣT1170②：1）。泥质灰胎黑皮陶，宽凹沿外折，侈口，束颈，鼓腹，凹底。口径21.2、高22厘米（图一一，3）。

　　此外，还有细柄豆、厚胎杯等陶器残片。

2. 生产工具及其他

　　主要是石器，还有陶纺轮。

　　石斧　4件。砂岩或页岩。ⅣT1169③：5，灰色砂岩，平面梯形，弧顶，宽刃。长9、刃宽5.8厘米（图一一，5）。

　　石锛　2件。砂岩。ⅣT1170②：2，灰色砂岩，平面梯形，近平顶，弧形单面刃。长4、刃宽4厘米（图一一，8）。

　　陶纺轮　泥质红陶，多为扁平圆形。H14①：3，弧边，直径4厘米（图一一，9）。ⅣT1169③：6，弧边。直径3.7厘米（图一一，10）。

五、结　语

阴湘城新石器时代遗址，现存面积约20万平方米，文化堆积较厚，内涵丰富，叠压着大溪文化、屈家岭文化和石家河文化三种遗存。

大溪文化遗存，早期陶器的典型器形有弧壁碗、三足盘、圜底碟、支脚和器座。中期典型陶器有釜、子母口碗、粗圈足盘、内折沿碗、球台形和算珠形钮器盖等，这都可分别见于枝江关庙山大溪文化第一期和第二期。晚期的典型器形有内折沿碗、彩陶碗、簋、豆、筒形瓶、器盖等，这与关庙山大溪文化第三、四期的同类器形雷同[4]。早期流行褐红衣，中期流行酱红衣，晚期为红衣，颜色较浅，且多易脱落。具有地方特色的器形，如早期的夹炭红陶内折沿碗，近于平折沿，是迄今所见最早的形式。折腹圈足罐仅见于江陵朱家台遗址第一期遗存[5]。早期的扁腹鼎、圆台形器座，中期的折腹豆、折腹器盖，晚期的内折沿盆等，则为其他大溪文化遗址所不见或少见。

以双腹器、盆形甑等为代表的屈家岭文化遗存和以篮纹钵、高领瓮等为代表的石家河文化遗存，与典型的屈家岭文化、石家河文化相比，除少见壶形器、厚胎红陶杯以外并无多大差异。

在生产工具方面，石器发现很少。陶纺轮的演变呈现出规律性，大溪文化的陶纺轮都较厚大，而石家河文化的则较小而薄，屈家岭文化的居于二者之间。

阴湘城屈家岭文化古城的发现，表明沮漳河流域也存在与天门石家河古城、石首走马岭古城等类似的大型中心聚落[6]。

附记：本次发掘系中日合作项目。中方由张绪球任队长，参加发掘的人员有刘德银、院文清、贾汉清、武家璧、郑中华和张正发。日方由冈村秀典任副队长，参加的人员有宫本一夫、猪岛启二、滨石哲也、大庭康时和加藤隆也。室内器物修复者为刘祖梅、刘东梅、田立新，绘图者为王伟、陈伟、彭军，摄影者为张正发。

执笔：贾汉清

注　释

[1]　荆州博物馆：《湖北荆州市阴湘城遗址东城墙发掘简报》，《考古》1997年第5期。

[2]　遗址位置及探方分布图见荆州博物馆：《湖北荆州市阴湘城遗址东城墙发掘简报》图一、图二，《考古》1997年第5期。

[3]　荆州博物馆：《湖北荆州市阴湘城遗址东城墙发掘简报》，《考古》1997年第5期；刘德银：《阴湘城古城址发掘获重大成果》，《中国文物报》1996年11月24日。

[4]　　中国社会科学院考古研究所湖北工作队：《湖北枝江关庙山遗址第二次发掘》，《考古》
　　　　　1983年第1期；李文杰：《大溪文化的类型和分期》，《考古学报》1986年第4期。

[5]　　湖北省文物考古研究所等：《湖北江陵朱家台遗址1991年的发掘》，《考古学报》1996年第4期。

[6]　　张绪球：《屈家岭文化古城的发现和初步研究》，《考古》1994年第7期。

（原文刊于《考古》1998年第1期）

湖北石首市走马岭新石器时代遗址发掘简报

荆 州 博 物 馆

石 首 市 博 物 馆

武汉大学历史系考古专业

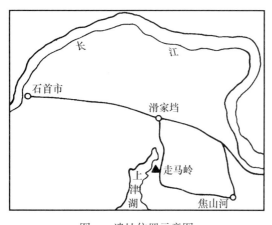

图一　遗址位置示意图

走马岭遗址是1989年夏石首市空心砖厂取土时发现的。遗址位于石首市焦山河乡走马岭村与滑家垱镇屯子山村的交界处（图一），呈不规则长方形，总面积约8万平方米。遗址的东南部因砖厂取土遭到破坏。这里北距长江约4千米，东南有桃花山，西与上津湖相连，是低山丘陵向平原的过渡地带，地理位置十分优越。

1990年5月，荆州博物馆和石首市博物馆联合对走马岭遗址遭破坏的东南区（SE区）（图二）进行了试掘。1990年秋和1991年春，我们发掘了SE区和NE区。武汉大学历史系考古专业徐承泰老师和89级10名同学参加了1991年秋季的发掘工作。

1990年和1991年的4次发掘共开5米×5米的探方55个，实际发掘面积1200平方米。共发现房址4座，陶窑2座，灰坑109座，清理墓葬19座，出土遗物十分丰富，现将发掘收获报告如下。

一、地 层 堆 积

走马岭遗址的文化内涵十分丰富，包括了大溪文化晚期，屈家岭文化早、中、晚三期，石家河文化早、中期等六期文化遗存。其地层自上而下可分为8层，现以TN4E3南壁剖面为例说明于下（图三）。

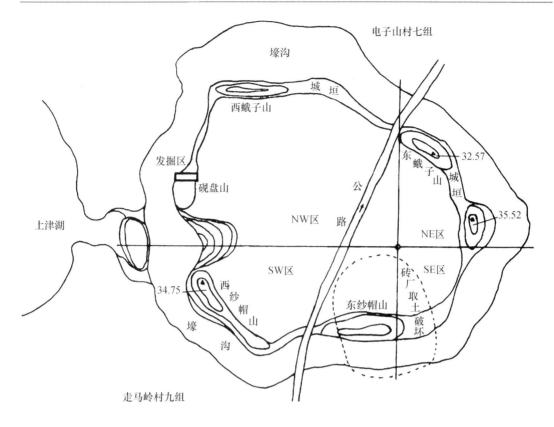

图二　遗址分区示意图

第1层：可分为二小层。

1A层：现代路土层。灰白色黏土，厚3～15厘米。

1B层：扰土层。厚10～23厘米。石家河文化中期的陶片与近现代砖瓦瓷片共存。

第2层：石家河中期文化层。浅褐色黏土，夹杂有少量红烧土渣，厚13～50厘米。

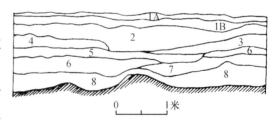

图三　TN4E3南壁剖面图

1A. 现代路土层　1B. 扰土层　2. 浅褐色黏土层 3. 深褐色黏土层　4. 灰褐色黏土层　5. 黄褐色黏土层 6. 浅黄色黏土层　7. 黄色黏土层　8. 灰黄色黏土层

出土陶片以泥质灰陶为主，泥质红陶、黑陶次之，主要器形有高柄杯、篮纹罐、圈足盘、短颈鬶等。

第3层：石家河早期文化层。深褐色黏土，夹大量红烧土渣，厚0～56厘米。出土陶片以泥质灰陶为主，主要器形有细颈鬶、筒形擂钵、有领罐、圈足盘等。

第4层：屈家岭晚期文化层。灰褐色黏土，夹少量红烧土渣，厚0～28厘米。出土陶片以泥质灰、黑陶为主，主要器形有壶、双腹碗、双腹豆、罐等。

第5层：屈家岭中期文化层。黄褐色黏土，夹较多红烧土渣，厚0～46厘米。出土陶片以泥质黑陶、灰陶为主。代表器形有深腹豆、小罐、内折沿敛口碗、高柄杯等。

第6层：屈家岭早期文化层。浅黄色黏土，夹极少量的红烧土渣，厚10～40厘米。此层包含物比上层明显减少，出土陶片多见泥质黑、灰陶，代表器形有壶形器、三扁足鼎、小罐等。

第7层：屈家岭早期文化层。黄色黏土，土质纯净，厚10～28厘米。陶片很少。

第8层：屈家岭早期文化层。灰黄色黏土，厚10～35厘米。只出土零星几块泥质黑陶、泥质红陶和夹炭红陶碎片。

第8层以下为生土。

二、居 住 址

走马岭遗址位于上津湖东南的台地上，遗址所在的位置比周围地势高2～5米。根据地层堆积和陶器的发展演变特点，我们将遗址划分为五期文化遗存。各探方的第6、7、8层为第一期文化遗存，第5层为第二期文化遗存，第4层为第三期文化遗存，第3层为第四期文化遗存，第2层为第五期文化遗存。下面分别加以介绍。

（一）第一期文化遗存

1. 房址

发现1座（F2）。F2的一部分叠压在TS9W1第3层下，打破生土，西北角被H9打破，

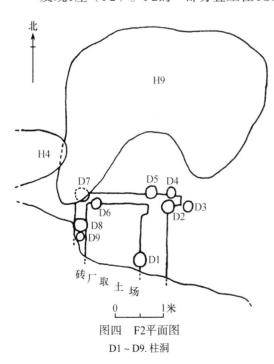

图四　F2平面图
D1～D9.柱洞

南面的大部分被砖厂取土时破坏。房址为一长方形地面建筑，建造时先挖基槽，然后用木柱支撑草拌泥墙，居住面经夯打修整。南向。房址北墙基槽保存完整，长2.15米，宽21、残深4～10厘米，基槽内外发现6个柱洞，直径为18～26、深20～30厘米。东墙基槽残长1.2米，宽58、残深5～10厘米，残存柱洞一个，直径25、深35厘米。东墙最厚，墙外有30厘米的挑檐，起遮挡雨水的作用。西墙基槽残长50、宽约21、残深5厘米，残存柱洞2个。房址残存部分的内空长为1.16米。房址的堆积可分上下两层。上层为房址废弃后的墙体倒塌堆积的红烧土块层，下层是稍加修整的黄色黏土居住面（图四）。

2. 灰坑

共发现5个。均为不规则形，利用自然低地堆积而成，口大底小，口径一般都在2～3米，深20～50厘米。

H97　开口于6层下，平面为不规则形，长2.2、宽1.15、深约0.25米。坑底凹凸不平，坑内填土为黄色黏土夹少量草木灰，出土少量屈家岭早期的泥质黑陶、灰陶片。

3. 遗物

有陶器和石器。

（1）陶器

可分为泥质红陶、泥质灰陶、泥质黑陶、夹砂红陶、夹砂黑陶、夹炭红陶、夹炭灰陶等七种陶系。其中以泥质灰陶和夹炭红陶为多，分别占陶片总数的49%和16.8%，泥质黑陶和夹砂红陶次之，分别占陶片总数的13.4%和8.4%，泥质红陶占陶片总数的6.7%，夹炭灰陶和夹砂黑陶最少，仅占陶片总数的4.1%和1.5%。陶器绝大多数为素面，纹饰有弦纹、刻划纹、网格纹、附加堆纹等。器形有鼎、碗、壶形器、盂形器、簋形器、有领罐、小罐、盆、器盖等。分述如下。

鼎　H79：3，泥质黑陶。仰折沿，尖圆唇，深弧腹，圜底，宽扁足（残）。下腹饰凸弦纹一周。口径16.4、残高8厘米（图五，2）。

碗　TS14E7⑥：1，泥质黑陶。口微敛，斜弧壁，矮圈足。素面。口径11.2、高7厘米（图五，19）。

壶形器　H79：2，泥质橙黄陶。口沿残，广肩，斜弧腹内收，圜底，矮圈足。素面。最大腹径14.4、残高9.2厘米（图五，20）。

盂形器　TS14E7⑥：3，泥质黑陶。小口，折沿，束颈，扁腹，下腹内折收，凹底。素面。口径5.2、高6.8厘米（图五，18）。

簋形器　侈口，折沿，圆腹，圜底，圈足。可分为二式。

Ⅰ式：TS14E7⑥：2，泥质灰陶。圈足残。素面。口径18.4、残高9.2厘米（图五，3）。

Ⅱ式：TN6E3⑥：1，口沿部分，泥质灰陶。尖圆唇。口径23.2厘米（图五，8）。

器盖　TN8W1⑦：10，泥质灰陶。算珠形纽，顶部内凹，盖盘残（图五，25）。

有领罐　TN5E2⑥：1，泥质灰陶。仰折沿，沿面内凹，圆唇，斜领略内收，广肩，肩以下残。口径13厘米（图五，21）。

折沿罐　夹炭红陶。折沿，束颈，平肩。可分为二式。

Ⅰ式：TN8E5⑥：2，陶中夹有砂。宽折沿，肩以下残。口径16.8厘米（图五，1）。

Ⅱ式：TN7W1⑥：2，仰折沿，腹及下部残。口径27.6厘米（图五，5）。

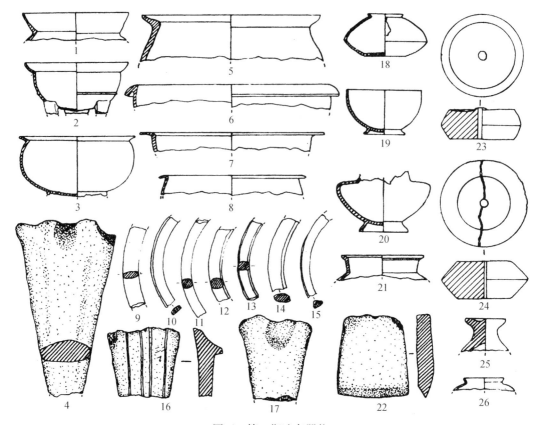

图五　第一期遗存器物

1、5. 折沿罐（TN8E5⑥：2、TN7W1⑥：2）　2. 鼎（H79：3）　3、8. 簋形器（TS14E7⑥：2、TN6E3⑥：1）
4、16、17. 鼎足（TN4E3⑦：1、TN8W1⑦：1、TN8E5⑥：2）　6、7. 盆（TN7W1⑥：1、TN8E5⑦：1）
9～15. 环（TN8E6⑧：1、TN8E5⑥：1、TN8E6⑦：1、TN8E6⑦：2、TN8E6⑦：3、TN4E3⑥：2、TN8E5⑥：1）
18. 盂形器（TS14E7⑥：3）　19. 碗（TS14E7⑥：1）　20. 壶形器（H79：2）　21. 有领罐（TN5E2⑥：1）
22. 石锛（TN8E6⑦：6）　23、24. 纺轮（TN7W1⑥：3、TN8E2⑧：1）　25. 器盖（TN8W1⑦：10）
26. 小罐（TN8E5⑦：2）（未注明质料者均为陶器）

小罐　TN8E5⑦：2，泥质灰陶。小口，束颈，肩以下残。口径6厘米（图五，26）。

盆　泥质灰陶。敞口，宽沿，方唇，深腹。可分为二式。

Ⅰ式：TN7W1⑥：1，口沿部分。折沿下卷。口径30厘米（图五，6）。

Ⅱ式：TN8E5⑦：1，口沿部分。宽平沿。口径29厘米（图五，7）。

鼎足　有泥质红陶、夹炭红陶两种。可分三式。

Ⅰ式：TN8E5⑥：2，夹炭红陶。宽扁足，足上部中央饰一指窝纹，下部残。最大宽
度10.4、残高13.2厘米（图五，17）。

Ⅱ式：TN8W1⑦：1，泥质红陶。宽扁足，足面饰四道戳印纹，下部残。最大宽度
5.8、残高4.4厘米（图五，16）。

Ⅲ式：TN4E3⑦：1，夹炭红陶。锥状足，足上部中央饰一指窝纹，下部残。最大宽
度8、残高14厘米（图五，4）。

纺轮　多为泥质灰陶，另有少量泥质红陶和黑陶。据棱边的形制和胎的厚薄分二式。

Ⅰ式：TN7W1⑥：3，泥质灰陶。厚胎，折棱边。直径2.6～3.1厘米（图五，23）。

Ⅱ式：TN8E2⑧：1，泥质灰褐陶。尖棱边。直径2～3.4厘米（图五，24）。

环　都只残存一部分，有泥质黄褐陶。泥质灰陶和泥质红陶。据环剖面分圆角方形、半圆形、扁圆形、圆形、三角形、椭圆形、长方形等七种（图五，9～15）。

（2）石器

发现很少，只有3件锛。TN8E6⑦：6，磨制。长方形，下端略宽，弧刃，顶部有敲打的痕迹。长6.5、肩宽4、刃宽5.4厘米（图五，22）。

（二）第二期文化遗存

1. 房址

1座（F3）。发现于TN7E1、TN7E2、TN8E1三个探方内，叠压在第4层下。这是一座保存比较完整的单间房址，呈不规则长方形，方向192°。南北长3.2、东西宽3、南面最大宽度3.6米。房址面积在8平方米左右。

F3的地层堆积可分为两层。上层为F3的废弃层，由红烧土墙倒塌后堆积而成，厚8～20厘米。在红烧土块中有大量的草茎、稻谷壳的炭化物。下层为房址基础层，由柱洞、门槛和居住面三部分组成。居住面为灰白色黏土，厚10～20厘米，居住面的土质明显比其周围土质坚硬，并有夯打加工修整的痕迹。在居住面的四周有13个深浅不一的柱洞。每个柱洞底部都垫有红烧土块或陶片。在D1和D13之间，有一块长90、宽28、厚10厘米的褐色黏土，夹有大量的草木灰，这是一块经过人工加工堆放的建筑材料，从其与整个房址的关系分析，当为房址的门槛，立于D1、D13的柱子应为大门的立柱。在居住面上没有发现任何遗迹现象，只清理了一些陶片和一件残石斧。在房址的北面发现一个柱洞（D7），作用不详（图六）。

2. 灰坑

共发现10个。均为不规则形，多利用自然低地堆积而成，主要分布在房址周围。如H73、H103、H106，分别位于F3的西、南面，这种灰坑显然是与住址有关的垃圾坑。

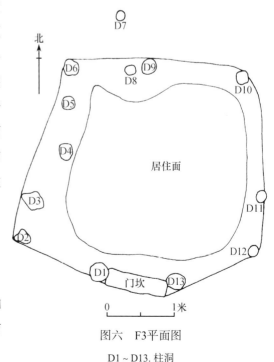

图六　F3平面图

D1～D13. 柱洞

灰坑长1~4米不等，深度为15~35厘米。填土为浅黄褐色黏土，夹少量的红烧土块。包含物主要是陶片，器形有碗、簋形器、罐、盆、陶环、鼎足等。

3. 遗物

有陶器、石器等。

（1）陶器

可分为泥质红陶、泥质黑陶、泥质灰陶、夹砂红陶、夹砂灰陶、夹炭红陶等六个陶系。其中以泥质黑陶为多，占陶片总数的32%，其次为夹砂红陶，占陶片总数的26%，泥质红陶占陶片总数的17%，泥质灰陶和夹炭红陶各占陶片总数的16%，夹砂灰陶最少，仅占陶片总数的9%。陶器以素面为主，纹饰有绳纹、方格纹、弦纹、附加堆纹。器形有鼎、碗、簋形器、折沿罐、小罐、豆、盆、罐、高圈足杯等。分述如下。

碗　H73：1，泥质灰陶。内折沿，敛口，斜弧腹，矮圈足。素面。口径21.6、圈足径10、高8.4厘米（图七，1）。

簋形器　H98：2，泥质灰陶。折沿，圆弧腹，矮圈足。素面。口径24.4、圈足径12、高24厘米（图七，8）。

折沿罐　仰折沿，束颈，溜肩，据沿面的区别可分为二式。

Ⅰ式：TN8E5⑤：1，泥质红陶。沿面较窄，下腹及底残。口径16.4、残高10.4厘米（图七，5）。

Ⅱ式：H87：1，泥质灰陶。沿较宽，沿面内凹，深垂腹，凹底。腹部饰三道凸弦纹。口径24、底径8.4、高20厘米（图七，7）。

小罐　H73：2，泥质黑陶。敞口，矮直领，圆鼓腹，平底。素面。口径4.4、底径6.4、高6.4厘米（图七，11）。

豆　H94：1，泥质灰陶。仰折沿，深盘，高圈足。盘的上部饰一周凹弦纹，下部饰一周凸弦纹，足上有镂孔。口径18.4、圈足径9.6、高12.6厘米（图七，2）。

盆　TN5E2⑤：1，口沿。泥质灰陶。卷沿，方圆唇。口径25.4厘米（图七，14）。

缸　敞口，深腹，厚胎，据口沿的不同可分为二式。

Ⅰ式：TN8W1⑤：1，口沿。夹砂红陶。颈部饰绳纹（图七，4）。

Ⅱ式：TN7E1⑤：2，口沿。夹砂红陶。直口，平沿。器表饰压印凸弦纹（图七，9）。

高圈足杯　TN4E3⑤：1，泥质黑陶。直口，方唇，喇叭形圈足。素面。口径8.8、圈足径8.4、高13.8厘米（图七，12）。

鼎足　有夹砂红陶、夹炭红陶两种。可分为二式。

Ⅰ式：TN8W1⑤：2，夹砂红陶。锥状足，足上部饰一指窝纹。足面上宽4.6、残高9.4厘米（图七，21）。

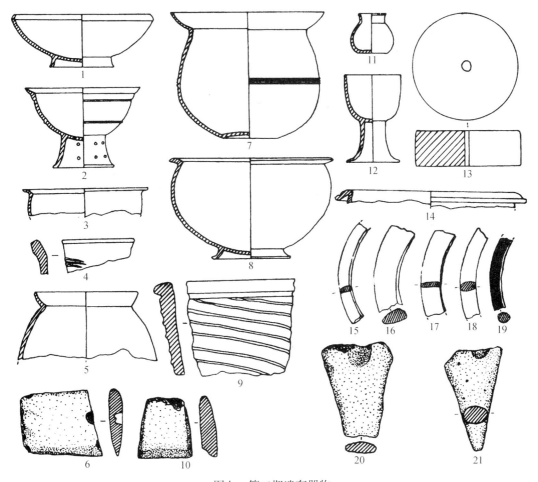

图七　第二期遗存器物

1. 碗（H73：1）　2. 豆（H94：1）　3、8. 簋形器（TN6E3⑤：2、H98：2）　4、9. 缸（TN8W1⑤：1、
TN7E1⑤：2）　5、7. 折沿罐（TN8E5⑤：1、H87：1）　6. 石刀（H89：1）　10. 石锛（TN5E4⑤：1）
11. 小罐（H73：2）　12. 高圈足杯（TN4E3⑤：1）　13. 纺轮（TN8E6⑤B：2）　14. 盆口沿（TN5E2⑤：1）
15～19. 环（TN8E4⑤：2、H93：2、TN8E6⑤B：1、TN8E6⑤：1、H93：3）　20、21. 鼎足（TN6E2⑤：1、
TN8W1⑤：2）（未注明质料者均为陶器）

Ⅱ式：TN6E2⑤：1，夹炭红陶。扁足，足部饰一指窝纹。足面上宽4.6、残高14.4厘
米（图七，20）。

环　均只残存一部分。有泥质黑陶、泥质灰陶、泥质红陶，有的陶环表面还施黑彩，
据环剖面可分为椭圆形、圆形、半圆形、长方形、三角形等五种（图七，15～19）。

纺轮　TN8E6⑤B：2，泥质灰陶。轮面平整。素面。直径4.2厘米（图七，13）。

（2）石器

发现很少，有锛、刀两种。

锛　TN5E4⑤：1，磨制。上窄下宽，平刃，顶部有打击痕迹。顶宽2.8、刃宽4.2、长
4.8厘米（图七，10）。

刀 H89：1，残，磨制。平刃，刀的中部有一未穿透的孔，刃部有使用痕迹。宽5.2、残长6厘米（图七，6）。

（三）第三期文化遗存

1. 灰坑

共发现24个。均为不规则形，灰坑大小不一，多利用自然低地，部分坑边进行过修整。长1～15米，有的大灰坑长度在10米以上。填土为黄褐色黏土，夹少量草木灰和红烧土块。灰坑中出土大量陶片，有些灰坑还出土石器。器形主要有碗、双腹豆、纺轮、陶环、石斧等。

H55 位于TN7E2、TN7E3、TN7E4、TN7E2、TN6E3、TN6E4、TN8E3、TN8E4八个探方内，开口于3层下，长10、宽5～7米，深10～15厘米。这是一块不规则的自然低地，使用前对坑的周壁进行过修整。坑底大致呈锅底状，不平整。填土为黄褐色黏土。灰坑中出土了大量陶片，以泥质灰陶为主，多为素面，纹饰很少，器形有豆、双腹豆、碗、盆、鼎、纺轮、陶环等。

2. 遗物

有陶器、石器等。

（1）陶器

可分为泥质红陶、泥质黑陶、泥质灰陶、夹砂红陶、夹砂灰陶、夹炭红陶等六种陶系。其中以泥质灰陶为多，占陶片总数的48%，夹砂红陶和泥质红陶次之，分别占陶片总数的16%和13%，夹砂灰陶占陶片总数的10%，泥质黑陶占陶片总数的8.2%，夹炭灰陶最少，仅占陶片总数的2.7%。陶器以素面为主，纹饰有绳纹、方格纹、戳印纹。器形有碗、双腹碗、簋形器、有领罐、折沿罐、双腹豆、盘、盆、壶、瓶、缸、器盖等。分述如下。

碗 H55：3，泥质灰陶。敛口，内折沿，斜弧壁，矮圈足。素面。口径20、圈足径10.4、高9.6厘米（图八，15）。

双腹碗 H88：1，泥质灰陶。敞口，方唇，上腹斜直，下腹为弧腹，圈足。上腹饰凹弦纹一周。圈足上有圆形镂孔。口径20、高10厘米（图八，14）。

簋形器 H54：2，泥质灰陶。卷沿，深弧腹，矮圈足。下腹饰三周突棱。口径28、圈足径10、高14.4厘米（图八，16）。

有领罐 H45：1，夹砂灰陶。直口，高领，溜肩，鼓腹，圜底。肩部饰绳纹。口径9.8、高18.4厘米（图八，2）。

折沿罐 H55：8，泥质灰陶。仰折凹沿，深腹，圜底。素面。口径17、高15.2厘米（图八，1）。

双腹豆　H45∶5，泥质黑陶。敞口，豆盘为双弧腹。下腹饰凸弦纹一周，圈足上有镂孔。口径20.4、圈足径11.6、高19.2厘米（图八，4）。

盘　TN8E1④∶2，泥质灰陶。斜弧壁，圈足较矮。素面。口径28、高9.6厘米（图八，6）。

盆　TS14E7W④∶1，泥质灰陶。平折沿，弧腹，平底。素面。口径34.4、高16.8厘米（图八，13）。

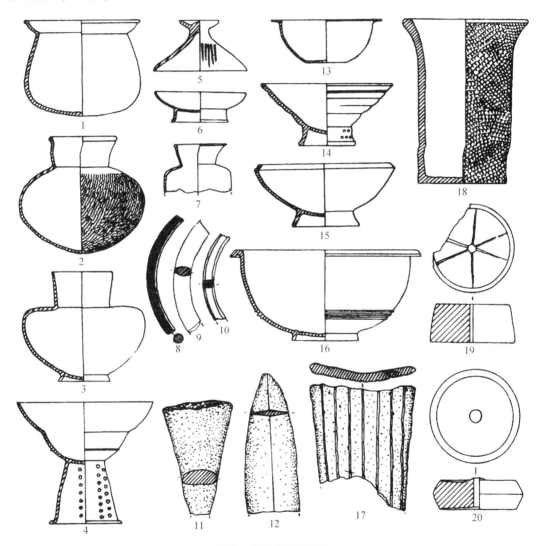

图八　第三期遗存器物

1. 折沿罐（H55∶8）　2. 有领罐（H45∶1）　3. 壶（H54∶1）　4. 双腹豆（H45∶5）　5. 器盖（H55∶2）

6. 盘（TN8E1④∶2）　7. 瓶（TS10E7④∶1）　8～10. 环（H104∶1、TN8E6④B∶1、H55∶10）　11、17. 鼎足
（TN8E6④∶4、TN8E1④∶7）　12. 石镞（H55∶11）　13. 盆（TS14E7W④∶1）　14. 双腹碗（H88∶1）
15. 碗（H55∶3）　16. 簋形器（H54∶2）　18. 缸（H45∶4）　19、20. 纺轮（H104∶2、TN8E6④B∶2）
（未注明质料者均为陶器）

壶　H54：1，泥质红陶。直口，高领，平肩，鼓腹，矮圈足。素面。口径9.6、圈足径8.4、高17.2厘米（图八，3）。

瓶　TS10E7④：1，泥质灰陶。敞口，斜直领，肩以下残。口径8、残高8厘米（图八，7）。

缸　H45：4，夹砂红陶，厚胎。喇叭口，深直腹，平底。通体饰方格纹。口径17.6、高26厘米（图八，18）。

器盖　H55：2，泥质红陶。纽面内凹。盖面饰稀疏篮纹。口径7.2、高4厘米（图八，5）。

鼎足　可分为二式。

Ⅰ式：TN8E6④：4，夹炭红陶。锥状足，足尖部分残。素面。上宽5.2、残高8.8厘米（图八，11）。

Ⅱ式：TN8E1④：7，泥质灰陶。宽扁足，足面呈"V"形。下部残。饰七道戳印纹。上宽8.2、残高9.6厘米（图八，17）。

纺轮　可分为二式。

Ⅰ式：TN8E6④B：2，泥质褐陶。轮边折出，两面平整。直径3.2～3.6、厚1.2厘米（图八，20）。

Ⅱ式：H104：2，泥质黑陶。剖面呈梯形，两面平整。在较小的一面上以穿孔为中心饰辐射状戳印纹。直径3.1～3.5、厚1.5厘米（图八，19）。

环　均为残件。有泥质红陶、泥质灰陶。有的还施有黑彩。据剖面不同可分为圆形、半圆形、三角形三种（图八，8～10）。

（2）石器

只发现1件石镞（H55：11）。两面磨制，剖面呈菱形，箭头有使用痕迹，下部残。最大宽度2.1、残长5.4厘米（图八，12）。

（四）第四期文化遗存

1. 房址

发现一座（F4）。位于TN5E5、TN6E4、TN6E5、TN7E5五个探方第2层下，为一曲尺形多间式地面建筑。方向202°。木骨泥墙。西面为一间大房，东面为两间或两间以上的小房，在大房与小房之间有一宽85厘米的门道（图九）。

大房：位于房址的西面，长约5、宽3.5米，房址的中部有一现代扰沟，东、南两面的墙基保存基本完整，残高4～8、厚10～25厘米。在东墙的南端留有宽60厘米的出口。墙中部有一直径20厘米的柱洞，与之相对应的西墙也发现一个柱洞，直径为22厘米。在房子东

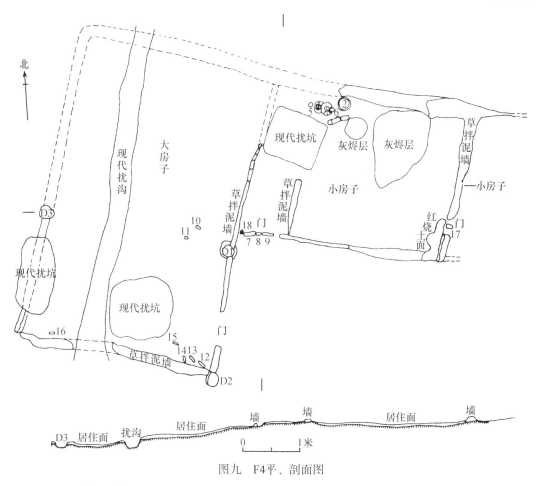

图九　F4平、剖面图

1. 豆　2. 罐　3. 条石　4. 碗　5. 杯　6. 石斧　7~9. 条石　10~17. 石器　18. 小卵石堆　D1~D3. 柱洞

南角也发现一个直径20厘米的柱洞，大房西墙的大部分和北墙全部都遭到破坏，但从西面小房的北墙可以推测其走向和位置。

小房：位于门道的东面，东西长3、南北宽2.6米。小房与门道之间有一道隔墙，厚12厘米，隔墙的北段被一现代扰坑破坏。在小房的西北角发现有4件倒扣在居住面上的陶器，为豆、罐、碗、杯。陶器的东西面有2大块灰烬层，在灰烬层与陶器之间有2块经过加工的条石，一块长70、另一块长30厘米。在灰烬层的范围内虽然没有发现灶台及炊具，但仍可以推测小房是厨房和饮食之地。小房北墙的一部分已遭破坏。北墙残长90、厚25~30、残高约10厘米。东墙保存比较完整，长2.6米，宽约20、残高8~10厘米。小房的北墙继续向东延伸，因距民宅太近，发掘工作只得中止。

门道：在大房与小房之间，宽85厘米，在门道出口发现有3块经过加工的条石，这3块条石很显然起到门槛的作用。门道与大房、小房之间用厚10~15厘米的泥墙隔开。门道的北部被一现代扰坑破坏。这个狭窄的门道在整个房址中的作用尚不清楚。

居住面：黄色黏土，厚5~8厘米，是人工填放的，经过打抹平整。

在房址内发现了大量的陶片，以泥质红陶为主，其次为泥质灰陶和泥质黑陶，还有少量的彩陶片。器形有小罐、盆、钵、盂形器、壶、器盖、杯等，多为素面。另外还发现纺轮17件，陶环3件（均残）。石器8件，其中石斧6件，另2件为辅助工具。

2. 灰坑

共发现30个。有不规则形和长方形两种。

不规则形灰坑　这类灰坑的特点是大小不一，大灰坑的长度在5米以上。小灰坑则很小，都是利用自然地形堆积而成。如H57，只长1米左右。有的灰坑只堆积红烧土块，陶片很少，有的灰坑出土陶片十分丰富，器形有纺轮、鼎足、鬶、豆、碗、盆、缸、器盖、杯等，还出土有石刀、石锛。

长方形灰坑　这类灰坑分布比较集中，排列有序，且都为人工挖成，十分规整，一般为长方形，个别呈不规则形，长70~100、宽50~60厘米（图一○）。灰坑填土中多掺杂草木灰、木炭、红烧土块，使整个灰坑填土成黑色。灰坑都很浅，一般深度为15~30厘米。包含物多动物骨渣，陶片不多，但多置完整陶器和大块陶片。

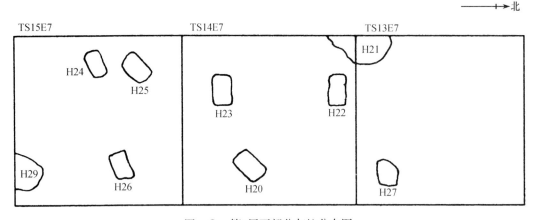

图一○　第2层下部分灰坑分布图

H16　位于TS10E7第2层下，平面近长方形，坑底呈锅底状。长85、宽70、深31厘米。填土为灰褐色黏土夹草木灰及少量红烧土块，土质疏松。灰坑中出土部分陶片和1件陶壶、1件高柄杯、1件小罐。

3. 遗物

有陶器、石器等。

（1）陶器

可分为泥质灰陶、泥质红陶、泥质黑陶、夹砂红陶、夹砂灰陶、夹砂黑陶、夹炭黑陶等七种陶系。其中泥质灰陶出土数量最多，占陶片总数的52%，夹砂红陶次之，占陶片总数的22%，泥质黑陶占陶片总数的10%，泥质红陶、夹砂灰陶、夹砂黑陶各占总数的4%，夹炭黑陶最少，仅占陶片总数的1%。陶器仍以素面为主，所见纹饰有绳纹、方格纹、附加堆纹、锥刺纹、人字纹等。器形有碗、有领罐、小罐、壶、钵、擂钵、盘、釜、高圈足杯、盆、豆、鬶等，分述如下。

碗　H69：1，泥质黑陶。卷沿，弧壁，矮圈足。素面。口径23.2、圈足径12、高12厘米（图一一，10）。

有领罐　H12：5，泥质红陶。直口，广肩，鼓腹，凹底。器表施黑衣，肩以下饰绳纹。口径11.2、底径6.8、高16.4厘米（图一一，2）

小罐　H16：3，夹炭夹砂灰陶。侈口，束颈，圆弧腹，小圜底。素面。口径9.2、高8厘米（图一一，19）。

壶　H36：2，泥质黑陶。口沿残，广肩，下腹内收成圜底，矮圈足。肩部饰一周凹弦纹和两组"〉"形细刻划纹。圈足径6.4、残高10厘米（图一一，20）。

钵　TS10E7③：1，泥质黑陶。敞口，深弧腹，凹底。口沿下部饰凹弦纹一周。口径18.8、底径6.4、高7.6厘米（图一一，3）。

擂钵　TS10E5③：1，夹砂灰陶。口沿残，深直腹，平底。腹部饰绳纹。残高16.4、底径9.6厘米（图一一，21）。

盘　H16：4，泥质灰陶。敞口，弧壁，圈足残。素面。口径26.4、残高6.4厘米（图一一，11）。

釜　TN6E3③：2，夹砂灰陶。折沿，溜肩，弧腹，最大腹径偏下，腹及底饰绳纹。口径14.4、高13.6厘米（图一一，1）。

高圈足杯　H57：2，泥质灰陶。仰折凹沿，斜直壁，杯体内收起折棱。圈足残。口径7.6、残高7.8厘米（图一一，18）。

盆　H80：2，泥质灰陶。折沿，深弧腹，圜底。素面。口径24、高12.8厘米（图一一，8）。

豆　H69：2，泥质灰陶。折沿，豆盘较深，圈足残。盘下部饰二道凸弦纹。口径21.4、残高13.6厘米（图一一，9）。

鬶　依颈的不同可分为二式。

Ⅰ式：H57：3，泥质红陶。长颈，宽把，袋足肥大。足上饰两组戳印纹。高24.4厘米（图一一，15）。

Ⅱ式：H36：1，泥质黑陶。短粗颈，袋足肥大，宽把。颈部饰凹弦纹。高21.6厘米（图一一，14）。

鼎足　有泥质红陶和夹砂红陶两种。分二式。

Ⅰ式：TN6E3③：4，泥质红陶。剖面呈"T"字形。足面饰附加堆纹和戳印纹。最大

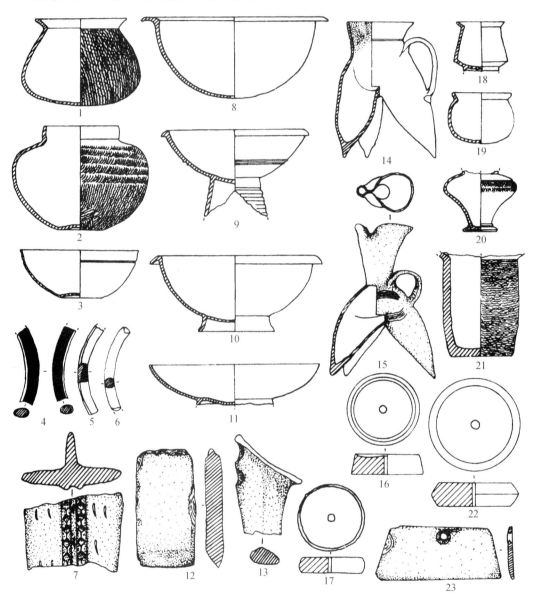

图一一　第四期遗存器物

1. 釜（TN6E3③：2）　2. 有领罐（H12：5）　3. 钵（TS10E7③：1）　4～6. 环（H112：1、TN8E4③：1、TN8E4③：5）　7、13. 鼎足（TN6E3③：4、TN8E1③：4）　8. 盆（H80：2）　9. 豆（H69：2）　10. 碗（H69：1）　11. 盘（H16：4）　12. 石锛（H90：1）　14、15. 鬶（H36：1、H57：3）　16、17、22. 纺轮（H57：6、TN7E3③：1、H67：3）　18. 高圈足杯（H57：2）　19. 小罐（H16：3）　20. 壶（H36：2）　21. 擂钵（TS10E5③：1）　23. 石刀（H67：4）　（未注明质料者均为陶器）

宽度8、残长6.2厘米（图一一，7）。

Ⅱ式：TN8E1③：4，夹砂红陶。锥状足。足上部中央饰两个指窝纹。残长8厘米（图一一，13）。

环　均只残存一部分，有泥质灰陶和泥质红陶，有的陶环表面施黑彩。依剖面的不同可分为圆形、长方形、三角形三种（图一一，4~6）。

纺轮　据轮边的不同，可分为三式。

Ⅰ式：TN7E3③：1，泥质红陶。弧边，两面平整。直径2.6、厚0.5厘米（图一一，17）。

Ⅱ式：H67：3，泥质红陶。折边，两面平整，素面。直径3.6、厚0.9厘米（图一一，22）。

Ⅲ式：H57：6，泥质黑陶。直边，剖面呈梯形。直径2.8、厚0.8厘米（图一一，16）。

（2）石器

发现很少，有刀、锛两种。

刀　H67：4，磨制。上窄下宽，体扁薄，平刃，上端中部有一穿孔。长9.4、宽4.2、厚0.4厘米（图一一，23）。

锛　H90：1，磨制。长方形，弧刃，顶部及两侧有打击痕迹。长8.4、宽4.8、厚1.4厘米（图一一，12）。

（五）第五期文化遗存

1. 窑址

共发现窑址2座。

Y1　叠压在TS11E7第1层下，打破2A层，大部分在TS11E7的东部，一部分延伸到TS11E8内，方向正东西，由火口、火膛、火道、窑室四部分组成。Y1的顶部被耕土层破坏，但形制基本上保存。呈椭圆形，从残存窑室的周壁看，Y1顶部呈弧形。陶窑的各部分均就生土挖成，然后抹一层草拌泥，经火长期烧烤，窑内周壁形成厚3厘米左右的烧结层，壁面呈弧形向内收。

窑门在窑室的西部，宽约60厘米。窑门内的火膛及窑室呈锅底状。

火膛及火道是一个整体，用陈放陶器的土台子将火道分成南北两股。火膛呈椭圆形，长径120、短径110厘米，在火膛内堆积有5~7厘米的灰烬层。火道宽20~50、长90~100厘米。

窑的东部为窑室，在窑室内的中央利用生土挖成一个长方形的土台子，土台的周壁涂抹一层草拌泥，经火长期烧烤后形成2~4厘米的烧结层。台面平整，是用来陈放陶坯的。土台子长80、宽30~45厘米。

两股火道在土台子两边依地势向上延伸，推测在窑室的东部顶端应有1~2个火道出口（图一二）。窑室内清理出少量陶片。

Y2 叠压在TN4E3的1层下，打破2~5层，呈不规则圆形，直径80~100厘米。由火口、火膛、十字形窑室和内火洞组成。窑的顶部呈弧形。窑室就地挖成后在周壁抹上一层草抹泥，经长期烧烤后形成1~3厘米的烧结层。

火口及火膛在窑的东部，大部分被破坏，火膛残存部分呈喇叭形，北壁残长53、南壁残长30厘米。火膛内堆积厚3~5厘米的草木灰灰烬层。

窑室的内部为宽12~30厘米的十字形空间，这个空间的外角各留有一个三角形的土台子，台面平整，用来陈放陶坯。在西北角的土台下，挖有一个长52、宽40、高15厘米的火洞，可能是用来陈放陶坯的（图一三）。

窑室内清理出一件陶纺轮和少量石家河文化中期的陶片，以灰陶为主，其次是夹砂红陶。

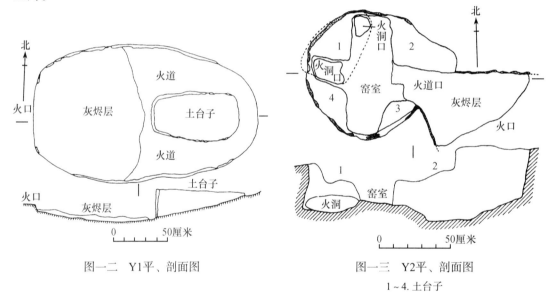

图一二　Y1平、剖面图

图一三　Y2平、剖面图

1~4.土台子

2. 灰坑

共发现灰坑28座，有不规则形和长方形两种。

不规则形灰坑　多是利用地势较低的凹地，长0.6~3米不等，深多在25~60厘米。填土中包含有少量的红烧土块，出土陶片以泥质灰陶为主，夹砂红陶次之。器形有罐、杯、豆、鬶、壶形器、碗、缸等。

长方形灰坑　长方形灰坑是这一期比较典型的遗迹，比较集中，呈南北向有序排列（图一○）。一般长75~90、宽50~60、深20~30厘米，个别长在1米以上。灰坑的包含物多草木灰、木炭、动物骨渣，或放置几件完整陶器，但坑中陶片很少。

H25 开口在TS14E7第1层下，打破2B层，坑壁垂直，底平整，坑壁及底均被火烧烤过。长75、宽50、深18厘米。灰坑填土呈黑色，土质疏松，夹大量的草木灰和一些动物肢骨，灰坑中清理石刀一件，还出土了少量陶片，器形有鬶、杯、罐等。

3. 遗物

有陶器、石器等。

（1）陶器

以泥质灰陶为多，占陶片总数的38.2%，泥质黑陶次之，占陶片总数的28%，夹砂红陶占陶片总数的13.8%，泥质红陶和夹砂褐陶各占陶片总数的4.6%和3.7%，夹炭陶最少，仅占陶片总数的1%。陶器以素面为主，主要纹饰有绳纹、弦纹、网格纹、刻划纹、指窝纹、附加堆纹、旋涡纹、戳印纹等，器形有有领罐、缸、盆、豆、器座、鬶、擂钵、鼎、碗、瓮、杯等。分述如下。

碗 TN4E2②：1，泥质黑陶。卷沿，深弧壁。矮圈足上饰凹弦纹一周。口径26、高10.4厘米（图一四，3）。

钵 H13：4，夹砂红陶。手制，厚胎。敞口，斜直壁，平底。器表有捏痕，素面。口径13.6、高11.6厘米（图一四，7）。

高圈足杯 TS10E4②B：1，泥质红陶。折沿，斜直腹，下腹近圈足处内收起折棱，圈足残。腹部饰一组刻划纹。口径7.2、残高8厘米（图一四，2）。

壶形器 H13：3，泥质黑陶。直领，溜肩，扁圆腹，假矮圈足。素面。口径6.4、底径6、高10厘米（图一四，6）。

盘 TN8E1②B：5，泥质灰陶。浅盘，圈足残。素面。口径30、残高4.4厘米（图一四，11）。

鬶 TN7E1②：1，泥质红陶。长颈，宽把。瘦袋足上饰锯齿状堆纹和旋涡纹。高21.6厘米（图一四，9）。

器座 TN6E4②：3，泥质黑陶。束腰。腰部饰四个等距离的圆形镂孔。口径18、底径18.4、高8厘米（图一四，5）。

小罐 TS11E5②：1，夹砂红陶。侈口，束颈，深直腹，平底。素面。口径6.2、底径4.6、高7厘米（图一四，8）。

有领罐 H13：1，泥质灰陶。矮直领，凹底。鼓腹上饰篮纹。口径10.4、底径7.2、高17.2厘米（图一四，1）。

折沿罐 TN7W1②B：1，口沿。夹砂灰陶。沿面内凹。肩部饰绳纹。口径14厘米（图一四，10）。

盆 TS11E6②C：1，泥质黑陶。折沿，沿面内凹，斜弧壁，凹底。素面。口径24、

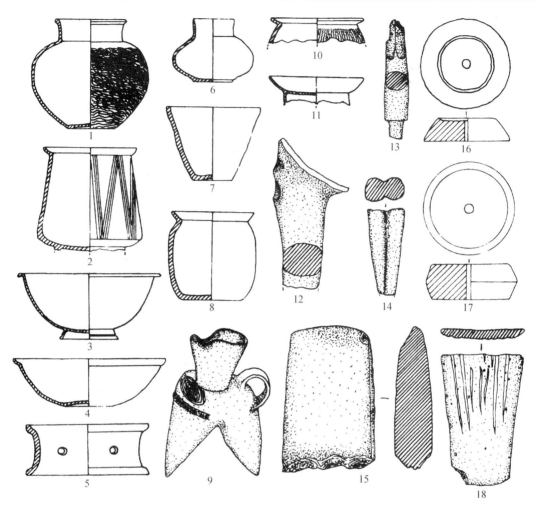

图一四 第五期遗存遗物

1. 有领罐（H13：1） 2. 高圈足杯（TS10E4②B：1） 3. 碗（TN4E2②：1） 4. 盆（TS11E6②C：1）
5. 器座（TN6E4②：3） 6. 壶形器（H13：3） 7. 钵（H13：4） 8. 小罐（TS11E5②：1） 9. 鬶（TN7E1②：1）
10. 折沿罐（TN7W1②B：1） 11. 盘（TN8E1②B：5） 12、14、18. 鼎足（TN8E1②A：1、TN5E2②：1、TN5E2②：2）
13. 石镞（TN7E2②：1） 15. 石斧（TN6E5②B：1） 16、17. 纺轮（TN5E2②：4、TN5E5②B：1）
（未注明质料者均为陶器）

底径7.2、高7.6厘米（图一四，4）。

纺轮 有泥质灰陶和泥质红陶，依剖面形制可分为二式。

Ⅰ式：TN5E2②：4，泥质灰陶。剖面呈梯形。直径2.2～3.4、厚0.9厘米（图一四，16）。

Ⅱ式：TN5E5②B：1，泥质红陶。棱边，两面平整。直径3～3.6、厚1.4厘米（图一四，17）。

鼎足 有夹砂红陶和泥质红陶两种，分三式。

Ⅰ式：TN5E2②：1，夹砂红陶。足两面各竖刻一深槽，横截面呈"∞"形。残长8厘米（图一四，14）。

Ⅱ式：TN8E1②A：1，夹砂红陶。锥状足。足上部中央饰两个指窝纹。残长16厘米（图一四，12）。

Ⅲ式：TN5E2②：2，泥质红陶。宽扁足。足面饰戳印纹。残长13.5厘米（图一四，18）。

（2）石器

发现很少，有斧和镞两类。

斧　TN6E5②B：1，磨制。长方形，刃部残，顶部有打击痕迹。残长11.4、宽7.2、厚3厘米（图一四，15）。

镞　TN7E2②：1，圆锥状，镞尖残。残长9.8、最大直径1.8厘米（图一四，13）。

三、墓　葬

共清理墓葬19座，多数墓葬分布在两处较为集中的墓葬区内（图一五、图一六）。除M1、M8、M13被砖厂取土破坏外，其余墓葬保存完好（附表）。墓坑排列整齐有序，头向为东向或东南向，除M2打破M6、M3打破M7外，其他墓葬之间无叠压打破关系。墓葬均为土坑竖穴，墓坑及地层关系都非常清楚。早期墓葬流行深埋，有的墓坑深达1.5米以上。如M5，深1.53米。大部分墓坑设有二层台，墓底有葬具的腐烂痕迹。

墓葬都为单人二次葬，骨架放置十分散乱，多不见头骨，有头骨的墓葬在随葬品方面也与其他墓葬没有差异。

每座墓葬都有随葬品，一般为10件左右，有的多达20件以上，如M14，随葬陶器30件。随葬品以陶器为主，陶器组合多为鼎、豆、罐、壶等，随葬的生产工具有陶纺轮、石

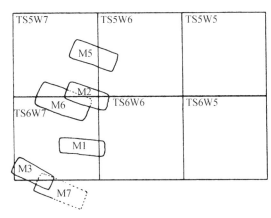

图一五　部分墓葬坑位示意图

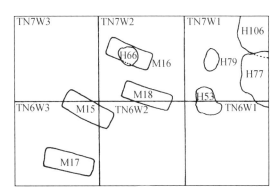

图一六　部分墓葬坑位示意图

铲、石镞、石锛、石刀等。陶纺轮与石器不在同一墓葬中共存。纺轮一般放在陶器比较集中的位置，石器则多放在二层台中部的内侧。下面举例说明。

M11 位于TS4W6和TS4W7两个探方内，墓葬的上部被砖厂取土破坏，清理部分的墓坑直接打破生土。此墓为长方形土坑竖穴，开口长3.05、宽1.3米，墓底长2.4、宽0.97、深1.1米。在接近墓底留二层台，宽8~40、高20厘米。墓坑填土为黄褐色黏土，土质比较纯净，只包含零星的红烧土颗粒和几块碎陶片。墓底有木质葬具的腐烂痕迹。葬式为单人二次葬，头骨放置在坑底东部，面朝东，骨架不完整，保存很差，很零散地放在坑底中部。随葬品较集中地放置在坑底西部，头骨两侧置一瓶和一盖碗。其他随葬品有豆4件，罐1件，鼎1件，杯2件，陶纺轮1件（图一七）。

M18 开口于TN6W2和TN7W2第3层下，打破生土。墓坑为长方形竖穴，方向东南。墓口长2.84、宽0.96、距地表深1.5米，墓底长2.08、宽0.4~0.5、距地表深2.12米，在墓坑底留生土二层台，宽22~50、高25厘米。填土为黄褐色黏土，夹少量的红烧土块、陶片。葬式为二次葬，人骨架只葬有上下肢，放置在坑底中部，保存很差，随葬品集中在墓坑西部，有鼎1件，豆4件，小罐3件。在骨架的东部置细颈壶和石铲各1件（图一八；图版一〇，1）。

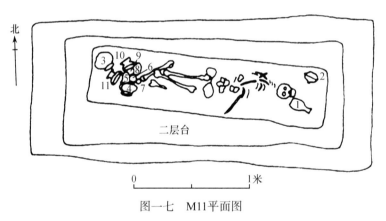

北

二层台

0   1米

图一七 M11平面图

1. 瓶　2. 盖碗　3. 罐　4、8、10、11. 豆　5. 鼎　6、9. 杯　7. 纺轮　12. 细颈壶（压在11下）

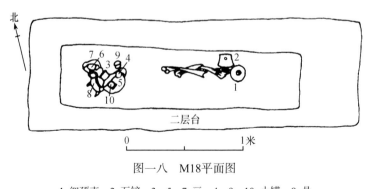

北

二层台

0   1米

图一八 M18平面图

1. 细颈壶　2. 石铲　3、5~7. 豆　4、9、10. 小罐　8. 鼎

M19 位于TN8E1第5B层下。长方形土坑竖穴，墓口长2.16、宽0.86米，墓底长1.95、宽0.74米，墓深0.3米。在墓坑近底的东西两侧有生土二层台。东侧二层台高16、宽4厘米，西侧高16、宽16厘米。墓中骨架主要集中在坑底中部。随葬器物有陶豆2、鼎1、曲腹杯1（图版一〇，2）。

下面分期叙述随葬品。

（一）第一期

以M2、M6、M7、M11、M19为代表。

1. 石器

共发现铲2件。M6：1，磨制，顶部打磨不平。上部正中有一穿孔，弧顶，弧刃。刃宽13.6、长22.4、厚1.2厘米。

2. 陶器

有小罐、杯、豆、深腹豆、瓶、细颈壶、曲腹杯、有领罐等。

小罐 M6：2，泥质黑陶。折沿，尖唇，下腹内折收成平底。素面。口径8.4、底径5.2、高6.9厘米（图一九，3）。

杯 M11：9，泥质灰陶。薄胎。敞口，斜壁，凹底。素面。口径8.4、底径4.4、高7.6厘米（图一九，4）。

豆 可分二式。

Ⅰ式：M11：8，泥质灰陶。矮圈足，浅盘，盘沿下折。素面。口径14.4、圈足径9.6、高7.6厘米（图一九，8）。

Ⅱ式：M2：2，泥质灰陶。宽沿外卷，沿盘交接处起折棱，圈足较高。口径20、圈足径10.4、高11.6厘米（图一九，9）。

深腹豆 M19：3，泥质黑陶。仰折沿，深腹。腹部饰凸弦纹一周，圈足上有圆形镂孔。口径16、圈足径9.6、高12.4厘米（图一九，7）。

瓶 M11：1，泥质灰陶。椭球腹，平底，口沿及颈部残。素面。底径5.2、残高13.6厘米（图一九，2）。

细颈壶 泥质黑陶。斜直口，长颈，平底。素面。可分二式。

Ⅰ式：M11：12，扁腹，下腹内折，底微内凹。口径4、底径6、高12.4厘米（图一九，5）。

Ⅱ式：M2：5，球腹，平底。口径4、底径5.6、高14.4厘米（图一九，1；图版一一，2）。

曲腹杯 M19：2，泥质灰陶。薄胎。敞口，曲腹位置偏下，下腹较直，矮圈足。素

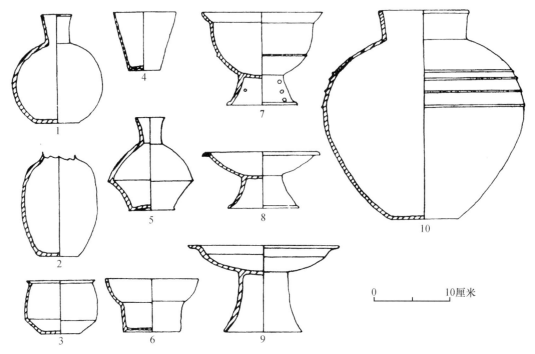

图一九　第一期墓葬陶器

1、5. 细颈壶（M2：5、M11：12）　2. 瓶（M11：1）　3. 小罐（M6：2）　4. 杯（M11：9）
6. 曲腹杯（M19：2）　7. 深腹豆（M19：3）　8、9. 豆（M11：8、M2：2）　10. 有领罐（M2：4）

面。口径12、圈足径7.2、高7.2厘米（图一九，6；图版一一，5）。

有领罐　M2：4，泥质灰陶。高领，鼓腹，凹底。腹上部饰凸弦纹四周。口径11.2、底径8.8、高28厘米（图一九，10）。

（二）第二期

以M3、M4、M5、M15、M16、M17、M18为代表。

1. 石器

有铲、锛、残石器等。

铲　5件。M17：1，磨制。弧刃，上部有一穿孔。肩宽12、刃宽14、高20、厚0.8厘米（图二〇，8）。

锛　3件。M17：2，磨制。顶部打击磨损，刃近平，单面刃。肩宽3、刃宽3.4、厚0.6厘米（图二〇，6）。

2. 陶器

有有领罐、豆、小罐、细颈壶、深腹豆、杯、纺轮等。

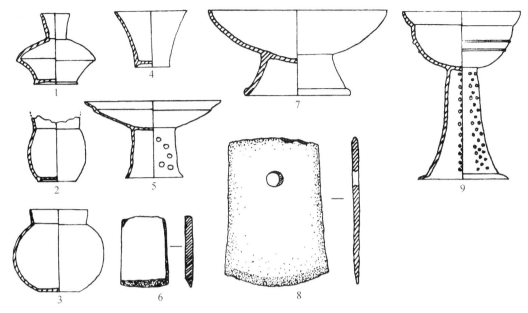

图二〇　第二期墓葬陶器

1.细颈壶（M5：5）　2.小罐（M16：5）　3.有领罐（M18：4）　4.杯（M5：4）　5.豆（M17：12）　6.石锛（M17：2）　7.豆（M16：3）　8.石铲（M17：1）　9.深腹豆（M5：2）（未注明质料者为陶器）

有领罐　M18：4，泥质灰陶。鼓腹，平底。素面。口径8、底径5.6、高11.2厘米（图二〇，3）。

豆　可分二式。

Ⅰ式：M17：12，泥质灰陶。浅盘，圈足上饰圆形镂孔。素面。口径18.4、圈足径8、高10.4厘米（图二〇，5）。

Ⅱ式：M16：3，泥质灰陶。口微敛，盘较深，圈足较矮。素面。口径24、圈足径14、高11.6厘米（图二〇，7）。

小罐　M16：5，泥质灰陶。口沿残。鼓腹，圈足。素面。底径4.2、残高8.8厘米（图二〇，2）。

细颈壶　M5：5，侈口，长颈，折腹，下腹内收，假圈足。素面。口径4、圈足径6、高9.6厘米（图二〇，1）。

深腹豆　M5：2，泥质黑陶。仰折沿，深腹。腹部饰凸弦纹两周，高圈足上满饰镂孔，部分镂孔没有穿透。口径15.2、圈足径12.4、高22.5厘米（图二〇，9）。

杯　M5：4，泥质灰陶。薄胎。侈口，斜直壁，圈足。素面。口径9.6、圈足径4.8、高7.5厘米（图二〇，4）。

纺轮　M4：3，泥质红陶。算珠形，已损。直径3.5、厚0.7厘米。

（三）第三期

以M12、M14为代表。随葬品均为陶器。

细颈壶　M14：3，泥质灰陶。鼓腹，凹底。素面。口径3.2、底径4、高11厘米（图二一，2）。

碗　M14：2，泥质灰陶。内折沿，敛口，斜弧壁，矮圈足。素面。口径19.8、圈足径9.2、高8.4厘米（图二一，6）。

鼎　M12：4，泥质灰陶。仰折沿，沿面内凹，深腹，圜底，腹最大径偏下，三锥状足。素面。口径8、高11.6厘米（图二一，7）。

豆　M14：10，泥质灰陶。浅盘。喇叭形高圈足上饰圆形和柳叶形镂孔。口径16.4、圈足径12、高18厘米（图二一，5）。

双腹豆　M14：12，泥质黑陶。侈口，双弧腹。下腹饰凸弦纹一周，圈足上饰镂孔。口径17.6、圈足径11.6、高19.6厘米（图二一，4；图版一一，6）。

有领罐　M12：1，泥质灰陶。仰折沿，沿面内凹，长颈，鼓腹，最大腹径偏上。上腹和肩部饰两组凸弦纹。口径13.6、底径9.6、高26厘米（图二一，9；图版一一，3）。

双腹鼎　M14：6，泥质灰陶。浅盘口，双腹，宽扁足。下腹近底处饰凸弦纹一周。口径15.2、高10厘米（图二一，8）。

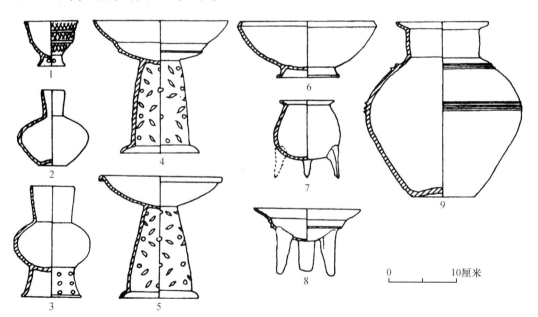

图二一　第三期墓葬陶器

1.杯（M14：13）　2.细颈壶（M14：3）　3.壶形器（M12：5）　4.双腹豆（M14：12）　5.豆（M14：10）
6.碗（M14：2）　7.鼎（M12：4）　8.双腹鼎（M14：6）　9.有领罐（M12：1）

壶形器 M12∶5，泥质黑陶。高直领，鼓腹，圈足。圈足上饰镂孔。口径6.4、圈足径8.8、高16.4厘米（图二一，3）。

杯 M14∶13，泥质灰陶。厚胎。平沿，斜直腹，圈足。腹饰网格纹和弦纹，圈足上饰镂孔。口径8、圈足径4、高6.6厘米（图二一，1）。

壶 M14∶5，泥质灰黑陶。细长颈，扁鼓腹，矮圈足。圈足上饰圆形镂孔。口径4、圈足径6.4、高10.8厘米（图版一一，1）。

（四）第四期

以M9、M10为代表。随葬品均为陶器。

器盖 M10∶2，泥质红陶。盖表施黑彩（大部分已脱落），鸟头状盖钮。口径5.2、高2.2厘米（图二二，6）。

杯 M9∶5，泥质灰陶。侈口，折沿，深腹，圈足。圈足上饰圆形、三角形和月牙形镂孔。口径9.6、圈足径4.8、高10厘米（图二二，2）。M9∶7，泥质灰陶。喇叭形，敞口，平底。杯身中部饰一周突棱。口径10、底径7.2、高13.4厘米（图二二，4；图版一二，1）。

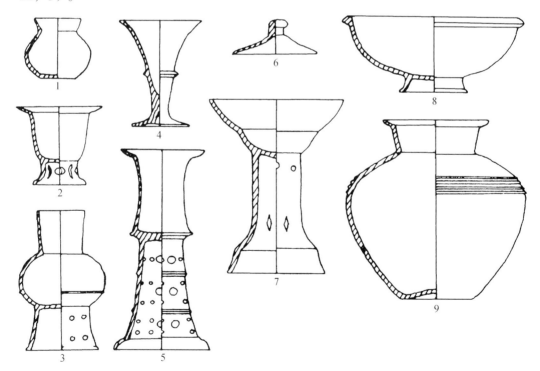

图二二 第四期墓葬陶器

1.小罐（M9∶10） 2、4.杯（M9∶5、M9∶7） 3.壶形器（M9∶2） 5.高柄杯（M9∶12） 6.器盖（M10∶2）
7.双腹豆（M9∶4） 8.碗（M9∶6） 9.有领罐（M9∶3）

碗　M9：6，泥质灰陶。敞口，尖唇，斜弧壁，矮圈足。素面。口径22.4、高9.6厘米（图二二，8；图版一二，6）。

双腹豆　M9：4，泥质灰陶。厚胎。敞口，双腹不太明显，高圈足底部起台座。圈足上饰镂孔。口径16.8、圈足径12.4、高22厘米（图二二，7；图版一二，2）。

有领罐　M9：3，泥质灰陶。仰折沿，沿面内凹，高领，广肩，凹底。肩部饰四道凸弦纹。口径12.8、底径5.2、高22.8厘米（图二二，9；图版一二，3）。

壶形器　M9：2，泥质黑陶。直口，长颈，鼓腹。下腹饰一道凸弦纹，高圈足上饰镂孔。口径5.6、圈足径9.2、高17.6厘米（图二二，3；图版一二，4）。

高柄杯　M9：12，泥质黑陶。宽折沿，深腹，腹中部内收。圈足上饰镂孔和弦纹。口径9.6、圈足径12、高25.2厘米（图二二，5）。M10：1，泥质灰陶。仰折沿，子母口，喇叭形高圈足。素面。口径5.6、圈足径5.2、高6.9厘米。有盖，盖为泥质红陶，鸟头状纽，盖面斜直。制作较粗糙，盖表有黑彩，大部分已脱落。口径5.6、高2.2厘米（图版一一，4）。

小罐　M9：10，泥质灰陶。侈口，长颈，鼓腹，平底。素面。口径3、底径2.4、高3.8厘米（图二二，1）。

高圈足罐　M9：1，泥质灰陶。折沿，沿面内凹，口微敛，鼓腹，高圈足，足上饰圆形、三角形及柳叶形镂孔。口径6、高13.2厘米（图版一二，5）。

四、结　语

根据地层叠压打破关系和陶器组合演变特点，我们将走马岭遗址划分为六期，各期的相对年代如下。

第一期：以第一期墓葬为代表。这批墓葬的开口都位于各探方最早的文化层之下，直接打破生土。随葬陶器为典型的大溪文化汤家岗类型，其中有领罐（M9：3）与王家岗遗址出土的同类罐（王M17：1）形制完全相同，曲腹杯（M19：2）与划城岗同类器（M60：40）也十分接近，小口细颈壶（M11：12）与车轱山同类器（M77：2）比较，无论从器物的外形，还是陶质陶色和制法上都有一致性。这些器形可以归入大溪文化汤家岗类型的第五期。

第二期：以遗址的第一期和第二期墓葬为代表。该期出土的细颈壶、三锥状足釜形小鼎、篦形器、泥质磨光黑陶鼎等器物在三元宫第二期墓葬、华容车轱山第三期墓葬和屈家岭第一期遗存中都有出现，在年代上也相当，我们把这一期划为屈家岭文化早期。

第三期：以遗址的第二期和第三期墓葬为代表。在第二期常见的矮圈足豆不见了，高圈足豆则多见，圈足上的镂孔由单一的圆形镂孔变得多样化，细颈壶的制法简单、粗糙，形制也不如第二期规范，逐步成为淘汰器形；双腹器开始出现，首先在鼎、豆的盘、腹中部折成双腹；壶形器成为常见器形。墓葬的位置也已偏离原来的墓地区域，向遗址的边缘迁移。这一期遗存从类型上看仍属于屈家岭文化的划城岗类型，相当于屈家岭文化的中期（关于屈家岭文化中期的提法，目前尚有争议，但从走马岭遗址第三期的陶器群看，第三期同第二期、第四期之间有比较清楚的发展关系。我们将在第四期中作进一步的分析）。

第四期：以遗址的第三期和第四期墓葬为代表。双腹器仍然保留，但双腹的形制已开始退化，不太明显；圈足盘开始常见；豆的圈足上开始起台座。一些屈家岭类型的典型器物如绳纹罐、直筒形缸、鼓肩壶形器开始在第四期多见，簋形器已很少见，开始被圈足碗所代替。一种新文化因素开始冲击到这里，该期在类型划分上既有划城岗类型的因素，也有典型屈家岭文化（屈家岭类型）的因素。从时代上看，第四期相当于屈家岭文化晚期。

第五期：以遗址的第四期为代表。从陶器群看，黑陶的数量明显减少，泥质灰陶和泥质、夹砂红陶占了绝对优势。陶鬶开始出现，擂钵、豆、平底钵等已经常见，将其同邓家湾、肖家屋脊、七里河等遗址的石家河文化遗存相对比，相当于石家河文化早期。

第六期：以遗址的第五期为代表。陶器仍以泥质灰陶为主，但器形上屈家岭文化的因素已逐步消失，鬶、罐、碗、杯、器座等作为主要器形大量出土，其时代相当于石家河文化中期。

走马岭遗址六期之间是互相衔接的，经历了大溪文化（晚期）→屈家岭文化（早、中、晚三期）→石家河文化（早、中期）的连续发展过程，特别是屈家岭文化早、中、晚三期的发展特点，在地层和墓葬中都得到了清楚的反映。以双腹豆为例，早期，深腹豆和浅盘豆均为主要器形，但双腹没有出现。到了中期，豆盘的中部开始有折棱、盘内形成双弧腹，地层中也常见，双腹更为成熟，圈足加粗，饰柳叶形和圆形镂孔，足底的外折部分加高。晚期豆盘的双腹弧度已不十分明显，更像是改浅盘为深盘。圈足上的镂孔变得单调、稀疏，但圈足底部外折隆起成明显的台座。

走马岭遗址陶器的组合特点和发展变化，让我们对屈家岭文化和石家河文化之间的接触、交流、发展有了更加深入的了解。首先是两个文化类型（划城岗类型和屈家岭类型）的融合，继之而来的是石家河文化的全面发展。

走马岭遗址出土的墓葬具有较多的共性，墓坑方向多为东西向，坑底一般有二层台，人骨架集中在坑底中部，多数不见头骨，有头骨的放置在墓坑东部。在随葬品方面，陶器组合基本一致，结合对人骨架的分析，男性一般随葬有石器，女性随葬有陶纺轮，但石器和纺轮绝不同出一墓。这种现象说明，男女两性已有了明显的分工，"男耕女织"成为典型的社会群体构成，这些都为我们研究该遗址的社会组织结构和埋葬习俗提供了重要的资料。

遗址第四、五期常见的小长方形灰坑，是一组非常特殊的灰坑。应是人工有意识地挖成，每个灰坑都十分规整，排列有序。填土多与草木灰、木炭混杂，包含物中有较多的动物骨渣，陶片很少，有些坑内放置完整陶器。这种灰坑已不是简单的垃圾坑，可能与祭祀等宗教活动有关。

需要提及的是，在走马岭遗址考古发掘期间，我们对该遗址所在的高地及周围两千米的范围内进行了全面踏勘，结果发现这是一处单一的新石器时代晚期遗址，遗址所在地虽不太规则，但大致呈长方形，且明显地高于四周低地，特别是北、西、南三面，在遗址的边缘，有比较清楚的人工堆筑迹象，以"砚盘山"最为典型，像一道土城垣建立在遗址的外围。为弄清楚走马岭遗址的地层堆积全貌，我们于1992年秋季对"砚盘山"进行了解剖。

"砚盘山"4个探方的发掘，取得了重大收获，让我们对走马岭遗址有一个全新的认识，在遗址的第二期，走马岭人在遗址的外围依地形修筑了一圈土城垣，城垣高4~5、宽20~27米，因筑城取土在城外形成一条宽25~30米的壕沟。城址东西最大长度为370、南北最大宽度为300米，总面积约7.8万平方米。走马岭城址始建时代相当于屈家岭文化早期，使用年代为屈家岭文化早、中期，到屈家岭文化晚期已逐渐废弃（"砚盘山"的发掘成果将另文发表）。走马岭城址的发现，为我们研究长江中游新石器时代晚期的原始文化提供了重要的考古资料。

附记：走马岭遗址的发掘和研究得到了国家文物局、湖北省文化厅、石首市政府的大力支持，张绪球先生给予发掘和研究工作以诸多支持和关怀，在此一并致谢。

走马岭遗址的考古发掘工作由荆州博物馆主持，领队是张绪球先生。1990年上半年由张绪球先生主持工地发掘，其余各次和整理研究工作由陈官涛主持。参加发掘工作的有荆州博物馆尹弘兵、何驽、贾汉清、张万高、朱江松、武家璧、郑中华、刘中标，石首市博物馆覃文煊、戴修正、彭涛、程欣荣。参加资料整理工作的有荆门市博物馆龙永芳同志。尹弘兵和龙永芳参加了遗址和墓葬两部分的编写工作，其余部分和通稿工作由陈官涛完成。本文的插图由陈官涛、宋健波绘制，照片由金陵拍摄。

执笔：陈官涛

附表　走马岭遗址墓葬登记表　　　　　　（长度单位：厘米）

墓号	方向（度）	葬式	墓坑尺寸（长×宽-深）	随葬品	分期
M1	190	二次葬	（底）250×90	已被砖厂取土破坏	不明
M2	110	仰身屈肢二次葬	（口）260×100 （底）240×90-84	陶鼎1、有领罐1、罐1、豆4、器盖1、小罐2、细颈壶1、深腹罐1、石铲1	第一期
M3	190	仰身屈肢二次葬	（底）220×85	陶鼎1、豆4、壶1、瓶1、石铲1、锛1（骨架下）、残石器1	第二期
M4	90	二次葬	（底）150×62	陶纺轮3、罐2（残存，砖厂取土破坏）	第二期
M5	113	侧身屈肢二次葬	（口）276×105 （底）235×47-153	陶鼎1、器盖2、Ⅰ豆2、Ⅱ豆2、细颈壶1、壶1、小罐1、杯1、深腹豆1、石器1、铲1	第二期
M6	115	仰身屈肢二次葬	（口）275×112 （底）235×55-135	陶鼎1、豆2、小罐2、器盖2、Ⅰ细颈壶1、Ⅱ细颈壶2、石铲1	第一期
M7	不明	不明	已遭破坏	陶鼎1、豆4、瓶2、罐2（残存）	第一期
M8	80	不明	（残底）200×60	已被砖厂取土破坏	不明
M9	180	二次葬	（口）210×72 （底）205×70-20	陶双腹豆3、豆5、壶1、扁腹壶1、盂1、碗1、器盖1、有领罐1、小罐1、高柄杯1、杯2、壶形器1、高圈足罐1	第四期
M10	160	不明	（口）115×46 （底115×46-20	陶带盖高柄杯1、杯1、罐2、小罐1、双腹碗1、豆1	第四期
M11	110	二次葬	（口）305×130 （底）240×97-110	陶鼎1、瓶1、碗1、器盖1、罐1、豆4、杯2、细颈壶1、纺轮1	第一期
M12	115	二次葬	（底）215×75-30	陶鼎1、双腹豆1、碗2、杯2、盆1、罐4、壶3、器盖1、有领罐1、壶形器1	第三期
M13	不明	不明	不明	此墓已遭砖厂破坏	不明
M14	100	二次葬	（底）204×68-30	陶双腹鼎1、细颈壶1、壶3、杯3、豆17、罐2、双腹碗1、碗1、小罐1、双腹豆1	第三期
MI5	90	二次葬	（口）290×110 （底）275×60-50	陶鼎1、豆3、罐1、小罐1、细颈壶1、壶1、石铲1、锛1、骨器1，狗骨架一副	第二期
M16	110	二次葬	（口）251×113 （底）229×66-79	陶鼎1、豆4、细颈壶1、小罐1、杯1	第二期
M17	125	二次葬	（口）290×105 （底）236×50-70	陶鼎1、豆4、细颈壶1、壶1、器盖1、小罐2、杯1、石铲1、锛1	第二期
M18	115	二次葬	（口）264×96 （底）208×45-62	陶鼎1、豆4、细颈壶1、小罐3、有领罐1、石铲1	第二期
M19	120	二次葬	（口）216×86 （底）195×74-27	陶鼎1、豆2、曲腹杯1、深腹豆1	第一期

（原文刊于《考古》1998年第4期）

湖北公安鸡鸣城遗址的调查

荆州博物馆

1996年1～2月间，荆州博物馆贾汉清到湖北省公安县对新石器时代遗址进行重点调查。这次调查的目的有两个：一个是寻找相当于城背溪文化的遗址，另一个是寻找新石器时代的古城。由于我们自始至终都对第二个目的比较重视，因此第一个目的可以说完全没有达到。在县博物馆陈小明先生的大力协助下，笔者查阅了相关的文献资料，并对以前调查出来的新石器时代遗址及文献记载中与"城"字有关的地名进行了实地考查。鸡鸣城遗址就是这样被发现的。之后，笔者又先后两次陪同本馆专家学者到遗址进行进一步的论证。在调查及论证过程中，本馆的张绪球、刘德银、何驽先生，公安县博物馆领导等都给笔者提供了很大的帮助，在此特致谢忱。

一、鸡鸣城的由来

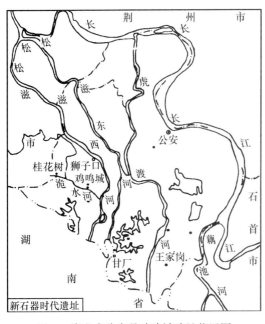

图一　湖北省公安县鸡鸣城遗址位置图

在清代同治年间（1862～1874年）编成的《公安县志》上被称为"古迹"而又与"城"字有关的地名将近十处，其中有两个"鸡鸣城"："一在谷升里，一在东村里。皆城径里余，沟垒俱整。"[1] 查当时的公安县全境图（图二）可以看到，谷升里在县境西北，东村里在县境西南。

十分巧合的是，在十多年前编成的《湖北省公安县地名志》[2] 上，我们却找到了两个"鸡叫城"，一个在狮子口镇双剅乡龙船嘴村，一个在孟溪镇甘厂乡青河村，地望与清代的两个"鸡鸣城"基本相符而且名称相同，因此我们可以将它们一一对应——龙

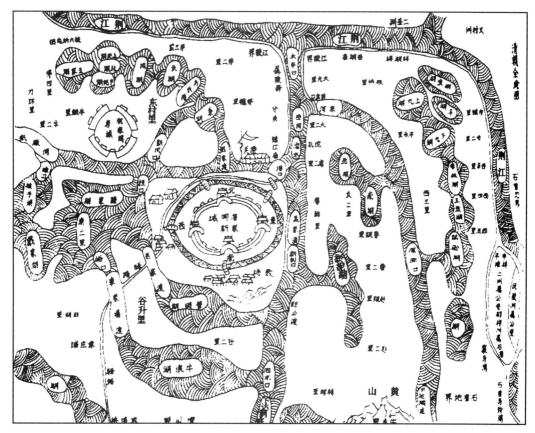

图二　清代公安县全境图（据同治年间《公安县志》）

船嘴村和青河村的"鸡叫城"，分别就是谷升里和东村里的"鸡鸣城"。

但是，我们先后两次来到青河村的鸡叫城，却没有看到任何新石器时代的文化遗物，即使是汉代以后的也不多见。实地钻探表明，它实际上只是一个自然形成的土岗，因为形状像城而致讹传。而龙船嘴村的鸡叫城却完全满足作为新石器时代古城的一切条件（详后）。为了与湖南省澧县的鸡叫城相区别，依照古人的说法我们在此恢复其鸡鸣城的称谓（图一）。

二、自然地理状况

鸡鸣城所在的公安县地处江汉平原和洞庭湖平原两大地理单元之间的衔接地带，西、北、东三面分别与湖北省松滋市、荆州市和石首市接壤，西南和南面与湖南省澧县和安乡县毗邻。除西南和南部有小面积的低山丘陵外，全县大部分地区以地势低洼的平原为主。境内大小河流纵横交错，湖泊星罗棋布。长江自西北向东南流经其东北边境，境内比较大型的河流，如藕池河、虎渡河、松滋东河和松滋西河等都是历史上长江干堤决口而形成的，并直接或间接地注入洞庭湖[3]。由此可见，该县在历史上是个洪水灾害极其严重的地区。出于防洪的目的，长期以来公安的居民在大大小小的河流两岸及城镇居民点的周围营建了为数众多的防洪堤和排水渠，堤内的安全地带一般被称为"垸"。鸡鸣城就位于合顺大垸的南部，这个大垸是由涴水河北堤和松滋西河西堤所围成的。

三、古城现状

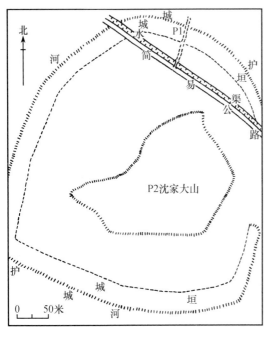

图三　鸡鸣城遗址平面示意图

古城坐落在一个狭小的平原上，东北不远处为低矮的缓丘，南距涴水河约2千米，东北距公安县城约30千米。GPS测定的地理坐标为北纬29°55′41.6″，东经111°59′3.8″。

城址大致呈不规则的椭圆形，略从东北向西南走向，东南和西南角有明显的转折。南北最大距离约500米，东西约400米，面积约15万平方米。一条水渠和简易公路横贯城址的北部，将城址分割成南北两部分（图三）。城垣大都保存较好，仅东北部缺失。城垣周长约1100米，顶宽约15、底宽约30米，一般高出城内外2~3米，西北部城垣更高出城垣其他部位1米左右。城垣外面的护城河（图版一三，1）除东部痕迹不明显外，其他部位基本连成一体，周长约1300米，宽20~30米，深1~2米。城门不详。

现代居民都居住在城垣上。北垣北侧因一户居民建房而新挖开了一条东西向的剖面（图三P1），长约20米。在这里我们发现了夹在城垣中的文化遗物。剖面中段偏下部（图版一三，2），有泥质红胎黑皮陶的平折沿豆盘类的口沿残片；东段偏上部可见极其明显的一层一层的人工堆筑痕迹（图版一三，3），至少有7层之多，内含稀少的红烧土颗粒和细碎而粗糙的泥质红陶片，器形难以辨认。

城址中部有一块高出周围约1米的台地，当地人称为沈家大山，面积约4万平方米（图三P2）。台地上文化遗物非常丰富，文化层堆积厚度约2米。台地西北面的稻田里因为地层遭受破坏，耕土层下就可见大面积的红烧土堆积。

四、年代推测

城址范围内采集到的文化遗物如下：

豆盘类　口沿和圈足残片各一。P1：1，口沿残片，泥质红胎黑皮陶，平折沿尖唇，浅腹，口径约20厘米（图四，1）。P2：1，足部残片，泥质黑陶，下部外撇起台，饰凸透镜状镂孔组成的花瓣纹，圈足径约13、残高4.2厘米（图四，2）。

缸　口沿和腹部残片各一。P2：2，口沿残片，粗砂红陶，直口方唇，唇面上可见两周凹槽，腹部饰交错的压划纹，胎较厚，口径约50、残高约4.8厘米（图四，3）。P2：3，腹部残片，粗砂灰陶，胎较薄，外表饰篮纹和附加堆纹（图四，4）。

钵类　两件，皆口沿。P2：4，细砂红陶，内折沿方唇，口径21.6、残高2.4厘米（图四，5）。P2：5，泥质灰陶，直口方唇，唇面下凹，深弧腹，外表饰两条一组的纵向浅划纹。口径17.6、残高3.6厘米（图四，6）。

鼎足　1件（P2：6）。夹砂红陶，柱状，残高8厘米（图四，7）。

高脚杯　1件（P2：7）。泥质红陶，口部残，卵形腹，高实心足下部起台，底部可见模糊的螺旋线纹，足径4.4、残高6厘米（图四，8）。

壶　1件（P2：8）。口沿残片，泥质灰陶，高弧领，方唇，口径8、残高4.6厘米（图四，9）。

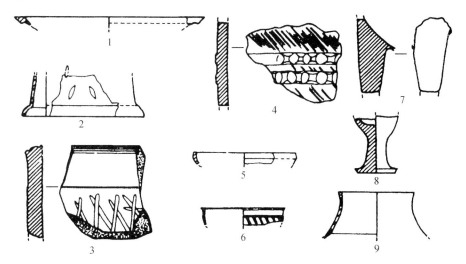

图四　鸡鸣城遗址采集陶器标本

1、2.豆盘（P1：1、P2：1）　3、4.缸（P2：2、P2：3）　5、6.钵（P2：4、P2：5）　7.鼎足（P2：6）
8.高脚杯（P2：7）　9.壶（P2：8）

　　以上器物中，饰交错压划纹的粗砂红陶厚胎缸（P2∶2）是屈家岭文化早期的标准器之一。圈足饰花瓣形搂孔的豆盘类（P2∶1）与阴湘城遗址屈家岭文化早期的同类器形极其相似[4]，在年代上或应相当。足部起台的泥质红陶高脚杯（P2∶7）和篮纹附加堆纹缸片（P2∶3），流行于阴湘城等遗址的屈家岭文化晚期[5]。石家河文化早期的高脚杯，其足部为扁平状，见于桂花树[6]、阴湘城等遗址。据上述可以大体上推测，鸡鸣城中部沈家大山台地的年代为屈家岭文化时期，至少其主体遗存应属于这一阶段。当然，也不排除有更早或更晚遗存的可能性。

　　北城垣中采集到的泥质红胎黑皮陶豆盘类口沿（P1∶1），与湖南澧县三元宫遗址[7]的屈家岭文化墓葬中所出圈足盘（M2∶9）口沿极其相似。据张绪球先生研究，三元宫遗址M2的时代为屈家岭文化早期[8]。因此，鸡鸣城北城垣的建筑年代应不早于这一阶段。另据赵辉先生等研究，泥质红胎黑皮陶为屈家岭文化陶器的烧造特征之一[9]。再结合以上对城址中部台地遗存的分析，我们有理由认为，鸡鸣城城垣的始建年代为屈家岭文化时期。

五、结　　语

　　据1989年荆州地区的文物普查材料，公安县境内共发现了八处新石器时代遗址，其中经过正式发掘的只有桂花树（在公安、松滋两县交界处）和王家岗遗址[10]两处。这两个遗址的文化堆积都以大溪文化遗存为主，但屈家岭、石家河文化遗存也有零星发现。本次重点调查由于时间等关系，除发现鸡鸣城遗址外，仅在城址以南约2千米的淤水河北岸发现一处小型遗址。由于长期的洪水泛滥，公安县境内特别是松滋西河以东地区普遍覆盖着厚度不等的洪积层，给考古调查带来很大困难。事实上，以往发现的遗址中，有不少都是因水利工程或河湖水位下降而发现的。因此，我们有理由相信，该县境内一定埋藏有更多的新石器时代遗址，鸡鸣城周围也一定有不少遗址等待我们去发现。在目前所知的这十处遗址中，王家岗遗址的面积仅次于鸡鸣城遗址，但也只及后者的五分之二。显而易见，鸡鸣城遗址在这群遗址中居于举足轻重的地位。

　　在鸡鸣城中部发现有大面积的红烧土堆积，表明这一带是史前古城居民的居住区。而现代当地居民的住宅都在城垣上，它们的地基都要高于红烧土堆积2米以上。这至少表明，史前当地的居民不必像今天的人们一样为一年一度的洪水威胁所困扰。

　　由于鸡鸣城遗址的发现，目前类似的暴露于地表之上的新石器时代古城聚落在长江中游地区已有七处之多[11]。它们在年代上有早晚，面积上有大小。鸡鸣城在其中到底处在一个什么样的地位，则有待于今后科学的发掘和研究。

执笔：贾汉清

注　释

［1］　《公安县志》，清同治十三年编纂，1983年公安县志办公室翻印本。

［2］　公安县地名委员会办公室编：《湖北省公安县地名志》，1984年（内部发行）。

［3］　公安县志编纂委员会编：《公安县志》，汉语大词典出版社，1990年。

［4］　荆州市荆州博物馆：《湖北省荆州市阴湘城遗址1995年度发掘简报》，《考古》待刊。

［5］　荆州博物馆发掘材料。

［6］　荆州地区博物馆：《湖北松滋桂花树新石器时代遗址发掘简报》，《考古》1976年第3期。

［7］　湖南省博物馆：《澧县梦溪三元宫遗址》，《考古学报》1979年第4期。

［8］　张绪球：《长江中游新石器时代文化概论》第197页，湖北科学技术出版社，1992年。

［9］　石家河考古队：《石家河遗址群调查报告》，《南方民族考古》第五辑，四川科学技术出版
社，1992年。

［10］　荆州地区博物馆：《湖北王家岗新石器时代遗址》，《考古学报》1984年第2期。

［11］　张绪球：《屈家岭文化古城的发现和初步研究》，《考古》1994年第7期。该文只涉及五处古
城，另一处是前面提到过的湖南省澧县的鸡叫城。

（原文刊于《文物》1998年第6期）

湖北公安、石首三座古城勘探报告

荆州市文物考古研究所
公 安 县 博 物 馆
石 首 市 博 物 馆

  湖北省公安县和石首市位于江汉平原的南部边缘，南与湖南省洞庭湖西北部的澧阳平原相接。这里地势低下，水网密布，是著名的鱼米之乡。

  公安县位处荆州市的南部，西有松滋市，东北有江陵县，东有石首市，南边与湖南省的澧县和安乡县接壤。长江流经县境的北部和东部边界，境内的主要河流，自东向西有藕池河、虎渡河、松滋东河和松滋西河等，都是历史上长江溃堤时形成的，向南注入洞庭湖，至今仍是长江向洞庭湖输送水流的重要通道。以虎渡河为界，可将全县分为两部分。虎渡河以东地区是以平原低地为主的地形，虎渡河以西尤其是西南部一带则是以丘陵岗地为主的地形。

  石首市位于荆州市东南部，西有公安县，北有江陵县和监利县，东面和南面与湖南省的华容县和安乡县接壤。长江从西北境向南流入，折而向东穿过中部，有"九曲回肠"之称。以长江为界，江北是由长江及其故道所携带的泥沙淤积而成的冲积平原，江南则是由低矮丘陵与湖泊构成的以低山、丘陵和岗地为主的地形。

  2004年7月，我们对公安县的鸡鸣城、青河城两座古城和石首市走马岭古城附近与之相关的屯子山、蛇子岭进行了考古调查和勘探，并利用GPS和电脑技术对三座古城进行了地形图的草测工作，取得了一些新的发现。

  我们采用的勘探方法是将GPS测点与铲探点进行一一对应，选取其中任一测点作为原点（一般为第一个测点或探点），站在其他探点或测点上用GPS仪测量该点到原点的距离和方位角，并在笔记本上记录下来。回到室内后，在电脑上利用PHOTOSHOP软件将所有的点按一定比例（如1∶1000）制作成图。现将调查和勘探的结果报告如下。

一、鸡　鸣　城

　　鸡鸣城遗址位于公安县狮子口镇王家厂村四组和龙船嘴村一组的交界处，在公安县城西南约25千米，南面约2千米为人工裁直后的涴水河（图一）。1996年在文物调查中发现[1]。

　　我们此次的调查和勘探以城西北角的GPS探点——118点为原点，按逆时针方向沿着城垣进行。勘探和测量的基本数据见表一。

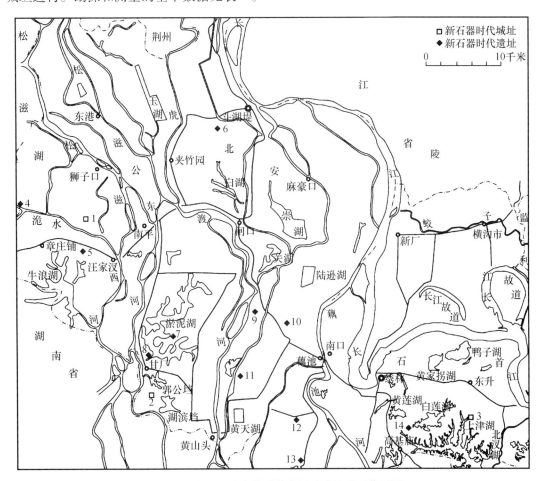

图一　公安、石首史前时代古城及遗址地理位置图

城址：1. 鸡鸣城　2. 青河城　3. 走马岭（屯子山、蛇子岭）　遗址：4. 桂花树　5. 伏虎山　6. 分泉岗　7. 郑家岭
8. 七里庙　9. 下李岗　10. 陈守岗　11. 王家岗　12. 扈家岗　13. 广滕岗　14. 城濠岗

　　从地形图（图二）上看，鸡鸣城一带的海拔高程为36～40米（黄海高程系，下同）。图中鸡鸣城的大体形状已基本可以看出。图中显示出北城垣、西城垣南段和南城垣，以及城垣外的护城壕。

表一　鸡鸣城遗址探测记录表

测点或探点	地理坐标	测量记录	勘探记录
118	N29° 55.645′ E111° 59.070′	此点为测量原点	淤土-灰花土-黄花土，0.7米下见褐黄生土
119	N29° 55.618′ E111° 59.045′	73.9米，041度（去118点，下同）	表土下为花土
a		103 米，020 度	
b		219 米，023 度	
c		259 米，024 度	
120	N29° 55.475′ E111° 58.999′	330 米，021 度	表土下为花土
d		371 米，017 度	
121	N29° 55.456′ E111° 59.000′	369 米，018 度	表土下为花土
e		381 米，014 度	
122	N29° 55.436′ E111° 59.040′	391 米，006 度	0.5米下为花土
f		436 米，354 度	
g		454 米，346 度	
h		466 米，340 度	
123	N29° 55.423′ E111° 59.211′	470 米，330 度	地表为褐花土，0.8米下为白膏泥土， 1.2米下为褐花土
i		499 米，325 度	
124	N29° 55.427′ E111° 59.245′	491 米，324 度	
125	N29° 55.460′ E111° 59.242′	441 米，321 度	
126	N29° 55.497′ E111° 59.272′	425 米，320 度	1米下见花土
127	N29° 55.514′ E111° 59.271′	403 米，309 度	地表1.5米下仍为灰淤土
128	N29° 55.543′ E111° 59.278′	385 米，299 度	
129	N29° 55.560′ E111° 59.265′	351 米，296 度	表土下为花土
130	N29° 55.555′ E111° 59.258′	354 米，298 度	表土下为花土

续表

测点或探点	地理坐标	测量记录	勘探记录
j		364 米，297 度	
k		361 米，295 度	
l		360 米，293 度	
131	N29° 55.577′ E111° 59.264′	337 米，292 度	表土下为花土
m		328 米，290 度	
132	N29° 55.595′ E111° 59.219′	283 米，287 度	表土下为花土
133	N29° 55.622′ E111° 59.231′	263 米，280 度	表土下为花土
n		210 米，266 度	
134	N29° 55.660′ E111° 59.188′	185 米，263 度	表土下为花土
135	N29° 55.659′ E111° 59.166′	155 米，260 度	表土下为灰土（文化层）
136	N29° 55.663′ E111° 59.163′	146米，257度	表土下为花土，据云已挖去1米
137	N29° 55.671′ E111° 59.131′	109 米，245 度	表土下为花土
0		55.6 米，220 度	
138	N29° 55.672′ E111° 59.084′	53.6 米，207 度	表土下为淤土
P		34.7 米，205 度	
q		32.3 米，212 度	
139	N29° 55.698′ E111° 59.068′	97.7 米，184 度	1米以下为黄生土
140	N29° 55.707′ E111° 59.097′	122 米，202 度	0.5米下为花土，1.2米见褐色生土。原有王家祠堂
141	N29° 55.718′ E111° 59.107′		表土下为黄花土，0.3米下为灰黑土，再下为黄土，再下为淤土
142	N29° 55.714′ E111° 59.127′	158 米，216 度	表土下为灰白土，其下为松软的黄花土

注：由于GPS仪在测量上存在一定的误差，我们没有采用仪器及其附带软件Mapsouree所显示的高程，因为二者之间相差6米左右。另外，对城内外的水塘等地物我们也作了测量，具体数据从略。以下各表同。

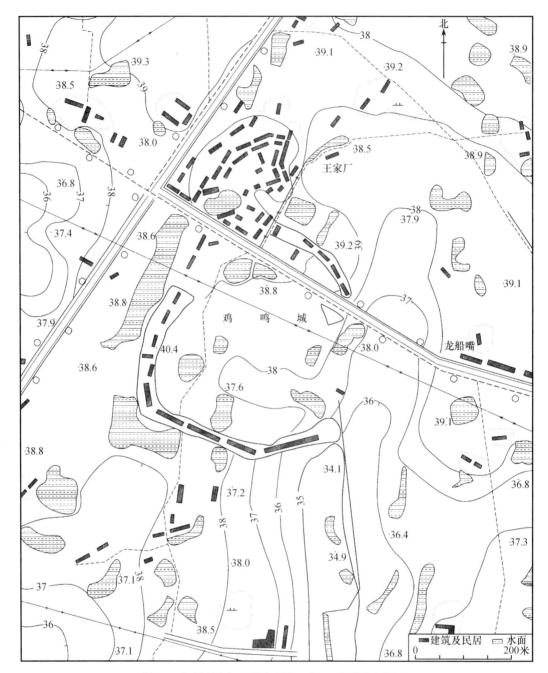

图二　鸡鸣城周边地形图（据20世纪70年代航测图）

　　勘探表明，城垣上一般表土下即为花土（人工堆积填土），厚度一般在2米以上。这次我们前去勘探时，天刚下过雨，城墙上的居民在铲平门前的稻场时，随处可见鲜明的花土。

　　据各测点和探点我们制作成鸡鸣城平面示意图（图三）。城垣除西北角和东垣部分被毁外，其他部分大多可以连成一体，形状近似圆角梯形，略呈东北—西南走向，北部呈圆

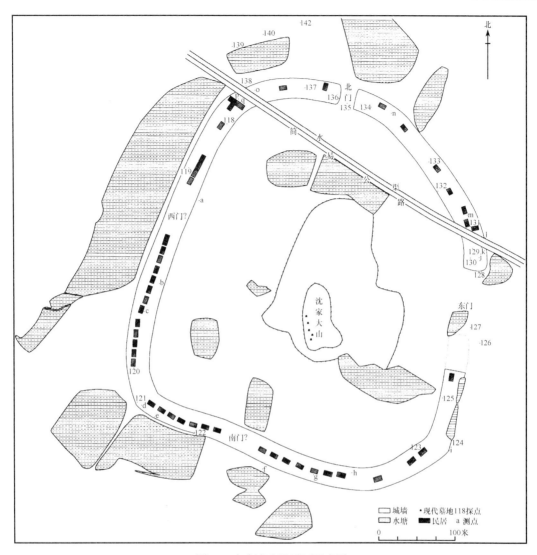

图三　鸡鸣城遗址平面示意图

弧形，东南角和西南角有明显的转折。城垣底部宽约30米，可能存在东、南、西、北四个城门。目前通过调查、勘探可以肯定的是北门和东门。因为在北门和东门处都存在明显的缺口，东门处的缺口较宽，在70米左右，北门缺口宽约25米，缺口处地表以下就发现了新石器时代的文化层，厚0.5～1米。西门和南门处虽然也有缺口，但不太明显，且为现代居民的住宅所占据，因此具体情况不明。城址南北长约480米，东西宽330～430米，面积约180000平方米。城外的壕沟保存也比较完好。护城壕（图版一四）在北、西、南城墙外的残迹十分明显，现为水塘，宽度在50至70米之间。

　　城内的高地沈家大山一带，散布着一些现代墓葬。这里的文化层深达2米以上。根据以往采集到的陶片，其年代跨大溪文化、屈家岭文化和石家河文化三个阶段。在南垣西段外100米处还有一处小型的遗址（图二中左下方38米等高线显示的高地），面积近20000平方米，文化层厚度也在1米以上。

城西北探点139～142一带虽然地势较高，但是都为晚近代的文化堆积。

鸡鸣城的其他情况参见原来的调查报告，兹不赘述。

二、青 河 城

青河城位于公安县甘厂镇青河村五组，在公安县城南约30千米，其西、南约2千米为松滋东河，东南和北面2千米分别为湖滨垱和郭公垱两个小湖泊，现在水面均极小（参见图一）。此城即清代同治年间《公安县志》里所记载的两个"鸡鸣城"中的"东村里"的"鸡鸣城"："一在谷升里，一在东村里，皆城径里余，沟垒俱整。"[2] 现在当地人仍称之为鸡叫城。为了与湖南省澧县的鸡叫城和狮子口镇的鸡鸣城相区别，我们称之为青河城。

此城在鸡鸣城的调查报告中曾有所提及，因为地表上极难发现文化遗物，因此当时被错误地否定了。幸得湖南省考古研究所何介钧、郭伟民、向桃初先生等的殷切提醒，2003年7月我们与湖南省考古研究所的上述先生相约前往，虽然下着暴雨，我们仍然在某些关键问题上达成了共识。一年以后，我们对青河城遗址进行了比较详细的调查和钻探。

青河城遗址钻探和测量的结果见表二。

从20世纪70年代青河城周边的地形图（图四）上看，青河城周围的地势较低，从29米到35米不等。其东南垣在33米等高线上，北垣的高程在34米左右。古城的形状也基本清晰。图上显示出了城址的东半部分——东北和西南一带的城垣轮廓及三个城门：北门、东门和南门；西部则为民居所遮盖。

从现场看起来，青河城并不是那么显目的。其西垣由于遭到晚期的破坏，高程与城内地面相差无几，形成一个低缓的坡度。南垣东段（南门以东的部分）也因为农田改造而变得低矮、残缺和狭窄，不仔细看则与一般田埂无异。西北角外的现代土堤是一条巨大垸堤的一部分，东垣南段则与与之高度相当的向南延伸的现代居民的狭长屋台基相连。从城内看，城垣比较显目的部位有北城垣和东城垣，高出城内地面0.5～2米；东北角虽然高出城内近3米，但却是几年前村民为躲避洪水而在城内挖土堆高而成（图版一五，1）。从城外看，城垣高出城外地面2～5米。地表上极难见到文化遗物。

探测表明，青河城平面略呈圆角梯形（图五），东西向，西北角呈现明显的拐角（图版一六，1），东垣向外凸出。城垣宽约30米，东西长约300米，南北宽200～240米，面积约60000平方米。

城垣上的花土堆积一般厚约1.6米。南垣基本上利用了原来的地形，因此大部分地

表二　青河城遗址探测记录表

测点或探点	地理坐标	测量记录	勘探记录
19	N29° 42.837′ E112° 05.345′	此点为测量原点	
20	N29° 42.861′ E112° 05.386′		
21	N29° 42.874′ E112° 05.410′		
22	N29° 42.885′ E112° 05.484′		
23	N29° 42.854′ E112° 05, 486′		
24	N29° 42.810′ E112° 05.492′		
25	N29° 42.771′ E112° 05.461′		
31	N29° 42.826′ E112° 05.383′		0.4米以上，灰土；0.4~0.7米，黄土；0.7米下，褐生土
32	N29° 42.829′ E112° 05.417′		0.4米下为灰褐土文化层，厚约0.5米左右
33	N29° 42.843′ E112° 05.405′		可见文化层剖面，文化层厚约0.5米
34	N29° 42.884′ E112° 05.411′		0.7米以上，灰褐花土；0.7~1.2米，灰黄花土；1.5米见红烧土、灰黑土
35	N29° 42.766′ E112° 05.452′		0.6米下黄褐土，1.2米下黄褐土夹褐斑，1.6米下褐生土
36	N29° 42.760′ E112° 05.430′		0.6米以上，灰褐土；0.6~1.2米，黄土；1.2米下灰褐生土
37	N29° 42.785′ E112° 05.403′		1米下为灰淤土
38	N29° 42.808′ E112° 05.303′		表土下为花土，1.6米下为生土
39	N29° 42.841′ E112° 05.323′		表土下为花土
40	N29° 42.813′ E112° 05.318′		表土下为花土
41	N29° 42.802′ E112° 05.323′		表土下为黄生土，自然岗地
42	N29° 42.832′ E112° 05.353′		表土下见文化层，厚约0.7米
43	N29° 42.790′ E112° 05.348′		表土下即为板结的褐生土
44	N29° 42.775′ E112° 05.362′		1.5米以上仍为花土
45	N29° 42.779′ E112° 05.343′		表土下为黄生土
1	同039点	22.0米，140度（去019点，下同）	
2		44.2米，174 度	
3		44.1米，182 度	
4		67.8米，187 度	
5		79.2米，209 度	
6		112米，229 度	
7	同034点	119米，230 度	

测点或探点	地理坐标	测量记录	勘探记录
8		142米，240度	
9		165米，243度	
10		204米，252度	
11		215米，260度	
12	同023点	226米，270度	
13	同024点	234米，280度	
14		236米，285度	
15		231米，289度	
16		228米，204度	
17		228米，306度	
18	同035点	213米，310度	
19	同036点	199米，318度	
20		143米，333度	
21		130米，338度	
22	同044点	122米，344度	
23	同045点	98.2米，358度	
24		89.3米，014度	
25		85.3米，030度	
26	同040点	66.9米，033度	
27	同038点	52.4米，053度	
28		45.4米，077度	
29		38.8米，074度	

表下即为原生土层。可能存在东、南、西、北四个城门。南门处缺口宽大而明显（图版一六，2）。北门处现有渠道穿过，也有城门的迹象，因为在034探点附近1.5米下钻探出红烧土、木炭等文化遗物。东门从20世纪70年代的地形图上可以看出，但现在已与城垣其他部位连成一体，不明具体所在。西门处整个地势均较低下，尽管具体位置不清，但存在城门的可能性仍很大。

城垣外的护城壕在南垣（图版一五，2）、北垣、东垣北段外侧仍很明显，现为水塘，宽度在30~50米之间。城西有龟山，为一低矮的自然土包，与西垣之间地势明显降低，显然是筑城时取土所致。

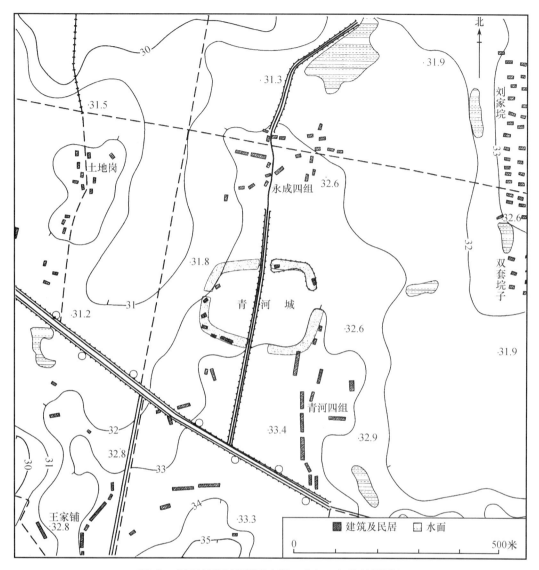

图四　青河城周边地形图（据20世纪70年代航测图）

城内的文化层发现于中部。在渠道以东的032、033点附近以及渠道以西的031点西南的民居一带，我们钻探出来的文化层厚度约为50厘米，有的地方还钻探出新石器时代的陶片。在033点附近的田埂边还发现了文化层剖面，并采集到一些新石器时代的陶片。这些陶片都较为破碎，以红陶为主，也有少量的黑陶和灰陶。器形主要有豆、盆、鼎、钵、碗等，纹饰比较少见，有少量的凹弦纹、凸弦纹和附加堆纹。另外有的居民还在城内拾到过石斧等石器。

标本1：陶碗，泥质红陶，上部残，矮圈足外敞，足尖略上翘。足径8、残高1.5厘米（图六，6）。

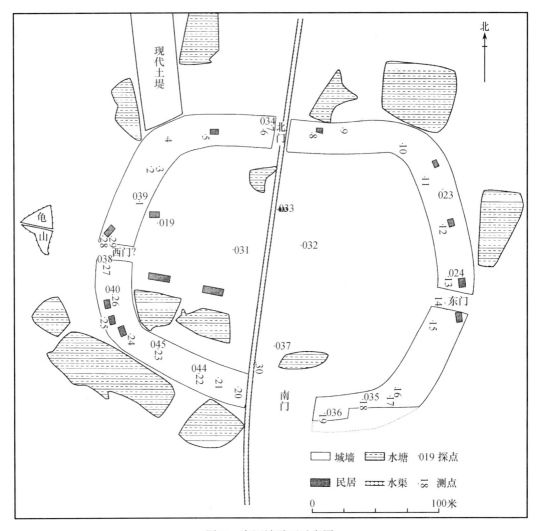

图五 青河城平面示意图

标本2：圈足杯，夹砂红陶，口、底、足均残，直腹，腹部有两周四弦纹。腹径14、残高3.5厘米（图六，1）。

标本3：陶钵，泥质红陶，口残，饼状足，底略凹。底径6.4、残高1.4厘米（图六，5）。

标本4：陶钵，与前者类似，口残，饼状足，平底。底径6.4、残高1.7厘米（图六，4）。

标本5：陶釜，泥质红陶，宽沿，圆唇，沿面下四，束颈，腹以下残。口径12、残高2.5厘米（图六，2）。

标本6：鼎足，夹炭红陶，实心，锥状。残高2厘米（图六，3）。

从采集的这些陶片的陶色、纹饰、器形等方面来判断，时代大致为屈家岭文化晚期到石家河文化阶段。古城的年代也由此推定。

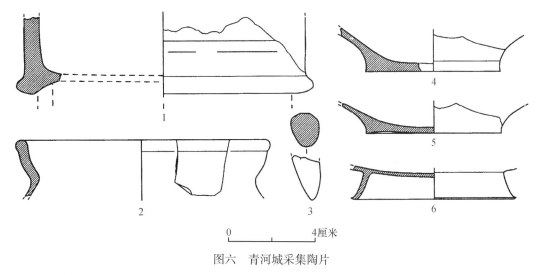

图六　青河城采集陶片

1. 杯（标本2）　2. 釜（标本5）　3. 鼎足（标本6）　4、5. 钵（标本4、标本3）　6. 碗（标本1）

三、走马岭、屯子山与蛇子岭

走马岭古城是一处形状不规则的史前时代的古城，面积约8万平方米，属石首市东升镇走马岭村九组，在石首市东南约10千米，北距长江约10千米，西边紧靠石首市最大的湖泊——上津湖（参见图一）。1989年石首市空心砖厂在城内东南取土破坏而发现。1990年至1992年，荆州博物馆等单位对该遗址进行了连续三年的发掘，发掘面积约2000平方米，发现了大量建筑基址、灰坑和墓葬等，并对西城墙进行了解剖。这些发掘使我们对古城的性质、年代、规模等有了一个比较全面的了解[3]。

2004年4月，老家在石首走马岭、现任教于长江大学的杨学祥先生与我们联系，说据他的父辈说，走马岭古城周围还有一圈城墙。这一线索成为以后一切发现的契机。5月底，荆州博物馆与石首市博物馆组织考古工作人员对走马岭古城周边进行了调查，初步认为与走马岭北边城垣相望的屯子山南部土岗和南边的蛇子岭（当地人称"蛇山"、"死蛇子岭"，现雅化为"蛇子岭"）、西边的上津湖湖边高地为走马岭古城的外围城垣，但东边和西北边的部分难以闭合。后来，石首市博物馆独立进行了调查和勘探，认为屯子山古城是独立于走马岭而存在的古城，并认为二者是"姊妹城"，而否定蛇子岭是人工建筑。为了进一步搞清这一系列古城之间的关系，我们随后进行了更加详细的调查和勘探。

调查发现，屯子山一带有几个土台，得名自北面的土台，在此我们统称之为屯子山，属屯子山村七组。蛇子岭为一条东西向的弧形土岗，据当地人传说像一条蛇一样一直向东延伸很远，属走马岭村九组。我们此次的勘探和调查以屯子山东南的046点作为测量基点，主要对城垣的走向进行了勘探和测量。走马岭遗址因为经过多次发掘，基本情况已经比较清楚，且因为时间关系，此次没有开展工作。勘探和测量的基本情况见表三。

表三　走马岭周围屯子山、蛇子岭等处探测记录表

测点或探点	地理坐标	测量记录	勘探记录
46	N29° 40.560′ E112° 31.577′	此点为测量基点	地表下为黄花土
47	N29° 40.571′ E112° 31.565′	31.8米，145度（去046点，下同）	地表下为黄花土，1.7米下未见生土
48	N29° 40.583′ E112° 31.582′	39.3米，187度	地表下为黄花土，1.7米下未见生土
49	N29° 40.595′ E112° 31.585′	71.2米，192度	地表下为黄花土，1.7米下未见生土
50	N29° 40.601′ E112° 31.583′	88.3米，188度	1米以上为褐土，以下为黄花土，1.7米下未见生土
51	N29° 40.620′ E112° 31.583′	115米，184度	表土下为黄花土
52	N29° 40.603′ E112° 31.590′		
53	N29° 40.671′ E112° 31.585′	196米，186度	表土下为黄花土
54	N29° 40.681′ E112° 31.580′	258米，179度	表土下为黄花土
55	N29° 40.698′ E112° 31.588′		晚代堆积
56	N29° 40.674′ E112° 31.639′	237米，206度	1.3米以上黄花土；1.3～1.6米，黄土；以下褐生土
57	N29° 40.690′ E112° 31.638′	267米，203度	表土下为黄花土，1.7米下见褐生土
58	N29° 40.727′ E112° 31.618′	322米，193度	1.6米下仍为黄花土
59	N29° 40.755′ E112° 31.609′	356米，187度	自然堆积，表土下为红褐土
60	N29° 40.763′ E112° 31.591′	367米，184度	与大剖面近似，上层为灰褐土，以下为花土，未探至生土
61	N29° 40.772′ E112° 31.569′	396米，179度	自然堆积
62	N29° 40.774′ E112° 31.562′	400米，177度	1.7米以上全为褐土，以下未知
63	N29° 40.772′ E112° 31.559′	392米，175度	自然堆积
64	N29° 40.768′ E112° 31.546′	389米，174度	白然堆积

续表

测点或探点	地理坐标	测量记录	勘探记录
65	N29° 40.759′ E112° 31.548′	373米，174度	表土下为黄花土
66	N29° 40.754′ E112° 31.520′	376米，166度	表土下为黄花土
67	N29° 40.751′ E112° 31.517′	365米，165度	表土下为黄花土
68	N29° 40.735′ E112° 31.507′	343米，163度	表土下为黄花土
69	N29° 40.720′ E112° 31.500′	322米，158度	晚代堆积
70	N29° 40.723′ E112° 31.503′	326米，159度	表土下为黄花土
71	N29° 40.695′ E112° 31.485′	292米，150度	表土下为黄花土
72	N29° 40.702′ E112° 31.473′	313米，147度	表土下为黄花土
73	N29° 40.702′ E112° 31.461′	323米，144度	表土下见褐生土
74	N29° 40.699′ E112° 31.434′	345米，140度	表土下为黄花土
75	N29° 40.700′ E112° 31.417′	363米，136度	表土下为黄花土
76	N29° 40.679′ E112° 31.413′	343米，130度	表土下为黄花土，1.4米下见褐生土
77	N29° 40.668′ E112° 31.412′	318米，127度	表土下为黄花土
78	N29° 40.651′ E112° 31.451′	264米，130度	表土下见褐生土
79	N29° 40.646′ E112° 31.458′	249米，129度	表土下见褐生土
80	N29° 40.643′ E112° 31.477′	224米，134度	表土下见褐黄花土
81	N29° 40.650′ E112° 31.455′	266米，134度	表土下见褐生土，板结
82	N29° 40.637′ E112° 31.484′	207米，134度	表土下为褐花土，1.7米下未至生土
83	N29° 40.665′ E112° 31.474′	256米，143度	淤积疏松土

测点或探点	地理坐标	测量记录	勘探记录
84	N29° 40.629′ E112° 31.500′	178米，135度	淤积疏松土
85	N29° 40.622′ E112° 31.503′	165米，133度	褐土，板结
86	N29° 40.637′ E112° 31.517′	171米，145度	上层褐土，板结；下层黄斑土，疏松
87	N29° 40.611′ E112° 31.521′	133米，134度	褐土，板结
88	N29° 40.609′ E112° 31.522′	125米，126度	褐土，板结
89	N29° 40.616′ E112° 31.536′	125米，150度	表土下为黄花土
90	N29° 40.581′ E112° 31.550′	62.4米，136度	表土下为褐生土
91	N29° 40.580′ E112° 31.557′	50.9米，141度	表土下为褐生土
92	N29° 40.430′ E112° 31.642′	262米，340度	淤土，松软
93	N29° 40.416′ E112° 31.611′	271米，349度	表土下为黄花土，1.3米下为褐生土
94	N29° 40.402′ E112° 31.577′	293米，001度	表土下为黄花土，1.5米下为褐生土
95	N29° 40.389′ E112° 31.549′	320米，010度	表土下为黄花土，1.5米下为褐生土
96	N29° 40.363′ E112° 31.496′	385米，021度	表土下为黄花土
97	N29° 40.357′ E112° 31.487′	404米，022度	表土下为黄花土，再下为白灰泥土，1.4米下为褐生土
98	N29° 40.349′ E112° 31.481′	422米，023度	表土下为黄花土，再下为白灰泥土，1.4米下为褐生土
99	N29° 40.346′ E112° 31.464′	446米，025度	表土下为黄花土
100	N29° 40.352′ E112° 31.481′	413米，024度	表土下为黄花土，1.3米下为褐生土
101	N29° 40.366′ E112° 31.479′	392米，025度	表土下为白灰土，其下为褐生土
102	N29° 40.334′ E112° 31.437′	476米，028度	表土下为黄花土

测点或探点	地理坐标	测量记录	勘探记录
103	N29° 40.337′ E112° 31.385′	518米，040度	0.8米下为褐花土，1米下为白灰泥土
104	N29° 40.370′ E112° 31.306′	556米，056度	表土下为灰黄花土，0.9米下为褐生土
105	N29° 40.398′ E112° 31.291′	544米，059度	表土下为1米的淤土，其下为灰褐土，再下为较板结的褐黄花土
106	N29° 40.412′ E112° 31.297′	538米，060度	有薄层花土，1.3米下为褐生土
107	N29° 40.446′ E112° 31.269′	543米，066度	表土下为黄花土
108	N29° 40.474′ E112° 31.251′	551米，073度	淤土，1.3米下为褐生土
109	N29° 40.491′ E112° 31.226′	581米，079度	自然堆积
110	N29° 40.561′ E112° 31.208′	596米，091度	表土下为淤土，1米下褐白花土，1.7米下为褐生土
111	N29° 40.590′ E112° 31.209′	596米，096度	疏松褐淤土
112	N29° 40.609′ E112° 31.212′	596米，099度	自然堆积
113	N29° 40.631′ E112° 31.223′	586米，103度	夹黄斑褐土，似为花土
114	N29° 40.662′ E112° 31.375′	376米，120度	表土下为褐黄土，似人工堆积，1米左右为褐生土
115	N29° 40.618′ E112° 31.482′	185米，125度	表土下为褐生土
116	N29° 40.602′ E112° 31.475′	183米，115度	表土下为次生土，1.2米下为褐生土

　　将这些探点的分布图置入20世纪70年代的地形图中，如图七所示。

　　从地形图中可以看出，走马岭与屯子山面积大致相当，形状都极不规则，二者相距约50米。它们与中间的连接部分看起来像是一颗从中间剖开的核桃仁。但是从图上可以明显地看出它们的人工痕迹，主要表现在：①地势较高。最高点在屯子山北垣上（图版一七，1），上面有一处现已废弃的砖窑，海拔41.5米。次高点在走马岭东北垣上，海拔40.7米。

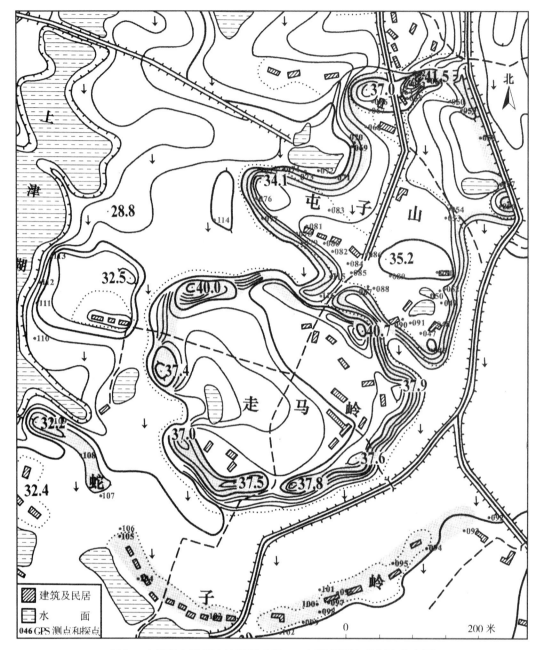

图七　走马岭古城周边地形图（据1974年航测图）及探点分布图

但一般都在34米以上。②屯子山东北边的等高线出现明显的中断现象，西北边等高线尽管与外部相连，但却明显密集。③屯子山与走马岭的等高线自成体系，其边缘等高线的密集显示出城垣的地势要比城内外高。④走马岭与屯子山之间的"走廊"地带等高线并无中断的迹象，说明此"走廊"为二者所共用。走廊两侧明显高出中间，但现在有一条从东升镇到焦山河乡的公路从此穿过，破坏了原来的地形。另外，蛇子岭一带的海拔尽管较低，一般在32米左右，但与周围的平地相比，仍然略高一些。

钻探表明，屯子山一带的城垣除北部最高点一带和南垣西部为利用自然地形的自然堆积外，其余部位的人工堆积厚度一般在1.7米以上。由于城内地势较高（一般海拔在34米左右），加上晚期破坏以及民居较多，从城内看城垣最显目的部位是北部，高出城内地面4～5米，其他部位则一般高出1米左右，但南垣却与城内地面大致平齐。从城外看城垣则非常明显，一般高出城外2～3米，北部则高出7～10米。

城垣宽窄不一，一般在30米左右。有些部位，如东南角、东垣中部、北垣和西南角，有一些不规则的大型人工台地，具体宽度当在50米以上。这些台地，当地人都各有称呼，如东南角土台叫碾子山，北垣一带的土台叫屯子山等。这与走马岭城垣上的一些土台如东蛾子山、西蛾子山等是极其相似的。

在探测点052点一带，有一处近年村民为便于通行而挖开的一条巨大的剖面。剖面略呈东西走向，长约30米，方向119°。将剖面铲平后可以看到暴露在地表以上的城垣可以分为明显的三大层（图八；图版一八、图版一九），露头的城垣高度在4米左右。

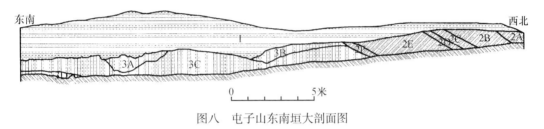

图八 屯子山东南垣大剖面图

第1层：灰褐土，较纯净，疏松，厚薄不均，最厚处（东边）2～3米，下部基本在同一高程上。此层为城垣顶部的铺垫修饰层。

第2层：位于城垣内侧，略呈45°顺次向东倾斜，较疏松。可分为六个亚层，暴露在地表以上的厚度为1.5米左右。此层为城垣内侧的护坡。

2A层：黄褐花土夹杂少量灰白土。

2B层：褐花土。

2C层：灰褐花土。

2D层：褐黄花土夹灰白土。

2E层：褐花土。

2F层：灰褐花土。

第3层：位于城垣外侧，较致密的褐黄花土，夹杂大量铁锰结核，越往下越多。分四个亚层。此层及以下为城垣的墙体。

3A层：浅褐花土，分布范围不广，厚约1米。

3B层：黄褐花土，分布范围不广，厚0.3～0.8米。

3C层：黄褐土，为第三层的主体，厚度大致在1～1.5米。里面发现夹炭陶片，胎呈黑色，内外表面呈红色。

3D层：红褐土，分布不广，厚0.2~0.5米。

第3层以下仍为城垣墙体部分，为浅黄褐土，里面也发现了一块夹炭陶片，与3C层所出相似。在东边往下钻探约0.5米为褐色生土层。

大剖面外侧为陡坎，陡坎外侧即为现代稻田。从城垣外侧均较陡峭、内侧均较平缓的情况来看，外侧可能不存在护坡。

在北垣内侧（063和064点附近）也发现了一处小剖面，与城垣走向平行，在其下部发现了为数不少的红烧土。

屯子山城垣外的护城壕与走马岭相似，目前大多为一些低地水稻田。走马岭与屯子山之间也有深深的壕沟（图版一七，2），但中间却有"走廊"相连。走廊地带的钻探（115、116点）表明，地表以下即为生土或次生土，说明它并不是人工堆筑起来的，而是利用了原来的自然地形。这也从另一个侧面说明，在修筑走马岭和屯子山的城垣时，并未将中间的壕沟挖通，而是故意利用了这一自然地形使二者相连。

关于屯子山古城垣的年代，可从以下采集到的陶片进行推导。屯子山城垣内除在东南垣大剖面下部采集到少量的文化遗物外，在053点附近发现了大面积的红烧土堆积，采集到的陶片尽管不太丰富，却很典型。这些陶片以泥质红陶为主，也有少量的泥质黑陶和夹炭陶。夹炭陶内芯皆为黑色，外表颜色不均，大体呈土红色，应为釜、鼎之类。泥质红陶器型主要为高领罐，泥质黑陶中有一件陶盆的口沿残片。

高领罐：标本3件。皆泥质红陶，高直领。

标本1，口部外侈，圆唇较薄，肩部以下残。外表原有红衣，多脱落。口径约14、残高5厘米（图九，1）。标本2，与前者大体相类似，胎较厚，外表饰红衣，多脱落。口径约13、残高5.2厘米（图九，2）。标本3，土红色，口部外突，沿面下凹。口径14、残高4.2厘米（图九，3）。

盆：标本1件。标本4，泥质黑陶，平折沿略卷，圆唇，口部以下残。口径约28厘米（图九，4）。

以上文化遗物都是屈家岭文化的典型器物。再从屯子山东南垣大剖面3C层及刚露头的墙体下面的层次中夹杂的夹炭黑胎红皮陶来推断，屯子山城垣的修筑年代的下限约为大溪文化晚期。走马岭城垣的年代，据发掘者称为

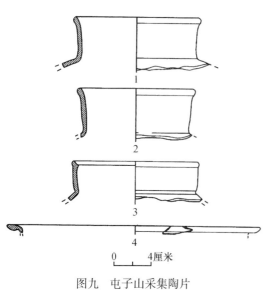

图九　屯子山采集陶片

1~3.高领罐（标本1~3）　4.盆（标本4）

屈家岭文化早期兴建，至屈家岭文化晚期废弃。看来两者在年代上应是大体吻合的。

蛇子岭在走马岭南边约150米，是一条东西向的略呈弧形的土岗。中部和东部（图版二〇）钻探表明，其宽度在35米左右，人工堆筑的厚度在1.4米左右。不少地点的人工堆积可以分为明显的两大层：上层为黄花土，下层为白膏泥土。但西部靠近上津湖边的部分（当地人称为蛇山的蛇头）却是自然形成的土岗。

蛇子岭外侧的壕沟在西南一带比较明显，现为水塘。

从地形图上我们也能看出可能存在城门的地点。屯子山有两个城门，北门和南门。走马岭有三个城门，北门、南门和西门。蛇子岭有两个城门，南门和西南门，后者现在已经填平。东升镇至焦山河乡的公路从屯子山和走马岭的北门、南门以及蛇子岭的南门穿过。

另外，走马岭西侧上津湖边的高地我们也进行了钻探。这里没有发现人工堆筑的痕迹，为自然岗地，高出外侧约2米，高出湖面约3米。

四、结　语

此次公安、石首两县市考古调查和勘探虽然只用了短短的十天时间，却取得了意想不到的收获。

我们通过各种渠道获得了各个古城所在乡镇的地形图，并利用电脑、全球定位仪等现代科学手段对各个古城进行了地形图的草测工作，使我们对它们的基本情况有了更加全面的认识和了解。

鸡鸣城和青河城都是形态比较规则的古城，它们形态相似，只是方向不同。青河城的面积虽然比较小，年代也较晚，但它的发现却填补了在我国平原低地地带史前时代古城发现的空白。走马岭、屯子山、蛇子岭系列古城城垣的发现，为中国新石器时代古城的布局形态又增添了新的内涵。它们之间近在咫尺，有理由把它们看作一个整体。屯子山与走马岭的城垣形态都极不规则，二者之间有"走廊"相连，走廊两侧可能也都筑有城垣。南侧的蛇子岭城垣略呈弧形，在地面上没有闭合的迹象，其建造年代可能较前二者略晚，或许只是一项未完成的工程。屯子山东南垣的大剖面为我们揭示了屯子山城垣的构筑方式，可以明显地分为城垣表面的铺垫修饰层、内侧的护坡和外侧的墙体三个部分，内侧护坡的土层略呈45°角斜筑在其外侧的墙体上。它既不同于走马岭西城垣的从内外两侧的随意性堆筑[4]，也不同于阴湘城内外两侧都有护坡的现象[5]，可能是一种新出现的城垣构筑模式。

由于青河城的发现，长江中游地区目前已知的新石器时代古城的数量增加到10座。除本文提到的荆州市范围内的4座外，其他几座是：湖南澧县的城头山[6]和鸡叫城[7]，湖北荆门市的马家院[8]，天门市的石家河[9]，应城市的门板湾[10]和陶家湖[11]。另外，天门市的笑城遗址也极有可能是一座新石器时代的古城[12]。在这些古城中，石家河古城最大，面积约100万平方米。青河城最小，面积只有6万平方米左右。从澧县、公安、应城，甚至天门都有两座新石器时代古城的情况来推断，江汉平原及其周边的一些县市（包括湖南洞庭湖西北的澧阳平原）存在这一时期古城的数量应该在30座左右。可见在这一地区仍有大量的史前时代的古城遗址有待发现。

附记：参加此次调查和勘探工作的有：荆州市文物考古研究所贾汉清、丁家元、杨开勇、肖玉军，公安县博物馆陈小明，石首市博物馆程欣荣。参加前期调查工作的还有荆州博物馆张绪球、王明钦、刘德银，石首市博物馆陈芝炳、彭涛、王克新，中国社会科学院考古研究所何驽等。在屯子山一带钻探期间，湖北省文物局、湖北省文物考古研究所、荆州市文物局、荆州博物馆领导和专家曾前往论证和指导。

执笔：贾汉清　杨开勇

注　释

［1］　荆州博物馆贾汉清：《湖北公安鸡鸣城遗址的调查》，《文物》1998年第6期。

［2］　《公安县志》，清同治十三年编纂，1983年公安县志办公室翻印本。

［3］　荆州博物馆等：《湖北石首市走马岭新石器时代遗址发掘简报》，《考古》1998年第4期。

［4］　荆州博物馆发掘资料。

［5］　荆州博物馆等：《湖北荆州市阴湘城遗址东城墙发掘简报》，《考古》1998年第1期。

［6］　湖南省文物考古研究所：《澧县城头山古城址1997~1998年度发掘简报》，《文物》1999年第6期。

［7］　湖南省文物考古研究所：《澧县鸡叫城古城址试掘简报》，《文物》2002年第5期。

［8］　湖北省荆门市博物馆：《荆门马家院屈家岭文化城址调查》，《文物》1997年第7期。

［9］　石家河考古队：《石家河遗址群调查报告》，《南方民族考古》第五辑，四川科学技术出版社，1992年。

［10］　陈树祥等：《应城门板湾遗址发掘获重要成果》，《中国文物报》1999年4月4日；孝感地区博物馆等：《应城市新石器时代遗址调查》，《江汉考古》1989年第2期；湖北省文物考古研究所：《长荆铁路应城、钟祥段调查简报》，《江汉考古》1999年第1期。

［11］　李桃元等：《湖北应城陶家湖古城址调查》，《文物》2001年第4期。

［12］　荆州博物馆调查资料。该城址有明显的城垣和壕沟，城内发现有屈家岭文化、石家河文化和东周时期的文化层。

（原文刊于《古代文明》第4卷，文物出版社，2006年）

荆门马家院屈家岭文化城址调查

湖北省荆门市博物馆

马家院古城位于湖北省荆门市五里镇。地
处长江中游、江汉平原西北，地势属荆山余脉
的丘陵岗地向平原的过渡地带。其地南距江陵
楚故都纪南城约28千米，西至荆襄古道（即
207国道）约4千米，东港河紧靠古城西城垣由
北往南经鲍河、长湖注入汉水（图一）。

1989年10月，荆门市考古工作者进行文物
调查时，在五里镇显灵村五组马家院发现一座
保存完整的古城遗址。随后，湖北省博物馆谭
维四、湖北省考古研究所王红星、荆州地区博
物馆张绪球、陈跃钧等先后到实地对古城进行
考察，一致认为这是一处极为重要的新石器时
代文化城址，其城垣、护城河之完整，在目前
湖北省同期考古发现的城址中是保存最好的。

马家院古城址营筑在高出周围地面2～3米
的平岗地上，其四周为宽阔的稻田。城址至今

图一 马家院古城位置示意图

保存完整。南北略呈梯形，长约640、宽300～400米，总面积约24万平方米（图二）。城
垣为土筑，夯层清楚。据南城垣东端断面解剖情况可知，夯层一般厚约20、最厚处为30、
最薄处为14厘米。其中南城垣长约440、底宽约35、上宽8、高5～6米（图版二一，1）；
北城垣长约250、底宽约30、残高1.5米。东城垣长640、底宽约30、残高3米（图版二一，
2）；西城垣长约740、底宽约35、上宽8、高4～6米（图版二二，1）。城垣内筑护坡，一
般宽约5米，城垣外坡陡直。

城垣之外有护城河，护城河除南、北局部损毁外，其余基本保存完好。河宽一般为

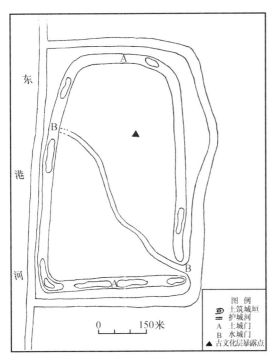

图二 马家院古城位置平面图

30~50米，河床距地表4~6米。城外护城河相连，城内一河道自西北城门曲经城内至东南城门流出。护城河似为人工河道与自然河道相结合而成。

城垣东、南、西、北各辟一城门。其中西城垣及东城垣各设一水门。南城门现存遗迹宽6米（图版二二，2），北城门遗迹据断面暴露情况分析较为明显，但宽度有待试掘弄清。

城内东北为平岗地，南北长约250米、东西宽约150米，其上发现大量新石器时代陶片，文化层经断面解剖厚1.5~2米。采集的陶片有红陶、黑陶、灰陶、橙黄陶141片，其中红陶约占10.7%，黑陶占34.8%，灰陶占34%，橙黄陶约占20.5%。红陶中以夹砂陶为主，黑陶、灰陶和橙黄陶则以泥质陶为主。陶片上所施纹饰主要有弦纹、绳纹、篮纹及附加堆纹等（参见附表）。采集的标本有生产工具（如石锛、石斧等）、生活器皿（如鼎、碗、豆、高领罐、盆、瓮、管形器、钵、缸等）。

（1）生产工具

石锛 4件。标本：24，长条形，方体，弧刃，剖面呈锥形。通体有琢痕，未经磨光，无使用痕迹。长27、刃宽4.2厘米（图三，1）。标本：27，长方形，上部已残，体呈扁弧形，圆弧刃，通体磨光。残高10、宽9.5厘米。标本：22，略呈梯形，体扁平，平刃微弧，通体磨光。残长12、刃宽5.6厘米（图三，5）。

石斧 6件。分三式。

Ⅰ式：1件（标本：26）。近方形，平顶，斜弧刃，通体磨光。长7.8、刃宽8厘米（图三，2）。

Ⅱ式：3件。标本：23，长方形，残顶，弧刃、刃部磨光，通体有琢痕。长13.6、刃宽6.6厘米（图三，3）。

Ⅲ式：2件。标本：25，略近梯形，体较宽扁，刃略宽于上部，斜弧刃，刃部磨光，

图三 石器

1、5.锛（标本：24、标本：22） 2.Ⅰ式斧（标本：26）
3.Ⅱ式斧（标本：23） 4.Ⅲ式斧（标本：25）

下部一面有一直径1、深0.7厘米的圆钻孔。长12、刃宽9厘米（图三，4）。

陶纺轮　1件（标本：11）。泥质褐陶。扁平圆形，中有一孔。直径4.2、厚1.4厘米（图四，6）。

（2）生活器皿

鼎足　2件。标本：20，夹砂红陶。尖锥足，上端有椭圆凹窝（图四，7）。标本：21，夹砂橙黄陶，扁平，呈铲状，素面（图四，8）。

碗　1件（标本：12）。仅存残底，泥质红陶。素面，下有圈足（图四，4）。

豆　1件（标本：10）。仅存豆盘部分，泥质橙黄陶。敞口，浅盘。口径20厘米（图四，3）。

罐　3件。其中高领罐2件。标本：13，存口沿，泥质红陶。直口，尖唇，高领。素面。口径18.5厘米（图四，1）。标本：7，存口沿和肩部。泥质红陶。直口略外撇，广肩，圆鼓腹。素面。口径13厘米（图四，2）。另外陶罐残片1件（标本：6），泥质灰陶。器身饰弦纹（图四，9）。

缸　1件（标本：14）。残存缸底，夹砂红陶。斜腹，平底。饰篮纹。底径26厘米（图四，5）。

以上陶器属大溪文化。

鼎足　1件（标本：2）。泥质橙黄陶。足扁平，呈铲状（图五，8）。

管形器　3件。均为残片，标本：4，泥质橙黄陶。敛口，方唇，外饰附加堆纹（图五，11）。标本：3，侈口，圆唇，束短颈上饰一周附加堆纹。口径22厘米（图五，7）。标本：5，泥质红陶。饰二道附加堆纹（图五，10）。

盆　4件。标本：17，泥质灰陶。侈口，圆唇略外卷，腹饰绳纹。口径40厘米（图五，2）。标本：1，泥质灰陶。敞口，

图四　大溪文化陶器

1、2、9.罐（标本：13、标本：7、标本：6）　3.豆（标本：10）　4.碗（标本：12）　5.缸（标本：14）6.纺轮（标本：11）　7、8.鼎足（标本：20、标本：21）

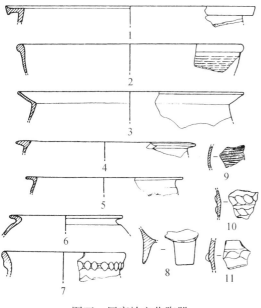

图五　屈家岭文化陶器

1~4.盆（标本：15、标本：17、标本：1、标本：18）　5.钵（标本：8）　6.瓮（标本：9）　7、10、11.管形器（标本：3、标本：5、标本：4）　8.鼎足（标本：2）　9.罐（标本：19）

斜沿较宽，圆唇，沿面饰三道凸弦纹，深腹。口径40厘米（图五，3）。标本：18，泥质灰陶。敛口，折沿，沿面略外斜，深腹，素面。口径32厘米（图五，4）。标本：15，泥质褐陶。敛口，唇剖面呈"丁"字形，深腹。口径44厘米（图五，1）。

　　瓮　1件（标本：9）。夹砂灰陶。敛口，沿内斜，圆唇，束颈。素面。口径20厘米（图五，6）。

　　钵　1件（标本：8）。敛口，平沿。口径27.4厘米（图五，5）。

　　罐　1件（标本：19）。泥质褐陶。器壁较薄，弧壁表饰细绳纹（图五，9）。

　　以上陶器属屈家岭文化。

　　马家院古城是目前长江流域保存较为完整的新石器时代古城址之一。其城垣、护城河犹存，为我国同期考古发现所鲜见。两湖地区目前为止共发现6处原始文化古城[1]，唯马家院城尚未进行试掘，因此，对该城址的调查与比较研究具有重要意义。

　　根据实地调查和采集的陶片、石器标本以及城垣断面所显露的包含物来看，该城址内文化内涵单一，除新石器文化遗存外，无商周等晚期文化遗存发现。以大溪文化和屈家岭文化为主。大溪文化遗存中，碗（标本：12）与河南汤家岗类型丁家岗M26：2[2]相同；豆（标本：10）敞口浅盘与湖北王家岗M30：3[3]接近；纺轮（标本：11）与荆门荆家城大溪文化遗址[4]和宜昌中堡岛遗址所出同类器物基本一致[5]。屈家岭文化遗存中，瓮（标本：9）与湖北屈家岭第二期所出同类器物相近[6]；盆（标本：18）与钟祥六合屈家岭早期遗存中的A型盆相似[7]；管形器与屈家岭文化晚一期同类器类似[8]。

　　上述文化遗存以屈家岭文化最为发达，主要分布于城址内东北部的平岗地上。东南低洼，西南较高（地表有夯土遗迹），但均未见文化遗迹。城外不远处有东港古河道由北往南流经城西侧；城址西、北、东北为丘陵所绕。从地理条件自然环境方面看，此处为远古时期较理想的筑城之地。张绪球据实地调查研究认为，马家院古城是一处重要的屈家岭文化古城[9]。

　　马家院城址内文化堆积自下而上为大溪文化，屈家岭文化以及少量石家河文化。未见商周等晚期文化遗存。城垣内坡平缓，外坡陡直，而且护城河以人工河和自然河道相结合而成，这与湖南澄县城头山城相似[10]，而与湖北天门石家河古城不同。在城垣营筑上，马家院古城的城垣夯层清楚，每层厚14～30厘米，内含极少大溪文化遗物。这与天门石家河城及石首走马岭城特点基本相同。

　　马家院城布局完整合理，具有一定的防御性能，它的发现是江汉地区史前古城址与聚落考古的又一重大收获，对于研究我国新石器时代古城址的形态特征、形成与发展具有重要意义。

附记：参加马家院古城调查工作的有李云清、王传富、周光杰、李兆华、崔仁义、黄文进。由黄文进绘图，周光杰照相。

执笔：王传富　汤学锋

注　释

［１］　张绪球：《长江中游新石器时代文化概论》，湖北科学技术出版社，1992年。

［２］　李文杰：《大溪文化的类型和分期》，《考古学报》1986年第2期。

［３］　荆州地区博物馆：《湖北王家岗新石器时代遗址》，《考古学报》1984年第2期。

［４］　荆门市博物馆：《荆门荆家城新石器时代遗址调查》，《江汉考古》1987年第2期。

［５］　宜昌地区博物馆等：《宜昌中堡岛新石器时代遗址》，《考古学报》1987年第1期。

［６］　屈家岭遗址考古队：《屈家岭遗址第三次发掘》，《考古学报》1992年第1期。

［７］　荆州地区博物馆等：《钟祥六合遗址》，《江汉考古》1987年第2期。

［８］　中国科学院考古研究所：《京山屈家岭》，科学出版社，1956年。

［９］　张绪球：《长江中游新石器时代文化概论》，湖北科学技术出版社，1992年。

［10］　湖南省文物考古研究所等：《澧县城头山屈家岭文化城址调查与试掘》，《文物》1993年第12期。

附表　荆门马家院屈家岭文化城址陶片统计表

名称	数量（片）	百分比（%）	夹砂陶（片）	泥质陶（片）	细泥陶（片）	纹饰
红陶	15	10.6	12	2	1	篮纹、附加堆纹
黑（褐）陶	49	34.8	15	24	10	弦纹、绳纹
灰陶	48	34.0		42	6	弦纹、绳纹
橙黄陶	29	20.6	9	15	5	附加堆纹、绳纹
合计	141	100	36	83	22	

（原文刊于《文物》1997年第7期）

湖北荆门市后港城河城址调查报告

荆门市文物考古研究所

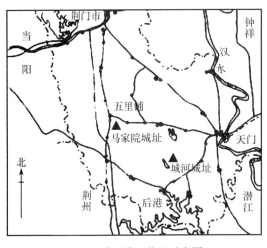

图一　城河城址位置示意图

城河城址位于湖北省荆门市后港镇城河村六组。地处江汉平原西北，属荆山余脉的丘陵岗地向平原的过渡地带，汉江西岸，长湖北岸。北距荆门市直线距离约50千米，南距荆州古城直线距离约40千米，东距汉江24千米，东北距沙洋县城20千米，东南距原汉宜公路3千米，南距长湖北岸约8千米。城河从城址西北0.6千米的龙垱水库流出，经古城址西南外，在古城东南折向南后经长湖注入汉江（图一）。

一、城址概况

1983年，荆州博物馆原副馆长陈跃均先生带领考古工作者进行文物普查时发现该遗址，遗址被命名为"草家湾遗址"，《中国文物地图集·湖北分册》沿用了"草家湾遗址"的命名[1]。调查时采集了大量陶片。并认为是一处新石器时代的遗址，文化性质属龙山文化[2]。1984年被荆门市人民政府公布为荆门市第一批文物保护单位。原沙洋县后港文化站站长金亮多次到遗址考察，怀疑该处是一座古城址。2004年10月，湖北省文物考古研究所副所长李桃元在现任沙洋县教育文化体育局副局长金亮的带领下，到城河六组进行实地考察，认为这里是一处重要的史前时期的城址。2005年10月，中国社会科学院考古研究所研究员吴耀利先生同其研究生一道，在沙洋县文物管理所所长刘刚的带领下，也曾实地考察过该城址。2006年10月，湖北省荆门市文物考古研究所组织考古专业人员对城址进行了实地考古调查，并用全占仪测绘了城址地形图，确认该处是一座新石器时代屈家岭文化至石家河文化时期的城址。

关于该城址的命名。从2006年调查的情况看，在城址及其周围不仅没有赵家湾这个地名，就是赵姓人家也没有一户。而在距城河村约7千米的东南方有赵家湾、草房湾两个地名，为避免造成地名混乱，根据考古学遗址命名原则，将原遗址名称更名为城河城址。城河村的村民至今仍习惯性将城墙内的范围称为城内，城墙外称城外。城墙外从龙垱水库流出的古河道也因该城而得名"城河"。从湖北公安的鸡鸣城[3]、荆州的阴湘城[4]到湖南澧县鸡叫城来看，地名是寻找古城的有效方法之一。

二、城墙与城壕

城河城址东北倚西北—东南向的高岗地，以自然高岗为东北边的天然城墙，东、南、西、西北城垣以平地起筑。城址的城墙在20世纪60年代整田、开渠、修路时城墙遭到严重破坏，西部城墙破坏尤甚，现有一条公路沿西城墙东缘贯穿南北，城内北部有一条土路东西向穿越城址。城址海拔高度35.38~53.29米，GPS测定城址中心地理坐标为北纬30°35′20″，东经112°24′33.6″（彩版二八、彩版二九）。

从残存城墙痕迹看，城址呈不规则椭圆形，西北部略内凹。城垣南北长600~800、东西宽550~650米，不包括城壕，面积近50万平方米（图二）。城墙为土筑，堆筑层次清楚。保存较好的城墙主要是南城墙和北城墙西段。调查时从南城墙一人工缺口断面可

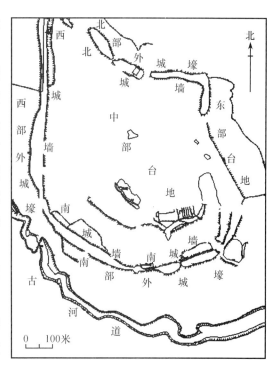

图二 城址地形图

知，城墙分七层：第1层：表土层，褐黄色黏土。厚40~50厘米；第2层：黄灰色沙土。厚45~70厘米；第3层：灰黄色沙土。厚40~60厘米；第4层：褐色夹黄色土。厚35~55厘米；第5层：黄色沙土。厚30厘米；第6层：灰褐色夹黑色锰结核土。厚20厘米；第7层：黄灰色土。以下未见底。从城墙土层的堆积状况看，城墙为垒筑，未发现遗物。南城墙长约650、宽5~38、高6~7米；从南城墙保存情况来看，城墙外壁较陡直，内坡平缓。西城墙长约800、宽15~50、残高3~5米。北城墙长约300、残宽8~50米，东北自然高岗地长500、宽50~300、高2~5米。东城墙残长130米、宽20~40、高1~1.5米。在城址东南角、北城墙西端西部、北城墙西端中部、南城墙中部各有一处缺口。东南缺口宽3~5米，西北缺口宽

5~8米。西北、南、西城墙外有宽约30~50米的城壕，东北部自然岗地外城壕不清楚。包括城壕在内，城址总面积约70万平方米。

在城址外有一条古河道从城西、南两个方向经南城墙向东流后，再折向南流注入长湖，古河道距城墙50~240米不等；河宽20~30米，河床距地表4~10米。城内从西北城墙缺口处有一条低洼地在城内弯曲向南后折向东，与城墙东南角缺口相连。城墙东南角缺口外现为一堰塘。

城内东、北、南部为高平地。在城内中部偏南及东南部采集大量新石器时代陶片。从断面上还发现有大量红烧土分布。从断面解剖情况看，文化层厚2~2.4米以上。以P1为例，文化层共分6层，第1层：灰褐色土，厚50厘米，表土层。第2层：厚70厘米，灰白色夹大量红烧土块。第3层：厚60厘米，灰黄色土，土质疏松。第4层：厚80厘米，青灰色土。包含物有泥质灰陶片和泥质黑陶片。第5层：厚10厘米，黄灰色夹少量锰结核土。包含物有夹砂褐红陶缸片。第6层：厚50厘米，灰黑色夹少量红烧土。包含物有泥质灰陶片。第6层以下尚未见生土，因断面临近水沟无法继续进行。

在城址东北的自然高岗地上，也发现有红烧土分布。

三、文 化 遗 物

在城址内采集的文化遗物以生活用器为主，仅见少量生产工具。

在城址中部本次调查共采集陶片628片，以泥质陶为主，占93.5%，夹砂陶次之，占6.5%；陶色以灰陶为主，次为灰黑、褐色和红陶。泥质灰陶占总数的67.3%。泥质灰黑陶占25.8%。陶片绝大部分为素面，占87.9%。纹饰以弦纹为主，占4.6%，次为附加堆纹加篮纹，占2.0%，堆纹占1.7%，篮纹占1.5%，压印纹占1.5%，另有极少量绳纹、划纹、附加堆纹加绳纹（附表）。采集的标本仅见生活用器鼎、碗、豆、盆、罐、缸、钵、甑等。

（一）屈家岭文化遗物

缸　3件。采：34，缸片，夹砂红陶，厚胎。饰压印方格纹（图三，1）。采：36，缸口沿，夹砂红陶，较厚胎。平沿，沿面两道凹槽。饰竖条压印纹（图三，2）。采：11，夹砂红陶，厚胎。斜平沿。腹部饰压印网格纹。残高8.1厘米（图三，4）。

盆　1件（采：35）。泥质灰陶。敛口，沿面微弧，圆唇，弧腹。素面（图三，7）。

鼎足　2件。采：37，夹砂褐红陶。舌形。足根部饰两按窝（图三、3）。采：1，夹砂褐陶，锥状足。残高10.5厘米（图三，5）。

高圈足杯　分二型。

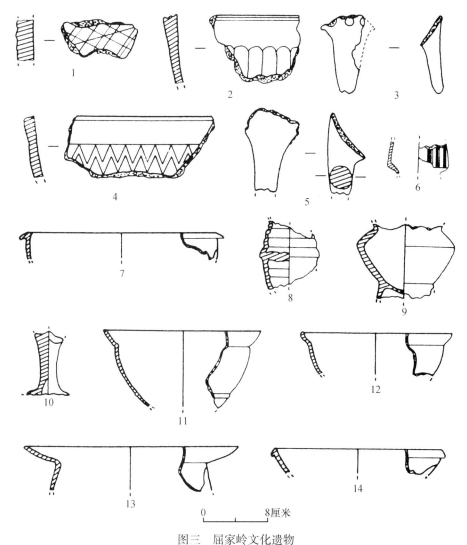

图三　屈家岭文化遗物

1、2、4.缸（采：34、采：36、采：11）　3、5.鼎足（采：37、采：1）　6.A型高圈足杯（采：26）　7.盆
（采：35）　8.B型高圈足杯（采：32）　9.壶形器（采：13）　10.器盖（采：27）　11.A型碗（采：15）
12.B型碗（采：8）　13.甑（采：22）　14.盂形器（采：28）

A型　1件（采：26）。泥质灰陶，残存杯身。饰4~5条一组的竖条划纹。残高4.0厘米（图三，6）。

B型　1件（采：32）。泥质褐陶，残。饰凹弦纹。残高8.8厘米（图三，8）。

器盖　1件（采：27）。残存盖纽。泥质红陶。素面（图三，10）。

碗　2件。分二型。

A型　1件（采：15）。泥质灰陶。敞口，尖唇，仰折沿，弧腹内收，底残。下腹饰一周凸弦纹。口径20.0、残高9.9厘米（图三，11）。

B型　1件（采：8）。泥质灰陶。敞口，方唇，仰折沿。素面。口径20.0、残高5.3厘米（图三，12）。

甑　1件（采：22）。泥质红陶。敞口，宽仰折沿。素面。口径28、残高5.6厘米（图三，13）。

壶形器　1件（采：13）。泥质黑陶。折腹。腹径12.8、残高9.8厘米（图三，9）。

盂形器　1件（采：28）。泥质黑陶。残存腹部。腹径12.6、残高8.1厘米（图三，14）。

（二）石家河文化遗物

鼎足　1件（采：2）。夹砂红陶，宽扁足。残高10厘米（图四，1）。

鼎口沿　1件（采：23）。泥质灰陶，折沿。口径15.0、残高5.6厘米（图四，2）。

罐　5件。分三型。

A型　2件。高领罐。采：30，泥质灰陶。敞口、尖唇。广肩。肩部饰弦纹。口径10.0、残高7.6厘米（图四，3）。采：7，泥质灰陶。敞口、圆唇，溜肩。口径14.0、残高5.5厘米（图四，4）。

B型　2件。折沿罐。采：25，泥质灰陶。敛口、方唇。束颈，弧腹。腹部饰弦纹。口径8.4、残高6.6厘米（图四，5）。采：12，泥质灰陶。口微敛、圆唇。束颈，鼓腹。素面。口径16.0、残高7.2厘米（图四，6）。

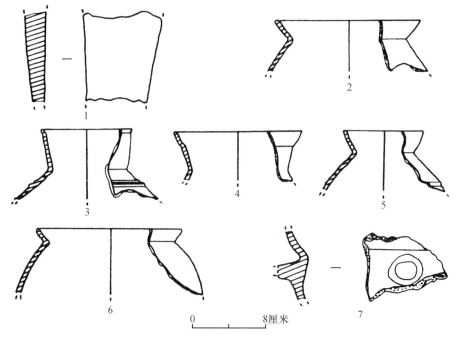

图四　石家河文化遗物

1.鼎足（采：2）　2.鼎口沿（采：23）　3、4.A型罐（采：30、采：7）　5、6.B型罐（采：25、采：12）

7.C型罐（采：9）

　　C型　1件。有耳罐。采：9，泥质灰陶。残高7.6厘米（图四，7）。

　　缸　2件。分二型。

　　A型　1件（采：17）。泥质灰陶。口微敛，平沿，圆唇，弧腹。饰附加堆纹和篮纹。口径50、残高16.2厘米（图五，1）。

　　B型　1件（采：18）。泥质灰陶。敛口，重沿。饰附加堆纹。口径28、残高10.5厘米（图五，2）。

　　缸底　1件（采：19）。夹砂红陶，厚胎。尖平底。素面。底径3.1、残高7厘米（图五，3）。

　　钵　2件。分二型。

　　A型　1件（采：21）。夹砂灰黑陶，因烧制温度器身部分呈红色。敞口，尖圆唇，斜弧腹，平底。饰压印网格纹。口径21、底径8、高7.2厘米（图五，4）。

　　B型　1件（采：20）。泥质灰陶，敛口，圆唇，弧腹，平底微凹。上腹部饰一周凹弦纹，器身有倒"Y"字形和"一"字形两种刻划符号。口径18、底径8、高7.3厘米（图五，5）。

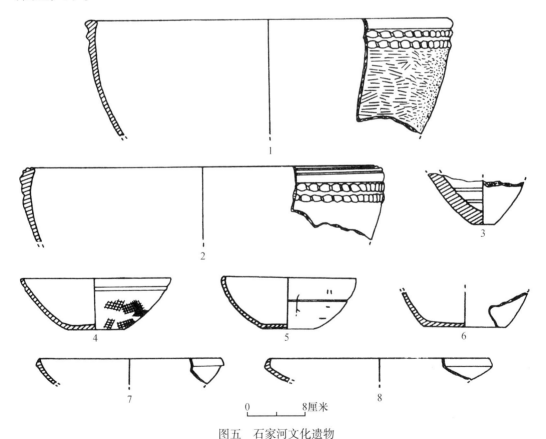

图五　石家河文化遗物

1.A型缸（采：17）　2.B型缸（采：18）　3.缸底（采：19）　4.A型钵（采：21）　5.B型钵（采：20）
6.钵底（采：14）　7.A型豆盘（采：6）　8.B型豆盘（采：6）

钵底 1件（采：14）。泥质灰陶。弧腹。平底。素面。底径12、残高4.9厘米（图五，6）。

豆盘 3件。分二型。

A型 2件。采：6，泥质黑陶。敞口，尖唇，外贴沿。素面。口径26、残高3.6厘米（图五，7）。

B型 1件（采：5）。泥质黑陶。口微敛，圆唇。素面。口径32、残高3.1厘米（图五，8）。

盆 2件。分二型。

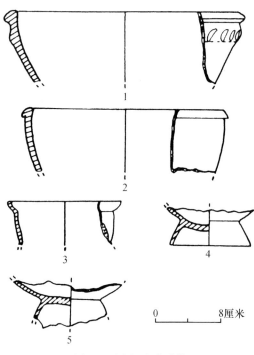

图六 石家河文化遗物
1.A型盆（采：4） 2.B型盆（采：24） 3.甑
（采：10） 4、5.圈足（采：3、采：31）

A型 1件（采：4）。泥质灰陶。敛口，尖圆唇，沿面微弧。沿下饰一周附加堆纹和横条篮纹（图六，1）。

B型 1件（采：24）。泥质灰陶。敛口，圆唇，卷沿，弧腹。素面。口径22.8、残高7.8厘米（图六，2）。

甑 1件（采：10）。泥质灰陶。敞口，仰折沿，圆唇，深弧腹。素面。口径4、残高5.2厘米（图六，3）。

圈足 3件。采：3，泥质灰陶。底径10、残高4.4厘米（图一五，4）。采：16，泥质灰陶。饰附加堆纹。残高3.6厘米。采：31，泥质黑陶。喇叭形圈足。素面。残高5.8厘米（图六，5）。

在城址中西部共采集陶片23片，其中泥质灰陶16片，泥质红陶4片，泥质黑陶2片，夹砂红陶1片。可辨器形有碗、豆等。

四、结 语

从1992年荆门市文物普查的资料看，荆门市境内共发现有32处新石器时代的遗址，其中大溪文化10处、屈家岭文化15处、石家河文化7处，主要分布在汉水沿岸及荆门市东南滨湖地区[5]。以屈家岭文化遗址为大宗。

从该遗址调查发现的器物标本看，未发现有晚期文化遗物，仅见屈家岭文化和石家河文化的遗物。屈家岭文化遗物中有典型的屈家岭时期的斜方格压印纹缸片，A型圈足杯

（采：26）与屈家岭T138：2[6]相似，B型高圈足杯（采：32）与屈家岭T129：2c（5）[7]
形似，A型碗（采：15）与邓家湾H11出土的碗[8]，甑与谭家岭M18出土的甑[9]，盂形器
（采：28）与京山油子岭H1：7、湖南澧县三元宫M9：4[10]相似，壶形器（采：13）与谭
家岭H23[11]、京山油子岭H2出土的屈家岭晚期同类器形近。石家河文化遗物中的B型陶钵
与通城尧家岭出土陶钵[12]相似，B型盆与石家河文化的B型盆形似。

　　遗物主要分布在城址东北部自然高岗地及城内中西部和北部地势较高的平地上，以石
家河文化时期的遗物为主。在城址中部城河村四组居民修建房屋挖房基时发现有大量红烧
土房屋建筑遗迹。城址南隔一条古河道——城河，是一条东西向的高岗地；城东北为整座
城址地势最高的部分，北与另一条东西向的高岗地隔一冲沟遥相对应；城址东、西则平地
筑城墙与两侧的小丘陵隔开，以此形成一个相对独立而安全的地理单元，以"抵御敌对势
力的入侵，保卫本部落或聚落群的生存空间和财富"[13]。与长江中游地区其他的早期城
址相比，该城址有以下特点：①就城址的面积看，规模大，仅次于天门石家河城址；②部
分城墙利用自然高岗地作为天然城墙。

　　荆门后港城河城址是长江中游地区发现的又一处新石器时代的古城址，也是在汉水流
域荆门境内继马家院城址后发现的第二座新石器时代古城址。尽管城内布局、城墙年代及
周围是否有附着聚落目前尚不清楚，但从城内采集的遗物、周边新石器时代遗址的文化性
质以及同时期长江中游的几座早期城址的时代看，如天门石家河城址[14]、荆州阴湘城城
址[15]为屈家岭文化中期、荆门马家院城址为屈家岭文化晚期[16]，城河城址的时代应为
不晚于石家河文化时期，城址的确切时代有待进一步的考古发掘确定。该城址西北距荆门
境内的马家垸城址约20千米、西南距荆州阴湘城城址约42千米，东北距天门石家河城址约
68千米，南部100多千米处有公安的鸡鸣城、石首的走马岭城址，在长江中游地区有如此
多早期的古城址，绝非偶然。荆门城河古城址的发现不仅丰富了长江中游早期古城址的内
容，同时对研究长江中游地区这些早期城址之间的关系、探讨长江中游史前聚落考古文化
提供了不可多得的资料。

　　附记：城河城址的调查自始至终得到了湖北省文物考古研究所的大力支持，在此深表
感谢！参加城河城址调查的人员有龙永芳、黄文进、朱远志、陈勤、周伟、朱兴林。本报
告由黄文进、丁翠泉绘图，龙永芳照相。

执笔：龙永芳

注　释

[1]　国家文物局主编：《中国文物地图集·湖北分册》第373页，西安地图出版社，2002年。

［2］　荆门市博物馆：《湖北荆门市新石器时代遗址调查》，《江汉考古》1988年第4期。

［3］　贾汉清：《湖北公安鸡鸣城遗址的调查》，《文物》1998年第6期。

［4］　荆州博物馆：《湖北荆州市阴湘城遗址东城墙发掘简报》，《考古》1997年第5期。

［5］　荆门市博物馆：《湖北荆门市新石器时代遗址调查》，《考古》1992年第6期。

［6］　张绪球：《长江中游新石器时代文化概论》第191页，湖北科学技术出版社，1992年。

［7］　张绪球：《长江中游新石器时代文化概论》第191页，湖北科学技术出版社，1992年。

［8］　张绪球：《长江中游新石器时代文化概论》第188页，湖北科学技术出版社，1992年。

［9］　张绪球：《长江中游新石器时代文化概论》第189页，湖北科学技术出版社，1992年。

［10］　张绪球：《长江中游新石器时代文化概论》第199页，湖北科学技术出版社，1992年。

［11］　张绪球：《长江中游新石器时代文化概论》第190页，湖北科学技术出版社，1992年。

［12］　张绪球：《长江中游新石器时代文化概论》第255页，湖北科学技术出版社，1992年。

［13］　王红星：《长江中游地区早期城址管窥》，《长江中游史前文化暨第二届亚洲文明学术讨论会文集》，岳麓书社，1996年。

［14］　张绪球：《屈家岭文化古城的发现和初步研究》，《考古》1994年第7期。

［15］　荆州博物馆：《湖北荆州市阴湘城遗址东城墙发掘简报》，《考古》1997年第5期。

［16］　荆门市博物馆：《湖北荆门市新石器时代遗址调查》，《考古》1992年第6期。

附表　荆门后港城河城址采集陶片统计表

陶质 / 陶色 / 纹饰	夹砂陶				泥质陶				总计	百分比（%）
	红	褐	褐红	合计	红	灰	黑	合计		
素面	11	7	8	26	1	393	144	538	564	89.81
绳纹						1	1	2	2	0.32
篮纹						8		8	8	1.27
附加堆纹	1			1	1	2	4	7	8	1.27
附加堆纹+篮纹						6	3	9	9	1.43
附加堆纹+绳纹							1	1	1	0.16
刻划纹						1		1	1	0.16
弦纹						20	6	26	26	4.14
压印纹	1	6		7					7	1.11
镂孔						2		2	2	0.32
合计	13	13	8	34	2	433	159	594	628	100
百分比（%）	2.07	2.07	1.27	5.41	0.32	68.95	25.32	94.59	100	

湖北应城门板湾新石器时代遗址

湖北省文物考古研究所

门板湾遗址位于湖北省应城市西南约3千米的星光村，它地处大洪山余脉向江汉平原的过渡地带，其东、南、北三面均以古河道为界，西临小山岗，遗址总面积约110万平方米（彩版三二，1）。

1998年底至1999年初、2000年，湖北省文物考古研究所和应城市、十堰市、丹江口市、潜江市博物馆联合组成考古队，对门板湾遗址进行了两次发掘。发掘总面积近1000平方米，发现了一座距今约5000年的屈家岭文化晚期城址，并揭露出一座保存较好的大型土坯砖建筑（彩版三二，2），同时清理了数座灰坑、墓葬，出土了部分陶、石器。

城址位于遗址中心，平面近长方形，南北最长约550、东西宽约400米，面积近20万平方米。城垣土筑。西垣保存较好，距地表高3～5米；南垣较低，残高1～1.8米，现代农舍一字排开建筑在南垣上；东垣、北垣分别被河堤、水渠所压。西垣中段有一个宽约40米的豁口，疑是城门。通过发掘可知，西垣横截面呈梯形，上窄下宽，顶部残宽13.5～14.7米，底部宽近40米。城墙外坡陡峻，内坡稍缓。城垣用堆筑法建成，使用挖壕沟所取之土。填土主要是黄土和淤泥，堆筑方法为一层黄土夹一层淤泥，厚薄不均，未见夯打痕迹。城墙填土中出土了一批屈家岭文化时期遗物，可辨器形的有彩陶纺轮、彩陶杯、彩陶鼎、曲腹杯等（彩版三四，3）。城垣外有壕沟。西城壕最明显，现今已建成3个串起来的水塘，长约260米，最宽处达60米。壕沟横截面为倒梯形，口宽底窄，口宽59、深1.8～2.5米。壕沟底层堆积出土的皆为屈家岭文化时期遗物。

城外南、北侧100～300米的范围内还散布着小型台地，如许家老屋台、许家大湾上湾、王湾老台等。每个台地的面积不等，最大的如许家大湾下湾，面积达3.5万平方米；最小的如门板湾老台，面积不足6000平方米。经初步勘探，这些台地上的文化堆积的年代与城址相当，均属屈家岭文化时期。

在西城垣之下发现了一座土坯砖砌筑的大型建筑，由主体房屋、附属房屋、北东南三面围墙组成（西围墙不见，可能是修城垣时被破坏）。初步推算，该院落占地面积近400平方米，房址内未出土任何器物。

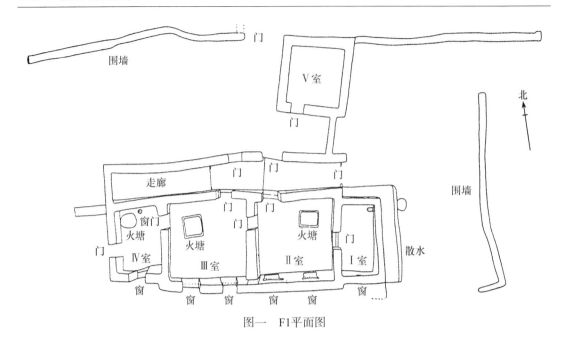

图一　F1平面图

主体建筑由长方形房子（F1）和房前走廊组成，位于院落的南侧。房子坐南朝北，东西长16.2、南北宽7米。四开间（Ⅰ室～Ⅳ室），中间两室较大，两侧各一间稍小（彩版三三，1）。房子内每间都有门道相通、中部两间还各有一个朝北的大门，共有6个门，门宽80～90厘米（彩版三三，2）。中间两室的南墙上均开有2个落地窗（彩版三四，1），西侧室南墙上也有一个落地窗。这类窗近方形，窗底高于居住面仅6～10厘米、木质窗框痕迹明显。第Ⅱ室的2号窗宽88、高90厘米，其他落地窗的规格与之近似。此外，第Ⅰ室南墙上开有一个长方形小扁窗。除Ⅰ室外、其他三间房内都发现有火塘遗迹。火塘平面为方形、长方形和椭圆形，四周还修有宽5厘米、高2～5厘米的台边。第Ⅰ室有2个灶坑、形状小且不规则。走廊位于F1北侧，墙壁上共设3个门道，其中一个朝东，另外2个对应F1中间两室的大门。附属建筑位于走廊的北面，为一方形单间小房（F1-Ⅴ室），长4.2、宽4.3米。它有一个南门，东墙上开了2个小窗。其南墙与F1的走廊墙壁相连（图一）。

整个建筑修筑规整，墙体厚38～55厘米，其建筑方法如下：在盖房子之前，预先制出土坯砖，土坯砖尺寸长35～44、宽17～25、厚5～7厘米。在砌筑墙体时，一层土坯砖上铺抹一层较薄的红黏泥，同时，采取条砌与侧砌相结合、形成错缝。墙体砌好后，用黄白色涂料涂抹墙体，使墙壁平坦、光洁（彩版三四，2）。房子的墙体最高达2.2米，四室地面不在一个水平面上。它是迄今我国发现的年代最早、保存最好的土坯建筑。整个房子建筑在低矮的丘陵上，属于高台建筑。室内居住面光滑平整，地面抹有黄色涂层，并经多次垫平，局部地方可见编织物铺地的痕迹。墙外还修有形状规整的散水。这些都反映出当时建筑技术的高超。

在门板湾遗址还发现了叠压在城垣上的灰坑和墓葬。灰坑3座，有圆形、椭圆形两种，其中一个灰坑压在西城垣的内坡上。灰坑出土遗物主要有喇叭形厚胎杯、高柄杯、高领罐、鸭嘴状鼎足等。在西垣内坡上还发现墓葬2座，二者有叠压关系。较晚的一座墓随葬一件红陶杯。墓葬与灰坑均属于石家河文化遗存，它们为推断城址的相对年代提供了重要依据。

执笔：李桃元

（原文刊于《1999年中国重要考古发现》，文物出版社，2001年）

编者按：应城门板湾城址的相关报道还见于：①陈树祥、李桃元：《应城门板湾遗址发掘获重要成果》，《中国文物报》1999年4月4日第1版；②李桃元：《应城门板湾遗址大型房屋建筑》，《江汉考古》2000年第1期。

湖北应城陶家湖古城址调查

湖北省文物考古研究所
应 城 市 博 物 馆

1998年12月，为配合长（江埠）荆（门）铁路工程建设，继在应城门板湾发现了屈家岭文化时期的城址之后，我们对应城境内的泗龙河遗址也进行了调查，发现了一座保存较好的新石器时代大型城址，现将调查结果报告如下。

一、调 查 经 过

关于泗龙河遗址已有材料公布[1]，当时了解到，该遗址总面积约25万平方米，包含屈家岭文化和石家河文化时期的遗物。受到门板湾发现古城的启发，1998年12月和1999年4月，考古队员两赴泗龙河遗址，进行现场踏勘。据光绪年间《应城县志》卷七记载："古城在县西南汤池团，陶家湖城址尚存，故老犹能指其处，但城名无考，不知何代置。"鉴于城址以河流名称命名不妥，我们称该遗址为"陶家湖古城"。

二、自 然 地 理

陶家湖古城位于应城市区以西约18千米的泗龙河中游，在陶家河与泗龙河的交汇处。泗龙河水库大坝就建筑在城址的东北部，今泗龙河自北向南穿过城内。城址隶属应城市汤池镇方集村，西距汤池镇2.5千米，南距汉（口）宜（昌）公路6.5千米，地理坐标为东经113°21′，北纬30°45′，海拔为40.9～44.2米（图一）。

陶家湖古城所在的应城市，地处鄂中丘陵地区，是大洪山南麓余脉向平原湖区的过渡地带，属江汉平原的北部边缘区，其地势自西北向东南倾斜，形成了低岗丘陵、河谷平原、滨湖洼地三种地貌。境内大富水、泗龙河等皆源于应城市西北的京山县，并经过应城入汈汉湖，最后注入汉水。这里气候温和，雨量充沛，十分适宜古代人们的繁衍生息。

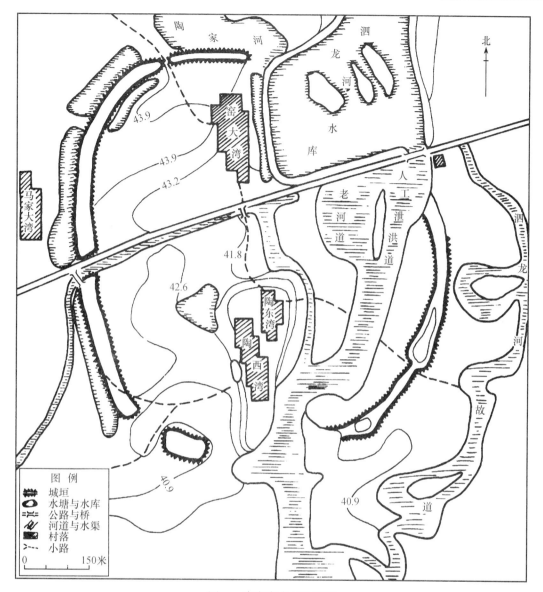

图一　陶家湖古城地形图

三、古城现状

陶家湖古城坐落在平缓的丘陵地带，平面呈椭圆形。从外径算，南北最长径约1000米，东西最短径约850米，总面积约67万平方米。城址中部有一条现代公路自东向西穿过，将城址分为南北两半。城内有现代村落陶东湾、陶西湾和窑大湾，城址东北角被水库大坝破坏，坝前依稀可见城垣留下的土丘痕迹。

整个城址为土筑城垣，高出地面1～4米，城墙上现在是农田或小路。西城墙保存最好，分为南北两段。其中，西墙南段城垣长350、底宽25、残高2～4米；西墙北段城墙长

520米，底宽约30、顶宽约20米，残高1.5～3米（图版二三，1）。北城墙的东段已没入水库中，北城墙西段残长180米，底宽15、顶宽约4米，残高1.5～3.5米。东城墙北段已毁，中、南段的土墙仍高出地面，长约640米，底宽25～50米，顶部最宽达30米，一般在10～20米之间，残高0.7～3米（图版二三，2）。南城墙被泗龙河下切成一个宽达200米的豁口，仅余南墙西段，底宽55、顶宽约20、残高1～1.5米。

城垣外有壕沟环绕，以西墙外的壕沟保存最好。西城壕紧邻西垣，今为鱼池或藕塘。宽20～45、残长860米。此外，城墙西北角的内侧还有一段长约160米的壕沟，可能是筑城取土后留下的。北垣外利用天然河道，以陶家河为城壕，北墙顶部至今仍高出河床近6米。东城墙外壤沟不明显，但在距东垣50～100米处有一片与之平行的带状洼地，疑为古河道。由此我们推测，泗龙河曾经从城东流过，可能被当做东墙外的城壕。

整个城址有5处缺口。其中，东北与西面的2个缺口有公路穿过，已无法得知是否是城门。西南、东南的2个缺口至今仍有小路通往城外，其他面墙垣未连接贯通，也不见人工动土的痕迹，疑为城门。西、北城墙之间的缺口则可被断定为城门所在，该豁口宽约20米，城内外道路连为一体。据当地村民讲，出此门溯陶家河而上，可达京山，这是一条古道。有关城门的详情尚需进一步调查。

城门南部的中心地带有一处高出周围农田1～1.5米的台地，南北长450、东西宽60～150米，现代村落陶西湾、陶东湾便坐落在台地上。在此处地面上发现了大量的新石器时代文化遗物，这就是原先所说的"泗龙河遗址"所在地。据当地村民介绍，农民打井时，曾从距地表4～5米深处挖出完整的陶器，还有大量的红烧土，似与建筑有关。

四、文化遗物

在城址内采集的标本全为陶器，器形有鼎、碗、圈足盘、豆、盆、瓮、缸、红陶杯、器盖、壶形器等。陶器以夹砂陶为主，泥质陶次之。纹饰以素面为主，少数饰附加堆纹、弦纹、篮纹，镂孔多施于圈足上，也见少许彩陶片。

鼎足　采集标本13件，分六式。

Ⅰ式：2件。矮凿形足，泥质灰陶。采47，高3.3厘米（图二，1）。

Ⅱ式：1件（采21）。高凿形足，夹砂灰陶。高10厘米（图二，2）。

Ⅲ式：6件。长条形柱足，截面分椭圆形、半圆形、圆形等多种，皆为夹砂黄陶。采48，残高6.4厘米（图二，4）。

Ⅳ式：1件（采59）。柱状足，截面呈不规则四边形，足跟部有大小两个按窝，残高5厘米（图二，6）。

Ⅴ式：1件（采46）。扁足，夹砂黄陶。呈鸭嘴状，并附两个大小相当的按窝。高7.6

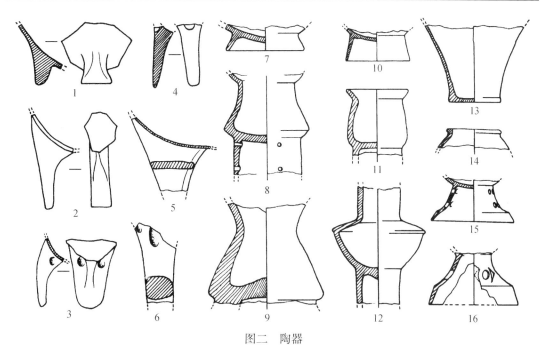

图二　陶器

1. Ⅰ式鼎足（采47）　2. Ⅱ式鼎足（采21）　3. Ⅴ式鼎足（采46）　4. Ⅲ式鼎足（采48）　5. Ⅵ式鼎足（采57）
6. Ⅳ式鼎足（采59）　7. Ⅰ式圈足碗（采26）　8. Ⅰ式高圈足杯（采16）　9. Ⅱ式高圈足杯（采07）　10. Ⅱ式碗
圈足（采33）　11. Ⅳ式高圈足杯（采43）　12. Ⅲ式高圈足杯（采02）　13. Ⅰ式红陶杯（采28）　14. 瓮
（采22）　15、16. 豆圈足（采25、采27）

厘米（图二，3）。

　　Ⅵ式：1件（采57）。侧扁足，夹砂红陶。平面呈三角形，素面。厚0.9厘米
（图二，5）。

　　碗圈足　采集标本3件，分为二式。

　　Ⅰ式：2件，矮圈足外撇，泥质灰陶。采26，圜底。圈足径8.6、残高2.8厘米
（图二，7）。

　　Ⅱ式：1件（采33）。高圈足，圜底，泥质黑陶。圈足径7.2、残高3.4厘米（图二，10）。

　　圈足盘　采集标本2件，分二式。

　　Ⅰ式：1件（采56）。矮圈足，夹砂灰陶，轮制。残高8厘米（图三，9）。

　　Ⅱ式：1件（采19）。高圈足，泥质灰陶。粗圈足外撇，饰上下两行三角形镂孔。残
高14厘米（图三，10）。

　　豆圈足　采集标本3件。圈足呈喇叭状。采25，泥质灰陶，手制，饰对称圆形镂孔。
圈足径8.3、残高4.2厘米（图二，15）。采27，泥质黑陶，手制，饰圆形加新月形镂孔。
圈足径10、残高5.2厘米（图二，16）。

　　高领罐　采集标本7件，分二式。

Ⅰ式：4件。敞口折沿高领罐，皆泥质灰陶，分轮制和手制两种。采31，沿面内凹，鼓肩，肩饰凸弦纹。口径16厘米（图三，1）。

Ⅱ式：3件。小口高领罐，皆泥质灰陶。采30，圆唇，鼓肩。口径12厘米（图三，2）。

壶形器　1件（采51）。泥质黄陶，胎呈灰色。装饰黄底黑彩，为菱形纹。残高4厘米（图三，5）。

盆　采集标本4件，分二式。

Ⅰ式：1件（采45）。敞口盆，夹砂灰陶。方唇，口沿外侈，弧腹，素面。口径27.6厘米（图三，3）。

Ⅱ式：3件。敛口盆。采64，泥质黄陶。平折沿，尖唇，沿面微凹，腹饰网格纹。口径39.6厘米（图三，7）。采03，夹砂灰陶，胎色略黄，颈部饰两周附加堆纹。口径44厘米（图三，4）。

瓮　2件。泥质灰陶。短颈，广肩。采22，敛口，圆唇，鼓腹。口径12厘米（图二，14）。

缸形器　1件（采38）。夹砂黄陶，胎质灰色。手制，厚胎，斜壁，腹饰斜向粗篮纹（图三，6）。

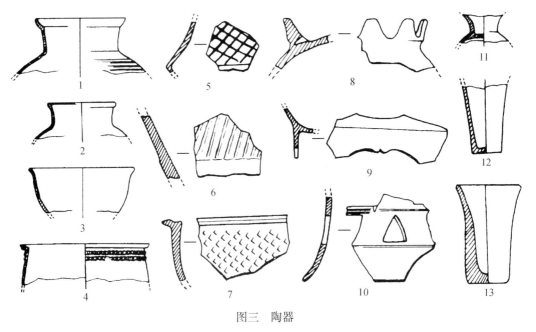

图三　陶器

1. Ⅰ式高领罐（采31）　2. Ⅱ式高领罐（采30）　3. Ⅰ式盆（采45）　4、7. Ⅱ式盆（采03、采64）　5. 壶形器（采51）　6. 缸形器（采38）　8、11. 器盖纽（采05、采62）　9. Ⅰ式圈足盘（采56）　10. Ⅱ式圈足盘（采19）　12. Ⅱ式红陶杯（采29）　13. Ⅲ式红陶杯（采44）

红陶杯　采集标本5件，皆为平底喇叭口形。分三式。

Ⅰ式：1件（采28）。薄胎，斜腹壁，平底。泥质红陶，灰胎，手制。底径6、胎厚0.6厘米（图二，13）。

Ⅱ式：1件（采29）。薄胎，直腹壁，平底内凹。泥质红陶，手制。底径2.5、胎厚0.4厘米（图三，12）。

Ⅲ式：3件。厚胎，斜壁，平底。泥质红陶。采44，敞口，斜壁微内弧。口径5.6、底径3.8、胎厚0.4～1.2厘米（图三，13）。

高圈足杯　采集标本6件，分四式。

Ⅰ式：2件。敞口，束颈，折腹，圜底，高圈足较粗。亚腰形，最大径在下腹部。采16，泥质灰胎黑陶，手制，经轮修，柄内壁留有旋痕。圈足饰圆形镂孔。腹径11.2、残高10.6厘米（图二，8）。

Ⅱ式：1件（采07）。束颈，垂腹，粗圈足。泥质灰陶，手制。腹径6.4、残高10.6厘米（图二，9）。

Ⅲ式：1件（采02）。直领，宽折肩，斜腹壁，圜底，圈足较细。最大径在肩部。泥质灰陶。肩径10厘米（图二，12）。

Ⅳ式：1件（采43）。敞口，束颈，垂腹，平底，粗圈足。泥质灰陶。口径6.8、腹径6.4、残高7厘米（图二，11）。

器盖纽　3件。采05，泥质黄陶，手制。捉手呈齿状外撇，内壁有戳而未穿的小孔。捉手直径12、残高4.3厘米（图三，8）。采62，泥质黑陶，手制。为小鼎盖纽，矮圈足捉手。残高2.2厘米（图三，11）。

五、结　　语

陶家湖古城虽未经科学发掘，但根据已获得的资料仍可推测其大致年代。陶家湖古城的Ⅰ式鼎足近同于屈家岭遗址第三次发掘的墓葬[2]中的鼎足，Ⅱ式鼎足与屈家岭T109：2（1）鼎足[3]相似；Ⅰ式红陶杯近似于钟祥六合A型Ⅰ式杯[4]，Ⅱ式红陶杯则与随州西花园T4H1：42杯[5]相似；Ⅰ式高圈足杯与屈家岭T129：2C⑤杯[6]相似；高领罐则与天门谭家岭H24：4罐[7]近同。以上器物都具有屈家岭文化晚期陶器的特征。

此外，Ⅲ式红陶杯与西花园T20②：6杯[8]相似，豆的圈足与西花园T18③B：71豆[9]近同，Ⅰ式盆与西花园T8②：174盆[10]相似。上述器物均具有石家河文化早中期陶器的特征。

综上所述，陶家湖古城的陶器的年代在屈家岭文化晚期至石家河文化早中期之间，城址的始建年代也应当不晚于石家河文化早中期，有可能是屈家岭文化时期。

　　陶家湖古城的兴建可能与抵御洪水有关，该城废弃的原因则可以从地面古河道痕迹寻觅到线索。现在流经古城内的泗龙河原本从城东经过，可能是某次洪水泛滥冲垮了北城墙，引起泗龙河改道，并直接导致了陶家湖古城的废弃。

　　除了陶家湖古城以外，目前两湖地区已发现的属于屈家岭文化时期的古城址有7座，位于长江以南的有湖南澧县城头山[11]、湖北石首走马岭[12]、公安鸡鸣城[13]、长江以北的有江陵阴湘城[14]、荆门马家垸[15]、天门石家河[16]、应城门板湾[17]等（图四）。已有学者对其出现的历史背景和古城的社会属性进行了研究探索[18]。陶家湖古城的发现，为长江中游地区新石器时代考古提供了新的重要资料。

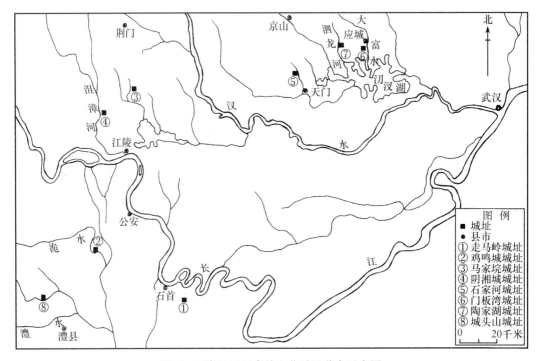

图四　两湖地区屈家岭文化城址分布示意图

　　附记：先后参加调查工作的有刘志军、龚德亮、罗德胜、黄玉洪、尹宝泉、夏丰、李桃元等，绘图余才山，摄影尹宝泉。

执笔：李桃元　夏　丰

注　释

[1]　孝感地区博物馆等：《应城市新石器时代遗址调查》，《江汉考古》1989年第2期；孝感地区博物馆编：《孝感地区文物普查资料汇编》，1984年。

[2]　屈家岭考古发掘队：《屈家岭遗址第三次发掘》，《考古学报》1992年第1期。

［3］　中国科学院考古研究所：《京山屈家岭》，科学出版社，1965年。

［4］　荆州地区博物馆等：《钟祥六合遗址》，《江汉考古》1987年第2期。

［5］　武汉大学历史系考古教研室等：《西花园与庙台子》，武汉大学出版社，1993年。

［6］　中国科学院考古研究所：《京山屈家岭》，科学出版社，1965年。

［7］　石河考古队《湖北省石河遗址群1987年发掘简报》，《文物》1990年第8期。

［8］　武汉大学历史系考古教研室等：《西花园与庙台子》，武汉大学出版社，1993年。

［9］　武汉大学历史系考古教研室等：《西花园与庙台子》，武汉大学出版社，1993年。

［10］　武汉大学历史系考古教研室等：《西花园与庙台子》，武汉大学出版社，1993年。

［11］　湖南省文物考古研究所《澧县城头山古城址1997~1998年度发掘简报》，《文物》1999年第6期。

［12］　张绪球、陈官涛：《石首走马岭屈家岭文化古城址》，《中国考古学年鉴（1992年）》，文物出版社，1993年；荆州博物馆等：《湖北石首市走马岭新石器时代遗址发掘简报》，《考古》1998年第4期。

［13］　贾汉清：《湖北公安鸡鸣城遗址的调查》，《文物》1998年第6期。

［14］　江陵县文物局：《江陵阴湘城调查与探索》，《江汉考古》1986年第1期。

［15］　湖北省荆门市博物馆：《荆门马家垸屈家岭文化城址调查》，《文物》1997年第7期。

［16］　石河考古队《湖北省石河遗址群1987年发掘简报》，《文物》1990年第8期。

［17］　陈树祥、李桃元：《应城门板湾遗址发掘获重要成果》，《中国文物报》1999年4月4日。

［18］　张绪球：《屈家岭文化古城的发现和初步研究》，《考古》1994年第7期。

（原文刊于《文物》2001年第4期）

湖北孝感市叶家庙新石器时代城址发掘简报

湖北省文物考古研究所
孝 感 市 博 物 馆
孝 南 区 博 物 馆

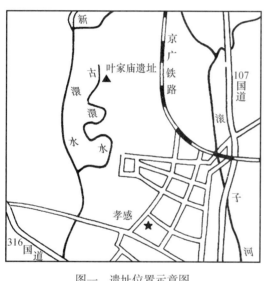

图一 遗址位置示意图

叶家庙遗址位于湖北省孝感市孝南区朋兴乡叶家庙村和七份村，地跨上叶湾、下叶湾、陈家塘、何家埠和杨家咀5个自然村。东南距孝感市区6千米，孝感至白沙公路从遗址东面通过，西面为澴水故道（图一）。遗址区海拔高度28~30米，中心地理坐标为东经113°54′，北纬34°30′。整个叶家庙城址聚落由四部分组成，包括叶家庙城址、城外的家山遗址，以及城址西面的杨家咀、何家埠两个附属聚落。整个聚落群的范围东西长约870、南北宽约650米，总面积约56万平方米。

正在兴建的兰郑长输油管道自东向西从遗址中间穿过。为配合工程建设，2008年3~8月，湖北省文物考古研究所与孝感市、孝南区博物馆对该遗址进行了发掘。采用象限布方法，共开挖探沟1条、5米×5米的探方32个，发掘面积共计926平方米。TG1位于南城垣，利用一个现代堰塘的陡坎向两端延伸，垂直于南城垣，南北长43、东西宽3米，目的在于了解南城垣的形成时代与堆积状况。WST3506、WST3406、WST3306、WST3206、WST3106、WST3006、WST2906、WST2905等8个探方位于西城垣，东西排列垂直于西城垣，通过发掘了解西城垣的形成时代和堆积状况。EST1885、EST1985、EST2085、EST1886、EST1986、EST2086、EST2186、EST2286等8个探方位于城址内东南角，通过发掘了解城内居住区的地层堆积状况、城址文化属性与发展序列。WST5401、

WST5402、WST5501等16个探方则位于西城垣西面的家山遗址台地中部，通过发掘了解该遗址墓地的文化性质、分布规律、时代及与城址的关系等。另外，在杨家咀遗址也发掘了2个探方（图二）。

一、城　　址

（一）地层堆积

在南城垣开挖探沟1条，编号TG1，其地层堆积共分9层。在西城垣发掘5米×5米的探方8个。限于篇幅，本文仅以TG1西壁剖面为例对城垣的地层堆积情况加以介绍（图三）。

第1层：现代耕土层，北高南低，在陡坎处分布较薄，厚0.05～0.35米。浅黄褐色土，

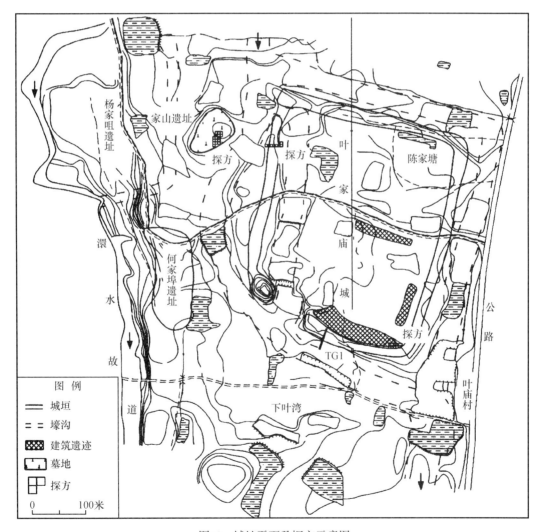

图二　城址平面及探方示意图

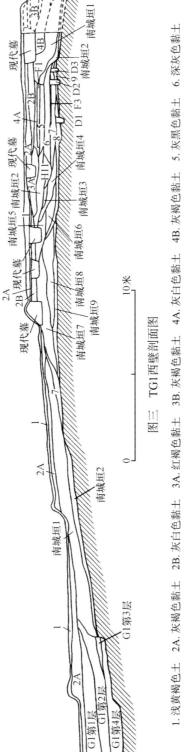

图三　TG1西壁剖面图

1. 浅黄褐色土　2A. 灰褐色黏土　2B. 灰白色黏土　3A. 红褐色黏土　3B. 灰褐色黏土　4A. 灰白色黏土　4B. 灰褐色黏土　5. 灰黑色黏土　6. 深灰色黏土　7. 灰褐色黏土　8. 灰黑色黏土　9. 灰褐色粉砂质黏土

土质较松软，夹杂较多现代杂物及农作物根茎，在探沟北部含沙略多。该层下探沟北部分布有多座现代墓。

第2层：现代扰乱层，又可分为两小层。2A层在陡坎处缺失，其余部分均有分布，深0.1～0.35、最厚处为0.4米；为灰褐色黏土，土质松散，包含较多现代瓦片、瓷片等。该层下南部叠压着环壕的一部分（G1）。2B层仅分布在探沟北部地势最高处，向北渐厚，深0.15～0.45、最厚处为0.45米；为灰白色黏土，含沙，土质较松软，包含现代青灰色砖块。

第3层：近代扰乱层，又可分为两小层。3A层分布在探沟中、北部，深0.4～0.6、最厚处为0.45米；为红褐色黏土，土质较板结，夹杂较多铁锈斑，出土少量陶片和青花瓷片等，另还发现1件石凿。3B层仅分布在探沟北部，由南向北倾斜堆积，深0.5、最厚处为0.35米；为灰褐色黏土，土质较致密板结，夹杂较多红烧土块和少量灰烬，出土少量碎陶片和青花瓷片、釉陶片等。

第4层：又可分为两小层。4A层分布在探沟中部偏北，深0.75～0.95、最厚处为0.2米；为灰白色黏土，土质纯净细腻。出土少量陶片，包括夹砂灰、黑陶和泥质灰陶等，多为素面，主要器形有盆、缸、豆、钵等。此层下叠压着F1。4B层分布在探沟北部，由南向北倾斜堆积，深0.95、最厚处为0.6米；为灰褐色黏土，土质极板结而成块状，夹杂零星灰烬。出土少量碎陶片，包括夹砂黑陶和泥质灰、黑陶等，可辨器形有罐、盆、钵等。

第5层：灰黑色黏土，夹杂有较多的草木灰，深1.55～1.85、最厚处为0.4米。此层出土较多陶片，多为泥质灰、黑陶，有极少量彩绘陶；主要器形包括纺轮、鼎足、折沿罐、高领罐、杯、器盖、碗等。本层下叠压着南城垣1、2。

第6层：仅分布在探沟的中部，深1.65～1.75、厚0.18～0.25米。深灰色黏土，土质较为松软，夹杂有较多草木灰和少量红烧土颗粒。此层出土较多陶片，以夹砂灰、黑陶居多，另有少量泥质黑陶和夹砂红陶；主要器形包括罐、盆、豆、瓮、高领罐、壶、杯、纺轮等。本层南段被H11打破，北部被南城垣2打破，其下叠压着F3。

第7层：分南、北两部分，在探沟北部深1.75～1.95、最厚处为0.4米；在探沟南部由北向南倾斜堆积，深0.3～0.95、最厚处为0.35米。灰褐色黏土，夹杂黄斑、草木灰和少量红烧土颗粒。此层出土较多陶片，以泥质灰黑陶为主，有少量泥质磨光黑陶；可辨器形包括纺轮、折沿罐、高领罐、盆、杯等。另还发现1件石镞。本层下叠压着南城垣3～6。

第8层：分布在探沟中部和北部，中间并不相连，由南向北倾斜堆积，深1.2～2.1、最厚处为0.3米。灰黑色黏土，土质较松软，夹杂炭粒、草木灰。此层出土较多陶片，多为泥质黑皮陶及磨光黑陶，可辨器形包括折沿罐、高领罐、碗、豆、缸、甑等。本层被南城垣2叠压，其下则叠压着南城垣7、8。

第9层：分布在探沟北部，深2.2～2.25、最厚处为0.2米。灰褐色粉砂质黏土，土质纯净疏松。此层出土少量碎陶片，难辨器形。

上述第4～9层均属新石器时代文化层，第9层下为棕褐色生土。

（二）遗迹

叶家庙城址平面呈较规整的长方形，发现了城垣和环壕系统。以环壕的外沟边为界，南北长560、东西宽550米，面积达30万平方米。城垣内侧南北长420、东西宽350米，城内面积大约为15万平方米。北城垣保存较好，顶宽约30、高出周围低地2～3米。南城垣的东段被现代村落占压，中段保存较好，顶宽27～30、高出现地表4～5米。西城垣北段保存较好，地表仍可见到较明显的南北向台地，高出平地2～3米；尤以南段地势最高，高出周围低地近6米。东城垣在地面已不存。城垣外发现比较完整的环壕系统，东部地表可见到利用环壕遗迹开挖的现代鱼塘；东南段的壕沟宽度可能超过40米，现被密集的民居覆盖。据对南城垣和壕沟的解剖，壕沟开口一般在现地表下0.5～1米，沟深2米左右。除了环壕，可能还存在贯通城内的南北向沟，其北端起点位于城垣西北角，目前地表仍能见到一个缺口。环壕的西北角有一条壕沟与古水相连。环壕的东南部向外亦有一南北向的沟，地面痕迹清楚，应为整个环壕的出水口。

1. 城垣

本次发掘，对南城垣和西城垣进行了解剖（彩版三九）。限于篇幅，本文仅报道南城垣的情况，此处的城垣堆积包括由上至下依次叠压的9层（参见图三）。

南城垣1：位于TG1第5层下，主要分布在探沟南、北两端，并由中间向两端倾斜，最厚处约1.3米，城外坡度约15°，城内坡度35°～40°。纯黄色土，土质板结，黏性较强。此层出土少量陶片，黑陶、灰陶、红陶皆有，器形包括折沿罐、高领罐、壶、盆、豆、碗、鼎足等。

南城垣2：分为三段，分别位于探沟南部、中部和北部，厚薄不均，厚约0.1～0.5米。黄褐色土夹杂黄斑，土质略板结。此层出土少量陶片，以黑陶居多，另有灰陶和红陶；可辨器形包括折沿罐、盆、缸、器座、器盖、鼎足、纺轮等。

南城垣3：位于TG1第7层下，分布在探沟中部，被H11打破，厚约0.2米。褐黄色黏土，夹杂铁锈斑，土质较疏松，未见出土遗物。

南城垣4：分布在探沟中部，由南向北呈坡状堆积，厚约0.4米。黄褐色土，土质纯净而板结，未见出土遗物。

南城垣5：分布在探沟中部，呈水平状堆积，厚约0.5米。褐色土，夹杂灰、黄斑，土质极为板结。此层出土少量陶片，以黑陶和灰陶为主，有少量红陶；可辨器形包括折沿罐、高领罐、盆、碗、豆等。

南城垣6：分布在探沟中部，由南向北呈坡状堆积，厚约0.55米。灰褐色黏土，夹杂较多灰斑，土质极为板结，未见出土遗物。

南城垣7：位于TG1第8层下，分布在探沟中部，中间厚，两端薄，最厚处为0.65米。黄褐色土，夹杂大量灰白斑，土质板结，未见出土遗物。

南城垣8：分布在探沟中部，南薄北厚，最厚处为0.75米。灰褐色土，夹杂大量灰、黄斑，土质坚硬板结，未见出土遗物。

南城垣9：分布在探沟中部，呈水平状堆积，厚薄均匀，厚0.35米～0.45米。褐黄色黏土，夹杂大量灰白斑，土质致密，未见出土遗物。该层下为生土。

总体上看，南城垣以堆筑为主，未发现夯筑痕迹。按堆积的早晚关系，大致可以分为两期。第一期城垣包括南城垣3～9，主要位于探沟中部，残宽14、现存高度1.5米。其中，南城垣7～9是此期城垣的主体。第二期城垣位于一期城垣两侧，包括南城垣1、2，是在一期城垣的基础上加宽加高形成，底部现存宽度约38米。二期城垣与一期城垣之间在内侧形成很厚的文化堆积，还发现房基、灰坑等遗迹，表明两者的形成间隔了一定时间。

2. 环壕

环壕南段编号为G1，距城垣有8～10米的距离，宽25～35米。沟内堆积可分为4层（参见图三）。

第1层：由北向南倾斜堆积，最厚处为0.9米。灰白色淤土，略含锈斑，夹杂有零星红烧土颗粒，未见出土遗物。

第2层：灰黑色淤土，最厚处为0.85米。此层出土有新石器时代的陶罐、鼎残片及石斧，遗物主要分布在城垣边，向南渐少。

第3层：灰白色淤土，主要分布在城垣边，最厚处为0.3米。此层出土较多新石器时代陶片，器形包括罐、鼎、碗等。

第4层：灰黑色土，夹杂红烧土块，厚0.3～0.8米。此层在城垣边出土较多陶片，以泥质灰陶、黑皮陶为主，有少量磨光黑陶，器形包括鼎、罐、缸、碗、豆等。

（三）遗物

城址堆积中出土的遗物较多，这里仅按不同地层单位将器形较为清楚的典型标本加以统计和介绍。

1. TG1地层出土遗物

（1）第4、5层出土陶器

折沿罐　8件。TG1④B：1，夹粗砂红陶，内壁呈黑色。宽仰折沿，厚方唇，沿面凹。素面。口径32、残高6厘米（图四，1）。TG1④B：2，夹粗砂黑陶。宽仰折沿，尖圆

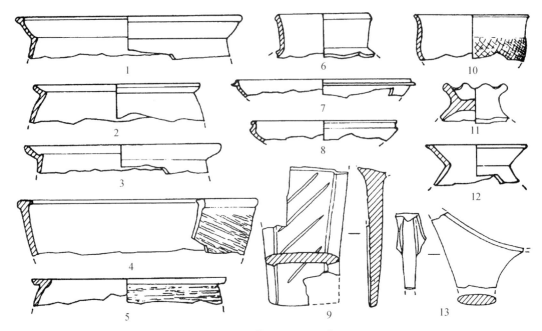

图四　TG1第4、5层出土陶器

1～3、12.折沿罐（TG1④B∶1、TG1⑤∶32、TG1④B∶2、TG1④A∶4）　4.缸（TG1⑤∶2）　5.瓮
（TG1④B∶5）　6.高领罐（TG1⑤∶29）　7.盆（TG1④A∶7）　8.豆（TG1⑤∶38）　9、13.鼎足（TG1⑤∶7、
TG1④A∶2）　10.杯（TG1⑤∶9）　11.器盖（TG1⑤∶13）

唇，沿面凹。素面。口径28、残高4厘米（图四，3）。TG1⑤∶32，夹细砂灰陶。宽仰折沿，圆唇，沿面凹，鼓腹。素面。口径24、残高5.2厘米（图四，2）。TG1④A∶4，泥质红陶。宽仰折沿，尖唇外折，溜肩。素面。口径9.6、残高4厘米（图四，12）。

盆　17件。TG1④A∶7，泥质灰陶。敞口，尖唇，勾沿下垂，浅斜腹。口径24、残高2.4厘米（图四，7）。

缸　3件。TG1⑤∶2，夹粗砂红陶。平沿，沿内折棱突出。沿面饰凹弦纹，腹饰宽且深的篮纹。口径37.6、残高8.4厘米（图四，4）。

瓮　2件。TG1④B∶5，夹粗砂黑陶。宽平沿，口微内敛，尖唇，沿内折棱突出。沿面饰多道凹弦纹，腹饰宽篮纹。口径28、残高3.6厘米（图四，5）。

高领罐　3件。TG1⑤∶29，夹细砂黑皮陶，器表磨光。窄勾沿，尖唇，侈口，直领。素面。口径13.6、残高6厘米（图四，6）。

豆　14件。TG1⑤∶38，泥质黄陶，内壁呈黑色。内折沿，圆唇，敛口。素面。口径20、残高2.8厘米（图四，8）。

器盖　2件。TG1⑤∶13，夹细砂黑陶。花边口圈纽，纽顶外撇。素面。纽径4.8、残高2.8厘米（图四，11）。

杯　1件（TG1⑤∶9）。泥质红陶。侈口，方唇，束颈，微鼓腹。腹饰网格状刻划纹。口径8、残高3.2厘米（图四，10）。

鼎足 6件。TG1⑤：7，夹细砂黄陶，手制。倒梯形扁足，足面略弧，足跟较平，边缘加厚。足面饰斜向刻划纹。残高11.6厘米（图四，9）。TG1④A：2，夹粗砂红陶。侧装足，足面中部起脊。素面。残高6.2厘米（图四，13）。

（2）第6层出土陶器

折沿罐 7件。TG1⑥：35，夹粗砂灰陶。宽仰折沿，宽凹唇，沿内有折棱。素面。口径32、残高4.4厘米（图五，1）。TG1⑥：30，泥质薄胎黑陶。折沿，圆唇，鼓腹。素面。口径10.4、残高2厘米（图五，3）。

高领罐 4件。TG1⑥：22，夹细砂红陶，内壁呈黑色。直口，圆唇，直领。素面。口径12、残高5.2厘米（图五，4）。TG1⑥：21，泥质黑陶，轮制。斜领，溜肩。残高5.6厘米（图五，8）。

盆 7件。TG1⑥：15，夹粗砂黑陶。宽仰折沿，圆唇，沿内折棱突起较高。沿面饰凹弦纹。口径38.4、残高4.4厘米（图五，9）。TG1⑥：18，泥质灰陶。平沿微外斜，尖唇，口微敛，弧腹。腹饰宽篮纹。口径28、残高4.8厘米（图五，2）。

豆 6件。TG1⑥：24，泥质黑陶。竖折沿，尖唇，直口，浅斜腹。素面。口径20、残高2.2厘米（图五，5）。

杯 1件（TG1⑥：40）。泥质橙黄陶。宽仰折沿，尖唇，侈口，深斜腹。素面。口径11.2、残高4.9厘米（图五，6）。

壶 1件（TG1⑥：41）。泥质橙黄陶，薄胎。口沿残片，侈口，尖唇。饰黑彩菱格纹（图五，7）。

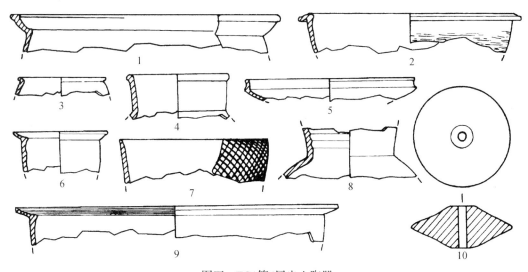

图五 TG1第6层出土陶器

1、3. 折沿罐（TG1⑥：35、TG1⑥：30） 2、9. 盆（TG1⑥：18、TG1⑥：15） 4、8. 高领罐（TG1⑥：22、TG1⑥：21） 5. 豆（TG1⑥：24） 6. 杯（TG1⑥：40） 7. 壶（TG1⑥：41） 10. 纺轮（TG1⑥：1）

纺轮 1件（TG1⑥：1）。泥质红陶，局部呈黑色，手制。两面平，宽边有折棱。素面。直径4.8、孔径0.4、厚2厘米（图五，10）。

（3）第7层出土遗物

陶折沿罐 3件。TG1⑦：31，夹粗砂黑陶，轮制。宽仰折沿，圆唇微内折，沿面凹，沿内折棱突出，鼓腹。素面。口径24、残高7.6厘米（图六，1）。TG1⑦：45，泥质灰黄陶，轮制。宽仰折沿，尖唇。素面。口径13.6、残高4厘米（图六，4）。

陶高领罐 2件。TG1⑦：24，夹粗砂黄陶，轮制。仰折沿，尖唇，斜领。素面。口径13.6、残高5.2厘米（图六，5）。

陶盆 3件。TG1⑦：5，夹细砂黑陶，轮制。宽平沿，厚方唇，沿面凹，口微敛，弧腹。腹饰宽篮纹。口径37.6、残高7.6厘米（图六，2）。TG1⑦：4，夹粗砂黑陶，轮制。仰折沿，尖唇，口微敛，弧腹。上腹饰一道附加堆纹并加按窝。口径48、残高7.2厘米（图六，3）。

陶杯 1件（TG1⑦：84）。泥质红陶。斜腹，底内凹。素面。底径3.2、残高1.6厘米（图六，6）。

陶纺轮 1件（TG1⑦：1）。泥质黑陶，手制。一面平，孔缘突出，一面微隆起，厚折棱边。素面。直径4.4、孔径0.4、厚1厘米（图六，7）。

石镞 1件（TG1⑦：3）。灰色泥质岩，通体磨制。柳叶形镞身，两面平，侧刃薄而锋利，刃尖较长，扁锥形铤。残长7.2、厚0.5厘米（图六，8）。

（4）第8层出土陶器

折沿罐 9件。TG1⑧：11，泥质灰陶，轮制。宽仰折沿，圆唇加厚。素面。口径31.2、残高3.6厘米（图七，1）。TG1⑧：16，夹炭黑陶，轮制。宽仰折沿，圆唇，沿面

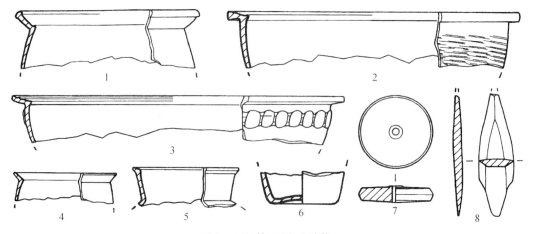

图六 TG1第7层出土遗物

1、4.陶折沿罐（TG1⑦：31、TG1⑦：45） 2、3.陶盆（TG1⑦：5、TG1⑦：4） 5.陶高领罐（TG1⑦：24）

6.陶杯（TG1⑦：84） 7.陶纺轮（TG1⑦：1） 8.石镞（TG1⑦：3）

凹。素面。口径23.2、残高3.6厘米（图七，6）。TG1⑧：7，泥质灰陶。斜腹，底近平，矮圈足外撇。素面。圈足径10、残高1.8厘米（图七，3）。

高领罐　4件。TG1⑧：9，夹砂黑陶，轮制。直口，尖唇，领较矮。领部饰多道凹弦纹。口径20、残高4.4厘米（图七，4）。

缸　1件（TG1⑧：28）。夹粗砂红陶。敞口，尖唇，口外侧贴附宽沿，斜腹较直。素面。口径38.4、残高8.8厘米（图七，5）。

盆　4件。TG1⑧：24，夹细砂黑陶。平沿，方唇，口微敛，弧腹。素面。口径24、残高4厘米（图七，2）。

杯　1件（TG1⑧：34）。泥质磨光黑陶，轮制。仰折沿，尖唇，上腹外弧。腹饰成组的折线刻划纹。口径8.8、残高1.8厘米（图七，7）。

碗　1件（TG1⑧：33）。泥质红陶，轮制。残存矮圈足，足底外撇。素面。圈足径5.6、残高1.4厘米（图七，8）。

甑　1件（TG1⑧：26）。夹细砂黑陶。残存底部，斜腹，平底有圆形镂孔。残高1.2厘米（图七，9）。

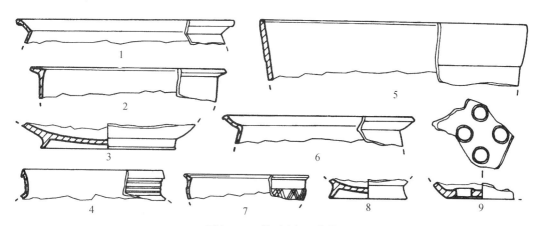

图七　TG1第8层出土陶器

1、3、6. 折沿罐（TG1⑧：11、TG1⑧：7、TG1⑧：16）　2. 盆（TG1⑧：24）　4. 高领罐（TG1⑧：9）
5. 缸（TG1⑧：28）　7. 杯（TG1⑧：34）　8. 碗（TG1⑧：33）　9. 甑（TG1⑧：26）

2. 南城垣出土遗物

仅在南城垣1、2、5出土了少量陶器碎片。

（1）南城垣1出土陶器

折沿罐　6件。南城垣1：18，夹粗砂黄陶，轮制。宽仰折沿，圆唇，沿面凹。素面。口径28、残高4.4厘米（图八，1）。南城垣1：16，夹细砂黑陶，轮制。宽仰折沿，厚方唇，沿面凹。素面。口径24.8、残高5.2厘米（图八，2）。

高领罐　2件。南城垣1：23，夹细砂灰陶，轮制。仰折沿，尖唇，斜领。素面。口径

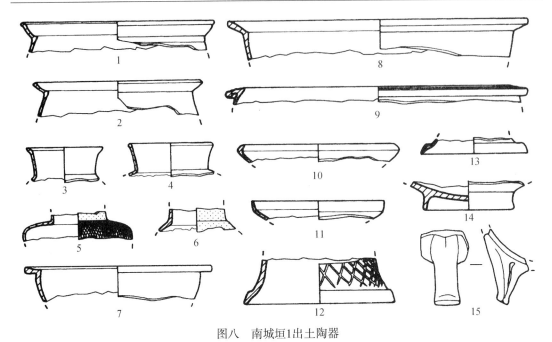

图八　南城垣1出土陶器

1、2.折沿罐（南城垣1：18、南城垣1：16）　3、4.高领罐（南城垣1：23、南城垣1：22）　5、6.壶（南城垣1：24、
南城垣1：25）　7～9.盆（南城垣1：4、南城垣1：5、南城垣1：6）　10、11、13.豆（南城垣1：12、南城垣1：13、
南城垣1：15）　12.器座（南城垣1：10）　14.碗（南城垣1：11）　15.鼎足（南城垣1：2）

11.2、残高5.2厘米（图八，3）。南城垣1：22，泥质黑陶，轮制。侈口，圆唇，斜领，广肩。素面。口径12、残高4.8厘米（图八，4）。

壶　2件。南城垣1：24，泥质薄胎黄陶，轮制。高直领，广肩，扁鼓腹。器表饰红彩方格纹。残高4.4厘米（图八，5）。南城垣1：25，泥质黄陶，轮制。直领，溜肩。器表饰红色彩绘。残高3.6厘米（图八，6）。

盆　5件。南城垣1：4，夹粗砂黑陶。平沿，厚方唇，口微敛，弧腹。素面。口径27.6、残高5.2厘米（图八，7）。南城垣1：5，夹粗砂灰陶，轮制。宽折沿，厚方唇，敞口。素面。口径44、残高5.6厘米（图八，8）。南城垣1：6，夹粗砂红褐陶，轮制。卷沿，厚圆唇，敛口。沿面饰凹弦纹。口径40、残高2.4厘米（图八，9）。

豆　4件。南城垣1：12，泥质黑陶，轮制。内折沿，尖唇，敛口。素面。口径21.6、残高2.4厘米（图八，10）。南城垣1：13，泥质黑陶，轮制。仰折沿，尖唇，敞口。素面。口径18.4、残高2.8厘米（图八，11）。南城垣1：15，泥质黑陶，轮制。残存的圈足下部折棱突出，足底外撇。素面。圈足径14.4、残高2.4厘米（图八，13）。

碗　1件（南城垣1：11）。泥质灰陶，轮制。残存矮圈足，圜底。素面。圈足径6.8、残高2.2厘米（图八，14）。

器座　1件（南城垣1：10）。夹细砂灰陶，轮制。下部呈喇叭形，近底处外折。外壁饰菱形刻划纹。底径20、残高6厘米（图八，12）。

鼎足　2件。南城垣1：2，夹细砂红陶，手制。侧装三角形足，足跟较平。素面。残高5.6厘米（图八，15）

（2）南城垣2出土陶器

折沿罐　4件。南城垣2：22，夹细砂灰陶，轮制。仰折沿，厚圆唇，沿面凹，鼓腹。素面。口径12、残高3.2厘米（图九，1）。南城垣2：16，夹细砂黑陶，轮制。宽仰折沿，尖唇，沿面凹。素面。口径24、残高3.6厘米（图九，2）。

高领罐　3件。南城垣2：10，泥质黑陶，轮制。侈口，尖唇，斜领，广肩。素面。口径12、残高6厘米（图九，4）。南城垣2：26，泥质黑皮陶，轮制。仰折沿，尖唇，沿面凹，斜领。素面。口径12、残高4.8厘米（图九，14）。南城垣2：25，夹粗砂黄陶，轮制。侈口，尖唇，弧领。领外壁饰凹弦纹。口径12、残高6.4厘米（图九，7）。

瓮　1件（南城垣2：11）。泥质黑皮陶，轮制。敛口，尖唇，矮直领，口外侧贴附泥条。素面。口径11.2、残高3.2厘米（图九，13）。

盆　5件。南城垣2：9，夹粗砂黑陶，轮制。平沿略外斜，圆唇，敛口，弧腹。沿面饰凹弦纹。口径32、残高4.4厘米（图九，10）。

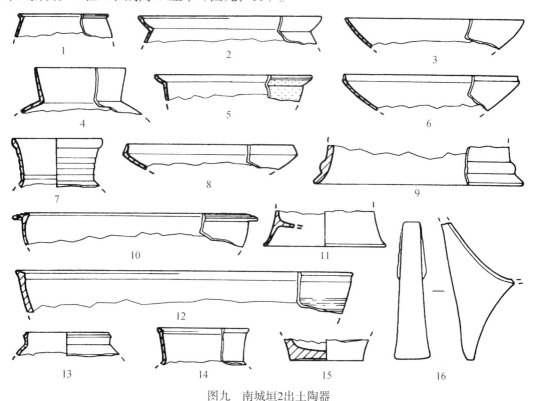

图九　南城垣2出土陶器

1、2.折沿罐（南城垣2：22、南城垣2：16）　3.盘（南城垣2：32）　4、7、14.高领罐（南城垣2：10、南城垣2：25、南城垣2：26）　5、11、15.杯（南城垣2：24、南城垣2：30、南城垣2：23）　6、8.碗（南城垣2：31、南城垣2：29）　9.器座（南城垣2：3）　10.盆（南城垣2：9）　12.缸（南城垣2：4）　13.瓮（南城垣2：11）
16.鼎足（南城垣2：20）

缸　2件。南城垣2：4，夹粗砂红陶，轮制。沿内斜，尖唇，敞口。腹饰凹弦纹。口径44、残高5.6厘米（图九，12）。

杯　4件。南城垣2：30，泥质薄胎磨光黑陶，轮制。喇叭状矮圈足，足底外撇。素面。圈足径8、残高2.4厘米（图九，11）。南城垣2：24，泥质黄陶，轮制。仰折沿，圆唇，沿面凹。器表饰红色彩绘。口径8.9、残高1.6厘米（图九，5）。南城垣2：23，泥质黑陶，轮制。斜腹，厚平底。素面。底径9.5、残高1.4厘米（图九，15）。

盘　1件（南城垣2：32）。泥质黑陶。敞口，尖唇，浅斜腹。素面。口径24、残高4厘米（图九，3）。

碗　2件。南城垣2：31，泥质黑陶，轮制。内折沿，尖唇，敛口，斜腹。素面。口径23.2、残高4.6厘米（图九，6）。南城垣2：29，泥质黑陶，轮制。内折沿，斜腹。素面。口径19.6、残高2.8厘米（图九，8）。

器座　1件（南城垣2：3）。夹细砂灰陶。下部呈喇叭形，底部外撇。外壁饰一道附加堆纹。座径28、残高4.8厘米（图九，9）。

鼎足　3件。南城垣2：20，夹砂红陶，手制。鸭嘴形足，足跟略弧。残高9厘米（图九，16）。

（3）南城垣5出土陶器

折沿罐　2件。南城垣5：8，泥质灰陶，轮制。宽仰折沿，尖唇，沿外加厚。素面。口径35.2、残高4.4厘米（图一〇，1）。南城垣5：9，夹炭黑陶，轮制。宽仰折沿，尖唇。素面。口径24、残高4厘米（图一〇，3）。

高领罐　3件。南城垣5：6，泥质黑陶，轮制。侈口，尖唇，直领。素面。口径17.6、残高7.2厘米（图一〇，10）。南城垣5：5，泥质灰陶，轮制。侈口，尖唇，直领。

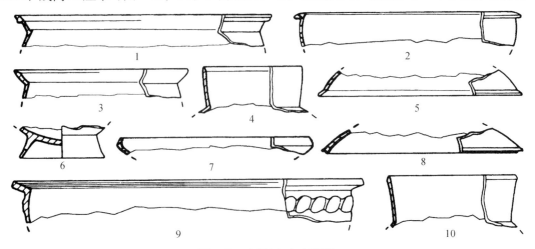

图一〇　南城垣5出土陶器

1、3. 折沿罐（南城垣5：8、南城垣5：9）　2. 盆（南城垣5：3）　4、10. 高领罐（南城垣5：5、南城垣5：6）　5、8. 器盖（南城垣5：11、南城垣5：10）　6、7. 碗（南城垣5：4、南城垣5：13）　9. 缸（南城垣5：1）

素面。口径13.6、残高6.4厘米（图一〇，4）。

盆　1件。（南城垣5：3）。泥质黑陶，轮制。卷沿，方唇，敛口，弧腹。素面。口径31.2、残高6厘米（图一〇，2）。

缸　1件（南城垣5：1）。夹粗砂红陶。宽仰折沿较厚，圆唇，口微敛。沿面饰多道凹弦纹，颈部饰附加堆纹并加按窝。口径48、残高6厘米（图一〇，9）。

器盖　2件。南城垣5：11，夹细砂黑陶。折沿，尖唇，敞口，浅斜腹。素面。口径28、残高3.6厘米（图一〇，5）。南城垣5：10，泥质磨光黑陶，轮制。敞口，尖唇，浅斜腹。素面。口径20、残高2.8厘米（图一〇，8）。

碗　2件。南城垣5：13，泥质磨光黑陶，轮制。沿内弧，尖唇，敛口。素面。口径19.2、残高2厘米（图一〇，7）。南城垣5：4，泥质黑陶。残存矮圈足，足底外撇。素面。圈足径6、残高2.2厘米（图一〇，6）。

3. G1出土遗物

第1层的遗物很少，且多不辨器形，第2～4层则出土遗物较多。

（1）第2层出土遗物

陶折沿罐　7件。G1②：52，夹细砂黑陶。仰折沿极宽，宽凹唇，沿面凹。素面。口径47.2、残高14厘米（图一一，1）。

缸　5件。G1②：23，夹粗砂黄陶，轮制。仰折沿，尖唇上翘，敞口，束颈，斜腹。沿下饰附加堆纹。口径39.2、残高8.4厘米（图一一，2）。G1②：54，夹粗砂红褐陶，轮制。宽仰折沿，宽凹唇，深腹。沿外饰多道凹弦纹，腹饰宽篮纹。口径44、残高10.4厘米（图一一，3）。

陶鼎　1件（G1②：63）。夹粗砂黑陶。宽仰折沿，厚方唇，沿面凹，浅斜腹，腹与底转折明显。素面。口径27.2、残高6厘米（图一一，4）。

陶器座　1件（G1②：67）。加粗砂灰陶。底径28、残高6.8厘米（图一一，5）。

陶钵　7件。G1②：60，泥质灰陶。微敛口，斜方唇，弧腹。口径24、残高5.6厘米（图一一，6）。

陶瓮　1件（G1②：14）。泥质黄陶。敛口，圆唇，沿下附鸟喙形耳。口径13.6、残高3.2厘米（图一一，7）。

陶鬶　2件。均为残鋬。G1②：48，泥质红陶。宽2厘米（图一一，8）。

陶豆　1件（G1②：65）。泥质黑陶。残存圈足，圜底，喇叭形高足。圈足中段饰圆形镂孔。圈足径8、残高4.6厘米（图一一，9）。

陶杯　2件。G1②：36，泥质灰黄陶。直腹，平底，高圈足。素面。残高3.2厘米（图一一，10）。G1②：37，泥质红陶。斜腹，底部内凹较深。素面。底径3.2、残高5厘米（图一一，11）。

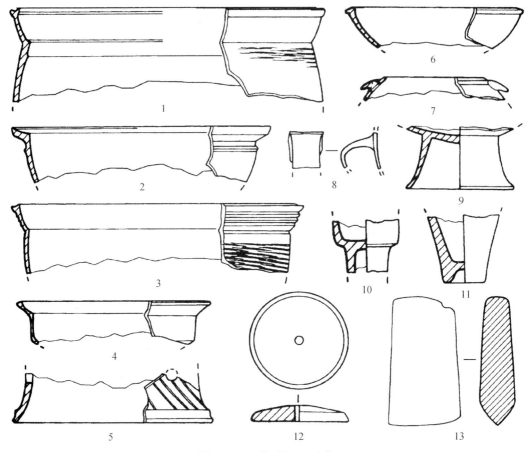

图一一　G1第2层出土遗物

1. 陶折沿罐（G1②：52）　2、3. 陶缸（G1②：23、G1②：54）　4. 陶鼎（G1②：63）　5. 陶器座（G1②：67）
6. 陶钵（G1②：60）　7. 陶瓮（G1②：14）　8. 陶鬶（G1②：48）　9. 陶豆（G1②：65）　10、11. 陶杯（G1②：36、
G1②：37）　12. 陶纺轮（G1②：1）　13. 石斧（G1②：3）

陶纺轮　1件（G1②：1）。泥质黄陶，手制。器形扁薄，一面平，一面微隆起，斜边。器表饰零星的红色彩绘。直径3.6、孔径0.3、厚0.6厘米（图一一，12）。

石斧　1件（G1②：3）。绿色花岗岩，琢磨成形。长方形，两面中间微隆起，侧面较平，顶端圆弧，双面弧刃。长12.2、刃宽6.8、厚3.5厘米（图一一，13）。

（2）第3层出土陶器

折沿罐　10件。G1③：11，夹细砂红褐陶。宽仰折沿，尖圆唇，鼓腹。沿面饰多道凹弦纹。口径29.6、残高6厘米（图一二，1）。

盆　9件。G1③：31，外黑内黄泥质陶，轮制。卷沿，尖唇，敞口，弧腹。素面。口径28、残高2.8厘米（图一二，2）。G1③：29，夹粗砂灰陶，轮制。平沿，尖圆唇，弧腹。沿面饰两道凹弦纹。口径18.4、残高4厘米（图一二，3）。

豆　11件。G1③：39，泥质磨光黑陶，轮制。内折沿，尖唇，直口，斜腹。素面。

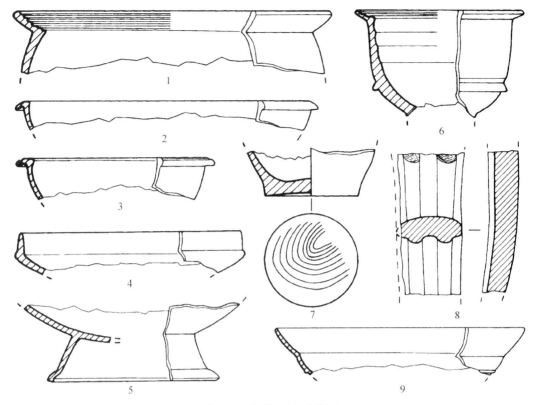

图一二　G1第3层出土陶器

1. 折沿罐（G1③：11）　2、3. 盆（G1③：31、G1③：29）　4、9. 豆（G1③：39、G1③：41）
5. 碗（G1③：15）　6、7. 杯（G1③：20、G1③：23）　8. 鼎足（G1③：3）

口径10.4、残高2厘米（图一二，4）。G1③：41，泥质磨光黑陶，轮制。敞口，尖唇，双折腹。下腹饰一道凸弦纹。口径28、残高5.2厘米（图一二，9）。

碗　6件。G1③：15，泥质黑陶，轮制。残存圈足，圜底处有穿孔，喇叭形圈足，足底外撇。素面。圈足径9.6、残高4.4厘米（图一二，5）。

杯　4件。G1③：20，泥质灰陶，轮制。仰折沿，尖唇，弧腹。沿面饰多道凹弦纹，下腹饰一道凸弦纹。口径16、残高10厘米（图一二，6）。G1③：23，泥质薄胎红陶，轮制。斜腹，平底，内底微向上突起，外底部有指印。底径4.4、残高2.2厘米（图一二，7）。

鼎足　4件。G1③：3，夹粗砂红陶，手制。三角形侧装足，足跟突起，足面有两道竖棱。残高7.6厘米（图一二，8）。

（3）第4层出土陶器

折沿罐　3件。G1④：7，夹砂黑陶，轮制。宽仰折沿，尖唇，沿面凹。素面。口径28、残高6.8厘米（图一三，1）。

缸　2件。G1④：26，夹粗砂红陶，轮制。宽仰折沿，方唇，沿面凹，敞口。口径37.6、残高5.2厘米（图一三，2）。G1④：25，夹粗砂灰陶，轮制。仰折沿，尖唇，敞口。颈部饰凸弦纹，腹饰宽篮纹。口径36、残高8.4厘米（图一三，3）。

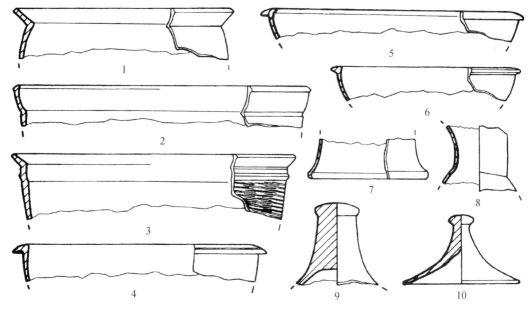

图一三　G1第4层出土陶器

1.折沿罐（G1④：7）　2、3.缸（G1④：26、G1④：25）　4~6.盆（G1④：17、G1④：15、G1④：44）

7.豆（G1④：32）　8.鬶（G1④：39）　9、10.器盖（G1④：34、G1④：19）

　　盆　9件。G1④：17，泥质黑陶。卷沿，敛口，尖唇。素面。口径32、残高4.8厘米（图一三，4）。G1④：44，泥质黑陶，轮制。平沿，尖唇，口微敛，弧腹。素面。口径24、残高4.4厘米（图一三，6）。G1④：15，泥质红胎黑皮陶，轮制。卷沿，尖唇，沿内折棱突起较高，敛口，弧腹。素面。口径27.2、残高3.2厘米（图一三，5）。

　　豆　11件。G1④：32，泥质薄胎灰陶，轮制。残存圈足，下部外撇，底缘内折。素面。圈足径15.2、残高5.2厘米（图一三，7）。

　　鬶　1件（G1④：39）。泥质橙黄陶。侈口，高领内弧。素面。残高4.2厘米（图一三，8）。

　　器盖　6件。G1④：34，泥质灰陶。塔形纽，纽顶圆弧。素面。残高2.6厘米（图一三，9）。G1④：19，泥质黑陶。蒜头形纽，纽顶圆弧，盖身呈浅覆盘状。口径8.1、高4.8厘米（图一三，10）。

二、城内居住区

　　城内居住区的地层堆积较薄，平均为1.2~1.5米，最厚处约1.7米。共分7层，第1层为现代耕土，第2~7层为新石器时代文化层，其中第5、6层皆可分为两小层。除第6层仅分布于少量探方，其余地层在发掘区均广泛分布（图一四）。

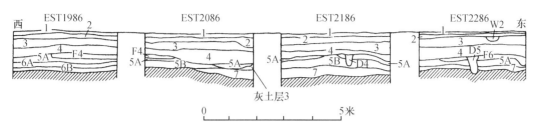

图一四　EST1986、EST2086、EST2186、EST2286北壁剖面图

1.耕土层　2.灰白色黏土　3.褐灰色土　4.褐黄色黏土　5A.灰黑色土　5B.褐黄色土　6A.红烧土堆积　6B.褐灰色土
7.灰色土

城址内南部与东部经勘探发现大片密集分布的红烧土与灰烬层堆积，南部的红烧土从东向西连成一片，在局部地点至少可以划分为两期。这些红烧土堆积可能是当时城内居住区的建筑遗迹。此次发掘，揭露出房址4座、灰坑2座、瓮棺葬4座、灰土堆积1处。

1. 房址

可分为圆形和方形两种，皆为红烧土地面建筑。F4、F7为圆形，F5、F6为方形。

F4　分布范围包括EST1985大部、EST2085西部、EST1986东北部、EST2085西北部，开口于第4层下，打破第5层。为圆形浅基槽地面建筑，南北长6.32、东西宽6.18米。基槽略高出周围地面0.06～0.1米，由内向外略倾斜，宽0.4～1、深0.22～0.29米。基槽内用纯净的红烧土填筑，土质非常板结。室内居住面直径4.36～4.58米，分两层，上层为纯净黄土，经过夯打，地面平坦紧实，分布较均匀，厚0.09～0.11米；下层为褐红色烧土，厚0.16～0.19米。共发现13个柱洞，2个分布在室内，编号为D1、D2，直径分别为0.4和0.38、深0.15米；其余11个位于基槽内，编号D3～D13，直径0.1～0.28、深0.07～0.15米。均未发现柱础。室内中间有一梯形土坑，南北长1.93、东西宽0.44～0.91、深0.18米，坑底局部有厚0.01米的褐红色烧结面，可能是火膛。在基槽东南有一缺口，宽0.8米，可能为门道；以黄土填筑，厚0.1米，下部无烧土，两边各有1个柱洞（图一五；彩版四〇，1）。

F5　位于EST2286西部、EST2186东部及东隔梁，开口于第4层下，距地表深0.6米，打破第5～7层。平面近似长方形，东西长约3.6、南北残宽2.66米，仅存居住面和柱洞。居住面南高北低，以红烧土铺垫，土质坚硬致密，似为原地

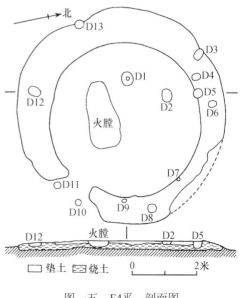

图一五　F4平、剖面图

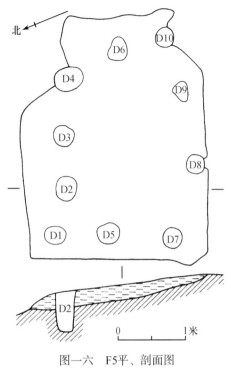

图一六　F5平、剖面图

堆筑烧成，上部呈红色，下部近褐色，厚0.22米。共发现10个柱洞，沿红烧土周边分布，排列较有规律；柱洞为圆形和不规则圆形，直径0.26～0.4、深0.36～0.6米。此房址未见出土遗物（图一六）。

2. 灰坑

2座，编号为H5、H16。

H5　位于EST1886东南部，北部延伸至东隔梁内未发掘，开口于第3B层下，打破第4层。已发掘部分平面呈半圆形，坑壁较直，坑底较平，坑壁加工较光滑平整，长0.9、宽0.54、深0.2～0.22米。坑内填黄色黏土，夹杂红烧土块。出土少量陶片，以灰陶为主，红陶极少，均不能复原，可辨器形有盆、鼎、豆、罐、鼎足等（图一七）。

3. 瓮棺

4座，编号W1、W2、W7、W9。

W2　位于EST2286东北部，部分延伸至北隔梁内未发掘，开口于第2层下，距地表深0.2米，打破第3层。竖穴土坑平面大致呈椭圆形，南北残长0.68、东西宽0.35、残深0.27米。坑内填灰黄色土，夹杂少量草木灰颗粒，未见随葬品。瓮棺内人骨腐烂，仅见印痕。葬具为2件对扣侧置的陶折沿罐，破碎较严重（图一八）。W2：1，夹砂红褐陶，厚薄均匀，轮制。宽仰折沿，方凹唇，沿面凹，深腹微鼓，底残。素面。口径28、腹径29.2、残高30.4厘

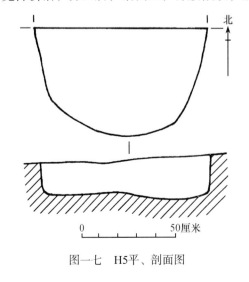

图一七　H5平、剖面图

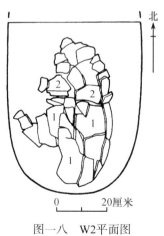

图一八　W2平面图

1、2.陶折沿罐

米（图一九，1）。W2：2，夹砂灰陶，下部偏红，轮制。宽仰折沿，方唇，球形腹，底残。素面。口径24、腹径26.4、残高24厘米（图一九，2）。

W7　位于EST2085西北角，叠压在F4下，距地表深1.25～1.3米，打破第5A层。竖穴土坑平面呈椭圆形，长0.8、宽0.5、深0.3米。坑内填灰褐色土，夹杂少量红烧土颗粒，未见随葬品和人骨。葬具为2件对扣侧置的陶折沿罐（图二〇；彩版四〇，2）。W7：1，夹细砂红褐陶，局部呈黑色，轮制。宽仰折沿，厚方唇，深鼓腹，圜底略残。器表饰宽篮纹。口径28、腹径31.2、高30厘米（图一九，3）。W7：2，夹细砂黑陶，底部偏红，轮制，器表抹光。宽仰折

沿，加厚方唇，深鼓腹，小平底略内凹。口径28.8、腹径29.6、底径8、高28.8厘米（图一九，4）。

W9　位于EST2086内，开口于第5A层下，据地表深0.95米，打破第7层。竖穴土坑平面略呈圆角长方形，坑壁上部较直，下部微斜，底较平，长0.65、宽0.42、深0.45米。坑内填灰褐色土，夹杂少量炭屑和红烧土颗粒，未见随葬品。人骨保存较差，仅见白色印痕。葬具为1件陶折沿罐和1件陶鼎对扣侧置（图二一）。鼎（W9：1），夹细砂陶，上部黑色，底部呈红色，轮制，器表抹平。宽仰折沿，尖唇，深垂腹，圜底，侧装足。素面。口径27.2、腹径27.2、高22厘米（图一九，5）。折沿罐（W9：2），夹细砂灰陶，轮制。

图一九　W2、W7、W9出土葬具

1～4、6.陶折沿罐（W2：1、W2：2、W7：1、
W7：2、W9：2）　5.陶鼎（W9：1）

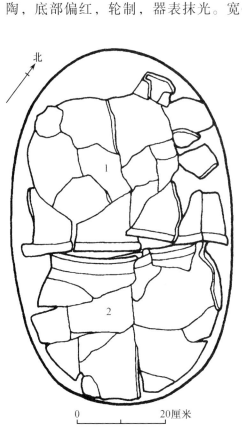

图二〇　W7平面图

1、2.陶折沿罐

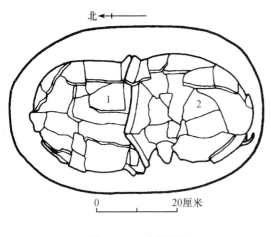

图二一　W9平面图

1. 陶鼎　2. 陶折沿罐

宽仰折沿，尖唇，沿面凹，深鼓腹，小底内凹。腹饰宽篮纹。口径25.6、底径8、高28厘米（图一九，6）。

三、冢山遗址

冢山遗址的地层堆积比较简单，埋藏较浅。共分7层，第1层为现代耕土，第2～7层均为新石器时代文化层。第2层又可分为两小层，2A层分布广泛，2B层仅分布于WST5403、WST5603内。第3～5层为文化堆积的主体，在绝大多数探方均有分布，出土遗物也主要集中在这几层。第6层在南部的4个探方缺失，第7层仅分布于WST5401、WST5402、WST5403、WST5603、WST5604几个探方。绝大多数瓮棺葬位于第3、4层下，少数位于第5层下。有随葬品的土坑墓，除M22之外，均位于第4层以上，无随葬品的土坑墓则多位于第4层下（图二二）。

发现的遗迹数量较多，包括瓮棺葬43座、土坑墓26座、红烧土遗迹3处、房址2座、灰坑22座、灰沟2条等（图二三）。除W3、W4属汉代，M15属唐代外，其余均为新石器时代遗存。限于篇幅，本文仅选择部分具有代表性的新石器时代瓮棺葬、土坑墓和灰坑加以介绍。

（一）瓮棺葬

冢山遗址发现的瓮棺葬排列极有规律，大致可分为两个相对集中的区域，分布比较密集，整体呈东北—西南向狭长分布。瓮棺葬的墓坑也均为东北—西南向，相互之间存在复杂的叠压打破关系，表明墓地延续使用的时间相当长。绝大多数瓮棺内发现有人骨，但多不完整，从残存部分看，头向均为东北。经鉴定，人骨年龄均为2岁以下，可见这批瓮棺葬主要用于埋葬婴幼儿。根据葬具组合，可分为三类。

1. A类

葬具为2件陶臼对扣。共17座，编号为W10～W12、W16、W24、W27、W28、W30～33、W35、W38、W40、W43、W46、W48。

W11　位于WST5504及北隔梁内，被H21打破，开口距地表深0.25～0.35米，打破第

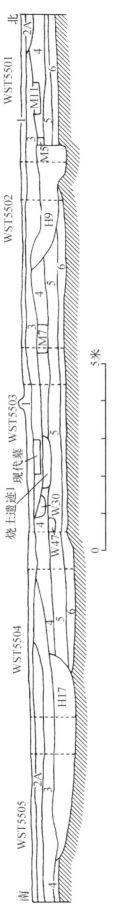

图二二 WST5505、WST5504、WST5503、WST5502、WST5501丙壁剖面图

1. 耕土层　2A. 灰白色土　3. 灰黑色黏土　4. 黄色黏土　5. 黄色黏土　6. 灰褐色黏土

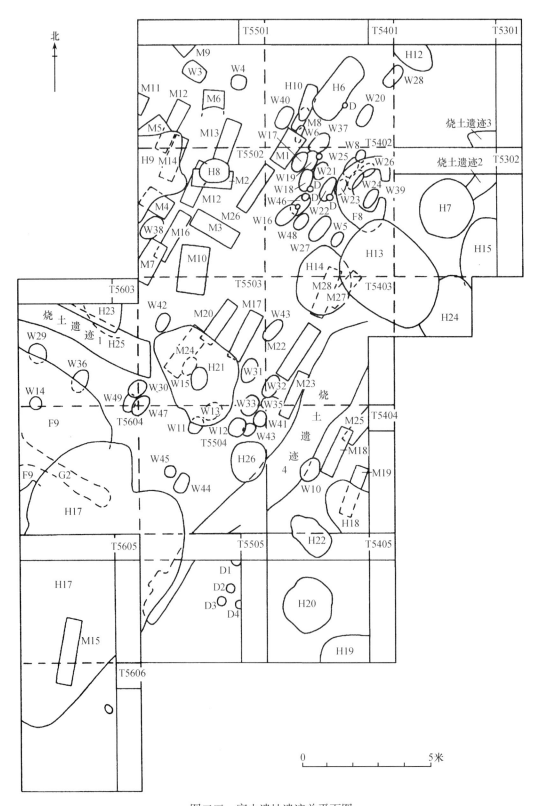

图二三 家山遗址遗迹总平面图

4、5层。竖穴土坑平面略呈圆角长方形，弧壁，下部内收，平底，长0.84、宽0.5、深0.35米。坑内填灰褐色土，夹杂零星红烧土颗粒，包含物仅有1件陶纺轮。葬具为2件对扣侧置的陶臼（图二四）。W11：1，夹粗砂红陶，陶色纯正。直口，尖唇，深直腹，下腹斜收，尖底。腹饰宽而深的横篮纹。口径34.4、腹径35.2、高37.6厘米（图二五，2）。W11：2，夹粗砂红陶。直口，方唇，深腹微鼓，下腹斜收，尖底略残。口径31.2、腹径32.8、残高34.8厘米（图二五，1；图版二四，1）。

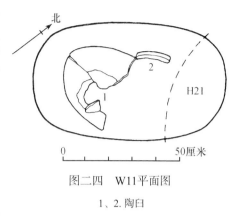

图二四　W11平面图

1、2. 陶臼

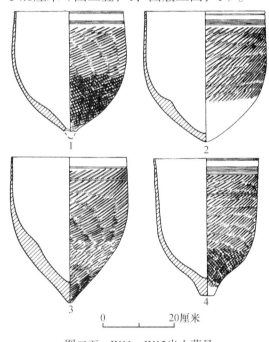

图二五　W11、W12出土葬具

1~4. 陶臼（W11：2、W11：1、W12：1、W12：2）

W16　位于WST5402西北角，开口于第4层下，距地表深0.4米，打破第5层。竖穴土坑平面呈椭圆形，斜壁内收，平底，长1.07、宽0.6、深0.2米。坑内填灰黄色土，未见随葬品。葬具为2件对扣侧置的陶臼（图二七）。W16：1，夹粗砂灰陶，局部偏黄。直口，方唇，深直腹下部微鼓，底残。腹饰稀疏绳纹并抹平，上腹有三道凹弦纹。口径24、残高37.2厘米（图二八，1）。W16：2，夹粗砂灰黄陶。直口，尖唇，深直腹，圜底。腹饰稀疏绳纹

W12　位于WST5504东北角，开口于第1层下，距地表深0.2米，打破第4层。竖穴土坑平面呈椭圆形，斜壁，下部内收，底微平，长0.75、宽0.5、深0.28米。坑内填灰褐色土，夹杂少量红烧土颗粒，未见随葬品。葬具为2件对扣侧置的陶臼（图二六；彩版四〇，3）。W12：1，夹粗砂红褐陶，器形厚重。直口，尖唇，深腹上部较直，下腹斜收并加厚，尖底。腹饰宽篮纹，上腹有两道凹弦纹。口径32.8、腹径33.6、高42厘米（图二五，3）。W12：2，夹粗砂红陶。敞口，尖唇，深斜腹，小尖底特厚。器表满饰篮纹，上腹有多道凹弦纹。口径30.4、高39.6厘米（图二五，4；图版二四，3）。

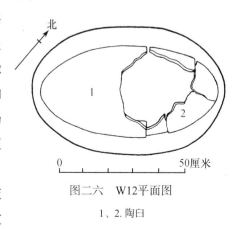

图二六　W12平面图

1、2. 陶臼

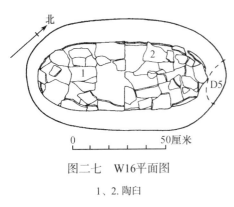

图二七　W16平面图

1、2. 陶臼

并抹平，上腹有三道凹弦纹。口径24、高41.6厘米（图二八，2；图版二四，2）。

W49　位于WST5503的西南角以及WST5603东隔梁南部，开口于第4层下并被W47打破，距地表深0.5米，打破第5层。竖穴土坑平面呈椭圆形，弧壁下部内收，平底，长0.87、宽0.47、深0.2米。坑内填灰黄色土，夹杂零星红烧土颗粒，未见随葬品。葬具为2件对扣侧置的陶臼，1号陶臼内存少量头骨，头向东北；2号陶臼内存少量肢骨（图二九；彩版四〇，4）。W49：1，夹粗砂黄陶。直口，尖唇，深直腹下部斜收，圜底。腹饰篮纹，上下各有一道凹弦纹。口径24.8、高34.8厘米（图二八，3）。W49：2，夹粗砂红陶。直口，尖唇，深直腹，圜底，底部有穿孔。器身上部饰凹弦纹，腹饰宽篮纹。口径25.6、残高36.4厘米（图二八，4；图版二四，4）。

2. B类

葬具为1件陶臼与1件陶罐或鼎对扣。共12座，编号为W13、W17～W22、W25、W36、W39、W41、W42。

W20　位于WST5401东侧的中部以及东隔梁内，开口于第4层下，距地表深0.35～0.4米，打破第5层。竖穴土坑平面呈圆角长方形，斜壁内收，平底，长1、宽0.45、深0.3米。坑内填灰色土，夹杂红烧土颗粒，未见随葬品。葬具为1件陶鼎和1件陶臼对扣侧置（图三〇）。鼎（W20：1），夹细砂黑陶，轮制。口沿残，球形腹，圜底较平，三角形侧装足。器表饰宽篮纹，下腹有一道凸弦纹。腹径27.2、残高25.2厘米（图三一，1）。臼（W20：2），夹粗砂红陶。直口，尖唇，深直腹，腹与底转折明显，尖底。器表饰交错细篮纹。口径23.2、腹径21.2、高52.8厘米（图三一，2）。

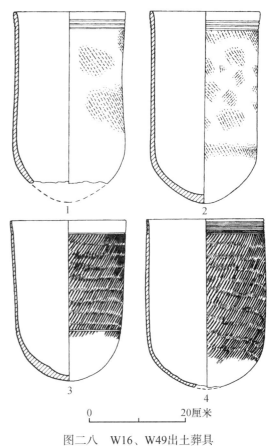

图二八　W16、W49出土葬具

1～4. 陶臼（W16：1、W16：2、W49：1、W49：2）

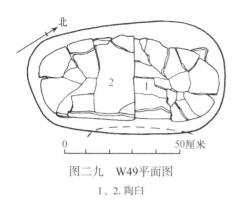

图二九　W49平面图

1、2. 陶臼

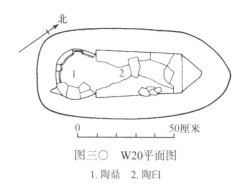

图三○　W20平面图

1. 陶鼎　2. 陶臼

W22　位于WST5402北部，开口于第4层下，距地表深0.45米，打破第5层。竖穴土坑平面呈椭圆形，斜壁，平底，长1、宽0.48、深0.18米。坑内填灰色土，夹杂红烧土颗粒，无随葬品，也未发现人骨。葬具为1件陶折沿罐和1件陶臼对扣侧置（图三二；彩版四一，1）。折沿罐（W22：1），夹细砂黑陶，器表抹光。口沿残，球形腹，平底下附极矮圈足。腹中部饰一道凸弦纹。腹径29.6、圈足径8.8、残高26.7厘米（图三一，3）。臼（W22：2），夹粗砂红陶。尖唇，口微侈，深直腹，尖底特厚。口沿下有四道凹弦纹，腹饰交错篮纹。口径24、残高48.4厘米（图三一，4；图版二四，6）。

W36　位于WST5603东南部，开口于第4层下，距地表深0.48米，打破第5层。竖穴土坑平面呈椭圆形，长0.9、宽0.61、深0.26米。坑内填黄褐色黏土，未见随葬品。发现有婴幼儿骨骼，保存较差，年龄在1岁以下。

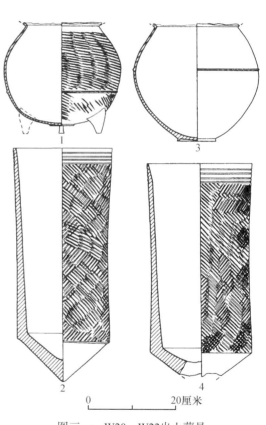

图三一　W20、W22出土葬具

1. 陶鼎（W20：1）　2、4. 陶臼（W20：2、W22：2）

3. 陶折沿罐（W22：1）

葬具为1件陶臼和1件陶鼎对扣侧置（图三三；彩版四一，2）。臼（W36：1），夹细砂黄陶。直口，尖唇，直腹，圜底。器表饰宽篮纹，口沿下有三道凹弦纹。口径28.4、高46厘米（图三四，2）。鼎（W36：2），夹砂黑陶。仰折沿，尖唇，矮领，溜肩，球形腹，圜底附有极矮圈足，三角形侧装鼎足。沿面饰弦纹，下腹有一道凸弦纹。口径23.6、腹径

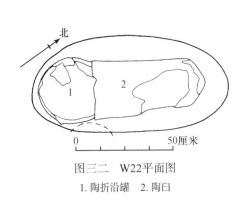

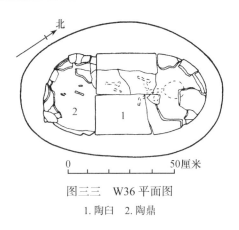

图三二　W22平面图

1. 陶折沿罐　2. 陶臼

图三三　W36 平面图

1. 陶臼　2. 陶鼎

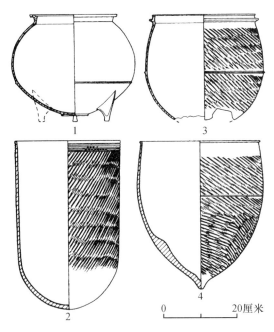

图三四　W36、W42 出土葬具

1. 陶鼎（W36：2）　2、4. 陶臼（W36：1、
W42：2）　3. 陶折沿罐（W42：1）

33.6、高29.2厘米（图三四，1；图版二四，5）。

W42　位于WST5503西北角，开口于第3层下，据地表深0.45米，打破第4层。竖穴土坑平面呈椭圆形，斜壁，平底，长0.8、宽0.44、深0.25～0.28米。未见随葬品。葬具为1件陶折沿罐和1件陶臼对扣侧置（图三五）。折沿罐（W42：1），夹细砂黑陶，轮制。双唇，直口微敛，微鼓腹，底残。腹中部饰一道凸弦纹。口径28、腹径32、残高28.8米（图三四，3）。臼（W42：2），夹粗砂黄陶，轮制。圆唇微外卷，直口微敛，鼓腹下部斜收，乳突状尖底。腹满饰篮纹，中部有一道凹弦纹。口径32.8、腹径34.4、高40.4厘米（图三四，4）。

3. C类

葬具为2件陶罐或鼎对扣。共11座，编号为W5～W8、W14、W15、W23、W29、W34、W44、W45。

W14　位于WST5603西南角，开口于第2B层下，据地表深0.3米，打破第4层。竖穴土坑平面呈圆形，直径0.45、深0.2米。坑内填红褐色黏土，未见随葬品。葬具为2件对扣立置的陶鼎（图三六）。W14：1，夹粗砂黑陶。宽折沿，方唇，浅弧腹，圜底，足残。口径18、残高8厘米（图三七，1）。W14：2，夹细砂黑陶，局部呈红色，胎较薄，轮制，

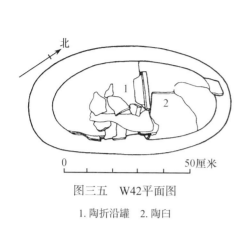

图三五　W42平面图

1. 陶折沿罐　2. 陶臼

图三六　W14平面图

1、2. 陶鼎

器表抹平。口残，鼓腹，圜底，三角形侧装足。腹饰折篮纹。最大腹径29.6、残高20厘米（图三七，2）。

W15　位于WST5503中部偏南，叠压在H21下，距地表深0.7米，打破第4、5层。竖穴土坑平面呈椭圆形，弧壁，平底，长0.8、宽0.5、深0.18米。坑内填黄褐色黏土，夹杂红烧土颗粒，未见随葬品。葬具为2件对扣侧置的陶折沿罐（图三八；彩版四一，3）。W15:1，夹粗砂黑陶，轮制。宽仰折沿，尖唇，深鼓腹，底附极矮圈足。腹中部饰一道凸弦纹。口径28.8、高34.4厘米（图三七，3；图版二五，3）。W15:2，夹细

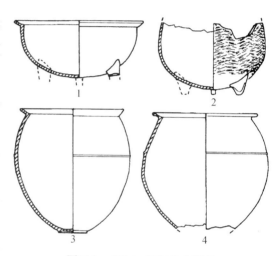

图三七　W14、W15出土葬具

1、2. 陶鼎（W14:1、W14:2）　3、4. 陶折沿罐（W15:1、W15:2）

砂陶，上黑下灰，质地细腻，轮制。宽仰折沿，厚圆唇，深鼓腹，底部残。腹中部饰一道凸弦纹。口径29.6、残高30厘米（图三七，4）。

（二）土坑墓

均为竖穴土坑墓，大致可分为两类。一类无随葬品，共17座，编号M10、M12～M14、M16～M21、M23～M29，大多分布在瓮棺葬区的两侧。除M3外，墓坑均为东北—西南向，头向一般朝向东北。仅个别墓葬的人骨保存较好，其余均残朽。

另一类有随葬品，共11座，编号M1～M9、M11、M22。其中，M1、M3的随葬器物较多，其余仅有1～3件。仅M22发现部分人骨，其余均腐朽无存。

M1　位于WST5401南部及WST5402北隔梁内，开口在第1层下，距地面深0.1米，打

破第4层和W6。墓坑平面呈长方形，近直壁，平底，长1.4、宽0.8、深0.05~0.1米，方向为34°。坑内填灰黄色黏土。随葬品包括陶鼎1件、高领罐2件、折沿罐4件，破坏严重，仅1件高领罐能复原（图三九；彩版四一，4）。

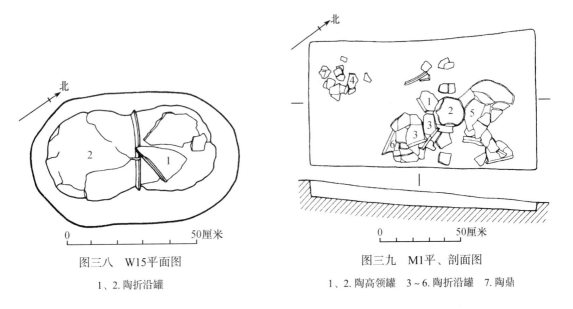

图三八　W15平面图

1、2.陶折沿罐

图三九　M1平、剖面图

1、2.陶高领罐　3~6.陶折沿罐　7.陶鼎

鼎　M1：7，夹细砂薄胎黑陶，轮制。鼓腹，圜底，侧装三角形鼎足。腹饰宽篮纹，下腹有三道凸弦纹。残高12厘米（图四〇，5）。

高领罐　M1：1，泥质灰陶，轮制。微折沿，尖唇，侈口，高斜领，广肩，鼓腹。颈部饰一道绚索纹，上腹饰一道凸弦纹并加按窝。口径10.4、腹径29.6、残高12.4厘米（图四〇，6）。M1：2，夹细砂黑陶。折沿，圆唇，侈口，高斜领，溜肩，球形腹，小平底。肩、腹部饰两周凸弦纹。口径10.4、腹径20、底径5.2、高19.6厘米（图四〇，3；图版二五，1）。

折沿罐　M1：3，夹细砂灰陶，轮制。宽仰折沿，方唇，沿面凹，沿内有突棱，鼓腹。上腹饰一周附加堆纹并加按窝。口径39.2、腹径44.8、残高19.6厘米（图四〇，4）。M1：4，夹细砂薄胎黑陶，轮制。宽仰折沿，尖唇，沿面凹，鼓腹。腹中部饰一道附加堆纹并加按窝。口径14.8、残高9.6厘米（图四〇，2）。M1：5，夹粗砂灰陶，轮制。宽仰折沿，尖唇，沿内转折处有突棱，溜肩。口径24、残高10厘米（图四〇，1）。M1：6，夹细砂黑陶，轮制。宽仰折沿，圆唇略上翘，溜肩。腹饰稀疏的宽篮纹，口径27.2、腹径36、残高13.2厘米（图四〇，7）。

M3　位于WST5502东部，开口于第3层下，距地表深0.45米，打破第4层。墓坑平面呈长方形，直壁，平底，长1.9、宽0.7、深0.2米。坑内填灰褐色黏土，未发现人骨。随葬品包括陶鼎3件、豆3件、臼1件（图四一）。

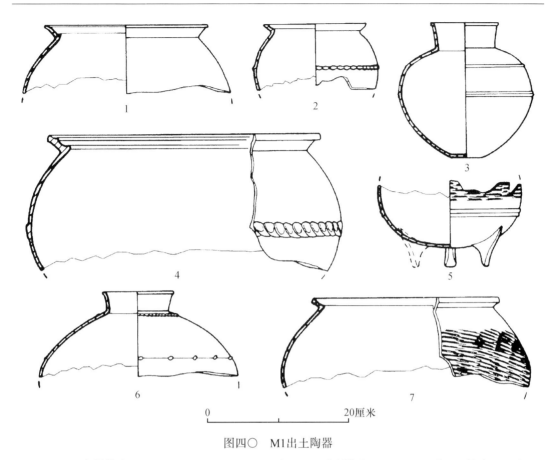

图四〇　M1出土陶器

1、2、4、7.折沿罐（M1：5、M1：4、M1：3、M1：6）　3、6.高领罐（M1：2、M1：1）　5.鼎（M1：7）

鼎　M3：1，夹细砂薄胎灰陶，轮制。宽仰折沿，尖唇，微鼓腹略下垂，圜底，侧装三角形小矮足，足跟外突。素面。口径16.8、腹径15.2、高14厘米（图四二，2；图版二五，2）。M3：3，夹细砂黑皮陶，轮制。宽仰折沿，尖唇，沿面凹，口微敛，近直腹，圜底较平，侧装三角形小矮足。素面。口径21.2、腹径18.8、高10.6厘米（图四二，3）。M3：5，夹粗砂外灰内黄陶。宽仰折沿，方唇，沿面凹，口微敛，弧腹，圜底较平，下附极矮圈足，三角形侧装小矮足。腹饰一道凸弦纹。口径21.6、腹径18.4、高12.4厘米（图四二，5；图版二五，4）。

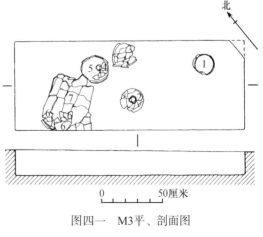

图四一　M3平、剖面图

1、3、5.陶鼎　2、4、6.陶豆　7.陶臼

豆　M3：2，泥质薄胎磨光黑陶，轮制。斜腹微弧，圜底较平，高圈足。圈足饰较大

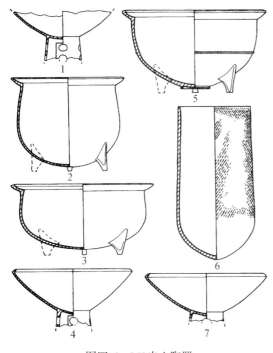

图四二　M3出土陶器

1、4、7.豆（M3:2、M3:6、M3:4）　2、3、5.鼎
（M3:1、M3:3、M3:5）　6.臼（M3:7）

的圆形镂孔。残高7.4厘米（图四二，1）。M3:4，泥质薄胎黑陶，轮制。内折沿，尖唇，敛口，斜腹微弧，高圈足。圈足饰圆形镂孔。口径17.2、残高7.2厘米（图四二，7）。M3:6，泥质黑陶，轮制。内折沿，尖唇，敛口，斜腹微弧，圜底，高圈足。圈足饰圆形镂孔。口径17.2、残高8.6厘米（图四二，4；图版二五，5）。

臼　M3:7，夹粗砂黄灰陶，轮制。直口，尖唇，深直腹，圜底。腹饰较模糊的细绳纹。口径21.6、高46厘米（图四二，6；图版二五，6）。

（三）灰坑

共发现22个。坑口形状有长方形、圆形、椭圆形、不规则形等，坑底一般较浅，多无明显的人为加工痕迹。H13～H15、H17、H19、H20出土遗物的数量较多。

H17　位于WST5604、WST5605、WST5606、WST5504、WST5505等探方，开口于第3层下，北高南低，呈倾斜状，距地表深0.35～0.7米，打破F9、第4、5层和生土。坑口形状不规则，最长处约11.5、最宽处约6.5、深0.75米；坑壁北端陡直，南部缓斜，坑底大部分较平坦，局部略凹（图四三）。坑内堆积可分3层。第1层除灰坑西北部、东北部未见外，其余均有分布，厚0.3米；褐灰色土，土质松散，夹杂少量红烧土颗粒和草木灰。此层出土遗物多为碎陶片，为夹砂或泥质红、灰、黑、黄、褐陶，可辨器形包括罐、盆、器盖、高柄杯、豆、鼎足等。第2层分布在灰坑东部，厚0.3米；灰黑色土，土质松散，夹杂较多草木灰和红烧土颗粒。此层出土陶片较多，为夹砂或泥质红、灰、黑、黄、褐陶；多为素面，有少量弦纹、篮纹、附加堆纹、镂孔、按窝；可辨器形包括罐、鼎、圈足盘、豆、高柄杯、碗、器盖、器座、斜腹

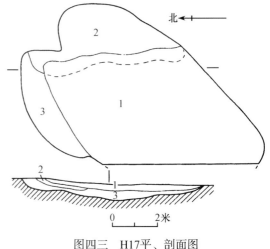

图四三　H17平、剖面图

1.褐灰色土　2.灰黑色土　3.褐灰色土

杯、盆、纺轮、陶拍等。第3层仅分布在灰坑西部，厚0.4米；褐灰色土，土质松散，但较第2层略板结，夹杂少量红烧土颗粒和草木灰。此层出土遗物的特征与第2层相似。

　　H17　出土的陶片数量极多，仅器形较明确的标本就有281件，可复原陶器也较多。限于篇幅，这里只选择个别重要的典型标本加以介绍。

　　鼎　H17③：48，夹砂灰陶。宽仰折沿，厚方唇，鼓腹略下垂，圜底，侧装足。腹饰宽篮纹，足面上部有一按窝。口径15.6、腹径17.6、高14.4厘米（图四四，1；图版二六，6）。

　　壶　H17③：60，泥质黄陶。仰折沿，尖唇，沿面凹，高直领，鼓肩，鼓腹。肩部饰一道凸弦纹。口径11.2、腹径16.8、残高27.2厘米（图四四，2；图版二六，5）。

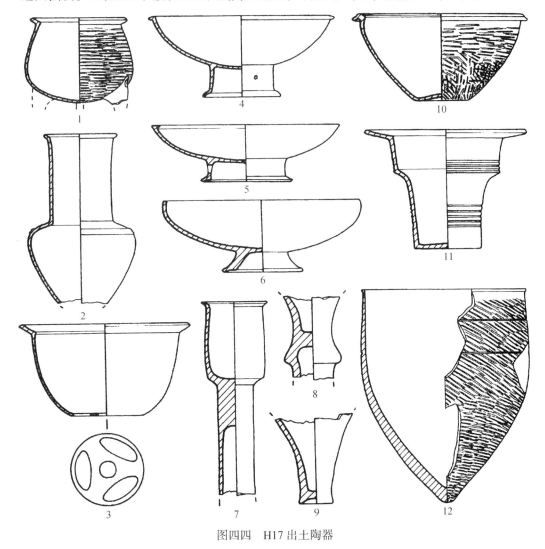

图四四　H17出土陶器

1.鼎（H17③：48）　2.壶（H17③：60）　3.甑（H17③：94）　4、5.圈足盘（H17③：23、H17③：24）
6.碗（H17③：18）　7~9.杯（H17①：2、H17①：59、H17①：20）　10、11.盆（H17①：53、H17③：44）
12.臼（H17②：53）

臼　H17②：53，夹粗砂黄陶。直口，圆唇，直腹微鼓，下腹斜收，厚尖底。器表满饰宽而深的篮纹，被弦纹间断。口径32、腹径32.8、高41.6厘米（图四四，12）。

圈足盘　H17③：23，泥质外灰内红陶。沿下折，尖圆唇，敞口，浅弧腹，圜底较平，矮圈足底部外折。圈足中部饰圆形镂孔。口径29.2、圈足径12.4、高13厘米（图四四，4；图版二六，2）。H17③：24，泥质黑陶，轮制。内折沿，尖唇，敛口，浅弧腹，圜底较平，矮圈足底部外折。圈足中部饰圆形镂孔。口径28、圈足径11.2、高8.4厘米（图四四，5；图版二六，4）。

碗　H17③：18，泥质黑陶。敛口，圆唇，浅弧腹，圜底较平，喇叭形矮圈足底部外撇。素面。口径15.6、圈足径6.4、高5.8厘米（图四四，6）。

杯　H17①：2，泥质橙黄陶。宽折沿，侈口，深直腹，平底，细高圈足。素面。口径5.2、腹径4.8、残高15.6厘米（图四四，7）。H17①：59，夹砂红陶。腹壁内弧，平底，高圈足。素面。残高7厘米（图四四，8）。H17①：20，泥质黄陶。腹壁内弧，小底内凹。素面。底径2.8、残高7.2厘米（图四四，9）。

盆　H17①：53，夹砂红胎黑皮陶。卷沿，尖唇，敛口，深腹略弧，底内凹。腹饰宽篮纹。口径26.4、底径8、高14厘米（图四四，10；图版二六，3）。H17③：44，泥质灰陶。宽仰折沿，圆唇，敞口，曲腹转折明显，下腹较深。腹饰多道凹弦纹。口径26.4、底径10.8、高19.2厘米（图四四，11；图版二六，7）。

甑　H17③：94，夹砂红胎黑皮陶。宽仰折沿，厚方唇，弧腹较深，平底。底部中间有一个圆形孔，周边环绕三个椭圆形孔。口径27.2、底径12、高14.8厘米（图四四，3；图版二六，1）。

四、结　语

（一）文化分期与性质

我们主要根据城垣、壕沟以及家山遗址中墓地出土的器物进行分析，结合各发掘区的地层关系，可将整个遗址的文化遗存分为三期。

第一期遗存以M3、W15、W16、W20、W22、W36、W49为代表，仅见于家山遗址。陶器组合以带矮圈足的罐形鼎、盆形鼎和圈足罐最为典型，其次为深直腹圜底以及深直腹折尖底的臼，内折沿斜腹豆也是此期的典型器物。对比周边遗址，矮圈足罐形鼎仅见于枣阳雕龙碑遗址[1]第三期遗存，且数量很多。M3所出矮圈足盆形鼎去掉圈足后则与京山屈家岭遗址[2]晚期和随州金鸡岭遗址[3]第一期遗存的鼎完全一致。深直腹圜底臼仅在雕龙碑第三期发现1件，其他遗址均未见到。深直腹折尖底的陶臼是叶家庙遗址的特有器形，与之最接近的是淅川下王冈遗址[4]仰韶文化三期的缸。W15的大口矮圈足深腹罐大量发现于雕龙碑遗址；而W22的矮圈足鼓腹罐不仅见于雕龙碑三期，在随州西花园[5]、宜城曹家楼[6]等遗址也有零星发现。内折沿斜腹豆分布范围更广，在郧县青龙泉[7]、淅川下王冈、随州西花园、随州金鸡岭以及安陆夏家寨[8]等遗址均有发现。总体来看，叶家庙遗址本期遗存与雕龙碑第三期遗存最为接近。雕龙碑第三期的时代在发掘报告中认定相当于屈家岭文化晚期，但实际上这一类文化遗存与屈家岭文化晚期差别很大，其最具特征的矮圈足罐、矮圈足鼎、深腹圜底臼、深腹折尖底臼等陶器不见于任何一个典型的屈家岭文化晚期遗址，这种差别很可能是由时代早晚不同所造成。这类遗存不仅受到油子岭文化的影响，而且还有鲜明的仰韶文化第三期遗存的特征，应是两者在随枣走廊交流碰撞的产物。如罐、鼎底部流行矮圈足，内折沿豆数量较多等因素，可能来源于油子岭文化。而以叶家庙W15为代表的大口深腹罐的基本形态，其源头可以追溯到到下王冈仰韶文化三期遗存。叶家庙W20、W36所出罐形鼎的基本形态在雕龙碑第二期就已经出现，只是在第三期底部多了圈足，该类鼎与下王岗仰韶文化三期的Ⅰ式鼎也极为相似。可见，这类文化遗存应晚于油子岭文化和仰韶文化下王冈类型，而早于屈家岭文化晚期。鉴于该期矮圈足盆形鼎、内折沿豆的基本形态都延续到屈家岭文化晚期，器物具有很强的延续性。因此，这一类文化遗存归入屈家岭文化早期是比较合适的，或可称为屈家岭文化叶家庙类型，金鸡岭遗址的第一期文化遗存大致也属于这一时期。以雕龙碑遗址第三期、金鸡岭遗址第一期、叶家庙遗址第一期为代表的文化遗存，具有强烈的时代过渡特征，大体分布于包括随枣走廊及其东端的鄂北区域，影响可能达到大洪山西部的宜城。

第二期遗存的典型单位包括M1、W2、W7、W9、W14、南城垣1、南城垣2、南城垣5、TG1第8层等。与前期相比，分布范围大增，城垣、居住区、墓地都发现该期遗存，城垣也应兴建于这一时期。与前期相比，陶罐、鼎底部加矮圈足的现象基本消失。如W14、M1的鼎，底部均没有圈足，在金鸡岭、西花园、屈家岭和天门肖家屋脊[9]等遗址均可发现同类器。W2、W7、W9所出大口深腹罐底部也没有圈足，这类罐在鄂北地区的屈家岭文化遗址中几乎都能发现，而以青龙泉屈家岭文化晚期遗存最为典型。新出现大量屈家岭文化晚期的典型陶器。如TG1第8层所出折沿罐与天门邓家湾遗址[10]的Ca型Ⅰ式罐、金鸡岭遗址的Bb型Ⅲ式罐相同。南城垣5所出折沿罐与金鸡岭的Aa型Ⅱ式折沿罐，高领罐与邓家湾的E型Ⅰ、Ⅱ式罐，器形也基本相同。城垣2所出高领罐与邓家湾的Aa型Ⅱ式罐、肖家屋脊的Aa型Ⅲ式罐，圈足杯与邓家湾的B型Ⅰ式杯、肖家屋脊的矮圈足杯，器形基本相同。南城垣1所出彩陶壶与邓家湾的Ⅰ式彩陶壶、肖家屋脊的Ⅰ式壶以及屈家岭晚二期的Ⅱ式壶都是同一类器物，平沿盆则与金鸡岭遗址的E型Ⅰ式盆一致。因此，叶家庙第二期遗存无疑属于典型的屈家岭文化晚期遗存。

第三期遗存以W11、W12、W42、G1、H17、TG1第7层为代表。出土陶器中，G1和H17的斜腹杯和高圈足杯是这一时期的典型器物，几乎见于所有石家河文化早期的遗址。

臼的形态由第一期的圜底变为乳突状尖底，腹部略鼓，折尖底消失。G1所出大口宽折沿罐普遍分布于鄂北，在大悟土城[11]、随州金鸡岭等遗址均有发现，在麻城吊尖遗址[12]则是作为瓮棺葬具使用；带镂孔器座也是石家河文化早期的典型器形，附鸟喙形耳的瓮可见于金鸡岭遗址石家河文化早期。TG1第7层所出盆与肖家屋脊石家河文化早期的A型Ⅰ式盆、金鸡岭石家河文化早期的Aa型Ⅳ式盆比较接近。H17所出长颈壶、卷沿盆、带柳叶形孔的甑、圈足盘以及TG1第3A层的圈足盘，均属石家河文化早期的典型器物，在西花园、金鸡岭的石家河文化早期遗存均有发现。因此，叶家庙第三期遗存应属于石家河文化早期遗存。叶家庙城址西部的两个附属聚落遗址杨家咀和何家埠也属于这一期。该类文化遗存在孝感及其周边经过正式发掘的还有孝感徐家坟[13]、大悟土城、麻城吊尖、黄陂张西湾[14]等遗址。

（二）城址、墓葬年代及聚落结构分析

从TG1的发掘情况看，南城垣堆积可以分为两期。南城垣3~9为第一期，叠压在TG1第7层下，南城垣6、8之间还夹有TG1第8层。南城垣1、2属于第二期，G1第1~3层叠压在二期城垣之上。第一期与第二期城垣之间夹有TG1第5~7层。由于南城垣5和TG1第8层的出土遗物均属屈家岭文化晚期，因此，第一期城垣的兴建年代应不晚于屈家岭文化晚期。第二期城垣从南城垣1、2的出土器物看，均属屈家岭文化晚期；但叠压在南城垣2之下的TG1第7层则出土有石家河文化早期的陶片，另外，叠压在城垣之上的G1第2~4层出土有典型的石家河文化早期遗物。因此，第二期城垣的兴建年代应在石家河文化早期，只是在取土过程中，可能破坏了屈家岭文化晚期的地层，所以城垣堆积中包含有屈家岭文化晚期的陶片。第二期城垣主要位于第一期城垣的两侧，是对第一期城垣的加宽和加高，从而使第二期城垣的宽度要远大于第一期城垣。G1内的石家河文化早期堆积是城垣在使用过程中产生的。城内东南部居住区的时代属于屈家岭文化晚期，相当于第一期城垣。由于发掘范围很小，没有揭示出属于二期城垣的居住遗存。但在居住区地表可采集到石家河文化早期的斜腹杯等遗物，表明肯定存在石家河文化早期的遗存。

家山遗址墓地的年代延续时间更长，最早以M3、W15、W16、W20、W22、W36、W49为代表，属于屈家岭文化早期阶段，其时代早于一期城垣。从层位关系看，大多数没有随葬品的土坑墓也应属于这一时期。至屈家岭文化晚期，以M1、W14为代表，土坑墓的数量大减，且多数不见人骨；瓮棺葬发现很少，主体位置可能在发掘区的西南部。而到石家河文化早期，该区域继续作为墓地使用，瓮棺葬的数量大增，并与早期的瓮棺葬之间出现叠压打破关系。同时在墓地的南部还发现一批同时期的灰坑。

综上所述，叶家庙遗址最早在屈家岭文化早期阶段已开始有人居住，但目前所知的遗

址范围仅限于家山遗址的墓地，没有发现相对应的居住区。屈家岭文化晚期阶段，叶家庙遗址的范围大大扩展，聚落结构也更加复杂，不仅家山墓地继续使用，而且出现了城垣和环壕，有了居住区和墓葬区功能分区。石家河文化早期，城址和墓地仍在继续使用，且功能也未出现明显变化。此时，叶家庙城址的西面出现了杨家咀和何家埠两个附属聚落。以叶家庙城址为中心，在周边5千米范围内发现了11个同时期的遗址，反映了这一时期很可能已经出现聚落内部的功能分化和聚落之间的等级差异。以孝感为中心的澴水流域的史前时期文化此时已处在社会复杂化的阶段，叶家庙城址的发掘对于认识该区域史前文化的发展序列、聚落形态演变、社会组织结构以及史前文明化进程都具有十分重要的意义。

执笔：刘　辉　胡家驹　唐　宁　郭长江

注　释

［1］　中国社会科学院考古研究所：《枣阳雕龙碑》，科学出版社，2006年。

［2］　中国科学院考古研究所：《京山屈家岭》，科学出版社，1965年。

［3］　湖北省文物考古研究所、随州市博物馆：《随州金鸡岭》，科学出版社，2011年。

［4］　河南省文物考古研究所等：《淅川下王岗》，文物出版社，1989年。

［5］　武汉大学历史系考古教研室等：《西花园与庙台子》，武汉大学出版社，1993年。

［6］　武汉大学历史系考古教研室等：《湖北宜城曹家楼新石器时代遗址》，《考古学报》1988年第1期。

［7］　中国社会科学院考古研究所：《青龙泉与大寺》，科学出版社，1991年。

［8］　参见《孝感地区文物普查资料汇编》。

［9］　湖北省荆州博物馆等：《肖家屋脊——天门石家河考古发掘报告之一》，文物出版社，1999年。

［10］　湖北省文物考古研究所等：《邓家湾——天门石家河考古报告之二》，文物出版社，2003年。

［11］　孝感地区博物馆、大悟县博物馆：《大悟县土城古遗址探掘简报》，《江汉考古》1986年第2期。

［12］　湖北省文物考古研究所、麻城市博物馆：《湖北麻城吊尖遗址发掘简报》，《江汉考古》2008年第1期。

［13］　孝感市博物馆：《湖北孝感市徐家坟遗址试掘》，《考古》2001年第3期。

［14］　湖北省文物考古研究所、武汉市黄陂区文物管理所：《武汉市黄陂区张西湾新石器时代城址发掘简报》，《考古》2012年第8期。

（原文刊于《考古》2012年第8期）

大悟县土城古遗址探掘简报

孝感地区博物馆

大悟县博物馆

土城遗址，位于湖北大悟县城北约30千米的三里镇土城湾。该遗址是在1981年文物普查时发现的。1982年春，地区博物馆派员与县博物馆联合进行了一次探掘，开掘2米×5米探沟四条（编号T1～T4），挖掘面积40平方米。现将这次探掘情况简报如下：

一、地理环境与地层堆积情况

土城遗址北面4000米为九里关（即古大隧关），与河南信阳、罗山交界。这里为丘陵地带，多低平缓的坡岗，间有开阔的平畈，水自北向南流入府河注入长江。遗址地处澴水上游西岸二级台地上，台地高出四周农田3～5米，遗址南北长约500米，东西宽约400米（图一）。

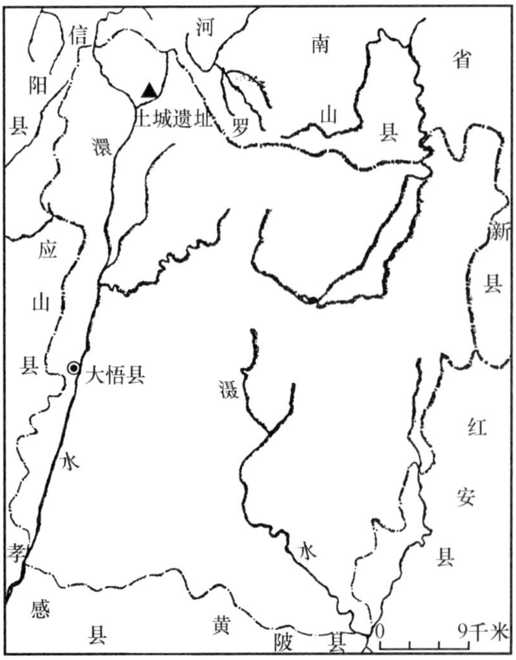

图一　遗址地理位置示意图

遗址地层堆积比较单纯，表土层下即是新石器时代晚期的文化遗存。文化层最厚处达3米，最薄1.5米，一般在2米左右。根据揭露情况看，各探沟的地层基本一致。现以T1西壁剖面为例说明（图二）。

第1层：表土层，呈浅灰色，厚0.10～0.20米，内有少量的汉代砖块，唐代瓦片和近代瓷片，出土石斧1件。

第2层：黄灰色土，厚0.15～0.45米，内夹有少量的红烧土粒和草木炭灰，土质坚硬，出土遗物有陶纺轮及残陶片。

第3层：灰红色土，厚0.20～0.25米，内含大量的红烧土和草木灰，土质较硬，包含物丰富，出土遗物有石镰、镞、凿、陶纺轮、高圈足红陶杯、厚胎喇叭红陶杯、塔形器盖纽和大量碎陶片。

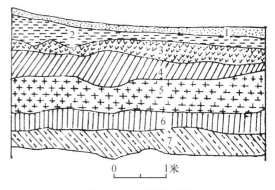

图二　T1西壁剖面图

1. 表土层　2. 黄灰土　3. 灰红色土
4. 灰黄色土　5. 深灰色土　6. 灰色土　7. 灰黄沙土

第4层：灰黄色土，厚0.42～0.50米，土质坚硬，内夹有红烧土块，发现遗物有石斧、陶鬶足、杯、长颈壶及陶片。

第5层：深灰色土，厚0.33～0.45米，土质较硬，内含有少量的红烧土及木炭灰。出土遗物有陶纺轮、高圈足杯、喇叭形陶杯、器盖纽等。

第6层：灰色土，厚0.15～0.25米，土质较硬，出土遗物有残石斧、陶纺轮、红陶杯、长颈壶、塔形器盖纽等。

第7层：灰黄沙土，厚0.10～0.15米，土质松软，内夹大量的草木灰，出土器物有陶纺轮、豆及大量泥质黑陶片。

二、出土遗物

出土遗物有石器和陶器。

石器　共30余件。有斧、铲、镰、凿、刀、镞等。

斧　2件。分二式。

Ⅰ式：标本采：1，长方形，平刃微弧，横剖面呈梯形，通体磨光，长9.7、刃宽3.6厘米（图三，3）。

Ⅱ式：标本T1③：1，长方形，平刃，通体磨光，长11.1、刃宽6.2厘米（图三，2）。

铲　1件。标本T2③：3，长方形，刃部残缺，上段中部有一两面对钻的孔，通体磨光，残长12、刃宽9.8厘米（图三，7）。

镰　1件，已残断。标本T1④：3，扁平，弧背斜刃，器身后段由部残断处有一钻孔，通体磨光（图三，1）。

凿　3件。可分三式。

Ⅰ式：标本T2④：1，长方形，平刃，横剖面呈圆角长方形，通体磨光，长5.5、刃宽1.7厘米（图三，12）。

Ⅱ式：标本T2⑦：1，体近方形，单面平刃，石色灰白，通体磨光，长2.4、刃宽2.4厘米（图三，9）。

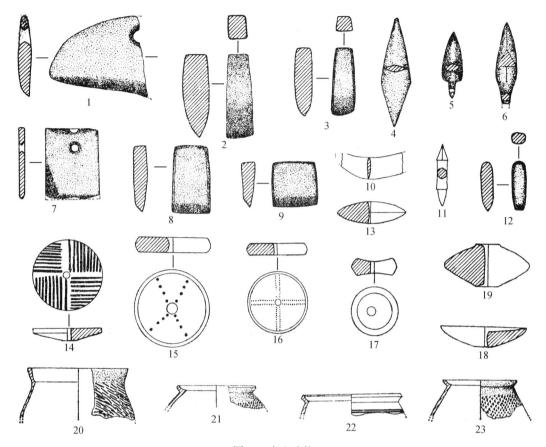

图三　出土遗物

1.石镰　2、3.石斧　4～6、11.石镞　7.石铲　8、9、12.石凿　10.石刀　13～19.陶纺轮　20～23.折沿罐口沿

Ⅲ式：标本T1⑥：1，长方形，单面平刃，石色灰白，刃部锐利，通体磨光，长3.5、宽2.4厘米（图三，8）。

刀　1件，已残断。标本T3③：1，弧刃，凹背呈半月形，残长6.6、宽1.6厘米（图三，10）。

镞　4件。可分四式。

Ⅰ式：标本T2⑦：5，柳叶形，横剖呈棱形，石为灰白色，通体磨光，长6.1厘米（图三，4）。

Ⅱ式：标本T2④：2，体作圆柱状，三棱形锋，有铤，前锋锐利，通体磨光，长6.8厘米（图三，11）。

Ⅲ式：标本T2④：4，四棱形，有铤，铤呈扁圆形，前锋锐利，通体磨光，长11.1厘米，（图三，5）。

Ⅳ式：标本T2④：3，三棱形，圆铤已残断，通体磨光，残长11.1厘米（图三，6）。

陶器　有纺轮、甑、鼎、盆、钵、碗、盘、豆、杯、鬶、壶、夹砂罐、高领罐、瓮、器盖、器盖钮、器座等。

纺轮　计20余件。可分六式。

Ⅰ式：2件。标T2③：7、T1③：4，泥质灰陶，周边弧形，平面饰呈"×"和"+"形的篦点纹，径分别为5.4、3.4厘米（图三，15、16）。

Ⅱ式：9件。标本T2⑤：1，凸弧面，横剖呈椭圆形，径4厘米（图三，13）。

Ⅲ式：4件。标本T1⑦：1，泥质灰陶，呈算珠形，径4.9厘米（图三，19）。

Ⅳ式：3件。标本T2⑨：1，泥质红陶，一面平，一面呈弧形，径5厘米（图三，18）。

Ⅴ式：1件。标本T3⑥：1，泥质红陶，一面平一面呈凸弧状，平面饰四组平行线红彩绘，径3.9厘米（图三，14）。

Ⅵ式：标本T4②：1，泥质灰陶，凹面，圆边有弧棱，径2.8厘米（图三，17）。

甑　2件。分二式。

Ⅰ式：标本T2⑥：1，细夹砂黑皮棕色陶，圆唇，折沿，弧腹，圜底，饰交错篮纹，底部有四个椭圆形箅孔，口径27、高13.5厘米（图四，9）。

Ⅱ式：标本T4④：2，残存底部，夹砂黑皮红陶，斜壁，平底内凹，底部饰有小圆形箅孔，腹饰斜粗篮纹，底径9.6厘米（图四，10）。

鼎　可复原4件，余为口部和足部。复原4件可分四式，鼎足可分四式。

Ⅰ式：标本T3④：3，夹砂黑皮红陶，侈口，方唇，折沿，折腹，圜底，六足呈凿式，颈以下饰交错篮纹，下腹饰一周附加堆纹，口径26.4、通高18厘米（图四，23；图版二七，7）。

Ⅱ式：标本T3③：1，夹砂棕色陶，罐形，仰折沿，沿面微凹，鼓腹，圜底，凿式足，腹饰竖行细篮纹，口径15、通高16.5厘米（图四，25）。

Ⅲ式：标本T2⑦：2，已残，夹砂黑皮棕色陶，仰折沿，沿面微凹，球形腹，鸭嘴足，腹饰斜粗篮纹，口径20、高约21.6厘米（图四，24）。

Ⅳ式：标本T4②：1，夹砂灰陶，体作深长弧腹罐形，折沿子母口，有颈，腹中部较鼓，圜底，三矮足较小呈凿式，颈以下饰交错篮纹，口径23.3、通高33.6厘米（图四，21）。

鼎足　分四式。

Ⅰ式：标本T2④：1，夹砂红陶，呈瓦状，中间和两侧凸起一脊（图四，15）。

Ⅱ式：标本T2③：5，夹砂红陶，呈宽扁状，残足面饰有以四道刻划纹为一组的两组条纹（图四，16）。

Ⅲ式：标本T2⑥：7，夹砂红陶，呈凿形、足上部有一按窝纹（图四，18）。

Ⅳ式：标本T1③：4，夹砂红陶，已残，呈宽扁形，足面中部起两道脊棱（图四，17）。

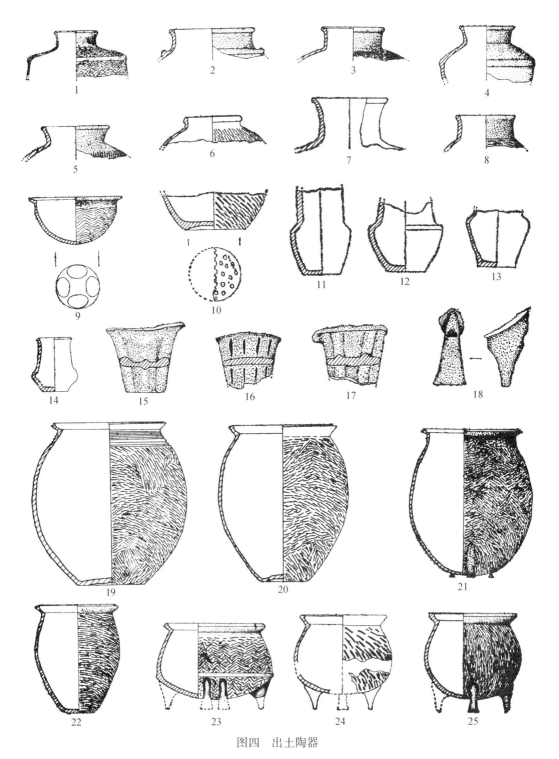

图四　出土陶器

1、2、5、6.瓮口沿　3、4、7、8.罐口沿　9、10.甑　11～14.长颈壶　15～18.鼎足　19、20、22.折沿罐
21、23～25.鼎

盆 复原2件，余为口部，按其口部可分七式。

Ⅰ式：标本T4②：1，细砂棕色陶，敞口，小折沿，斜弧腹壁平底微凹，饰竖篮纹，口径25、高11.3、底径7.6厘米（图五，2；图版二七，8）。

Ⅱ式：标本T2⑤：3，粗泥灰陶，圆唇，仰折沿，沿面下凹，斜腹壁，饰竖行细篮纹，口径31、残高11厘米（图五，3）。

Ⅲ式：标本T2④：3，底部已残，细夹砂棕色陶，折沿，斜腹壁，饰横篮纹，腹部按有对称两鸡冠耳，口径48、残高20.2厘米（图五，1；图版二七，4）。

Ⅳ式：标本T2②：8，细夹砂红陶，口微敛，圆唇，弧腹上饰六周凹弦纹，口径31、10.5厘米（图五，6）。

Ⅴ式：标本T2④：16，泥质棕红色陶，圆唇仰折沿，腹微鼓，上腹有三周凹弦纹，下腹饰篦纹，口径43.4、残高11.2厘米（图五，5）。

Ⅵ式：标本T3⑥：4，夹砂黑皮棕色陶，敞口，平折沿，斜壁，口径49.6、残高12厘米（图五，7）。

Ⅶ式：标本T2⑥：7，泥质灰陶，敞口，锐折沿，斜腹壁，口径约23.2厘米（图五，4）。

钵 多为口部，已复原3件。可分五式。

Ⅰ式：标本T2④：16，泥质灰陶，敞口，宽斜平沿，斜弧壁，圜底，口径16、高9.2厘米（图五，9）。

Ⅱ式：标本T1④：17，泥质灰陶，敞口，折沿，沿面下凹，沿外缘呈花边状，斜腹壁，口径21厘米（图五，8）。

Ⅲ式：标本T1④：18，泥质灰陶，敞口略向外侈，斜弧壁，口径19.5、残高8厘米（图五，16）。

Ⅳ式：标本T4③：4，泥质灰陶，敞口，斜腹壁，圜底，饰横篮纹，口径18、高8厘米（图五，14；图版二七，6）。

Ⅴ式：标本T3②：8，泥质灰陶，敞口，斜腹壁，平底，腹饰交错篮纹，口径18、高8厘米（图五，15；图版二七，5）。

碗 复原2件，余为底部。可分四式。

Ⅰ式：标本采：3，泥质红陶，敞口，弧壁，假圈足，口径14.1、高6.9、底径6厘米（图五，21）。

Ⅱ式：标本T2③：4，仅有底部，泥质灰陶，斜壁假圈足，足径6.6厘米（图五，17）。

Ⅲ式：标本T2⑤：5，仅有底部，泥质灰陶，弧形壁，矮圈足，足底部外侧刻划有呈"**" 形的符号，底径7.8厘米（图五，18）。

Ⅳ式：标本T3⑥：9，泥质黑陶，敞口，斜弧壁，矮圈足，口径15、高8.8、足径9.2厘

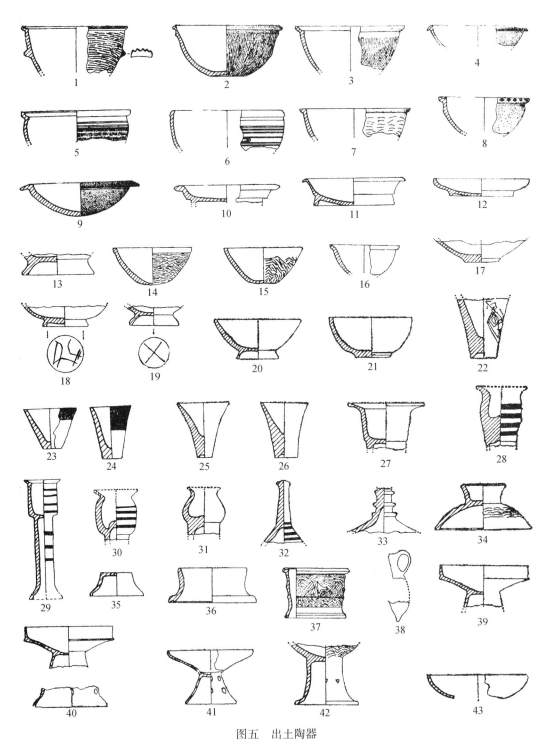

图五　出土陶器

1~7.盆　8、9、14~16.钵　10~13.盘　17~21.碗　22~26.喇叭形杯　27~31.高圈足杯　32、33.器盖纽
34、35.器盖　36、37.器座　38.鬶　39~43.豆

米（图五，20）。另一件仅有底部，圈足下有"×"符号（图五，19）。

盘　复原3件，余为残片。可分四式。

Ⅰ式：标本T2③：10，泥质灰陶，敞口微敛，浅盘，平底，矮圈足，口径27、高5、足径18厘米（图五，12）。

Ⅱ式：标本T3②：10，残存盘部，泥质灰陶，侈口，宽平折沿，斜直壁浅盘，平底圈足残断，口径30、残高5、足径20厘米（图五，10）。

Ⅲ式：标本T3⑤：11，泥质黑皮棕色陶，敞口，斜平小折沿，斜直壁，圜底，矮圈足，口径29、高23厘米（图五，11）。

Ⅳ式：标本T3⑥：12，已残，仅有底部，泥质黑陶，圈足，足径12厘米（图五，13）。

豆　可复原2件，余为残片。按其上部和下部，可分五式。

Ⅰ式：标本T3：12，盘部残断，泥质棕色陶，盘壁斜弧，高圈足外撇，足中部饰三角形镂孔三个，盘腹饰交错篮纹，残高9.6、足径7.5厘米（图五，42）。

Ⅱ式：标本T3③：13，仅有盘部，敞口，弧壁，口径23.2厘米（图五，43）。

Ⅲ式：标本T1⑦：1，泥质黑陶，敞口，口下急收成漏斗形，圈足做喇叭状，圈足上段饰圆形镂孔，口径20、高12、足径12厘米（图五，41）。

Ⅳ式：标本T3⑥：14，泥质黑陶，已残，器表光泽，直口，折腹，下急收，高圈足呈喇叭状，口径20、足径16.8厘米（图五，40）。

Ⅴ式：标本T2⑨：2，泥质黑陶，口较直，折腹下急收，高圈足残断，口径20.4厘米（图五，39）。

杯　计20余件。分喇叭形杯和高圈足杯两种。

喇叭形杯　计10余件。可分五式。

Ⅰ式：标本T2⑥：15，口已残，泥质橙黄陶，敞口，厚胎斜壁，平底内凹，器外表饰红彩，腹部刻划有花纹图案，残高6.2、底径2.4厘米（图五，22）。

Ⅱ式：标本T1⑥：2，泥红陶，敞口，斜壁，浅腹，厚胎，平底内凹，口径8.1、高9.1、底径3.9厘米（图五，26；图版二七，3）。

Ⅲ式：标本T3⑤：15，泥质红陶，敞口，斜壁，平底，器内外壁饰红彩，口径6.9、高8.7、底径3.2厘米（图五，24）。

Ⅳ式：标本T3⑤：16，泥质橙黄陶，器身做喇叭状，敞口，斜壁略向内弧，小平底内凹，口径8.7、高9、底径2.4厘米（图五，25）。

Ⅴ式：标本T2⑧：16，泥质红陶，敞口，斜壁，平底，器外表饰红彩绘，口径6、高6.5、底径2厘米（图五，23）。

高圈足杯　圈足均残。可分四式。

Ⅰ式：1件。标本T2④：17，圈足残，泥质灰陶，敞口外侈，宽沿，腹壁较直，口径8.5、残高5厘米（图五，27）。

Ⅱ式：1件，已残。标本T1④：3，泥质红陶，杯身作罐形，侈口，束颈，下腹较鼓，圈足残，口径3.6、残高5.2厘米（图五，31）。

Ⅲ式：1件。标本T1⑤：4，泥质红陶，侈口残，颈内收，腹微鼓，厚胎，浅腹，饰红彩，圈足残，口径5.6、残高6.4厘米（图五，28、30）。

Ⅳ式：标本T3⑥：I6，泥质橙黄陶，杯作筒形，仰折沿，腹壁垂直，圈足直高。腹饰四周平行红色彩纹，圈足上饰三周平行红彩绘，口径6、高13.2、足径5.4厘米（图五，29）。

长颈壶　4件。可分四式。

Ⅰ式：标本T3②：17，泥质黑陶，颈口已残，圆肩，斜腹壁，平底，残高10.5、底径6.6厘米（图四，13）。

Ⅱ式：标本T2③：18，泥质灰陶，敞口微侈筒形，长颈，鼓腹，斜收成平底，内壁留有泥条盘筑痕迹，口径8、高12、底径5.6厘米（图四，14）。

Ⅲ式：标本T3④：18，泥质灰陶，口已残，长颈，折肩，斜直壁，平底，残高19.2、底径8厘米（图四，11）。

Ⅳ式：标本T1④：5，泥质橙黄陶，口已残，折肩，斜弧壁，平底，肩饰一周附加堆纹，残高11.7、底径6.6厘米（图四，12）。

高领罐　均残，仅有口部。可分四式。

Ⅰ式：标本采：7，泥质棕色陶，圆唇小折沿，高领，广肩，颈以下饰斜方格纹，口径14.4、领高4.8厘米（图四，8）。

Ⅱ式：标本T3③：19，泥质黑陶，圆唇侈口，高领，广圆肩，肩饰一周附加堆纹，口径12.9、残高12厘米（图四，4）。

Ⅲ式：标本T1⑥：6，泥质灰黄陶，侈口，高领，广肩，口径12.9、领高6.9厘米（图四，7）。

Ⅳ式：标本T3③：27，泥质灰陶，口微侈，领壁垂直，弧肩，肩饰粗横篮纹，口径13.6、领高5.6厘米（图四，8）。

瓮　均为口部，可分四式。

Ⅰ式：标本T1②：12，夹砂灰陶，圆唇，矮颈，广肩，肩饰篮纹，口径26.4厘米（图四，6）。

Ⅱ式：标本T1④：6，夹砂灰陶，直口小折沿，广折肩，肩饰一周附加堆纹和交错篮纹，口径15、残高15.6厘米（图四，1）。

Ⅲ式：标本T1④：25，夹砂灰陶，口略侈，圆唇，圆肩，肩饰一周附加堆纹，口径20、领高4.8厘米（图四，2）。

Ⅳ式：标本采：3，夹砂棕色陶，侈口，圆唇，斜直高，溜肩，饰绳纹，口径16、领高3.6厘米（图四，5）。

折沿罐　3件。可分三式。

Ⅰ式：标本T4②：26，夹砂褐红陶，侈口，仰沿折，深鼓腹，平底微凹，颈部饰九周凹弦纹，颈以下饰交错篮纹，口径26.4、高37.2、底径15.2厘米（图四，19）。

Ⅱ式：标本T4④：29，夹砂褐红陶，大仰折沿颈内收，上腹较鼓，下腹弧收成凹平底。领以下饰交错篮纹，口径24.4、高35.6、底径10.8厘米（图四，20）。

Ⅲ式：标本T2⑦：23，夹砂褐红陶，大仰折沿，上腹微鼓，下腹斜收成小平底，饰横行粗篮纹，口径28.2、高36.6、底径10.8厘米（图四，22；图版二七，1）。

折沿罐口沿　按其口部，可分四式。

Ⅰ式：标本T2③：36，夹砂棕色陶，仰折沿，溜肩，肩饰一周凹弦纹，口径约23.2厘米（图三，21）。

Ⅱ式：标本T2④：33，夹砂灰陶，侈口，圆唇，肩下有方格纹，口径约18.4厘米（图三，20）。

Ⅲ式：标本T2④：20，夹砂黑皮棕色陶，折沿微仰，弧溜肩，饰方格纹，口径17.2厘米（图三，22）。

Ⅳ式：标本T2⑧：23，夹砂灰陶，折沿，沿面微凹，斜腹壁饰斜粗篮纹，口径23.2、残高11.2厘米（图三，23）。

器盖　2件。可分二式。

Ⅰ式：标本T2④：24，泥质褐红陶，敞口，盖面呈弧形，圈形高纽，饰横篮纹，口径16.5、高7.2、纽径7.5厘米（图五，34）。

Ⅱ式：标本T3②：20，泥质黑陶，器作覆杯状，敞口，盖壁上直下成斜面平顶，口径9.1、高3.9厘米（图五，35）。

器盖纽　2件，已残。分二式。

Ⅰ式：标本采：10，泥质橙黄陶，盖纽作塔形，盖面斜形，饰红彩，残高6.8厘米（图五，32）。

Ⅱ式：标本采：11，泥质灰陶，纽呈竹节状，盖面呈弧形（图五，33）。

鬶　仅有把部和足部，标本T2④：45，泥质橙黄陶，袋状足，足根呈乳头状（图五，38）。

器座　2件。可分二式。

Ⅰ式：标本T2⑥：15，夹砂棕色陶，器表呈黑色，体作筒形状，口小，底大，口径16、高7.6、底径20厘米（图五，36；图版二七，2）。

Ⅱ式：标本T4④：3，夹砂橙黄陶，体呈腰鼓状，中腹略鼓，沿下饰一周附加堆纹，腹饰交错篮纹，腹有三角形镂孔，壁饰两个对称圆形镂孔，口径27.2、高19.4、底径24.7厘米（图五，37）。

三、结　语

从这次探掘的资料看，土城遗址是属于屈家岭晚期和龙山时期的遗存。遗址文化堆积厚，遗物丰富，延续时间长，无论从地层叠压关系，还是出土遗物变化特点看，都是具有一定代表性的遗址。

相当于屈家岭晚期的文化遗存处于遗址最下层，即T1第7层，T2第8、9层，T3、T4第6层。出土的陶器特点是，以灰陶为主，其次是泥质黑陶、红陶和橙黄陶。纹饰素面为多，次为篮纹，少量的弦纹、附加堆纹、镂孔和彩绘花纹。陶器制作方法有手制和轮制，器壁一般较薄。石器主要器形有：上窄下宽梯形石斧、柳叶形石镞、小型石凿。陶器有球形腹罐形鼎、喇叭形高圈足豆、圈足盘、圈足碗、喇叭形彩陶杯、四组平行线彩陶纺轮等，这些器类均与湖北京山屈家岭晚二期[1]、安陆夏家寨[2]、应城门板湾[3]、孝感殷家墩[4]等屈家岭文化遗存出土的同类器物相似。时代约属屈家岭晚期。

相当于龙山时期的文化遗存处于屈家岭文化遗存之上，即T1的第3～6层，T2的第3～7层，T3、T4的第3～5层。出土的陶器具有以下几个方面的特点：①这一时期的遗存出土的陶器陶质火候较低，以夹砂、泥质棕色陶居多，器表呈黑色，其次为夹砂、泥质灰陶，泥质红陶、橙黄陶占有一定的数量，极少的磨光黑陶；②陶器纹饰以篮纹为主，早晚变化十分明显，早期为横行或交错粗篮纹，晚期纹饰变细，痕迹较深，为竖行和斜行，少量的弦纹、堆纹、三角、圆形镂孔纹及各种刻划符号；③制作方法均为轮制，个别器皿为手制，器壁厚薄不均匀，特别是内壁十分粗糙，留有许多制作痕迹，少数器形不够工整；④这一遗存出土的遗物近似于河南龙山文化类型，特别与豫东地区龙山文化相比甚为接近。如Ⅰ、Ⅱ式夹砂深腹罐与密县新砦遗址出土的Ⅱ式罐[5]相似，Ⅱ式鼎与豫东黑固堆上层出土的鼎[6]较接近，大圈足敛口盘相当于汤阴白营遗址出土的盘[7]。另外，尖唇沿向外翻圈足盘相当于湖北青龙泉三期遗存出土的盘[8]。根据上述陶器特点，时代相当于龙山早中期。

从遗址上层（第2层）出土的陶器特征仔细观察，具有二里头文化特点。如Ⅳ式鼎其形体与河南新砦二里头文化层出土的Ⅱ式鼎接近[9]；Ⅱ式圈足盘，Ⅱ式碗，Ⅰ、Ⅱ、Ⅳ式瓮口沿与新砦二里头文化层H3、H7出土的Ⅰ、Ⅱ式瓮，碗，盘[10]相似。因此，时代也应相当于龙山晚期或二里头期。

通过对土城遗址的探掘，使我们较清楚地看出这一地区原始文化面貌和文化性质。实物资料表明，早在屈家岭文化时期这一文化就已发展到了鄂东北地区。对于进一步研究屈家岭文化向鄂东北地区发展及其趋向，提供了实物资料。同时还可以看到中原地区龙山文化对这里的强烈影响。由此证明，到了龙山时期中原地区龙山文化已发展到了这里。这些资料的发现，对于探讨鄂东北地区龙山文化发展的来龙去脉，以及综合研究江汉地区龙山文化类型等问题，具有一定的学术价值。

执笔：熊卜发　付亚南

注　释

[1]　中国科学院考古研究所编著：《京山屈家岭》，科学出版社，1965年。

[2]　北京大学历史系考古专业等：《晋豫鄂三省考古调查简报》，《文物》1981年第7期。

[3]　蒲显钧、蔡先启：《孝感地区两处新石器遗址的调查》，《江汉考古》1980年第2期。

[4]　北京大学历史系考古专业等：《晋豫鄂三省考古调查简报》，《文物》1981年第7期。

[5]　中国社会科学院考古研究所河南二队：《河南密县新砦遗址的试掘》，《考古》1981年第5期。

[6]　中国社会科学院考古研究所河南二队：《1977年豫东考古纪要》，《考古》1981年第5期。

[7]　安阳地区文物管理委员会：《河南汤阴白营龙山文化遗址》，《考古》1980年第3期。

[8]　俞伟超：《先楚文化与三苗文化的考古学推测》，《文物》1980年第10期。

[9]　中国社会科学院考古研究所河南二队：《河南密县新砦遗址的试掘》，《考古》1981年第5期。

[10]　中国社会科学院考古研究所河南二队：《河南密县新砦遗址的试掘》，《考古》1981年第5期。

（原文刊于《江汉考古》1986年第2期）

编者按：大悟土城位于澴水最上游、桐柏山与大别山交接地带的一狭长形河谷盆地之中，属二级台地。2008年12月，为配合郑（州）武（汉）高铁建设，湖北省文物考古研究所刘辉等对沿线文物点进行调查时，怀疑此处为城址。为确定城址的存在，当时还对整个遗址所在台地沿东西、南北向各钻探一排探孔（10米间距）。勘探表明，台地上的文化层堆积普遍在2米以上，堆积较厚，在台地边缘存在人工堆建的城垣。且在台地的西南角发现了一段长10余米、上宽4米、高出地面2米的一段城垣（目前为菜地）。

目前，城址所在台地除西南角一段城垣较为明显外，整个台地基本被夷平，东部为比较开阔的自然低地（澴水冲积的扇状小平原），北部与一东西向的垄岗（其上房屋密集）相隔，中间为城壕，宽50~60米。西部城壕迹象较为明显，宽60~70米。台地南部边缘被房屋密集所压，城壕边界不明显。据现存台地边缘，其大致形状为圆角方形，城址东西长约230、南北宽约220米，总面积近5万平方米。东南角明显有内凹，推测应为当时城门（参航拍照片）。

湖北安陆王古溜城址2015年调查简报

湖北省文物考古研究所
孝 感 市 博 物 馆
安 陆 市 博 物 馆

  王古溜遗址于1979年文物普查时发现。1981年孝感地区博物馆对该遗址进行了再次调查，当时以南部的弯垱河为界，将王古溜台地及其南边的大李湾视为一个整体，遗址东西长约1000、南北宽约880米，总面积约88万平方米。并从采集的遗物判断，遗址属于屈家岭文化晚期[1]。2002年为配合汉（口）十（堰）高速公路建设，湖北省文物考古研究所刘辉曾对该遗址进行过调查，提出此处存在城址的可能性。基于此线索，2006年12月湖北省文物考古研究所等对该遗址进行了又一次调查，确认此处存在一座保存较为完好的古城址，总面积约24万平方米[2]。

  为进一步弄清楚城垣的堆积状况及走向、城址范围及面积、修筑及使用年代等问题，2015年3月中旬，我们对城址进行了再次调查，并于4月下旬有针对性地选择了城址所在台地东部一条水流冲沟和西部的两道田埂断面处清理了三个小的剖面。现将2015年调查情况简报如下。

一、地理位置与周边环境

  城址位于安陆市区西北部9千米处，隶属烟店镇双庙村四组（图一）。地处弯垱河北部二级台地之上。台地中心地理坐标为北纬31°17′56.43″，东经113°34′58.30″，海拔为72～75米。

  王古溜所在的安陆市，地处桐柏山、大洪山余脉丘陵与江汉平原北部结合地带，地势北高南低，北部为丘陵岗地，占总面积的90%，南部为河谷平原，主要河流有涢水，弯埒河即其一支流，自西向东于市区附近流汇其中。王古溜位于整个安陆的中心位置，属大洪山余脉的丘陵地区，四周冈峦起伏，而尤以西部海拔最高，多在200米以上。东部地势偏低，涢水及其附近的河谷地带的海拔多在40米左右。丘陵、平原、河湖三类地貌景观为此地区早期人类生产生活提供了丰富的生存资源。在以王古溜城址为中心大约10千米为半径的范围内，分布有余家岗、解放山、张家畈、花园、熊家嘴、八字坟、陈家墩等多处新石器时代遗址[3]。

王古溜城址处在一丘陵台地之上，南邻大李湾遗址，中间有一条东西向的自然冲沟隔断。台地北面为自然冲沟（现为水田），与东面低地（现为鱼塘）连为一体，构筑成了一道明显的深沟环壕（彩版四六）。西北

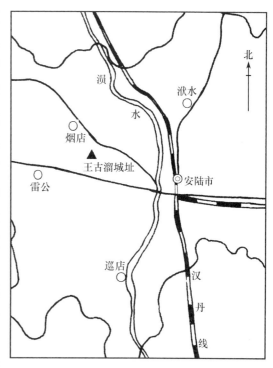

图一　城址地理位置示意图

现为水库（1958年修筑），水库利用了台地西北自然低洼地再加之筑坝拦河而成。西边有两条自然冲沟也因水库筑坝而与北边隔断，两条冲沟中间的一小块三角形台地原应与北部毛家湾相连。台地南部、西部地势稍缓（图二）。

据此地形，我们可以看出，城址的选址是在一个相对独立的岗地之上，基于四周低洼之地筑台而成。

二、城址状况与城垣堆积

据现场调查，现存的台地形状大致与城址分布的范围相当。城址的大致形状为圆角方形，近西南—东北向，不包括城壕，东西长约250、南北宽约200米，总面积约5万平方米（参见图二）。

（一）城垣

目前北部及东北、西北角城垣尚有明显的残迹。于城址内观察，北部偏高，尤其是西北角，现存一条明显的半弧形垄岗（城垣），高于台地中心2米以上（彩版四七，1）。东北角虽被夷为平地，也较中心高1.5米左右（彩版四七，2）。西南角现存两小段垄岗（城垣），较城址中心高1米左右（彩版四八，1）。南部现为低洼地（鱼塘），可能是城门所

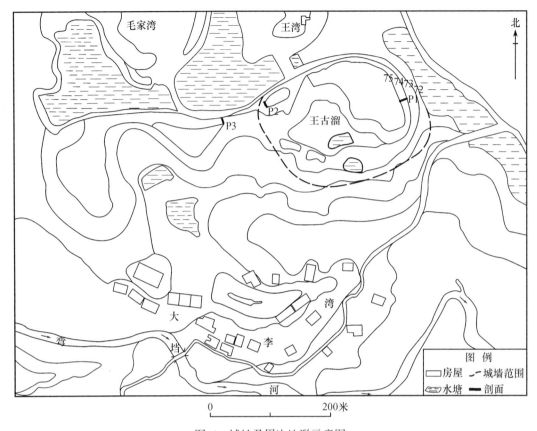

图二　城址及周边地形示意图

在（彩版四八，2）。城垣外侧，东部和北部边缘较陡直，高出外部城壕3米以上，而南部则高出外侧冲沟5米以上。

为进一步确认城垣的堆积状况及走向，我们选择了三处断面（编号为P1～P3）作为观察面。

P1：位于城址东部，现为一条近东西向的水流冲沟，长约680、高约200厘米。以沟南侧剖面为观察面，经清除沟内淤土及铲开断面上的覆土显示，可为四层（图三，上；彩版四九，1）：

第1层，褐色土，疏松，厚55～168厘米（因地势为斜坡，故此层表土堆积较厚），最厚处在断面的东部地势较低处。夹杂大量的植物根茎，包含有少量新石器时代陶片。

第2层，浅褐色，疏松，厚0～45厘米，夹少量红烧土颗粒，陶片较少。

第3层，黄褐土，较疏松，厚40厘米，夹杂极少量的红烧土颗粒及少量陶片，可辨器形有高领罐、瓮、碗、器盖等。

第4层，黄色黏土，夹杂有极少量的新石器时代陶片，可辨器形有高领罐、折沿小罐、碗等。

初步判定，P1处第4层为人工堆筑的城垣堆积，西高东低，呈斜坡状。

P2：位于城址西部，现为一水田西侧陡坎，长约670、高约200厘米。经清除断面上的覆土显示，可分七层（图三，下；彩版四九，2）：

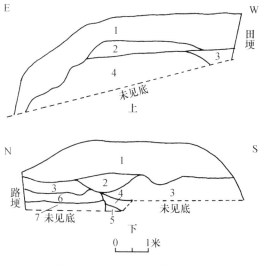

图三　剖面P1与P2层位关系图

上：1. 褐色土　2. 浅褐色土　3. 黄褐土　4. 黄色黏土
下：1. 褐色土　2. 红烧土　3. 灰褐黏土　4. 灰黄土
　　5. 浅黄黏土　6. 浅黄土　7. 黄色土

第1层，褐色土层，疏松，最中部最厚处达125厘米，越往两侧越薄。

第2层，红烧土层，疏松，此层由于剖面上第一层未清理干净，其具体分布不明，暴露部分最厚处达55厘米，除红烧土外，夹杂有少量新石器时代陶片，可辨器形有盆、大口罐等。

第3层，灰褐黏土，较板结，厚度在30～80厘米，靠东侧未见底。夹杂大量新石器时代陶片及少量红烧土颗粒，可辨器形有鼎、盆、碗等。

第4层，灰黄土，较为纯净，有少许的红烧土颗粒。

第5层，浅黄黏土，板结，无包含物。

第6层，浅黄土，板结，无包含物。

第7层，黄色土，板结，较纯净，包含有极其细碎的小陶片。

初步判定，P2处第6层与第7层为人工堆筑的城垣；第4层与第5层是否为护坡堆积，因断面暴露面积太小而无法断定。

P3：位于城址西部、水库堤坝南侧。现为一水田陡坎。经清除断面上的覆土显示，田埂表土之下即黄色加铁锰结核的生土。说明城垣并未向台地以西延伸。

（二）城壕

在北部和东部明显。北部最窄处为30米，最宽处达100米。东部大致以现有的水塘为边界，最宽度达65米。西部和南部所凭依的自然冲沟也较为宽大，往西窄至40米左右，南部在60～80米，总体而言，越是往东南地势低处，显得越宽（参见图二）。

三、遗存与年代分析

（一）遗物

　　P1与P2两断面处的所采集遗物以陶片居多，另有极少石器残片。陶片方面，以P1所在的冲沟淤土中清理的为例。泥质与夹砂基本各占一半，分别为48.8%与51.2%。夹砂陶以夹砂黑陶居多，约占陶片总数的29.45%；灰陶比例较小，约为10.85%；红陶再次，约为8.53%；黄陶仅为2.33%。泥质陶中，黑陶所占比例稍大，约占陶片总数的25.58%，灰陶为20.93%，另有极少的黄、红陶。纹饰以素面居多，约占58%；篮纹次之，约占34%；附加堆纹约占6.2%，另有少量的凸棱纹、镂孔（附表）。

　　所采集的陶片（包括文化层中获取，下同）中，可辨器形有鼎、盆、高领罐、瓮、碗、器盖、大口罐、厚胎缸、折沿小罐、豆、敞口杯、高柄杯等。

　　鼎　9件。仰折凹沿。按腹部形状，可分为三型。

　　A型　7件。鼓腹。P1采：7，夹砂灰陶，内壁有渗炭黑。宽仰折沿外缘下翻，斜方唇。沿与腹结合处有捏制粘接痕。口径32.8、残高8厘米（图四，1）。P2③：5，夹砂，外表及内胎皆灰。外斜方唇微内凹。颈部有捏制粘接痕。口径29.6、残高5.6厘米（图四，2）。P2采：3，夹砂，外黑内胎红。平方唇。口径20、残高6.2厘米（图四，5）。P2采：5，夹砂灰陶，外侧偏黑，内胎灰色。平方唇内侧尖凸。口径20、残高4.4厘米（图四，6）。P2③：3，夹砂灰陶，外表及内胎皆灰。平方唇。腹部饰近横向篮纹。口径20、残高4厘米（图四，7）。P1采：8，夹砂，外黑内胎灰。唇部残。腹部饰斜篮纹。口径16、残高8.8厘米（图四，10）。P1采：6，夹砂灰陶，内胎偏红，质硬。外斜方唇。有轮制痕。口径26.4、残高6.6厘米（图七，3）。

　　B型　1件（P1采：12）。直腹。夹砂，外表及内胎皆红。器形较小。仰折沿，平方唇，底近平，倒梯形宽扁足，足尖稍残。口径16、腹径12.8、高7.8厘米（图四，9）。

　　C型　1件（P1采：9）。斜腹向下收。夹砂，外黑内胎灰。仰折凹沿，平唇内凹。口径33.6、残高6厘米（图四，3）。

　　盆　4件。按口沿形状，可分二型。

　　A型　3件。平沿。可分二式。

　　Ⅰ式：1件（P1采：16）。平沿较宽。夹细砂黑陶，内胎偏红。敞口，小平折沿，圆唇，斜弧腹下收。口径28、残高7厘米（图四，12）。

　　Ⅱ式：2件。小平沿。P3采：1，夹砂，外表黑内胎红。微敛口，尖圆唇，上腹较直。口径17.6、残高3.8厘米（图四，8）。P2③：4，泥质，外黑内胎红。微敛口，斜弧腹。口径20、残高3.6厘米（图四，11）。

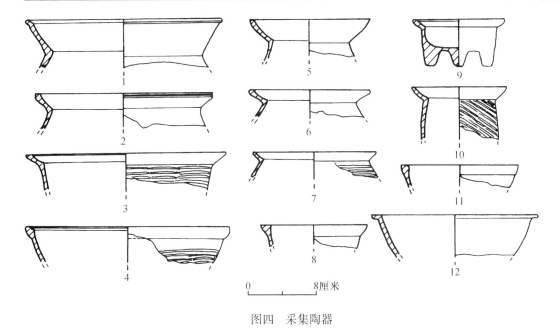

图四 采集陶器

1、2、5~7、10.A型鼎（P1采：7、P2③：5、P2采：3、P2采：5、P2③：3、P1采：8） 3.C型鼎（P1采：9）

4.B型盆（P2②：1） 8、11.A型Ⅱ式盆（P3采：1、P2③：4） 9.B型鼎（P1采：12） 12.A型Ⅰ式盆（P1采：16）

　　B型　1件（P2②：1）。无沿。夹砂灰黄陶。敞口，圆唇外贴，唇内侧有一道凹槽，腹弧下收。器表隐见横向篮纹。口径34.4、残高6厘米（图四，4）。

　　高领罐　6件。按口沿形状，可分二型。

　　A型　3件。盘口、圆唇。可分三式。

　　Ⅰ式：1件（P1④：3）。深盘口，颈部较直。泥质灰黄陶，胎较薄。圆唇，直领。轮制。口径13.6、残高5.2厘米（图五，3）。

　　Ⅱ式：1件（P1采：1）。盘口较深，颈上部微外敞。泥质灰陶。圆唇，高领。轮制。口径16、残高7.2厘米（图五，1）。

　　Ⅲ式：1件（P1③：2）。盘口较浅，颈部外敞明显。泥质灰陶，内胎偏黄。圆唇，肩部及下残。口径13.8、残高6.8厘米（图五，2）。

　　B型　1件（P2③：1）。斜直口。泥质灰陶，质地较硬。直领，口微侈，尖唇，肩较广平，领内外有轮刻痕。口径12、残高8厘米（图五，4）。

　　另有2件分别为颈部残片和底部残片。P1采：14，颈部残片，泥质，外表及内胎皆灰。口部残，直领微外斜，鼓肩。口径大于16、残高5厘米（图五，7）。P2采：1，底部残片，泥质磨光黑陶，内胎深灰。口、肩部残，下腹斜弧收，平底微内凹。底径7.6、残高3厘米（图五，8）。

　　瓮　4件。按颈部形状可分为二型。

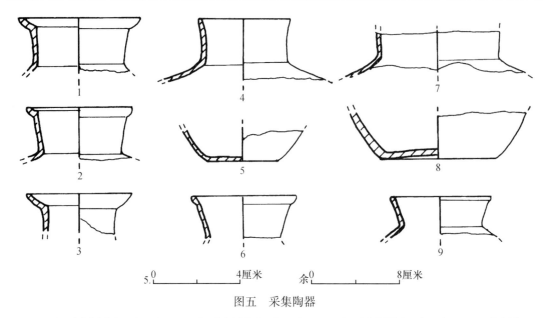

图五　采集陶器

1.A型Ⅱ式高领罐（P1采：1）　　2.A型Ⅲ式高领罐（P1③：2）　　3.A型Ⅰ式高领罐（P1④：3）　　4.B型高领罐
（P2③：1）　5.瓮底（P1采：10）　6、9.A型瓮（P1③：3、P1采：18）　7.高领罐颈（P1采：14）　8.高领罐底
（P2采：1）

　　A型　2件。高领。P1③：3，夹砂，外表黑内胎红。侈口，外斜领。口径13.6、残高5.4厘米（图五，6）。P1采：18，泥质黑陶，内胎灰色。敞口，圆唇。口径12.8、残高5.2厘米（图五，9）。

　　B型　1件（P1采：13）。仰折沿。泥质黄陶，内胎灰色。方唇微凹，鼓腹。口径36、残高8厘米（图七，5）。

　　另有1件（P1采：10）为瓮底部残片，夹砂，外黑内胎红。下腹弧，平底。口径9.6、残高4厘米（图五，5）。

　　碗　4件。其中2件为口沿，2件为碗底。P1④：1，泥质磨光黑陶，内胎深灰黑，质较硬。敞口，外卷沿，圆唇，斜弧腹较深。口径22.4、残高8.4厘米（图六，1）。P1采：2，泥质磨光黑陶，内胎深灰黑，质较硬。敞口，外卷沿，圆唇，斜弧腹较深，底残。口径21.8、残高8厘米（图六，2）。P2③：2，泥质磨光黑陶，内胎灰色。口部残，深弧腹，圜底，圈足微外撇。底

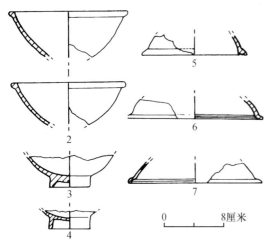

图六　采集陶器

1～4.碗（P1④：1、P1采：2、P2③：2、P1③：1）
5～7.器盖（P2采：4、P1③：4、P2采：2）

部有轮制痕。底径7.6、残高5.6厘米（图六，3）。P1③：1，泥质灰陶。口、腹部残，圜底，圈足外撇。轮制。底径8、残高3.2厘米（图六，4）。

器盖　3件。弧顶上部残，口部外撇。P2采：4，泥质，外灰黄内胎灰。圆唇。口部内侧有两道轮制痕。口径20、残高3.6厘米（图六，5）。P1③：4，夹砂黑陶，内胎红色。口径25.6、残高3.6厘米（图六，6）。P2采：2，泥质，外表及内胎皆灰。口部内侧有轮制痕。口径25.6、残高4厘米（图六，7）。

大口罐　3件。仰折沿，鼓腹。P1采：15，泥质黑陶，灰内胎。沿面外侧向下翻。口径32、残高4.8厘米（图七，1）。P2②：1，泥质灰陶，灰内胎。外斜圆方唇向内圆凸，沿内侧尖凸上翘。口径32、残高5.6厘米（图七，2）。P1采：17，泥质黑陶，灰内胎。沿面外侧向外翻卷，方唇。口径21.6、残高4厘米（图七，4）。

厚胎缸　2件。P1采：11，夹砂红陶。近底部残片，似为尖圜底。器表饰压印宽篮纹。胎厚4.2厘米（图七，10）。P1采：19，夹砂红陶，胎极厚。属底部残片，向下急收，外饰压印宽篮纹。胎厚5.2厘米（图七，11）。

折沿小罐　1件（P1④：2）。泥质，外表、内胎灰色。仰折凹沿，外直方唇，圆鼓腹。口径12.8、残高3.4厘米（图七，6）。

豆　1件（P1采：3）。泥质黑陶，盘部残，仅存圈底。粗柄，喇叭形底残。柄内有轮制痕。中部有三个等距镂孔。柄粗5.6、残高8厘米（图七，7）。

敞口杯　1件（P1采：5）。泥质黄陶，内胎灰色。口部残，上腹外侈，下腹向下直收，凹底。底径2.4、残高3厘米（图七，8）。

高柄杯　1件（P1采：4）。泥质红陶，内灰。仅存柄部，细柄中空。器表有轮制痕。柄粗4.6、残高7.2厘米（图七，9）。

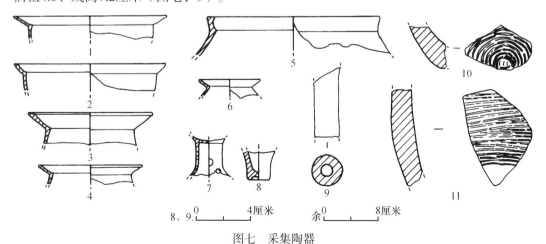

图七　采集陶器

1、2、4.大口罐（P1采：15、P2②：1、P1采：17）　3.A型鼎（P1采：6）　5.瓮（P1采：13）　6.折沿小罐（P1④：2）　7.豆（P1采：3）　8.敞口杯（P1采：5）　9.高柄杯柄（P1采：4）　10、11.厚胎缸片（P1采：11、P1采：19）

（二）年代分析

关于城墙的始筑年代及使用年代，可对比P1处城墙堆积土（第4层）及其叠压其上的文化层（第3层）作为参考依据。P1第4层出土有少量可辨器形的陶片，其中P1④：3高领罐、P1④：2折沿小罐分别与邓家湾遗址屈家岭文化晚期的AT409⑥：2高领罐、H88：9小罐[4]相似，P1④：1泥质磨光黑陶碗同样是屈家岭文化的典型器物。由此我们可以断定，城址的始筑年代不早于屈家岭文化晚期。而P1③：3侈口有领瓮与金鸡岭石家河文化时期的G24②：1有领罐[5]风格相似，P1③：3碗的圈足较为瘦高与肖家屋脊石家河文化时期的H450：10碗[6]形制相近。除此，浅腹的小盆型鼎（P1采：12）、器形瘦长而腹腔较小的敞口杯（P1采：5）、腹外表满饰篮纹的鼎（P1采：8）和缸（P1采：11、P1采：19）、粗柄带极少镂孔的豆（P1采：3）等与邓家湾、肖家屋脊等遗址所出的同类器相似，时间相当于肖家屋脊报告中所划分的"石家河文化早期早段"[7]。

由此，我们判断城址修筑年代上限或可早至屈家岭文化晚期。至于城址的使用年代，主要为石家河文化早期阶段，此次所采集的陶器标本集中于这个阶段可证。这个年代范围也正是屈家岭—石家河文化发展的一个鼎盛时期。王古溜采集的陶片烧造的火候都较高，陶质较好、器形极其规整可作参考。又从以往的周边遗址点调查、发掘情况[8]来看，大部分遗址的年代也在这个年代范围之内，可作旁证。

四、结　　语

通过此次调查，我们对王古溜城址的大致范围、城垣（及环壕）基本轮廓、修筑及使用年代有了一个初步的了解。值得注意的是关于城垣的走向问题，因为这关系到对整个城址的结构及其功能、性质的判定。我们认为，王古溜作为一个独立的台地，其与西边岗地连通与现代水库筑坝相关。台地南部与大李湾之间的自然大冲沟，既无筑城的可能，更无筑城的必要。城址修筑于台地之上，既利用了南部、西部有利的自然地势，也便于人工挖掘北部环壕。城址修筑与使用的年代为屈家岭文化晚期和石家河文化早期。

限于此次调查的工作范围，仍有诸多问题需要在以后的工作中去解决，在此简述如下：①此次工作仅限于调查，未对城址做相关的勘探、试掘工作，且剖面观察仅截取了城垣的一小部分，这远不足以了解城垣堆积状况的全貌，而南部城垣由于无合适的剖面可作观察，我们对其走向、堆积状况更是知之甚少，目前的也只是根据地面的垄岗作大致猜测。另外，城内的堆积状况、城外周边的遗址分布及城址与周边遗址的关系等问题都面临着基础工作不足的问题。②就此次所做的工作而言，P2处城垣堆积的内侧壁面较陡直，可能存在版夹夯筑的可能。城墙内侧疑似存在两层护坡堆积（第4、5层）也因未向下试掘而难以确认，可作为今后工作的一个重点。③从此次采集的陶片来看，以鼎、盆、高领罐等生活用具类居多，敞口杯、高柄杯少见，壶形器一类不见，生产工具如石器、纺轮类也基本不见。这与采集区域、地面暴露状况有关，还是城址本身存在功能分区，也是值得今后关注之处。④较之于江汉平原腹心地区的城址而言，王古溜城址是具有很多特殊之处的。就地理环境而言，位置偏北，处于丘陵台地之上，平均海拔高出其他城址30多米；规模而言，属于面积最小一类；形制而言，更为规整。这些差异性的原因何在，与文明进程有何关联，其地位和作用如何，等等，都应予以关注。

附记：由于地图资料不全，文中插图二"城址及周边地形示意图"是根据航拍照片于现场自行草绘，仅作参考。此次调查人员有湖北省文物考古研究所向其芳、余乐、余成龙，孝感市博物馆刘志升，安陆市博物馆刘明德。照片由余乐、向其芳拍摄，线图由刘明德、王仁浩绘描。调查工作得到了孝感市博物馆、安陆市博物馆的大力支持。在此，一并致谢！

执笔：向其芳　余成龙

注　释

［1］　孝感地区博物馆：《湖北孝感地区新石器时代遗址调查试掘》，《考古》1990年第11期。

［2］　蒋俊春、李翠萍：《安陆市王古溜新石器时代城址》，《中国考古学年鉴（2007年）》，文物出版社，2008年。

［3］　国家文物局主编：《中国文物地图集·湖北分册》，西安地图出版社，2002年。

［4］　石家河考古队：《邓家湾》，文物出版社，2003年。

［5］　湖北省文物考古研究所等：《随州金鸡岭》，科学出版社，2011年。

［6］　石家河考古队：《肖家屋脊》，文物出版社，1999年。

［7］　石家河考古队：《肖家屋脊》，文物出版社，1999年。

［8］　可参考文献：孝感地区博物馆：《湖北孝感地区新石器时代遗址调查试掘》，《考古》1990年第11期；孝感市博物馆：《湖北安陆市新石器时代遗址调查》，《江汉考古》1993年第4期；湖北省文物考古研究所等：《湖北省安陆市余家岗遗址发掘简报》，《湖北考古报告集》，《江汉考古》编辑部，2008年。

附表　P1处采集陶片统计表

陶质、陶色	泥质				夹砂				总数
	灰	黑	红	黄	灰	黑	红	黄	
数量	27	33	1	2	14	38	11	3	129
比例（%）	20.93	25.58	0.78	1.55	10.85	29.45	8.53	2.33	100

纹饰		灰	黑	红	黄	灰	黑	红	黄	总数
纹饰	素面	14	24	1	2	11	20	2	1	75
	篮纹	12	8			3	11	8	2	44
	附加堆纹	1					7			8
	镂空		1							1
	篮纹+凸棱							1		1

器形		灰	黑	红	黄	灰	黑	红	黄	总数
器形	敞口杯			1	1					2
	缸						1			1
	大口罐					1	2			3
	鼎口沿					2	3			5
	豆柄		2	1						3
	高领罐底		1							1
	高领罐口沿	6						7		13
	厚胎缸片							2		2
	盆口沿		2			1	1			4
	器盖	2								2
	碗底	1								1
	碗口沿		4							4
	瓮肩部						1			1
	折沿小罐		1							1

武汉市黄陂区张西湾新石器时代城址
发掘简报

湖北省文物考古研究所

武汉市黄陂区文物管理所

张西湾遗址位于武汉市黄陂区祁家湾镇建安村，东南距黄陂城区8千米，南距武汉市区约45千米。黄陂至孝感的公路从遗址东北500米处经过，石家庄至武汉的高速铁路从遗址东北角穿过并造成局部破坏（图一）。遗址区海拔在40米左右，中心地理坐标为北纬30°54′48.65″、东经114°17′16.53″。遗址区地属江汉平原东北部，为略有起伏的低岗波状平原。遗址位于一个东西向台地上，西部地势较高，有一人工开挖的近现代大水塘，称为竹皮塘，是当地的主要灌溉水源；东部和南部地势低平，现为大片水稻田。遗址范围内分布有密集的现代民居，东部为张东湾，西部为张西湾。

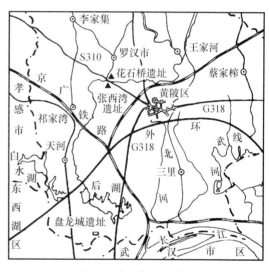

图一　遗址位置示意图

该遗址是2008年6月为配合石武高速铁路建设进行文物保护专项调查时发现的。2008年9~11月，为配合铁路建设工程，我们对该遗址进行了抢救性发掘。首先对遗址所在台地以20米为间距进行详细勘探，基本弄清楚了遗址的分布范围、文化层厚度与堆积特点。通过对周边1~2千米的范围进行详细调查，对该遗址周围的地形、地貌、土壤、水系等环境特征也有了初步认识。发掘区在遗址北部的东西向台地上，布5米×5米的探方13个（按象限法布方，以下探方号前省略了代表方位的字母"ES"）。另外，为了解城墙的宽度、厚度以及堆积特征，对地面迹象最明显的北城垣进行了解剖，开25米×4米的探沟1条（TG1）。共计发掘面积425平方米（图二）。通过勘探、调查和发掘，初步认定张西湾遗址是一处非常重要的新石器时代晚期城址聚落。现将本次发掘的主要收获简报如下。

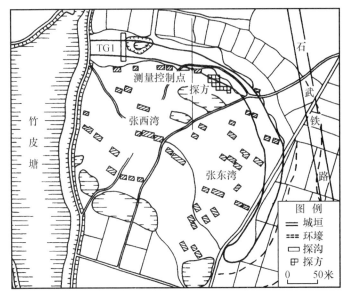

图二　城址平面及探方位置图

一、地 层 堆 积

遗址区的文化堆积保存较差,多数地方文化层完全被破坏,仅城内北部和东部靠近城垣处保存较好。

(一)北城垣解剖沟(TG1)的地层堆积

TG1的地层堆积大致分为9层,第8层下、第9层上为城垣堆积,下面以探沟西壁剖面为例加以介绍(图三)。

第1层:耕土层。灰黄色黏土,包含有较多现代杂物,厚0.1~0.5米。该层下北部有一个现代扰坑和扰沟。

第2层:近现代扰乱层,又可分为两小层。2A层分布于北部扰沟下,由南向北倾斜堆积,深0.8~0.9、最厚处为0.6米;为灰黄色黏土,土质疏松而纯净,无包含物。2B层分布于

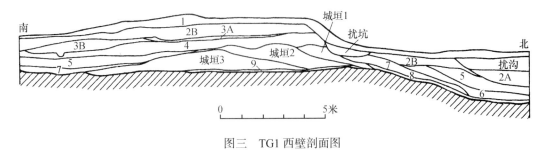

图三　TG1 西壁剖面图

1.灰黄色黏土　2A.灰黄色黏土　2B.褐色黏土　3A.灰黑色黏土　3B.黄灰色黏土　4.灰褐色黏土　5.灰黑色黏土
6.灰黄色黏土　7.黄褐色黏土　8.灰黄色黏土　9.灰黑色灰烬

整个探沟内，深0.1~0.2、最厚处约0.65米；为褐色黏土，土质疏松，夹杂红烧土颗粒和大量黄土块。第2层的包含物有砖瓦、瓷片、汉代陶片以及新石器时代陶片。

第3层：又可分为两小层。3A层分布于探沟中部偏南，深约0.95、最厚处约0.1米；为灰黑色黏土，土质疏松，夹杂大量草木灰。出土较多陶片，主要器形包括折沿罐、高领罐、盆、缸、瓮、擂钵、斜腹杯、鬶足、器盖、鼎足等，石器有斧、镞等。3B层分布于探沟南部，由北向南倾斜堆积，深0.8~0.95、最厚处约0.65米；为黄灰色黏土，土质较纯净，夹杂较多铁锰结核颗粒。出土陶片略少于3A层，主要器形包括高领罐、盆、缸、擂钵、圈足盘、钵、圈足杯、鼎足、器盖等。

第4层：分布于探沟中部和南部，深0.8~1、最厚处约0.65米。灰褐色黏土，土质致密，夹杂大量红烧土块和炭屑。此层出土较多陶片，主要器形包括鼎、折沿罐、盆、甑、钵、豆、壶、圈足盘、斜腹杯、高柄杯、器盖、器座、纺轮等。

第5层：分布于探沟南、北两端，中部缺失，深1~1.55、最厚处约0.65米。灰黑色黏土，南部土质较板结，含草木灰较多。此层出土大量陶片，主要器形包括鼎、折沿罐、高领罐、盆、缸、瓮、豆、圈足盘、钵、碗、鬶、器盖、器座、纺轮等，另发现1件石斧。

第6层：仅分布于探沟北部，由南向北倾斜堆积，深0.6~2、最厚处约0.5米。灰黄色黏土，土质略疏松，夹杂零星的草木灰和红烧土颗粒。此层出土少量陶片，器形包括折沿罐、盆、碗、器盖、斜腹杯、鼎足、甑底等。

第7层：分布于探沟南、北两端，中部缺失，北部由南向北倾斜堆积，深0.4~2.1、最厚处约0.45米。黄褐色黏土，土质较纯净，北部夹杂少量草木灰，南部含较多铁锰结核斑。此层出土陶片较少，主要器形包括折沿罐、盆、豆、碗、斜腹杯、器盖等。

第8层：分布于探沟北部，较薄，由南向北倾斜堆积，深0.8~2.2、最厚处约0.15米。灰黄色黏土，北段含大量铁锈斑，南段夹杂较多草木灰。此层出土较多陶片，主要器形包括折沿罐、豆、器盖、碗、斜腹杯、高柄杯、鼎足等。本层下发现了城垣堆积，可分为三层，按由上至下的叠压顺序依次为城垣1~3。

第9层：分布于探沟中部，呈水平状堆积，深2.5~2.6、最厚处约0.1米；为灰黑色灰烬，土质疏松细腻。上述第3~9层均属新石器时代文化层，第9层之下为生土。

（二）北部探方的地层堆积

遗址北部发掘区探方的地层堆积共分8层，下面以T0706、T0705、T0704西壁剖面为例加以介绍（图四）。

第1层：耕土层。灰色黏土，结构紧密，土质坚硬，包含有少量红烧土颗粒、植物根茎、砖块、瓦片、瓷片及陶片等，厚0.05~0.15米。T0704在该层下叠压着G1。

第2层：在各探方均有分布，深0.05~0.15、厚0.15~0.3米。灰褐色土，结构紧密，土

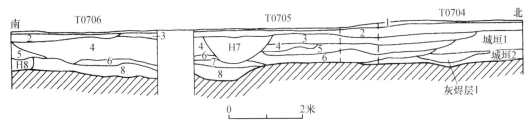

图四　T0706、T0705、T0704西壁剖面图

1. 灰色黏土　2. 灰褐色土　3. 灰黑色土　4. 红褐色土　5. 灰黄色土　6. 黄褐色土　7. 黄色黏土　8. 灰色黏土

质板结坚硬，夹杂有红烧土颗粒和草木灰。此层出土夹砂或泥质红、灰、黑、褐陶片，以灰陶居多；多为素面，有少量绳纹、篮纹、附加堆纹、按窝、凹弦纹、网格纹；主要器形包括折沿罐、盆、豆、瓮、擂钵、鼎、器盖等。T0705在该层下叠压着H7。

　　第3层：灰黑色土，土质疏松，夹杂红烧土颗粒和草木灰，深0.3～0.38、最厚处为0.2米。此层出土少量碎陶片，有夹砂或泥质红、灰、黑、褐陶，纹饰有少量篮纹、绳纹、附加堆纹、镂孔、按窝，主要器形包括罐、瓮、高柄杯、鼎足等。

　　第4层：分布于T0704、T0705，深0.2～0.4、最厚处为0.25米。红褐色土，土质板结坚硬，夹杂较多红烧土颗粒和少量草木灰。此层出土少量碎陶片，难辨器形。

　　第5层：灰黄色土，土质松散，夹杂红烧土颗粒和草木灰，深0.4～0.6、最厚处为0.25米。此层出土少量夹砂或泥质红、灰黑、褐陶及泥质磨光黑陶片，纹饰有少量篮纹、附加堆纹、凹弦纹，主要器形包括罐、豆、杯、鼎足等。T0706在该层下叠压着H8。

　　第6层：分布于探方西南部，深0.4～0.84、最厚处为0.3米。黄褐色土，土质较板结，夹杂红烧土颗粒和零星草木灰。此层出土少量碎陶片，有夹砂红、灰、黑陶及泥质灰陶，个别为夹炭红陶；纹饰有少量篮纹、弦纹；可辨器形包括罐、盆、鼎足等。T0703、T0704在该层下叠压着H4、H5、H12、城垣1、城垣2及灰烬层1（彩版五一，1）。

　　第7层：仅分布于T0705西南部，深0.8～0.9、最厚处为0.35米。黄色黏土，土质较板结。此层出土少量陶片，多为夹砂或磨光黑陶，另有少量夹砂红陶和泥质灰陶；可辨器形包括折沿罐、鼎足等。

　　第8层：分布于T0705南部和T0706全方，在T0705局部还夹有很薄的灰烬层，深0.8～1.25、最厚处为0.5米。灰色黏土，土质略松软。此层出土较多陶片，以磨光黑陶和黑衣陶数量偏多，还有少量夹砂红陶及泥质橙黄陶；可辨器形包括甑、鼎足、盆等。上述第2～8层均属新石器时代文化层，第8层之下为生土。

二、遗　　迹

（一）城垣与环壕

张西湾城址地面现存有北部和东部城垣，北部壕沟也保存较好。东部壕沟在地表不见痕迹，经勘探可以确认。从北部、东部城垣以及壕沟走向看，城址平面为圆形。南部地势低平，地面上未发现城垣痕迹，经勘探也未发现城垣堆积。西部则完全被水塘破坏。城址现存南北长295、东西宽335米，面积约98000平方米。从地面形态看，北城垣高出外侧低地约2～3米。东城垣高于北城垣，以东南角保存最高，高出地面约4.5米。

通过TG1对北城垣进行了解剖，此处的城垣堆积包括由上至下依次叠压的3层（参见图三；彩版五一，2）。

城垣1：仅分布在探沟中部偏北，较薄，由南向北倾斜堆积，深1.2、最厚处约0.7米。浅黄色黏土，土质较纯净，夹杂零星草木灰及红烧土颗粒。此层出土少量陶片，可辨器形包括折沿罐、盆、鼎足、鬶足等。

城垣2：分布在探沟中部，中间厚，两端薄，深1.1～1.5、最厚处约0.95米。褐色黏土，土质致密，夹杂较多浅黄色土块，局部有零星红烧土颗粒。此层出土少量陶片，可辨器形包括圈足盘、盆、高领罐、豆、鼎足等。

城垣3：位于探沟中部及南部，中间厚，两端薄，深1.8～2.5、最厚处约1.05米。褐色黏土，土质致密，夹杂大量黄褐色土块。此层出土遗物极少，仅有零星碎陶片，难辨器形。

城垣3是城垣堆积的主体，土质板结致密，但未发现夯打痕迹，推测为堆筑。城垣1和城垣2的土质、土色与城垣3明显不同，位于城垣3的两侧，另外在T0703、T0704内也有发现，推测是在后期使用过程中对城垣进行加宽、加高而形成。从TG1揭露的情况看，城垣基底现存宽24、现存高度约1.5米。

壕沟围绕北城垣和东城垣呈环状分布，北部和东北环壕的地面迹象较明显，至今仍可见到弧形洼地。西段壕沟可能已被水塘完全破坏，南段壕沟至今仍为沼泽地，情况不明。我们在TG1北面按5米的间距对北段壕沟进行了勘探，可得出壕沟的大致剖面图（图五）。壕沟内的灰黑色淤泥可分为3层，堆积范围宽约25米、最深处现距地表3.2米。现存的北部洼地大约宽40米，比淤泥堆积范围要宽，考虑到后期对沟边的破坏，估计壕沟的实际宽度可能在25～35米。在城垣基底与壕沟内侧沟边之间有一宽台阶，宽约25米。另外，勘探时发现东段壕沟的中部向东延伸，宽约40米，淤泥堆积深度超过3米，部分深达3.5米，可能还存在外壕。

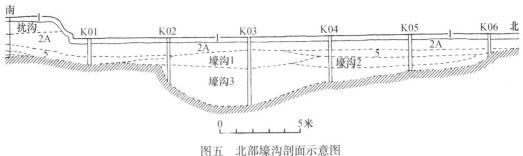

图五　北部壕沟剖面示意图

1.灰色黏土　2A.灰黄色黏土　5.灰黄色土

（二）其他遗迹

包括灰坑、灰沟、房址、灰烬层等，均发现于遗址北部的探方发掘区（图六）。

1. 灰坑

12座，编号为H1～H12。其中，H2、H3、H6开口于城垣下，坑内多填黄色土；其余

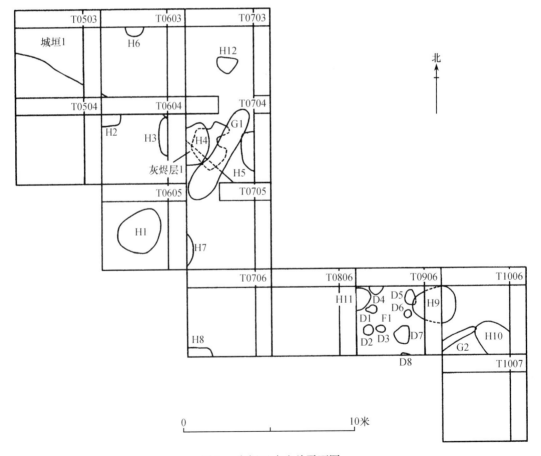

图六　发掘区遗迹总平面图

灰坑均位于城垣以上，坑内多填灰色黏土。形状多不规整，一般为弧壁，圜底，无明显加工痕迹。除H1、H10出土陶片较多，其他灰坑遗物均极少。

H1　开口于T0605第4层下，距地表深0.25米，打破第5、6层。平面呈不规则椭圆形，坑壁缓斜，坑底略有起伏，长2.8、宽2.2、深0.54米（图七；彩版五二，1）。坑内填灰褐色黏土，土质板结，夹杂红烧土颗粒及较多草木灰。出土较多陶片，以泥质灰陶及夹砂红陶为主；大多数为素面，有部分绳纹、弦纹、附加堆纹；主要器形包括高领罐、盆、瓮、钵、豆、圈足盘等。石器则有铲1件、镞3件。

H10　位于T1006东南角，部分延伸至探方外未发掘，开口于第2层下，打破第3层。已发掘部分平面近椭圆形，坑壁较陡直，底部略有起伏，长2.6、宽1.8、深0.7米（图八）。坑内填灰色黏土，底部有一薄层灰烬，较松散，夹杂草木灰。出土陶片数量较多，以泥质灰陶及磨光黑陶为主，另有少量泥质红陶；纹饰有弦纹、附加堆纹、绳纹、刻划纹、按窝等；主要器形包括折沿罐、鼎足、圈足盘、钵、足、瓮、缸、擂钵、圈足杯等。

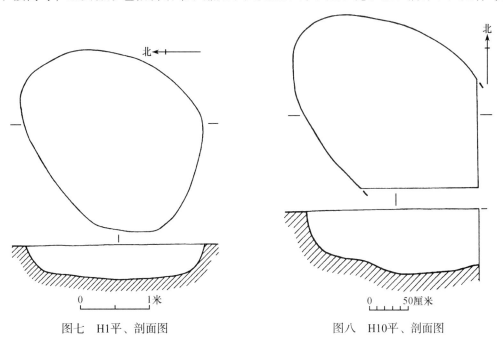

图七　H1平、剖面图　　　　　图八　H10平、剖面图

H11　位于T0906西部，部分被隔梁所压未发掘，开口于第2层下，打破第3、5、6层。已发掘部分平面近半圆形，斜壁，底部略有起伏，长1.3、宽0.9、深0.6米（图九）。坑内填灰色黏土，土质疏松，夹杂草木灰、红烧土颗粒。出土少量陶片，包括夹砂红、灰、黑陶，泥质红、灰陶等；多为素面，有少量篮纹；可辨器形包括折沿罐、盆、瓮、豆、鼎足、足、纺轮、擂钵等。

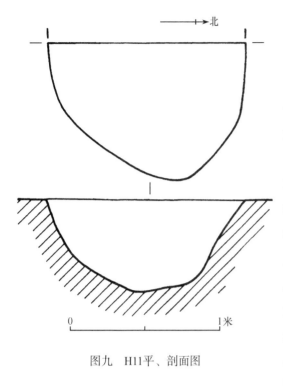

图九　H11平、剖面图

2.灰沟

仅发现2条，编号为G1、G2。

G1　位于T0704及T0705北隔梁，开口于第1层下，距地表深0.1～0.15米，打破第2、3、5层和城垣1。平面呈东北—西南走向的长条形，北窄南宽，斜壁较陡，底部呈坡状，东北高，西南低，长6、宽1.1～1.5、深0.68米（图一〇；彩版五二，3）。沟内填灰褐色黏土，土质较松散，夹杂草木灰、红烧土颗粒，局部有较多灰烬。出土大量陶片，多为夹砂或泥质红、灰陶，有少量夹砂黑、黄、褐陶；纹饰以篮纹、绳纹为主，另有少量附加堆纹、弦纹、按窝；可辨器形包括鼎、折沿罐、高领罐、盆、豆、瓮、器盖、圈足盘、斜腹杯、圈足杯、纺轮等，部分陶器可复原。出土的石器有斧、镞等。

G2　位于T1006西部，西段延伸至探方外未发掘，开口于第4层下，距地表深0.8米，打破第5层。平面呈近东西走向的长条形，近直壁，长2.2、宽0.5、深0.45米（图一一）。沟内填灰黑色黏土，土质较松软，夹杂草木灰及红烧土颗粒，但红烧土颗粒主要分布在西部。出土少量陶片，以磨光黑陶为主，另有少量夹砂红陶和红胎黑衣陶；绝大多数为素面，纹饰有篮纹、凸弦纹、戳印纹、刻划纹；主要器形包括圈足盘、钵、鼎足、杯等，其中圈足盘和钵可复原。

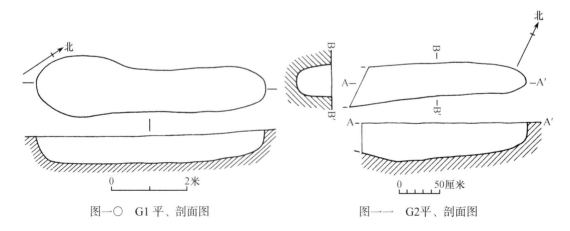

图一〇　G1平、剖面图　　　　　图一一　G2平、剖面图

3. 房址

仅发现1座（F1）。位于T0906中部，开口于第6层下，距地表深1.5～1.6米，打破第7层。共发现8个柱洞，分布较有规律，由北向南可分成四排，第1、2排各有2个柱洞，第3排有3个柱洞，第4排仅见1个柱洞。柱洞的大小及形状不一，其内多填灰褐色土，质地疏松，夹杂少量红烧土颗粒和草木灰；皆未见柱础，出土少量碎陶片。D1平面近似葫芦形，底部平坦，长0.62、宽0.48、深0.44米。D2平面近圆形，斜壁，平底，口径0.6、深0.37米。D3平面近椭圆形，壁陡直，平底，长0.54、宽0.4、深0.5米。D4部分延伸至北隔梁下，平面近圆形，斜壁，底部平坦，长0.8、宽0.5、深0.5米。D5平面近半圆形，斜壁，底部平坦，长0.9、宽0.46、深0.46米。D6平面呈圆形，斜壁，平底，长0.46、宽0.4、深0.3米。D7平面近似扇形，斜壁，长1.08、深0.56米。D8大部分在房基外。根据柱洞的排列位置判断，此房址的平面形状可能为长方形，方向不明。居住面上偏南部发现一片灰烬堆积，大致呈椭圆形（图一二；彩版五二，2）。房址内出土较多陶片，以夹砂或泥质黑陶居多，另有少量夹砂灰陶和泥质红、灰陶；可辨器形包括折沿罐、斜腹杯、豆、盘、盆、器盖、纺轮、鼎足、陶球等。此外，还发现少量兽骨。

4. 灰烬层

仅发现1处（灰烬层1）。位于T0704，叠压在城垣1下，打破城垣2。灰黑色土，质地疏松，夹杂较多草木灰和少量红烧土颗粒；分布范围近似半圆形，仅探方西壁边缘处堆积略厚，长2.25、宽1.4、厚0.25米（图一三）。出土少量陶片，以夹砂陶居多，少量为泥质陶，陶色分红、灰、黑、褐四种；可辨器形包括罐、盆、豆、鼎足等。

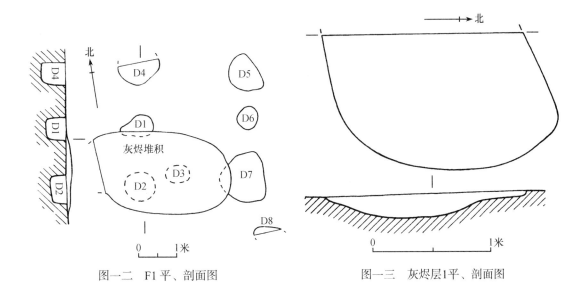

图一二　F1平、剖面图　　　　图一三　灰烬层1平、剖面图

三、出土遗物

本次发掘出土的遗物较多，可分石器和陶器两类。下面主要选择器形较为清楚的典型标本加以统计和介绍。

（一）石器

共18件。器形包括斧、锛、铲、镞等。

斧 4件。据顶面特征，可分二型。

A型 2件。顶面圆弧。TG1③A：5，青灰色粉砂岩，通体琢磨，顶部有疤痕。梯形，一面较平，一面微隆起，转角圆弧。长10、刃宽5.9、厚2.4厘米（图一四，1）。TG1⑤：2，褐色细砂岩，通体磨制。梯形，两面微隆起，双面弧刃，转角圆弧。长8、刃宽5.6、厚2厘米（图一四，5）。

B型 2件。顶面较平。T1007③：1，青灰色粉砂岩，通体磨制。梯形，棱角分明，双面斜刃，刃部转折明显。长12.6、刃宽6.2、厚3.6厘米（图一四，2）。G1：3，灰白色砂岩，通体磨制，两面、侧边及顶部均磨平，器身疤痕较多。长方形，棱角分明。长7.6、刃宽6、厚1.8厘米（图一四，15）。

锛 5件。T0806⑥：4，青灰色砂岩，通体琢磨，但未磨光。长方形，各面均较平，棱角分明，单面刃微弧。长5.2、刃宽2.4、厚1.1厘米（图一四，10）。T0806⑥：1，灰白色变质泥岩，通体磨光。顶部残，长方形，棱角分明，单面弧刃。长8.6、刃宽4、厚2.6厘米（图一四，12）。T0806⑥：2，灰白色粉砂岩，通体磨光。长方形，斜顶，一侧有破损，单面弧刃。长6、刃宽4.2、厚2.6厘米（图一四，18）。T1007④：2，青灰色沉积岩，通体琢磨，但大部未磨平。长方形，器形规整，单面直刃的一侧残。长6.8、刃宽4.4、厚1.8厘米（图一四，16）。T1007③：2，用石铲改制而成。黑色变质泥岩，通体磨光。梯形，一侧有一个半圆形孔，双弧面刃。长3.4、刃宽3、厚0.5厘米（图一四，17）。

铲 1件（H1：63）。青灰色粉砂岩，通体磨光。近长方形，器体扁薄，顶部及一侧残，单面弧刃。残长8、残宽7.6、厚1.2厘米（图一四，6）。

镞 8件。据镞身特征，可分三型。

A型 4件。镞身呈柳叶形。H1：1，青灰色泥质岩，通体磨制。镞身一面中部起脊，一面平，铤略残。残长5.4、宽0.9、厚0.3厘米（图一四，3）。T0705⑤：2，青灰色泥质岩，通体磨光。镞身横截面呈菱形，两面起脊，尖及侧刃锋利；铤与镞身分界明显，横截面呈椭圆形，尾端略残。残长5.8、宽1.2、厚0.4厘米（图一四，14）。G1：54，黑色泥质岩。镞身横截面呈菱形，两面起脊，刃尖略残。残长6.8、宽1.2、厚0.2厘米（图一四，

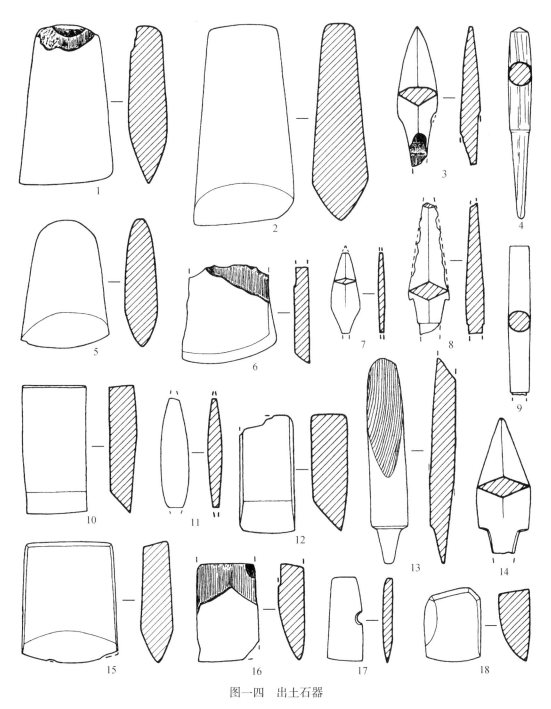

图一四　出土石器

1、5. A 型斧（TG1③A：5、TG1⑤：2）　2、15. B 型斧（T1007③：1、G1：3）　3、7、8、14. A 型镞
（H1：1、G1：54、TG1③A：6、T0705⑤：2）　4、9、13. B 型镞（T0705④：1、T0604③：1、H1：5）
6. 铲（H1：63）　10、12、16~18. 锛（T0806⑥：4、T0806⑥：1、T1007④：2、T1007③：2、T0806⑥：2）
11. C 型镞（G1：55）

7）。TG1③A：6，灰白色泥质粉砂岩。镞身横截面呈菱形，侧刃加工成锯齿状；铤分段明显，前段横截面呈菱形，尾端呈圆柱状。残长5.7、宽0.8、厚0.45厘米（图一四，8）。

B型　3件。镞身呈圆柱状。T0705④：1，青灰色泥质岩，通体磨制。镞身尚未加工完成，圆柱形铤。长8.2、直径1厘米（图一四，4）。T0604③：1，灰白色粉砂岩，通体磨光。镞身横截面呈圆形，铤端残。长6.4、直径1厘米（图一四，9）。H1：5，青灰色粉砂岩。镞身大致呈圆柱状，一侧从中部至顶端斜截。残长8.8、直径1.8厘米（图一四，13）。

C型　1件（G1：55）。灰色泥质岩。镞身呈细长条形，器体扁薄，刃尖略残。残长9.4、宽1.2、厚0.3厘米（图一四，11）。

（二）陶器

数量很多，器形丰富，包括鼎、罐、壶、盆、擂钵、缸、瓮、钵、碗、豆、圈足盘、杯、鬶、器盖、器座、纺轮等。

鼎　数量很少。据整体器形，可分二型。另还发现较多鼎足。

A型　2件。盆形。TG1⑤：4，夹砂褐黄陶。宽平沿，方唇，沿面略凹，直口，直腹，腹与底转折明显，圜底，方形足。足面有两道竖棱，足顶端附加一道辫索状泥条。口径24、腹径20.4、残高9.6厘米（图一五，1）。TG1④：34，夹粗砂黑皮灰陶。宽仰折沿，方唇，敛口，直腹，圜底。素面。口径19.3、残高8.4厘米（图一五，3）。

B型　1件（G1：1）。罐形。夹粗砂黑陶。平沿，方唇，敛口，垂鼓腹，圜底，侧装足。上腹饰凹弦纹，足面饰按窝。口径13.6、腹径14.4、高10.6厘米（图一五，2；图版二八，1）。

鼎足　28件。城垣2：21，夹砂红陶。鸭嘴形足。残高10厘米（图一五，4）。TG1⑤：20，夹砂红陶。侧装三角形足，一侧有四道刻划纹。残高13.6厘米（图一五，17）。T0906③：39，夹砂红陶。倒梯形扁足。足面有四道竖棱，棱上及足面边缘附加辫索状泥条，凹槽内有四个圆形戳印纹。宽4.5、残高3.2厘米（图一五，5）。T1007④：47，夹细砂褐红陶。长方形扁足，足面刻划三道凹槽。残高9厘米（图一五，8）。T1006⑧：6，夹粗砂橙黄陶。倒梯形凹面足，边缘卷起。残高3.2厘米（图一五，9）。T0906②：73，夹细砂橙黄陶。小锥形足。残高3厘米（图一五，18）。T0705⑤：14，夹砂红陶。倒梯形扁足，足面饰叶脉纹。残高6.2厘米（图一五，14）。T0906②：66，夹粗砂红陶。倒梯形足，较薄。残高3.3厘米（图一五，19）。

折沿罐　42件。均为口沿残片，可分四型。

A型　34件。宽仰折沿，腹部较鼓。据颈部特征，可分三式。

Ⅰ式：11件。颈部夹角较大。F1：19，夹粗砂褐红陶。双唇，敛口，鼓腹下部

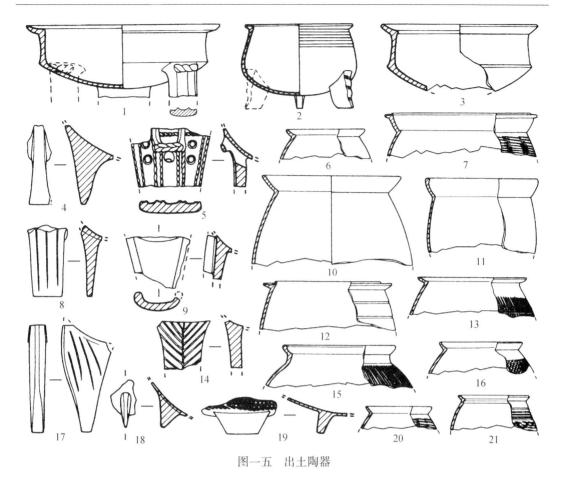

图一五　出土陶器

1、3. A型鼎（TG1⑤：4、TG1④：34）　2. B型鼎（G1：1）　4、5、8、9、14、17～19. 鼎足（城垣2：21、
T0906③：39、T1007④：47、T1006⑧：6、T0705⑤：14、TG1⑤：20、T0906②：73、T0906②：66）　6、15. C型
折沿罐（H10：6、T0504④：5）　7、10、20. A型Ⅰ式折沿罐（F1：19、T0806⑧：12、城垣1：7）　11. B型折沿罐
（T0806⑦：19）　12. D型折沿罐（G1：64）　13. A型Ⅲ式折沿罐（G1：47）　16、21. A型Ⅱ式折沿罐
（TG1④：74、TG1⑤：32）

残。腹饰横篮纹。口径28.9、残高8.8厘米（图一五，7）。T0806⑧：12，夹砂黑陶。
深鼓腹。素面。口径14、腹径16.4、残高8.8厘米（图一五，10）。城垣1：7，夹砂
黑陶。沿外有突棱，尖唇。沿面饰多道弦纹，腹饰横篮纹。口径13.8、残高4.8厘米
（图一五，20）。

　　Ⅱ式：8件。颈部夹角变小。TG1④：74，夹细砂红陶。尖唇，沿面略凹，鼓腹。腹
饰方格纹。口径17.6、残高6.4厘米（图一五，16）。TG1⑤：32，夹细砂红陶。仰折沿
略厚，方唇，溜肩，鼓腹。肩部饰三周弦纹，腹饰篮纹。口径15.2、残高7.2厘米（图
一五，21）。

　　Ⅲ式：15件。颈部折成锐角。G1：47，夹砂橙黄陶，胎较薄。尖唇，沿内转折处有突棱，
溜肩，鼓腹。腹饰宽篮纹，中部有三道凹弦纹。口径23.2、残高7.6厘米（图一五，13）。

B型　1件（T0806⑦：19）。宽竖折沿。夹粗砂褐红陶。尖唇内敛，束颈，深鼓腹。素面。口径24、腹径22.7、残高14.8厘米（图一五，11）。

C型　6件。窄沿。H10：6，夹砂灰陶。仰折沿，尖唇，沿面略凹，溜肩，鼓腹。口径16、残高6厘米（图一五，6）。T0504④：5，夹细砂黄灰陶。厚圆唇，沿面略凹，束颈，溜肩。颈以下饰斜行宽篮纹。口径23.2、残高8.4厘米（图一五，15）。

D型　1件（G1：64）。勾沿。夹细砂灰陶。双唇，溜肩，鼓腹。腹饰两道凹弦纹。口径13.2、残高4.8厘米（图一五，12）。

高领罐　13件。仅2件可复原，其余均为口沿残片。据领部特征，可分三型。

A型　10件。领稍矮。据口沿特征，可分三式。

Ⅰ式：4件。盘状口，领较高。T0603⑥：10，夹细砂黄陶。直口，尖唇，弧领，广肩。素面。口径7、残高6.2厘米（图一六，1）。T0704⑤：1，夹细砂黑陶。侈口，尖唇，直领。肩部以下饰宽篮纹。口径12.9、残高8.2厘米（图一六，2）。

Ⅱ式：3件。侈口，领略矮。TG1⑤：91，夹细砂黑皮陶。圆唇，斜领。口径14.2、残高9.4厘米（图一六，3）。TG1⑤：96，泥质灰陶。圆唇，口沿外侧有一周突棱，斜领。素面。口径11.6、残高6厘米（图一六，17）。

Ⅲ式：3件。直口，领变矮。G1：19，可复原。夹细砂红陶。厚圆唇，直领，广肩，鼓腹下部急收，小底内凹。肩部以下饰宽篮纹。口径13.7、腹径30.6、底径8.2、高27.2厘米（图一六，8；图版二八，2）。TG1⑤：95，夹细砂黑皮陶。直领，广肩。颈以下饰交错篮纹，肩部有一道宽凸弦纹。腹径29.4、残高14.6厘米（图一六，9）。

B型　2件。领较高。T0806⑦：15，夹细砂黄陶。侈口，圆唇，领部内弧。肩饰一周凸弦纹，其上有按窝。口径14.1、残高7.5厘米（图一六，16）。T0703②：3，夹细砂灰陶。侈口，尖唇，直领，鼓肩，下腹斜收，平底。素面。口径8.8、腹径12.6、底径6.4、高15.8厘米（图一六，14；图版二八，5）。

C型　1件（TG1②：8）。直领细高。泥质黄灰陶。侈口，尖唇，广肩。器表饰红色彩绘。口径8、残高5.2厘米（图一六，18）。

另有一些形制较特殊的罐底残片。TG1⑤：6，泥质黑陶。鼓腹，圈足。腹部饰三周凹弦纹，下腹饰斜行戳印纹。腹径17.6、圈足径8、残高8.4厘米（图一六，10）。G1：61，泥质磨光黑陶。鼓腹，圈足，底缘外突。圈足径5.6、残高6.6厘米（图一六，15）。TG1②：19，夹细砂厚胎黑皮陶。直腹，平底略凹。素面。底径8.4、残高6.8厘米（图一六，11）。T0906②：83，泥质黑皮陶。斜腹，腹与底转折明显，矮圈足。下腹饰两道凸弦纹。圈足径11.6、残高5.2厘米（图一六，19）。G1：53，泥质灰陶。下腹斜收，小底内凹。底径3.2、残高3.2厘米（图一六，4）。

壶　7件。均残，不能复原。T1006⑤：1，夹细砂红陶。高直领，广肩，扁折腹，圈

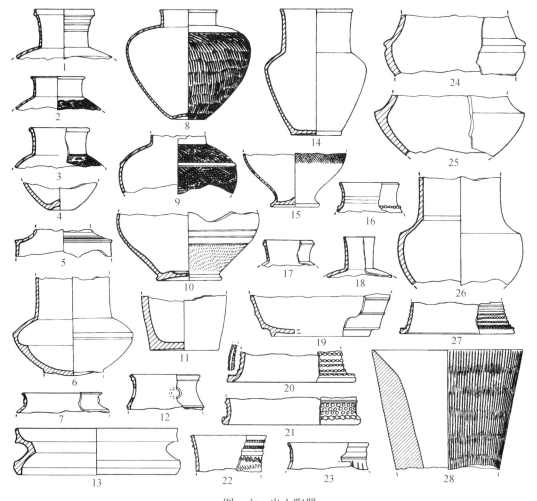

图一六　出土陶器

1、2.A型Ⅰ式高领罐（T0603⑥：10、T0704⑤：1）　3、17.A型Ⅱ式高领罐（TG1⑤：91、TG1⑤：96）　4、10、11、
15、19.罐底（G1：53、TG1⑤：6、TG1②：19、G1：61、T0906②：83）　5、6、24～26.壶（TG1③B：1、
T1006⑤：1、TG1⑤：83、T0604⑤：5、TG1④：78）　7、22.B型器座（T1007③：12、T0906⑥：92）　8、9.A
型Ⅲ式高领罐（G1：19、TG1⑤：95）　12、13、23.A型器座（T0704③：17、T0806⑦：3、T1006⑦：13）
14、16.B型高领罐（T0703②：3、T0806⑦：15）　18.C型高领罐（TG1②：8）
20、21、27.残器座（T1007⑤：36、T0504⑦：1、T0706⑤：21）　28.臼（T0704②：42）

底，圈足残。腹部最宽处饰凸弦纹。腹径14.4、残高12厘米（图一六，6）。TG1④：78，
夹细砂橙黄陶。高直领，折肩，鼓腹。素面。腹径11.6、残高10厘米（图一六，26）。
TG1⑤：83，夹细砂黑皮陶。溜肩，折腹。腹部最宽处饰一周宽凹弦纹。腹径13.2、残高
5.6厘米（图一六，24）。T0604⑤：5，夹细砂红陶。扁折腹下部斜收。素面。腹径14、
残高5.6厘米（图一六，25）。TG1③B：1，泥质灰陶。折肩，直腹。肩饰两周细凸弦
纹。腹径17.6、残高5.2厘米（图一六，5）。

器座　5件。据腰部特征，可分二型。

A型 3件。腰部内弧。T0806⑦：3，夹粗砂褐黄陶。素面。口径20、底径20.4、高5.8厘米（图一六，13；图版二八，4）。T0704③：17，夹细砂褐红陶。侈口，折沿，中部饰圆形镂孔。口径17.6、残高8.8厘米（图一六，12）。T1006⑦：13，泥质黄陶。侈口，方唇，上部外侧有突棱，中部内收，下部外撇。口径20、残高6厘米（图一六，23）。

B型 2件。腰部微内弧。T1007③：12，夹细砂灰陶。沿外撇，方唇，侈口，束颈，下部残。上部饰乳丁。口径20、残高5.2厘米（图一六，7）。T0906⑥：92，夹粗砂灰陶。口微侈。外壁饰多周附加堆纹及波浪形划纹，附加堆纹上并加按窝。口径19.2、残高9.2厘米（图一六，22）。

另外几件器座残存下部。T1007⑤：36，夹细砂褐红陶。底呈喇叭状。外壁饰较密集的附加堆纹并加按窝，翘起的底缘上饰一周麦穗纹。底径32、残高7.6厘米（图一六，20）。T0706⑤：21，夹细砂黑陶。底缘外撇。器身中部及底边饰多周附加堆纹并加按窝。底径29.6、残高8厘米（图一六，27）。T0504⑦：1，夹细砂黑陶。壁近直，底缘翘起。下部及底边各有一周突棱并加按窝。底径34.4、残高6.8厘米（图一六，21）。

臼 1件（T0704②：42）。夹粗砂红陶，胎特厚，口沿处稍薄。敞口，尖唇，斜腹。腹饰竖行宽篮纹。口径32、残高25.6、胎最厚处1.3厘米（图一六，28）。

盆 28件。据口沿特征，可分四型。

A型 12件。卷沿。据口部特征，可分二式。

Ⅰ式：9件。敛口。T0704⑥：2，夹砂黑皮陶。沿略下垂，近直腹。沿面饰凹弦纹，腹饰宽篮纹。口径36、残高8.4厘米（图一七，1）。T1007⑧：38，夹细砂黑陶。尖圆唇，斜腹下部残。腹饰篮纹。口径30.4、残高5.6厘米（图一七，2）。

Ⅱ式：3件。直口。T1006④：24，夹粗砂红陶。尖唇，直腹。腹饰方格纹。口径32、腹径29.6、残高7.2厘米（图一七，3）。

B型 5件。平折沿。据口部特征，可分二式。

Ⅰ式：3件。直口。T0806⑥：49，泥质黑陶。平沿略凹，圆唇微上翘，弧腹。口沿压印花边，腹部饰一周附加堆纹并加按窝。口径31.2、残高7.2厘米（图一七，4）。F1：29，夹粗砂黑陶。尖唇，弧腹下部残。腹饰宽篮纹。口径20.4、残高7.6厘米（图一七，5）。

Ⅱ式：2件。敞口。T0504③：12，夹粗砂红褐陶。平沿略下垂，尖唇，斜腹。素面。口径36、残高7.2厘米（图一七，6）。

C型 8件。仰折沿。据沿面宽窄，可分二式。

Ⅰ式：6件。宽沿。T0806⑥：38，泥质黑陶。尖唇，沿面略凹，深斜腹。腹饰宽篮纹。口径32、残高12.8厘米（图一七，7）。T0906⑥：41，泥质灰陶。尖唇上翘，弧腹。

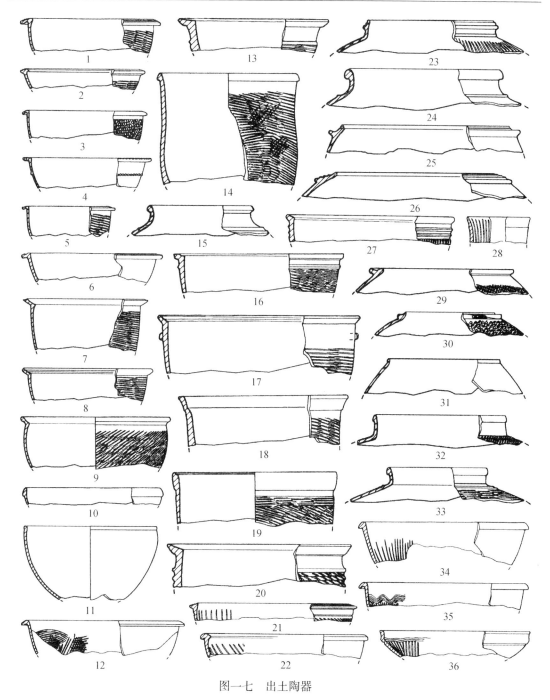

图一七 出土陶器

1、2. A型Ⅰ式盆（T0704⑥：2、T1007⑧：38） 3. A型Ⅱ式盆（T1006④：24） 4、5. B型Ⅰ式盆（T0806⑥：49、F1：29） 6. B型Ⅱ式盆（T0504③：12） 7、8. C型Ⅰ式盆（T0806⑥：38、T0906⑥：41）
9. C型Ⅱ式盆（TG1④：31） 10. D型Ⅰ式盆（H10：11） 11. D型Ⅱ式盆（TG1③B：53） 12、21、22、34、35. A型擂钵（TG1③B：33、T0906②：37、T0906②：61、T0906③：7、T0906③：11） 13、20. A型Ⅰ式缸（T1006⑧：20、T1007⑥：35） 14. C型Ⅰ式缸（T0706⑤：23） 15、24. C型Ⅱ式瓮（G1：18、H10：23） 16、27. A型Ⅱ式缸（T1006⑥：3、H10：3） 17、18. B型缸（T0504④：2、T0705⑥：13）
19. C型Ⅱ式缸（TG1⑥：1） 23、32. C型Ⅲ式瓮（T1007②：2、G1：17） 25. B型Ⅰ式瓮（T0906⑥：128）
26. D型瓮（T0704②：31） 28. C型擂钵（T0906③：27） 29、30. B型Ⅱ式瓮（H1：37、TG1③A：12）
31. A型瓮（T0705⑤：28） 33. C型Ⅰ式瓮（H11：1） 36. B型擂钵（T1007③：30）

沿面饰弦纹，腹饰宽篮纹。口径33.6、残高8厘米（图一七，8）。

Ⅱ式：2件。沿变窄。TG1④：31，夹砂橙黄陶。厚圆唇，沿面凹，鼓腹。腹饰斜行宽篮纹。口径38.4、腹径36.8、残高12.8厘米（图一七，9）。

D型　3件。翻沿内弧。据沿面宽窄，可分二式。

Ⅰ式：2件。沿较宽。H10：11，泥质橙黄陶。沿外侧加厚，敛口，斜腹。素面。口径36、残高4.2厘米（图一七，10）。

Ⅱ式：1件（TG1③B：53）。沿变窄。泥质红陶。厚圆唇，敛口，深弧腹。素面。口径34、残高18厘米（图一七，11）。

擂钵　9件。均为口沿残片。据整体器形，可分三型。

A型　7件。盆形。TG1③B：33，夹细砂灰陶。卷沿，尖唇，敞口。内壁有半圆形和斜方格划纹。口径30.7、残高6.4厘米（图一七，12）。T0906②：37，泥质黑皮陶。沿下折，敛口。口沿饰弦纹，外壁饰宽篮纹，内壁有竖向刻划纹。口径30.6、残高3.6厘米（图一七，21）。T0906②：61，泥质褐红陶。卷沿，尖唇，敛口。内壁有斜向刻划纹。口径32、残高4.8厘米（图一七，22）。T0906③：7，夹砂黑皮陶。沿下折，尖唇，敞口，斜腹。内壁有竖向刻划纹。口径33.7、残高8.4厘米（图一七，34）。T0906③：11，泥质灰陶。卷沿，尖唇，敞口，直腹。内壁有波浪形和竖向刻划纹。口径33、残高5.2厘米（图一七，35）。

B型　1件（T1007③：30）。钵形。泥质灰陶。竖折沿，方唇，浅斜腹下部急收。外壁上腹部饰一周凹弦纹，内壁刻划波浪状和纵条纹。口径30.2、残高5.2厘米（图一七，36）。

C型　1件（T0906③：27）。筒形。夹砂红陶。敞口，尖唇，深腹。外壁饰一周弦纹，内壁有竖向刻划纹。口径12.6、残高5.2厘米（图一七，28）。

缸　12件。均为口沿残片。据口沿特征，可分三型。

A型　5件。仰折沿，沿面近平。据沿面宽窄，可分二式。

Ⅰ式：2件。沿较宽。T1006⑧：20，夹粗砂灰陶。尖唇，敞口，束颈，深斜腹。腹饰宽篮纹。口径32、残高7.2厘米（图一七，13）。T1007⑥：35，夹细砂橙黄陶。尖唇，敞口，深直腹。腹饰宽篮纹，上腹另有三道凸弦纹。口径39.2、残高9.2厘米（图一七，20）。

Ⅱ式：3件。沿变窄。T1006⑥：3，夹砂黑陶。沿面有折棱，深斜腹。颈部饰一周附加堆纹，腹饰宽篮纹。口径36、残高8.4厘米（图一七，16）。H10：3，夹砂褐红陶。斜方唇，沿内侧有突棱，直腹。颈部饰三周凸弦纹，腹饰竖篮纹。口径36、残高6.4厘米（图一七，27）。

B型　4件。折沿较直。T0705⑥：13，夹砂厚胎黑陶。厚圆唇，敞口，深斜腹。腹饰宽篮纹。口径36、残高10.8厘米（图一七，18）。T0504④：2，夹粗砂黑衣褐红陶。尖唇，敞口，深斜腹。沿面饰凹弦纹，颈下饰一周附加堆纹，腹饰宽篮纹。口径43.2、腹径40.8、残高12.8厘米（图一七，17）。

C型　3件。沿外贴附泥条。据口部特征，可分二式。

Ⅰ式：2件。口微外侈。T0706⑤：23，夹细砂红陶。器形较大，方唇，深直腹，下腹弧收。腹饰交错篮纹。口径43.5、腹径43.8、残高36厘米（图一七，14）。

Ⅱ式：1件（TG1⑥：1）。直口。夹粗砂黑陶。方唇内斜，直腹。腹饰宽篮纹。口径52、残高17厘米（图一七，19）。

瓮　16件。据口沿特征，可分四型。

A型　1件（T0705⑤：28）。窄折沿。泥质灰陶。圆唇，敛口，溜肩，鼓腹。素面。口径10、残高3厘米（图一七，31）。

B型　7件。双唇子母口。据唇部特征，可分二式。

Ⅰ式：2件。内唇高于外唇。T0906⑥：128，夹细砂黑皮陶。内侧圆唇，外侧尖唇，敛口，斜腹。素面。口径28.6、残高4.8厘米（图一七，25）。

Ⅱ式：5件。内外唇近平。TG1③A：12，泥质橙黄陶。溜肩，唇外侧有三角形印记，肩饰斜方格纹。口径18.4、残高4厘米（图一七，30）。H1：37，夹细砂褐红陶。敛口，尖唇，溜肩。肩下部饰斜方格纹。口径25.6、残高4.4厘米（图一七，29）。

C型　7件。矮领。可分三式。

Ⅰ式：1件（H11：1）。领外斜。夹细砂黑陶。侈口，厚尖唇，广肩。肩部饰凸弦纹和宽篮纹。口径17.6、残高6厘米（图一七，33）。

Ⅱ式：3件。领外弧。G1：18，夹砂灰陶。侈口，厚圆唇，溜肩。口径18.4、残高5.2厘米（图一七，15）。H10：23，泥质灰陶。侈口，厚圆唇，广肩。肩饰凸弦纹。口径28、残高6.4厘米（图一七，24）。

Ⅲ式：3件。领内斜。T1007②：2，泥质灰陶。敛口，尖唇，领外侧有突棱，广肩。沿下饰三道凸弦纹，肩以下饰竖篮纹。口径22.4、残高5.6厘米（图一七，23）。G1：17，泥质黑皮陶。口微侈，尖唇，广肩。肩以下饰宽篮纹。口径23.2、残高5.2厘米（图一七，32）。

D型　1件（T0704②：31）。翻沿较宽。夹细砂褐红陶。圆唇，敛口，溜肩。沿面饰多道凹弦纹。口径28、残高4.4厘米（图一七，26）。

钵　10件。据口部特征，可分三型。

A型　3件。敛口。可分二式。

Ⅰ式：2件。沿内弧，尖唇，弧腹。H2：3，夹细砂褐红陶。饼状底。口径21.6、底径8.4、高7.6厘米（图一八，1）。H1：2，泥质褐灰陶。小饼状底。素面。口径18.8、底径

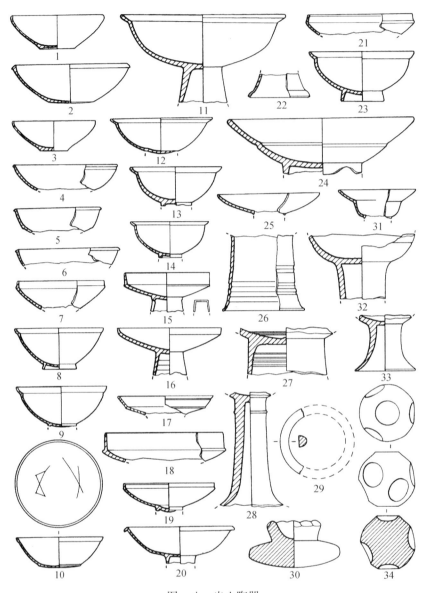

图一八　出土陶器

1、3. A型Ⅰ式钵（H2：3、H1：2）　2. A型Ⅱ式钵（G2：2）　4、10. B型钵（T0504④：16、TG1⑤：85）

5、6. C型钵（T0705④：7、T1007⑤：25）　7、21. A型碗（灰烬层1：11、TG1⑥：41）　8、9. B型Ⅱ式碗

（T0503⑤：1、T0503⑤：5）　11~13. A型豆（T1006⑨：22、T0603⑥：16、T0906⑥：137）　14、23. B型Ⅰ式

碗（F1：38、T0806⑥：48）　15、18. C型Ⅰ式豆（T0503⑥：15、F1：40）　16、19. C型Ⅱ式豆（T0503⑥：16、

T0603⑤：1）　17、20. B型Ⅱ式豆（TG1③A：27、TG1④：82）　22、26~28、32、33. 豆圈足（T0906⑥：104、

T0806⑤：18、H11：12、G1：25、TG1②：26、TG1⑧：7）　24. B型Ⅲ式豆（T0906④：4）　25. D型豆

（T1006③：4）　29. 环（T0906⑦：3）　30. 拍（T0605⑤：1）　31. B型Ⅰ式豆（T0806⑦：39）

34. 陶球（T0906⑦：2）

6.4、高7厘米（图一八，3）。

Ⅱ式：1件（G2：2）。垂折沿，可复原。泥质灰陶。尖唇，弧腹，平底。素面。口径26.8、底径10、高9.2厘米（图一八，2）。

B型　5件。敞口。T0504④：16，夹细砂红褐陶。圆唇，弧腹，底残。素面。口径24、残高6厘米（图一八，4）。TG1⑤：85，泥质红陶。尖唇，斜腹，底略外凸。内底部有两组刻划符号。口径20、底径9.6、高6.8厘米（图一八，10）。

C型　2件。微卷沿，敞口。T0705④：7，泥质黑陶。圆唇，斜折腹，腹转折处有突棱。口径19.2、残高5.6厘米（图一八，5）。T1007⑤：25，泥质褐红陶。弧腹。素面。口径23.2、残高5.2厘米（图一八，6）。

碗　14件。据口沿特征，可分二型。

A型　6件。内折沿，敛口，斜腹。TG1⑥：41，夹细砂黑陶。方唇。素面。口径24、残高4.8厘米（图一八，21）。灰烬层1：11，泥质灰陶。尖唇，腹转折处有突棱。口径20、残高6.4厘米（图一八，7）。

B型　8件。仰折沿，敞口，弧腹，圜底。可分二式。

Ⅰ式：5件。尖唇，沿面较平。T0806⑥：48，可复原。泥质灰陶。矮圈足外撇。素面。口径24、圈足径10、高11.2厘米（图一八，23）。F1：38，泥质黑皮陶。圈足残。口径18、残高8.4厘米（图一八，14）。

Ⅱ式：3件。圆唇，沿面内凹。T0503⑤：1，泥质灰陶。沿较厚，矮圈足外撇。素面。口径20.4、圈足径7.6、高9.6厘米（图一八，8；图版二八，3）。T0503⑤：5，泥质褐灰陶。沿内转折处有突棱，圈足残。素面。口径21.2、残高9.2厘米（图一八，9）。

豆　18件。据腹部特征，可分四型。

A型　5件。宽仰折沿，深弧腹。T0906⑥：137，泥质黑皮陶。方唇，平底，圈足残。素面。口径21.6、高9.2厘米（图一八，13）。T0603⑥：16，泥质灰陶。尖唇，沿面内凹，敞口，弧腹，圜底，圈足残。口径23、残高8.8厘米（图一八，12）。T1006⑨：22，泥质黑陶。圆唇，弧腹，高圈足下部残。口径18.4、残高10厘米（图一八，11）。

B型　5件。敞口，双折腹。可分三式。

Ⅰ式：1件（T0806⑦：39）。下腹较深。泥质黑陶。尖唇，底及圈足残。素面。口径18.4、残高6.8厘米（图一八，31）。

Ⅱ式：3件。下腹较浅。TG1③A：27，泥质灰陶。尖唇，斜腹，底及圈足残。素面。口径22.4、残高4.4厘米（图一八，17）。TG1④：82，泥质褐灰陶。卷沿，尖唇，弧腹，圈足下部残。素面。口径12.2、残高4厘米（图一八，20）。

Ⅲ式：1件（T0906④：4）。浅斜腹，腹中部微折。泥质黑陶。圆唇，圜底，圈足残。口径21、残高6厘米（图一八，24）。

C型 6件。浅斜腹。可分二式。

Ⅰ式：3件。沿较垂直。T0503⑥：15，泥质黑陶。尖唇，斜腹，圜底。素面。圈足饰方形大镂孔。口径16、残高6.8厘米（图一八，15）。F1：40，泥质黑陶。尖圆唇，浅斜腹下部残。素面。口径13.4、残高3.4厘米（图一八，18）。

Ⅱ式：3件。沿微外折。T0503⑥：16，泥质黑陶。尖唇，敞口，浅斜腹，圜底较平，高圈足下部残。口径24.8、残高11.2厘米（图一八，16）。T0603⑤：1，泥质黑陶。尖唇，直口，浅弧腹，圜底，圈足残。素面。口径21.6、残高6.8厘米（图一八，19）。

D型 2件。斜腹极浅。T1006③：4，泥质灰陶。敞口，尖唇。素面。口径24、残高5.2厘米（图一八，25）。

另有不同类型的豆圈足残片。TG1②：26，泥质灰陶。盘内底饰漩涡纹，外壁饰一周凹弦纹。残高7.6厘米（图一八，32）。TG1⑧：7，泥质磨光黑陶。喇叭状圈足，下部外撇。圈足径7.2、残高6.6厘米（图一八，33）。G1：25，泥质灰陶。空心圆柱状高豆柄，下部外撇。中部饰一周凸弦纹。残高12.4厘米（图一八，28）。T0906⑥：104，泥质橙黄陶。喇叭状圈足，上部微内弧，下部外撇。素面。圈足径14.4、残高6厘米（图一八，22）。H11：12，泥质橙黄陶，胎略厚。高圈足。盘内底饰凹弦纹，足内壁有轮旋痕。残高5.6厘米（图一八，27）。T0806⑤：18，泥质灰陶。近圆柱形圈足，下部微外撇。外壁下部饰多道凹弦纹，内壁有轮旋痕。圈足径9.6、残高8.8厘米（图一八，26）。

圈足盘 12件。据口沿特征，可分三型。

A型 1件（城垣3：1）。宽仰折沿。泥质橙黄陶。尖唇，敞口，浅弧腹，圜底较平，圈足残。下腹饰一道凹弦纹。口径21.4、残高6厘米（图一九，1）。

B型 5件。垂折沿。据腹部特征，可分二式。

Ⅰ式：1件（G2：1）。折腹。泥质褐红陶。尖唇，敞口，圜底，粗圈足残。口径21.7、残高7厘米（图一九，3）。

Ⅱ式：3件。折腹处下移。G2：21，可复原。泥质黑陶。厚圆唇，侈口，斜腹，圜底较平，粗高圈足，足底外折成台座。圈足上部饰密集镂孔。口径22.8、圈足径21.6、高14.4厘米（图一九，4；图版二八，6）。T0604③：15，泥质黑陶。素面。口径20、残高3.6厘米（图一九，10）。H1：54，泥质黑衣灰陶。口径28、残高4.4厘米（图一九，8）。

Ⅲ式：1件（T1007⑤：4）。浅弧腹。泥质黑陶。厚圆唇外斜，敞口，平底，高圈足，足底缘外翻。素面。口径19.2、圈足径8.4、高7.8厘米（图一九，6）。

C型 6件。无沿。可分二亚型。

Ca型 2件。口微内弧。T0906②：2，泥质灰陶。敞口，尖唇，弧腹，底及圈足均残。口径19.2、残高4.8厘米（图一九，2）。H9：2，泥质黑陶。敛口，圆唇，弧腹，圜底，粗高圈足下部残。口径22、残高10.4厘米（图一九，5）。

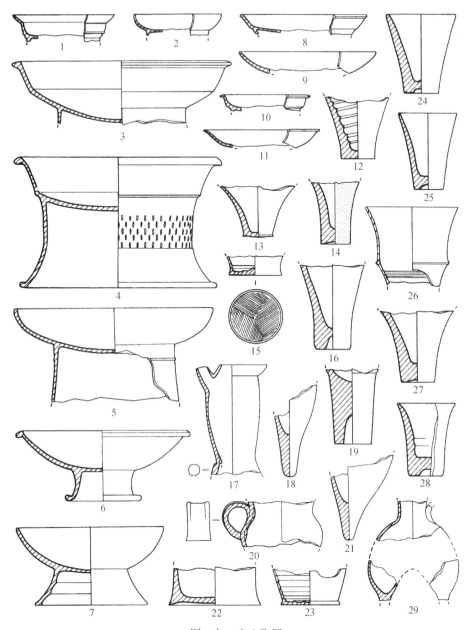

图一九　出土陶器

1. A型圈足盘（城垣3∶1）　2、5. Ca型圈足盘（T0906②∶2、H9∶2）　3. B型Ⅰ式圈足盘（G2∶1）

4、8、10. B型Ⅱ式圈足盘（G2∶21、H1∶54、T0604③∶15）　6. B型Ⅲ式圈足盘（T1007⑤∶4）　7、9、11. Cb型

圈足盘（G1∶5、H11∶20、T0906②∶82）　12、14、27. A型Ⅱ式斜腹杯（TG1⑤∶19、TG1⑤∶7、T0706⑤∶19）

13、15. A型Ⅰ式斜腹杯（F1∶7、T0704⑤∶21）　16、19、28. B型Ⅱ式斜腹杯（T0705⑤∶9、T1007④∶7、

TG1③A∶16）　17、18、20、21、29. 鬶（T1007⑥∶1、TG1③A∶24、T1007⑥∶49、T0706④∶9、TG1⑤∶72）

22、23. C型斜腹杯（T0706⑥∶10、G1∶7）　24、25. B型Ⅰ式斜腹杯（TG1④∶3、T1007④∶1）

26. 曲腹杯（G1∶62）

Cb型　4件。敞口。G1：5，泥质灰陶。尖唇，弧腹，平底，喇叭状高圈足。足内壁有轮旋痕。口径16.4、圈足径12.4、高8.6厘米（图一九，7）。T0906②：82，泥质黑皮陶。尖唇，浅斜腹。口径25.6、残高3.7厘米（图一九，11）。H11：20，泥质灰陶。浅斜腹，底及圈足均残。口径29.8、残高4.8厘米（图一九，9）。

斜腹杯　21件。据口、底部特征，可分三型。

A型　6件。喇叭形大口。据腹部特征，可分二式。

Ⅰ式：2件。腹内弧。F1：7，泥质薄胎橙黄陶。小平底。素面。底径3.2、残高5.4厘米（图一九，13）。T0704⑤：21，泥质黑陶。内底向上突起，不同方向的三块划纹布满外底部。底径5.6、残高2厘米（图一九，15）。

Ⅱ式：4件。腹略内弧。TG1⑤：7，泥质厚胎灰陶。底微内凹。外壁饰红色彩绘。底径3.2、残高6.6厘米（图一九，14）。T0706⑤：19，泥质红陶。口残，斜壁，厚底微内凹。素面。底径3.6、残高7.6厘米（图一九，27）。TG1⑤：19，泥质红陶。斜壁，厚平底。内壁有慢轮拉坯形成的旋痕。底径3.6、残高6.6厘米（图一九，12）。

B型　12件。口略小。据底部特征，可分二式。

Ⅰ式：5件。敞口，尖唇，底部较薄。T1007④：1，泥质红陶。斜腹略内弧，底内凹。素面。口径6.8、底径3.2、高8.2厘米（图一九，25）。TG1④：3，泥质厚胎褐红陶。斜腹，底内凹。素面。口径7.6、底径3.8、高8.4厘米（图一九，24）。

Ⅱ式：7件。底部较厚。TG1③A：16，泥质厚胎褐红陶。敞口，尖唇，斜腹微内弧，底内凹。内壁有轮旋痕。口径6.4、底径3.2、高7.8厘米（图一九，28）。T0705⑤：9，泥质红陶。口残，斜腹，底内凹。底径3.6、残高9.2厘米（图一九，16）。T1007④：7，泥质褐红陶。口腹皆残，壁特厚，底内凹较甚。素面。底径4、残高8厘米（图一九，19）。

C型　3件。底缘外突。T0706⑥：10，泥质灰陶。直腹，假圈足，平底内凹。素面。底径5、残高2厘米（图一九，22）。G1：7，泥质黑陶。斜腹，饼状底。内壁有轮旋纹。底径6.4、残高4厘米（图一九，23）。

曲腹杯　仅1件（G1：62）。泥质薄胎磨光黑陶。敞口，尖唇，腹外转折处起突棱。口径10、腹径7.6、残高8.4厘米（图一九，26）。

圈足杯　28件。据腹部特征，可分为五型。

A型　8件。直腹。可分三式。

Ⅰ式：4件。下腹略鼓。F1：32，泥质黑皮陶。口沿残，圜底，高圈足残。腹部多组竖行篦划纹。腹径6.7、残高4.4厘米（图二〇，2）。T0806⑥：16，泥质黑陶。下腹微外斜，高圈足下部残。腹饰多组竖行篦划纹。残高6.2厘米（图二〇，3）。TG1⑤：16，泥质红陶。内底有多道轮旋纹。腹径6、残高7厘米（图二〇，4）。

Ⅱ式：3件。下腹转折处垂直。H10：38，泥质厚胎红陶。侈口，尖唇，直腹，平底。素面。口径4、腹径3.6、残高3.4厘米（图二〇，1）。T0504⑥：10，夹细砂灰陶。

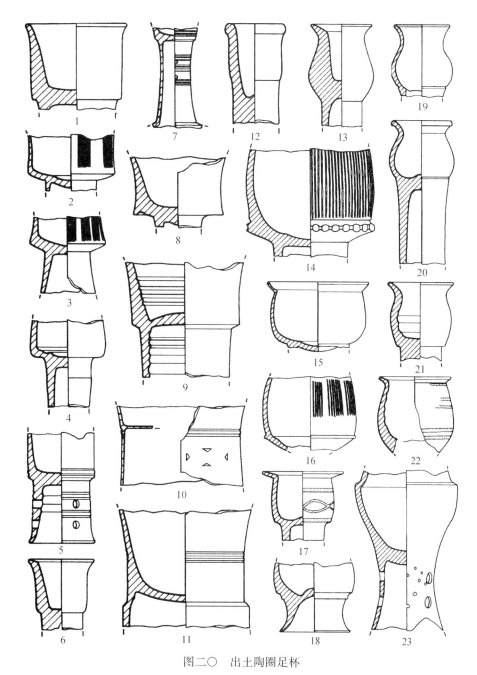

图二〇 出土陶圈足杯

1、5. A型Ⅱ式（H10：38、T0504⑥：10） 2~4. A型Ⅰ式（F1：32、T0806⑥：16、TG1⑤：16） 6. A型Ⅲ式
（T0705⑥：5） 7~9、12. Bb型（T1007⑥：13、T1007⑧：22、G1：63、T1007⑤：26） 10、11. Ba型（F1：49、
T1006⑦：1） 13、18~21. D型（TG1③B：15、T1006④：6、T0604⑧：5、TG1⑤：14、T0503③：5）
14、15、17. C型Ⅰ式（T0706⑥：7、T0503⑤：4、T0906⑥：34） 16、22. C型Ⅱ式（T0605⑤：38、
TG1⑧：23） 23. E型（TG1⑤：8）

深直腹，平底，高圈足底部微外撇。圈足饰凹弦纹和圆形镂孔。底径5、残高8.9厘米（图二〇，5）。

Ⅲ式：1件（T0705⑥：5）。下腹斜收。泥质黄陶。折沿，尖唇，侈口，平底。口径5.2、残高5.6厘米（图二〇，6）。

B型　8件。斜腹。可分为两个亚型。

Ba型　2件。腹与圈足直径大体相当。T1006⑦：1，泥质黑陶。斜腹微内弧，圜底，圈足外折，圈足径稍大于腹径。圈足中部饰三周凹弦纹。残高9.8厘米（图二〇，11）。F1：49，泥质黑陶，薄如蛋壳。平底，筒形高圈足。圈足饰四个小三角形镂孔。残高6.4厘米（图二〇，10）。

Bb型　6件。圈足内收。G1：63，泥质橙黄陶。斜腹。内壁饰多道轮旋痕。残高9.2厘米（图二〇，9）。T1007⑥：13，泥质黑陶。平底，细高圈足，足下部外折。下腹饰弦纹，圈足饰弦纹和圆形镂孔。残高8厘米（图二〇，7）。T1007⑧：22，泥质磨光黑陶。口沿残，斜腹内弧，腹底缘外突。素面。腹径6.8、残高5.6厘米（图二〇，8）。T1007⑤：26，泥质褐红陶。侈口，厚圆唇，腹较直，高圈足下部残。素面。口径4.8、残高8厘米（图二〇，12）。

C型　6件。鼓腹。可分二式。

Ⅰ式：3件。腹微鼓。T0503⑤：4，泥质灰陶。宽仰折沿，尖唇，圜底，圈足残。素面。口径8、腹径7.4、残高5.4厘米（图二〇，15）。T0906⑥：34，泥质橙黄陶。宽仰折沿，尖唇，底略内凹，高圈足。腹饰黑衣彩绘，在两周带状纹之间有连续竖8字形纹。口径6.2、残高5.8厘米（图二〇，17）。T0706⑥：7，夹细砂红陶。鼓腹。腹饰竖行篦划纹，腹底有凹弦纹和突棱各一周，突棱上加饰按窝。腹径10、残高8.4厘米（图二〇，14）。

Ⅱ式：3件。腹较Ⅰ式鼓。TG1⑧：23，泥质黄陶。仰折沿，侈口，鼓腹。腹、颈部饰带状红衣彩绘，内壁有数周轮旋痕。口径5.6、腹径6、残高6厘米（图二〇，22）。T0605⑤：38，泥质橙黄陶。鼓腹。下腹有一周突棱。腹饰成组的竖向篦划纹。残高5.8厘米（图二〇，16）。

D型　5件。垂鼓腹。T0604⑧：5，夹细砂红陶。卷沿，圆唇，侈口，束颈，圜底，圈足残。口径4.4、腹径4.8、残高5.6厘米（图二〇，19）。TG1⑤：14，泥质红陶。折沿，圆唇，侈口，直柄直高圈足下部残。口径4.8、腹径5.2、残高11.2厘米（图二〇，20）。T0503③：5，泥质橙黄陶。侈口，尖唇，束颈。内壁有轮旋痕。口径5.2、腹径4.8、残高6.2厘米（图二〇，21）。TG1③B：15，泥质橙黄陶，胎极厚。仰折沿，尖唇，平底，直柄高圈足。素面。口径4.8、残高8厘米（图二〇，13）。T1006④：6，泥质灰陶。腹底内凹，喇叭状圈足外撇。腹径6.4、圈足径5.6、残高5.4厘米（图二〇，18）。

E型　1件（TG1⑤：8）。腹中部外折出棱。夹粗砂黑陶。圜底，喇叭形高圈足。圈足饰大小不一的圆形镂孔。腹径9.2、残高14厘米（图二〇，23）。

鬶　数量很少，均为残片。TG1⑤：72，泥质红陶。细长颈，颈部附耳，溜肩，大袋足。素面。腹径10、残高10.8厘米（图一九，29）。T1007⑥：49，泥质黑陶。束颈，圆鼓腹，一侧有扁环状宽把手。素面。残高4.8、把手宽2.4厘米（图一九，20）。T1007⑥：1，夹细砂黑陶。宽折沿，尖唇，侈口，圆形管状流，细高颈微鼓，下部残。素面。口径4.8、残高12厘米（图一九，17）。T0706④：9，夹细砂橙黄陶。残存锥形袋足。素面。残高4.6厘米（图一九，21）。TG1③A：24，泥质橙黄陶。残存锥形袋足。残高5厘米（图一九，18）。

器盖　46件。据盖纽特征，可分八型。

A型　5件。圈纽。根据腹部特征可分为二式。

Ⅰ式：4件。大圈纽。T0704⑤：2，泥质黑陶。粗纽，顶部外撇。素面。纽径7、残高3.2厘米（图二一，1）。TG1⑥：23，夹细砂灰陶。喇叭状圈纽细高，顶部外撇。素面。纽径5.2、残高4.4厘米（图二一，11）。TG1⑤：17，泥质黑皮陶。喇叭状圈纽，顶部外撇，盖身折腹。素面。纽径4.4、残高2.8厘米（图二一，10）。

Ⅱ式：1件（TG1⑤：75）。小圈纽。夹炭褐红陶。纽较矮，底部加厚，盖身弧腹较深。素面。纽径3、残3.9厘米（图二一，7）。

另有两件可能也属于圈纽。T1006④：1，夹炭褐红陶。纽残；盖身折沿微外卷，圆唇，敞口，浅斜腹。盖径13.2、残高2.9厘米（图二一，6）。T0906③：77，泥质磨光黑陶。盖沿上翘，尖唇，敞口，浅斜腹。口径7、残高1厘米（图二一，23）。

B型　4件。花边状纽。T0806⑦：41，夹细砂黑陶。锯齿状花边纽，顶部外撇。素面。纽径6.4、残高4厘米（图二一，2）。T0806⑥：6，夹粗砂黑陶。锯齿状花边纽，齿较深；盖身平沿，沿面略凹，敞口，斜壁。素面。口径12.8、纽径6.5、通高5.2厘米（图二一，3）。T1006⑧：1，可复原，夹粗砂灰陶。盖顶三个羊角状纽均匀分布；盖身平沿，沿面略凹，口微内敛，深斜腹。器内、外壁均有不规则的轮旋痕。口径12.4、高6厘米（图二一，4）。

C型　6件。饼形纽。T0806⑦：3，可复原，夹砂褐灰陶。纽较薄，纽顶平；盖身敞口，尖唇，斜腹微内弧。素面。盖口径10.4、纽径3.8、高4.2厘米（图二一，5）。T1006④：26，夹砂黑皮陶。纽顶平，内壁起折棱，边缘微外突。纽顶可见偏心涡纹。纽径4.4、残高2.8厘米（图二一，15）。T1007②：18，泥质黑陶。薄纽，纽顶平，边缘外突，颈内收。素面。纽径5.6、残高4.2厘米（图二一，9）。

D型　1件（TG1⑤：76）。半圆形纽。泥质黑皮陶。纽顶呈球面状隆起，边缘微外突，直腹。素面。纽径3.6、残高1.8厘米（图二一，8）。

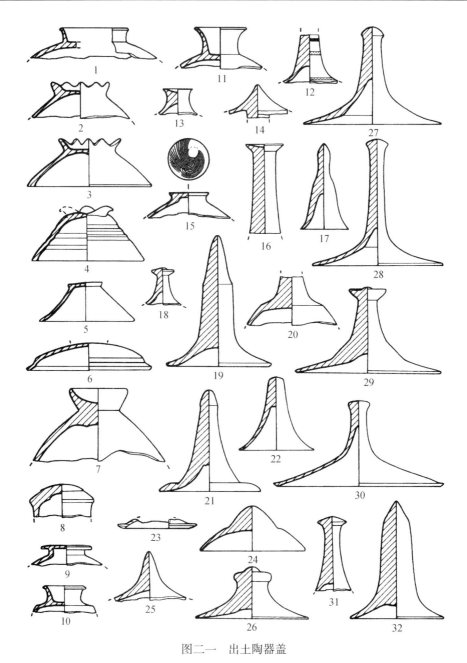

图二一　出土陶器盖

1、10、11. A型Ⅰ式（T0704⑤：2、TG1⑤：17、TG1⑥：23）　2～4. B型（T0806⑦：41、T0806⑥：6、
T1006⑧：1）　5、9、15. C型（T0806⑦：3、T1007②：18、T1006④：26）　6、12、20、23. 型式不明
（T1006④：1、TG1③B：12、T0806④：26、T0906③：77）　7. A型Ⅱ式（TG1⑤：75）　8. D型（TG1⑤：76）
13、16、18、26、29、31. H型（T1007④：11、城垣1：31、T0906⑥：117、T0706⑤：17、T0806⑦：2、
T0705⑤：10）　14、24、25. G型（T1007③：3、T0906⑥：122、G1：59）　17、19、32. E型（T0705⑥：2、
TG1⑤：1、TG1④：1）　21、22、27、28、30. F型（TG1③A：1、T0705⑥：3、T0906④：2、T0906④：1、
T1007⑧：2）

E型　7件。尖柱状纽。TG1⑤：1，完整器。泥质褐红陶。纽细长，中部微折；盖身大喇叭状敞口，尖唇，浅斜腹。素面。盖口径5.6、高7厘米（图二一，19）。T0705⑥：2，完整器。泥质黄陶。纽中部内弧；盖身小喇叭口，尖唇，深弧腹。盖口径2.1、高4.6厘米（图二一，17）。TG1④：1，完整器。泥质橙黄陶。纽略粗，顶部尖锐；盖身大喇叭口，尖唇，浅斜腹。素面。口径5、通高6.3厘米（图二一，32）。

F型　10件。圆柱形纽。TG1③A：1，整器。夹细砂橙黄陶。纽上细下粗；盖身呈喇叭状，敞口，尖唇，浅弧腹，外壁有折棱。素面。盖口径5.4、高5.4厘米（图二一，21）。T0705⑥：3，完整器。泥质灰陶。盖身敞口，尖唇。盖口径4、高3.8厘米（图二一，22）。T1007⑧：2，完整器。泥质灰陶。纽上粗下细；盖身大喇叭口，斜方唇，浅斜腹。盖口径9.2、高4.6厘米（图二一，30）。T0906④：1，泥质褐红陶。纽细长，顶部突起；盖身敞口，尖唇，浅斜腹。盖口径7、高6.8厘米（图二一，28；图版二八，7）。T0906④：2，泥质灰陶。纽顶呈蒜头状；盖身敞口，尖唇。素面。盖口径7.4、高5.2厘米（图二一，27）。

另有2件器盖纽尖残，可能属E型或F型。T0806④：26，泥质橙黄陶。盖身折腹。素面。残高5.2厘米（图二一，20）。TG1③B：12，泥质橙黄陶。盖身饰三周带状红彩。残高5.2厘米（图二一，12）。

G型　3件。锥形纽。T0906⑥：122，可复原。夹细砂灰陶。呈斗笠形，敞口，尖唇，弧壁。盖口径5.2、高2.3厘米（图二一，24）。T1007③：3，泥质黑陶。呈蘑菇状，纽下为细颈，下部残。素面。残高3.6厘米（图二一，14）。G1：59，夹砂红陶。斜壁。残高2.6厘米（图二一，25）。

H型　6件。碟形纽。T0806⑦：2，完整器。泥质灰陶。素面。盖口径7.8、高4.6厘米（图二一，29）。T0706⑤：17，夹细砂灰陶。素面。盖口径6、高2.8厘米（图二一，26）。T0705⑤：10，泥质褐黄陶。残高4厘米（图二一，31）。城垣1：31，夹砂红褐陶。残高4.8厘米（图二一，16）。T0906⑥：117，泥质磨光黑陶。细长纽，纽顶呈蒜头状。素面。纽径2.4、残高4厘米（图二一，18）。T1007④：11，泥质灰陶。盖身下部残，顶部隆起，其上圆形抓手的中部内凹。素面。纽径3.2、残高2.8厘米（图二一，13）。

拍　1件（T0605⑤：1）。夹粗砂褐红陶。圈纽状捉手，顶部压印出花边，椭圆形拍面。素面。纽径5.2、拍面长8.8、残高4.6厘米（图一八，30）。

陶球　1件（T0906⑦：2）。夹粗砂褐红陶。球形，器形规整，器表有六个圆形小坑，坑底有火灼痕迹。直径2.6～2.8厘米（图一八，34）。

环　1件（T0906⑦：3）。泥质黑陶。环身横截面呈半圆形，内侧较平，外侧弧形。宽0.9、厚0.6厘米（图一八，29）。

纺轮　24件。可分四型。

A型　13件。两面平。可分四亚型。

Aa型　3件。直边。T1007⑤：2，夹细砂褐红陶。素面。直径4.4、孔径0.3、厚1厘米（图二二，1）。G1：4，泥质褐红陶。器形较小。直径2.6、孔径0.2、厚0.6厘米（图二二，3）。

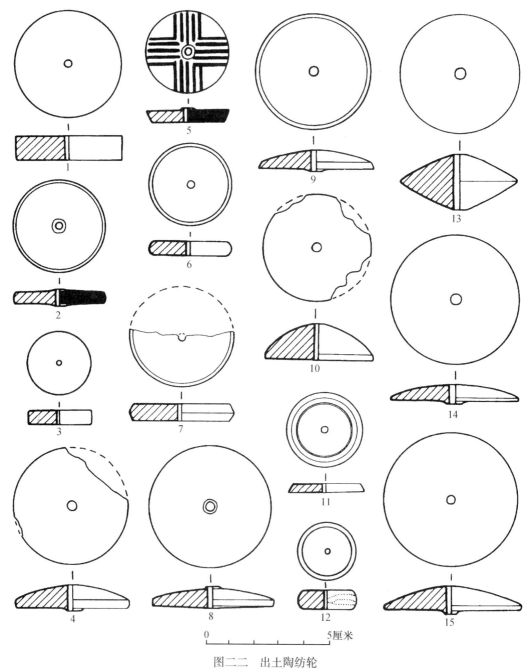

图二二　出土陶纺轮

1、3. Aa型（T1007⑤：2、G1:4）　2、6、12. Ab型（T0906④：6、G1:2、T0703②：1）　4. Bb型
（T0504③：22）　5、11. Ad型（T0906③：1、T0705⑤：1）　7. Ac型（T0906⑥：10）　8. Ba型
（T0503⑤：1）　9. Bc型（T0705⑤：3）　10、14、15. C型（T0703②：5、T0906④：7、T1007⑤：3）
13. D型（TG1③A：4）

Ab型　6件。弧边。T0906④：6，泥质橙黄陶。两面孔周缘突起，边缘施红色彩绘。直径3.8、孔径0.3、厚0.7厘米（图二二，2）。G1：2，泥质黑陶。器形较小。直径3.4、孔径0.3、厚0.6厘米（图二二，6）。T0703②：1，泥质灰陶。器形较小。边缘饰三周不规则锥刺纹。直径2.4、孔径0.2、厚0.8厘米（图二二，12）。

Ac型　2件。折棱边。T0906⑥：10，泥质红褐陶。直径4.6、孔径0.3、厚0.8厘米（图二二，7）。

Ad型　2件。斜边。T0906③：1，泥质红陶。一面孔周缘突起。一面饰四组相互垂直的黑彩直线纹，边缘有黑色彩绘。直径3.4、孔径0.3、厚0.6厘米（图二二，5）。T0705⑤：1，泥质红陶。直径3.2、孔径0.3、厚0.4厘米（图二二，11）。

B型　7件。一面平，另一面隆起。可分三亚型。

Ba型　2件。直边。T0503⑤：1，泥质黑灰陶。素面。直径5、孔径0.4、厚0.9厘米（图二二，8）。

Bb型　2件。弧边。T0504③：22，泥质黄皮红陶，通体施红衣，大部分已脱落。直径4.8、孔径0.4、厚1.1厘米（图二二，4）。

Bc型　3件。斜边。T0705⑤：3，泥质黑陶。直径4.8、孔径0.4、厚0.9厘米（图二二，9）。

C型　3件。顶面圆弧，底面平。T0703②：5，泥质褐红陶。较厚，边缘略破损。素面。直径3.8、孔径0.3、厚1.3厘米（图二二，10）。T1007⑤：3，泥质灰陶。较薄，底面孔周缘突起。素面。直径5.8、孔径0.3、厚1厘米（图二二，15）。T0906④：7，夹细砂橙黄陶。器体扁薄，底面孔周缘突起。直径5.6、孔径0.4、厚0.7厘米（图二二，14）。

D型　1件（TG1③A：4）。算珠形。泥质橙黄陶。两面隆起较高，纵截面呈菱形。素面。直径5.2、孔径0.4、厚2厘米（图二二，13）。

四、结　语

（一）文化分期与文化内涵

文化内涵根据遗迹的层位关系、陶器的形制和组合特征，可将该遗址的新石器时代文化遗存分为三期。

第一期的遗迹以F1、灰烬层1、城垣1～3、H2、H3为代表，还包括探方第8、9层。典型陶器包括A型Ⅰ式折沿罐，A型Ⅰ式高领罐，A型钵，A型、B型Ⅰ式碗，A型、B型Ⅰ式、C型Ⅰ式豆，A型圈足盘，B型器盖，A型Ⅰ式斜腹杯，A型Ⅰ式、Ba型圈足杯。此期发现的遗物不多，主要集中出土于发掘区东部的3个探方。泥质陶明显偏多，且大多数是薄胎陶。陶色以黑陶偏多，其次为灰陶，有数量较多的泥质磨光黑陶。陶器纹饰很少，仅有少量弦纹、篮纹和镂孔。绝大多数陶器属于石家河文化早期的典型器物，也有部分可能早到屈家岭文化晚期。如灰烬层1出土的A型内折沿碗，F1的A型Ⅰ式薄胎喇叭口斜腹杯、A型Ⅰ式篦划纹折沿圈足杯，在天门肖家屋脊[1]、随州金鸡岭[2]、郧县青龙泉[3]等遗址的屈家岭文化遗存中普遍存在。A型Ⅰ式折沿罐、A型Ⅰ式高领罐则从屈家岭文化晚期一直延续到石家河文化早期。A型钵、B型Ⅰ式碗、B型Ⅰ式及C型Ⅰ式豆、A型圈足盘、B型器盖，则属于典型的石家河文化早期遗物。此期陶器大多继承了屈家岭文化晚期的特征，如折沿罐多为宽仰折沿，鸭嘴形鼎足继续存在，高领罐仍有较多的盘形口，器盖的变化更小。所不同的是，石家河文化早期的宽横篮纹大量出现，斜腹杯变厚且口变小，新出现了圈足盘。因此，该期总体上属石家河文化早期遗存，但具有很强的过渡性特征。

第二期的遗迹以G2、H1、H4、H5、H8、H11为代表，还包括探方第5~7层、TG1第5~8层。典型陶器包括A型鼎，A型Ⅱ式、B型、C型折沿罐，A型Ⅱ式、B型高领罐，壶，A型Ⅰ式、B型Ⅰ式、B型Ⅱ式、B型Ⅲ式盆，A型Ⅰ式、A型Ⅱ式、B型Ⅰ式、C型Ⅰ式、C型Ⅱ式缸，A型、B型Ⅰ式、C型Ⅰ式、C型Ⅱ式瓮，B型、C型钵，B型Ⅱ式碗，A型Ⅱ式、B型Ⅱ式、C型Ⅱ式豆，A型Ⅱ式、A型Ⅲ式、Ba型Ⅱ式、Bb型圈足盘，A型Ⅱ式、B型Ⅰ式斜腹杯，A型Ⅰ式、A型Ⅱ式、E型、F型器盖，以及各种器座。此期文化层堆积最厚，遗迹数量最丰富，出土遗物的数量也最多。夹砂陶、泥质陶的数量相当，多数胎质不太细腻，部分夹砂陶含较多的石英颗粒。陶色以灰陶和黑陶的数量偏多，另有一定数量的红陶和少量橙红陶。陶器纹饰较多，以篮纹的数量最多，包括宽横篮纹、竖篮纹、交错篮纹；其次为较多的按窝及附加堆纹，另有少量的方格纹、细绳纹。部分陶器如斜腹杯、圈足杯、纺轮等饰有红色彩绘。陶器的类型丰富，新出现了鬶，粗圈足盘、钵、斜腹杯数量大增。A型鼎与邓家湾遗址[4]石家河文化二期的H54、肖家屋脊遗址石家河文化早期的H371和H183所出同类器完全一致。壶与邓家湾石家河文化二期的H48、肖家屋脊石家河文化早期的H107所出同类器比较接近。此期属于典型的石家河文化遗存，可称为石家河文化中期。

第三期的遗迹以G1和H7、H9、H10为代表，还包括探方第2~4层、TG1第3~5层。典型陶器包括B型鼎，A型Ⅲ式折沿罐，A型Ⅲ式高领罐，各种擂钵，B型Ⅱ式缸，B型Ⅱ式、C型Ⅱ式、C型Ⅲ式瓮，A型Ⅲ式钵，A型Ⅲ式、B型Ⅲ式、D型豆，B型Ⅱ式、C型斜腹杯。此期发现的遗物不多，以G1为例，夹砂陶的数量偏多，灰陶和红陶的数量较多，黑陶较少。纹饰中篮纹最多，多为宽竖篮纹，部分器物所饰篮纹有弦断现象，另有少量细绳纹、方格纹、叶脉纹、刻划纹。陶器形制变化较大，鼎多为垂腹，高领罐的领变矮变粗，杯为饼形底，流行矮领瓮，擂钵大量出现。与A型Ⅲ式高领罐相似的器物在肖家屋脊石家河文化晚期的H68、H58中大量发现。B型鼎在金鸡岭石家河文化晚期、随州西花园晚期遗存均发现同类器。此期遗存属于石家河文化晚期阶段，但与石家河文化早、中期的差异较大，更接近于中原文化系统，对于这一类文化遗存的性质及其命名，学术界目前尚无统一认识。

（二）城址兴废、聚落结构与形态演变

张西湾聚落在石家河文化早期时已经初具规模，部分遗物可能早到屈家岭文化晚期。从发掘情况看，位于城垣堆积内、外坡的TG1第7、8层为石家河文化中期遗存。而在T0703内，属石家河文化早期的灰烬层1夹在城垣1和城垣2之间。初步推断，城垣兴建年代应在石家河文化早期。至石家河文化中期，城垣可能仍在使用；此时还出现了附属聚落，城址北面大约800米有花石桥遗址，发掘表明存在石家河文化中期的遗存[5]。因此，石家河文化中期是张西湾城址聚落发展的鼎盛期，形成以城址为中心聚落，包含至少一个附属聚落的格局。到石家河文化晚期，从TG1的地层堆积情况看，第4、5层叠压在城垣顶部，城垣高度大大降低，表明城垣已经完全废弃。此时张西湾遗址尽管还有人居住，但城址已经失去了使用功能，附属的花石桥遗址也停止使用，显示聚落结构和形态出现重大变化。

目前，在江汉平原地区已发现不下10座新石器时代晚期的城址，大多兴建于屈家岭文化晚期，张西湾城址是目前所知位置最偏东的一座。从残存迹象看，此城址应为圆形，与天门龙嘴城的结构比较相似[6]。由于城址被密集的现代民居所覆盖，文化层破坏殆尽，城内布局与结构不明，但勘探仍可判断出中部有一条南北向的低洼地，将城址分为东、西两部分。城垣外侧的壕沟在东面还有一个出口与外界相通，能实现环壕水系的循环，起到补充水源和疏浚洪水的作用。

（三）重要意义

尽管张西湾城址保存较差，城内的文化层遭到严重破坏，但其重要意义并不亚于长江中游地区的其他史前城址。长江中游地区的史前城址绝大多数兴起于屈家岭文化晚期，湖南澧县城头山城址更是早至大溪文化晚期，而张西湾城址则兴起于石家河文化早期，是目前发现兴建年代最晚的一座史前城址。至石家河文化晚期，城址便完全遭到废弃，因此它可能也是目前所知长江中游地区使用时间最短的史前城址。我们推测，长江中游兴起于大溪文化晚期的造城运动在石家河文化早期达到顶峰，不但大型聚落，而且一般的中型聚落也开始挖壕筑城。筑城的动机很可能已经超出了最初抵御洪水和防范外族入侵的意义。如张西湾城址周围并无大的河流和湖泊，洪水的压力并不大。因此，这一情况更可能是社会组织形态等级分化的结果。在长江中游地区，史前城址的兴起和发展有一个自南向北、自西向东传播的过程，张西湾城址很可能是最晚阶段的一个城址。目前的材料显示，长江中游的史前城址几乎同时废弃于石家河文化晚期，张西湾城址也不例外，只有当时的社会结

构或者自然环境出现了重大变化，才会导致城址在短期内兴起而又差不多同时废弃。因此，张西湾城址的发现和发掘，为我们认识史前城址的发展过程、兴废的深层动因提供了一个新的视角。

附记：出土器物由谭娇娥、杨红修复，陈明芳、曾令斌绘制了本文插图。

执笔：刘　辉　郭长江　张　君　谢育新

注　　释

［1］　湖北省荆州博物馆等：《肖家屋脊——天门石家河考古发掘报告之一》，文物出版社，1999年。

［2］　湖北省文物考古研究所、随州市博物馆：《随州金鸡岭》，科学出版社，2011年。

［3］　中国社会科学院考古研究所：《青龙泉与大寺》，科学出版社，1991年。

［4］　湖北省文物考古研究所等：《邓家湾——天门石家河考古报告之二》，文物出版社，2003年。

［5］　花石桥遗址经过小规模发掘，发现有石家河文化中期的陶片，参见湖北省文物考古研究所发掘资料。

［6］　湖北省文物考古研究所：《湖北省天门市龙嘴遗址2005年发掘简报》，《江汉考古》2008年第4期。

（原文刊于《考古》2012年第8期）

编 后 记

　　本书主要汇集了自20世纪90年代以来湖北地区史前城址的调查、发掘报告。这些工作及成果由多家单位完成，涉及的区域较为广泛，且20多年来，相关的发现与研究工作从未中断，也凝聚了数代考古工作者的辛勤和努力。无疑，本书是集体的成果与智慧的结晶。

　　书中所录文章征得了北京大学考古文博学院赵辉、张弛，荆州博物馆贾汉清，荆门市博物馆龙永芳，湖北省文物考古研究所院文清、刘辉、黄文新等诸位先生、同仁的同意和支持。

　　在编辑之初，为更翔实地了解和展示湖北史前城址的面貌及现状，我们对省内的15座城址进行了航拍，并对部分城址进行了调查、核实工作。航拍自今年3月中旬开始，4月底基本结束。航拍照片由余乐拍摄并完成后期整理。4月下旬，向其芳、余成龙等完成对安陆王古溜、大悟土城调查、核实工作。9月底，湖北省海达文化遗产保护科技研究院对石家河遗址群进行了滤波测绘。航拍及调查工作得到了天门市博物馆、荆州博物馆、江陵县博物馆、公安县博物馆、石首市博物馆、荆门市博物馆、沙洋县文物管理所、孝感市博物馆、孝感市孝南区博物馆、应城市博物馆、安陆市博物馆、大悟县博物馆、武汉市黄陂区文物管理所的大力支持和帮助。

　　资料收录工作由武汉大学硕士研究生赵冰竹、阮胜胜、胡清波三人完成。其中，天门地区石家河、龙嘴、笑城，应城门板湾、陶家湖，荆门地区马家院、城河由赵冰竹完成；荆州地区阴湘城、鸡鸣城、走马岭、青河城由阮胜胜完成；孝感地区叶家庙、土城由胡清波完成。录入文档后，向其芳完成初校及通稿编辑，孟华平修订、审核全稿。

　　为便于查阅，收录文章的编排按地市划分，兼以工作开展的时间早晚及取得成果的多少作为依据，共计收录了19篇与城址相关的简报，其中安陆王古溜为新发材料，大悟土城虽未涉及城址，但可作年代参考也一并收入。航拍照片作为补充资料按序穿插于原有彩版之间。为排版美观，统一了各简报的格式，并对原简报中的错别字、错别符号进行了更正，对模糊不清的线图进行了重新绘描。绘描工作由王仁浩、肖友红完成。

　　资料的收集过程中，还得到了湖北省文物考古研究所《江汉考古》编辑部陈丽新的支持。应城门板湾城址的图文资料得到了十堰市博物馆刘志军的援助。

　　科学出版社王光明先生为此书的编辑提出了诸多建议，为本书的出版付出了大量的心血和劳动。

在此一并致谢!

由于时间较紧,而资料收集、录入工作繁重,书中难免出现错误疏漏,敬请读者谅解并提出宝贵意见!

编　者

2015年10月

图　　版

彩版一

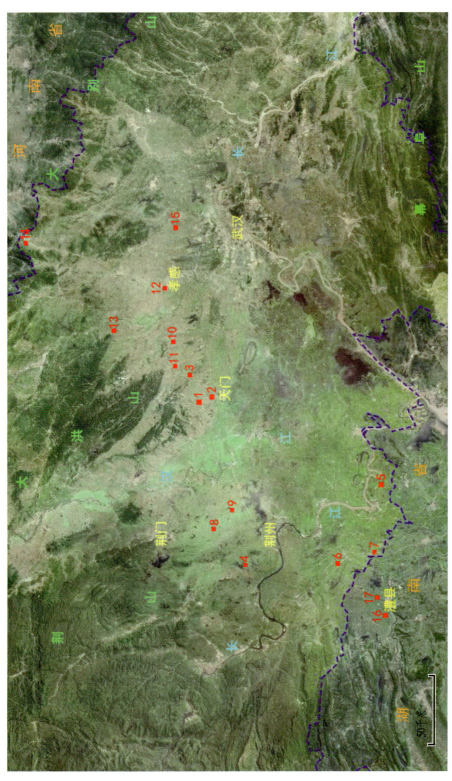

长江中游史前城址分布图

1. 天门石家河　2. 天门龙嘴　3. 天门笑城　4. 江陵阴湘城　5. 石首走马岭—屯子山　6. 公安鸡鸣城
7. 公安青河城　8. 荆门马家院　9. 荆门城河　10. 应城门板湾　11. 应城陶家湖　12. 孝感叶家庙
13. 安陆王古溜　14. 大悟土城　15. 黄陂张西湾　16. 澧县城头山　17. 澧县鸡叫城
（其中16、17在湖南界内，余为湖北界内城址）

彩版二

天门石家河城址滤波测绘图（上北下南）

1. 西城垣及外侧城壕（北→南）

2. 南城垣与三房湾遗址（上东下西）

天门石家河城址城垣及城壕

1. 城垣西南段堆积（东北→西南）

2. 城垣局部堆积（东→西）

3. 木构遗迹（东→西）

天门石家河古城三房湾遗址出土遗迹

2. M1（西北→东南）

4. M4（南→北）

1. 灰土层2（西→东）

3. M2（南→北）

天门石家河古城三房湾遗址出土遗迹

彩版六

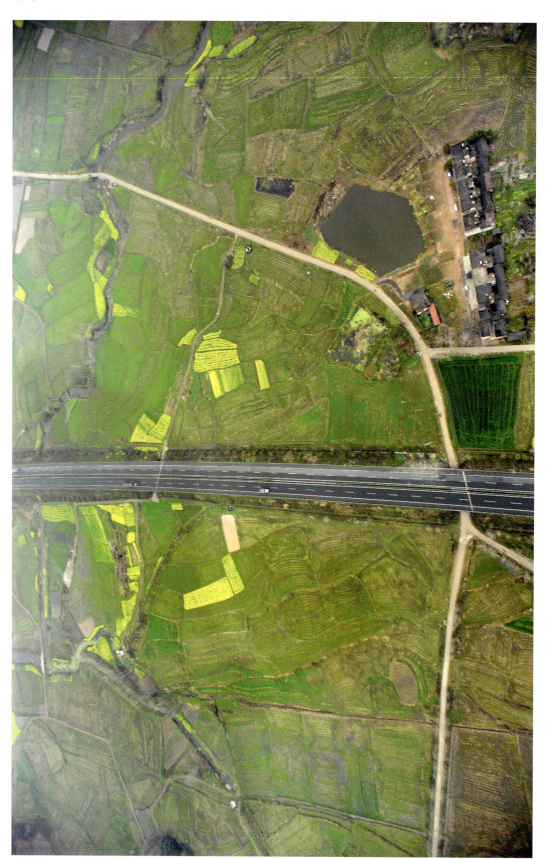

天门龙嘴城址俯拍（上南下北）

1. 2005年发掘区发掘前全景

2. TG3东垣南端剖面（南→北）

天门龙嘴城址全景及城垣剖面

1. M1（南→北）

2. M9（东南→西北）

天门龙嘴城址墓葬

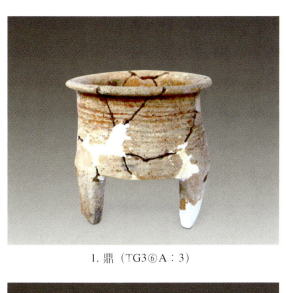

1. 鼎（TG3⑥A：3）

2. 鼎（H13：2）

3. 鼎（H13：4）

4. 鼎（H13：8）

5. 器座（H18：1）

6. 盘（H18：2）

天门龙嘴城址出土陶器

1. 鼎（M1：5）

2. 豆（M1：3）

3. 罐（M1：8）

4. 碗（M1：10）

5. 盘（M1：9）

6. 盘（M1：7）

天门龙嘴城址出土陶器

1. 鼎（M9：5）

2. 鼎（M9：6）

3. 鼎（M9：7）

4. 簋（M9：12）

5. 簋（M9：13）

6. 簋（M9：10）

天门龙嘴城址出土陶器

彩版一二

1. 罐（M9：3）

2. 罐（M9：9）

3. 豆（M9：8）

4. 盘（M9：4）

5. 盘（M9：14）

6. 碗（M9：1）

天门龙嘴城址出土陶器

天门笑城城址俯拍（上南下北）

1. 城址西北角（东北→西南）

2. 城址东部侧拍（东→西）

天门笑城城址侧拍

江陵阴湘城城址俯拍（上南下北）

江陵阴湘城址南部俯视（南→北）

石首走马岭—屯子山城址航拍照（由东上西下）

彩版一八

石首走马岭—屯子山城址西部俯拍（西→东）

石岸舟走马岭城址侧视 (南→北)

石首屯子山城址俯拍（上东下西）

公安县青河城遗址航拍图（丁丁上空）

彩版二二

公安鸡鸣城城址南部侧拍（南→北）

公安青河城址侧拍（东→西）

彩版二四

荆门马家院城址俯拍（上西下东）

荆门马家院城址西南角侧拍（西南→东北）

荆门掇刀城址俯拍（上西下东）

荆门城西航拍照片（南→北）

1. 南城墙（东北→西南）

2. 西城墙（南→北）

荆门城河城址城垣

1. 东城墙与城壕（东北→西南）

2. 城墙西北缺口（南→北）

荆门城河城址城垣与城壕

彩版三〇

应城门板湾城址俯拍（上西下东）

1. 西城垣南段（西→东）

2. 城内东北部台地（上南下北）

应城门板湾城址西城垣与东北台地

1. 航拍图及遗址位置

2. F1发掘现场（北→南，南壁为城墙解剖面）

应城门板湾城址

1. F1结构及其南侧的城垣剖面（东北→西南）

2. 新石器时代房址（东→西）

应城门板湾城址

1. F1-Ⅱ室落地窗

2. F1-Ⅱ室土坯
砖墙墙体剖面

3. 屈家岭文化彩陶纺轮与彩陶鼎足

应城门板湾城址

应城陶家湖遗址全景（西下东上）

彩版三六

应城陶家湖城址西北城垣及城壕（西南→东北）

彩版三七

孝感叶家庙城址俯拍（上北下南）

彩版三八

孝感叶家庙城址西南城垣及城壕（南→北）

3. 南城垣局部堆积（东→西）

1. 南城垣中部堆积（东北→西南）

2. 西城垣堆积（西北→东南）

孝感叶家庙城址出土遗迹

2. W7（东→西）

1. F4（南→北）

4. W47、W49（东南→西北）

3. W12（东南→西北）

孝感叶家庙城址出土遗迹

2. W36（东南→西北）

4. M1（东南→西北）

1. W22（西北→东南）

3. W15（西北→东南）

孝感叶家庙城址出土遗迹

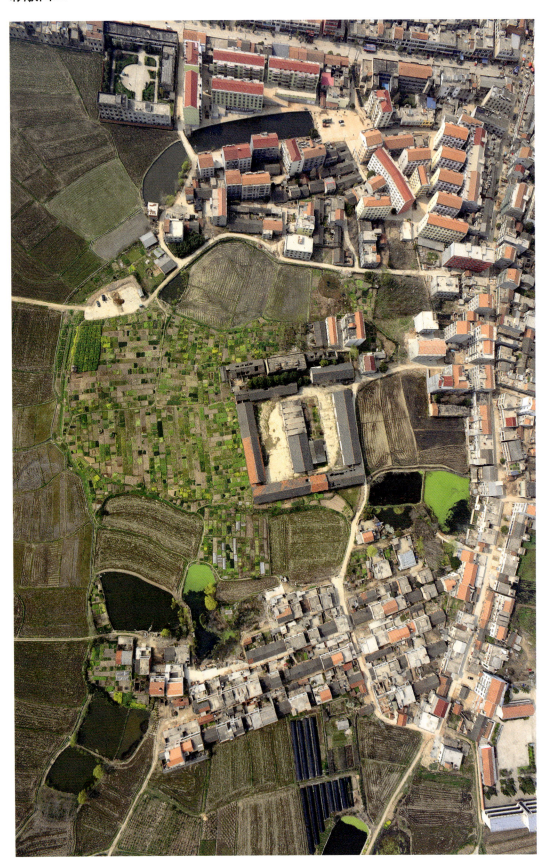

大悟土城城址俯拍（上北下南）

大悟土城城址东北角侧拍（东北→西南）

安陆王古溜城址及周边环境俯拍（上北下南）

安陆王古溜城址俯拍（上北下南）

1. 城垣北侧（东→西）

2. 城垣东北一角及外侧环壕（北→南）

安陆王古溜城址北部与东部城壕

1. 西北城垣（内→外，东南→西北）

2. 东北城垣（内→外，西南→东北）

安陆王古溜城址城垣

1. 西南城垣（内→外，东北→西南）

2. 城址南部缺口（现为水塘，南→北）

安陆王古溜城址城垣与城门

1. 东部剖面（P1）南侧与城墙堆积

2. 西部剖面（P2）东侧与城墙堆积

安陆王古溜城址解剖面

彩版五〇

黄陂张西湾城址侧拍（北→南）

1. T0704西壁城垣堆积（东南→西北）

2. TG1西壁城垣堆积（东南→西北）

黄陂张西湾城址出土遗迹

3. G1（西南→东北）

1. H1（东→西）

2. F1柱洞分布情况（南→北）

黄陂张西湾城址出土遗迹

1. 三房湾西侧土垣剖面P1（北→南）

2. 西侧土垣（南→北）

3. 西侧土垣与P1所在的缺口（北→南）

4. 南侧壕沟与石板冲（东→西）

1. 土城遗址内部（东南→西北）

2. 黄金岭（西→东）

3. 黄家山—杨家山一带（北→南）

4. 邓家湾与北侧壕沟（北→南）

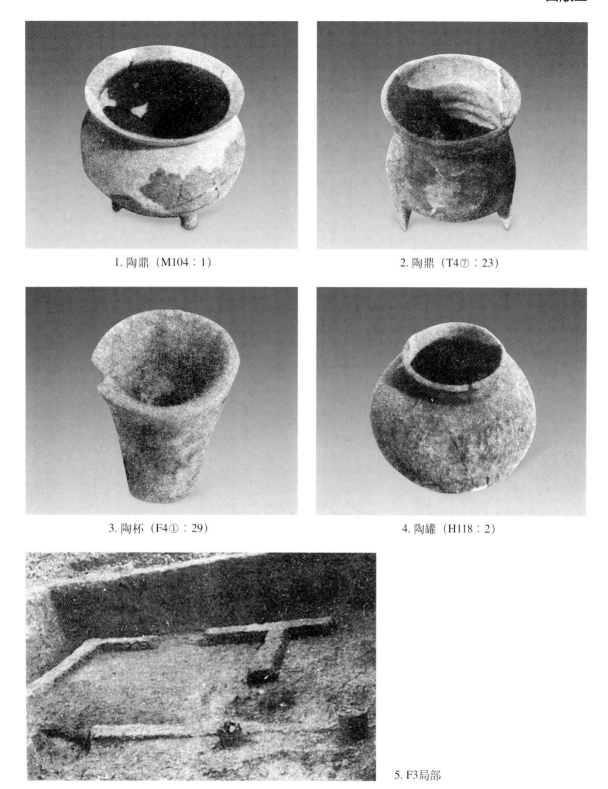

1. 陶鼎（M104：1）

2. 陶鼎（T4⑦：23）

3. 陶杯（F4①：29）

4. 陶罐（H118：2）

5. F3局部

天门邓家湾遗址1992年发掘

1. 盂形器（ⅠT1608⑧：1）

2. 罐（ⅠT1609⑨：17）

3. 盂形器（ⅠT1609⑥：1）

4. 杯（灰土层2：2）

5. 舞蹈偶（ⅠT1609⑦A：3）

6. 鸟（ⅠT1613⑧：1）

天门石家河古城三房湾遗址出土陶器

1. 笑城城址北墙东段与壕外景

2. TG3东壁剖面（北城墙）

天门笑城城址外景及北城墙剖面

1. A型鼎（TG3城2①：25，屈家岭文化）

2. 甑（TG3城2①：26，屈家岭文化）

3. A型豆（TG1城2⑤：4，屈家岭文化）

4. 鼎（TG1④：9，石家河文化）

5. 中口罐（M4：4，石家河文化）

6. A型高领罐（M5：4，石家河文化）

天门笑城城址出土陶器

1. 碗（H78①：2，早期）

2. 碗（H80①：1，早期）

3. 鼎（H52：1，早期）

4. 折腹罐（H78①：5，早期）

5. 三足盘（H78②：1，早期）

6. 碗（H53②：1，中期）

荆州阴湘城城址出土大溪文化陶器

1. 豆（H53②：4，中期）

2. 碗（H53②：10，中期）

3. 圈足盘（H68②：1，中期）

4. 圈足盘（H62：5，中期）

5. 豆（H53②：9，中期）

6. 圈足盘（H23②：10，晚期）

荆州阴湘城城址出土大溪文化陶器

1. 彩陶碗（H23②：4，大溪文化晚期）

2. 豆（H28：1，大溪文化晚期）

3. 高圈足盘（HG1：1，屈家岭文化）

4. 簋（H51②：1，大溪文化晚期）

5. 器座（H44：1，屈家岭文化）

6. 瓮（W2：2，石家河文化）

荆州阴湘城城址出土陶器

2. M19

1. M18

石首走马岭城址墓葬

1. 壶（M14：5）

2. 细颈壶（M2：5）

3. 有领罐（M12：1）

4. 高柄杯（M10：1）

5. 曲腹杯（M19：2）

6. 双腹豆（M14：12）

石首走马岭城址出土陶器

1. 杯（M9：7）

2. 双腹豆（M9：4）

3. 有领罐（M9：3）

4. 壶形器（M9：2）

5. 高圈足罐（M9：1）

6. 碗（M9：6）

石首走马岭城址出土陶器

1. 西北角外护城河残迹

2. 北城垣北坡剖面中段

3. 北城垣北坡剖面东段

公安鸡鸣城城址调查

1.西城垣及护城壕（南→北）

2.西城垣及护城壕（北→南）

公安鸡鸣城城址西城垣

1. 东北角（西南→东北）

2. 南垣及护城壕（东→西）

公安青河城城址东北角与南垣

1. 西北角（南→北）

2. 东南角及南门（东→西）

公安青河城城址西北角及东南角

1. 屯子山北垣及护城壕（东→西）

2. 走马岭与屯子山之间（西→东）

石首走马岭与屯子山城址

图版一八

1. 东南垣大剖面远景（东→南）

2. 东南垣大剖面内侧护城与墙体交界处

石首屯子山城址东南城垣

1. 东南垣大剖面铺垫修饰层和墙体

2. 东南垣大剖面内侧护坡

石首屯子山城址东南垣

1. 城垣西部（西北→东南）

2. 城垣东部（东→西）

石首蛇子岭城址城垣

1. 南城垣（西→东）

2. 东城垣（南→北）

荆门马家院城址城垣

1. 西城垣（南→北）

2. 南城垣与城门（南→北）

荆门马家院城址城垣与城门

1. 西城墙北段及护城河（南→北）

2. 东城墙中段（东→西）

应城陶家湖城址调查

图版二四

1. 臼（W11：2）

2. 臼（W16：2）

3. 臼（W12：2）

4. 臼（W49：2）

5. 鼎（W36：2）

6. 臼（W22：2）

孝感叶家庙城址出土陶器

1. 高领罐（M1：2）

2. 鼎（M3：1）

3. 折沿罐（W15：1）

4. 鼎（M3：5）

5. 豆（M3：6）

6. 臼（M3：7）

孝感叶家庙城址出土陶器

1. 甑 (H17③：94)

5. 壶 (H17③：60)

2. 圈足盘 (H17③：23)

3. 盆 (H17①：53)

6. 鼎 (H17③：48)

4. 圈足盘 (H17③：24)

7. 盆 (H17③：44)

孝感叶家庙城址出土陶器

1. Ⅲ式罐（T2⑦：23）

2. Ⅰ式器座（T2⑥：15）

3. Ⅱ式杯（T1⑥：2）

4. Ⅲ式盆（T2④：3）

5. Ⅴ式钵（T3②：8）

6. Ⅳ式钵（T4③：4）

7. Ⅰ式鼎（T3④：3）

8. Ⅰ式盆（T4②：1）

大悟土城城址出土陶器

1. B型鼎（G1：1）

2. A型Ⅲ式高领罐（G1：19）

3. B型Ⅱ式碗（T0503⑤：1）

4. A型器座（T0806⑦：3）

5. B型高领罐（T0703②：3）

6. B型Ⅱ式圈足盘（G2：21）

7. F型器盖（T0906④：1）

黄陂张西湾城址出土陶器